VERÖFFENTLICHUNGEN DER

HISTORISCHEN KOMMISSION ZU BERLIN
BEIM FRIEDRICH-MEINECKE-INSTITUT
DER FREIEN UNIVERSITÄT BERLIN

BAND 9

NEUDRUCKE
BAND 1

Walter de Gruyter & Co.

vormals G. J. Göschen'sche Verlagshandlung
J. Guttentag, Verlagsbuchhandlung · Georg Reimer · Karl J. Trübner · Veit & Comp.

Berlin 1963

KURT HINZE

DIE ARBEITERFRAGE ZU BEGINN DES MODERNEN KAPITALISMUS IN BRANDENBURG-PREUSSEN

1685—1806

*Bibliographisch vermehrte
und verbesserte, mit einem
Registeranhang versehene
zweite Auflage*

mit einer Einführung von
OTTO BÜSCH

Walter de Gruyter & Co.

*vormals G. J. Göschen'sche Verlagshandlung
J. Guttentag, Verlagsbuchhandlung · Georg Reimer · Karl J. Trübner · Veit & Comp.*

Berlin 1963

EINFÜHRUNG

Mit der Ausgabe des vorliegenden Bandes von Kurt Hinze über „Die Arbeiterfrage zu Beginn des modernen Kapitalismus in Brandenburg-Preußen" eröffnet die Historische Kommission zu Berlin eine Reihe von Neudrucken vergriffener, aber immer noch bedeutender Werke der letzten Jahrzehnte geschichtswissenschaftlicher Forschung auf den von ihr betreuten Gebieten. Die Studie fügt sich überdies ein in die Folge von monographischen Untersuchungen und Quelleneditionen zu den auch in neuerer Zeit noch sichtbar nachwirkenden sozialen und wirtschaftlichen Prozessen aus dem Zeitalter des Absolutismus, Merkantilismus und Frühkapitalismus in der preußisch-deutschen Geschichte, mit denen die Historische Kommission zu Berlin durch ihre Referate für Sozial- und Wirtschaftsgeschichte und für die Geschichte der Arbeiterbewegung einer bei ihrer Gründung selbstgestellten Aufgabe zu entsprechen versucht: im Ausschnitt der Geschichte Berlins und Brandenburg-Preußens eine breite, vorurteilsfreie und neuen Einsichten über den Charakter der preußisch-deutschen Entwicklung aufgeschlossene Forschung zu diesem Themenkreis anzuregen, zu fördern und in Fluß zu halten.

Im Rahmen ihrer Zielsetzung hat sich die Historische Kommission zu Berlin für die Wiederveröffentlichung der vorliegenden Arbeit aus Gründen entschlossen, die in den Bereich empirischer Fragestellungen ebenso tief hineinreichen wie in einen Komplex von immer noch erregenden methodischen und ideologischen Auseinandersetzungen in der gegenwärtigen deutschen und internationalen Geschichtswissenschaft. Das Buch von Kurt Hinze über die Beziehungen zwischen der entstehenden kapitalistischen Industrie im alten Preußen und den sie tragenden Faktoren — Staat, Unternehmertum und Arbeiterschicht vornehmlich im städtischen Bereich zwischen dem Ausgang des 17. und dem Beginn des 19. Jahrhunderts — gewinnt für den wissenschaftlichen Benutzer einen besonderen Reiz aus der Tatsache, daß sein Verfasser, Nationalökonom aus der Schule Werner Sombarts, sich gegenüber borussisch gesinnten Forscherleistungen zur preußischen Geschichte und insbesondere zu seinem Thema relativ ebenso immunisieren konnte wie im Verhältnis zu mancher überspitzten Kritik an der preußischen Merkantilzeit von

Geschichtsschreibern aus der Schule des „historischen Materialismus". In den politisch so wechselvollen dreieinhalb Jahrzehnten deutscher Geschichte seit ihrer ersten Veröffentlichung im Jahre 1927 hat sich die Studie der Anerkennung von Vertretern ganz verschiedener, teils entgegengesetzter historisch-juristisch-volkswirtschaftlicher Lehrmeinungen erfreuen können.* Den Grund dafür scheint die selbständige Haltung zu bezeichnen, mit der der Autor an die Bewältigung der sich ihm zum Thema anbietenden Stoffmassen — neben bis dahin unbekanntem Quellenmaterial vor allem an die Acta Borussica, die zeitgenössischen Schriften und die Kontroversliteratur der Fachhistoriker sowie der Vertreter der jüngeren historischen Schule der deutschen Nationalökonomie — herangegangen ist und unter dem Druck des Periodisierungsstreites die schwierige Methodenfrage gemeistert hat. Bereits diese allgemeine Anerkennung läßt es wünschenswert erscheinen, durch eine bibliographisch bis auf die heutige Zeit ergänzte und nun mit einem Register ausgestattete Neuveröffentlichung einem breiteren Leser- und Benutzerkreis den Forschungsansatz und die Ergebnisse dieses Bandes wiederum nahezubringen. Darüber hinaus entspricht es einem dringenden Bedürfnis der wissenschaftlichen Forschung, die fruchtbare Verbindung von historischer und volkswirtschaftlicher Annäherungsweise zu erhalten, mit der die Schrift jene Tradition fortsetzt, die etwa Gustav Schmoller gerade auf dem Gebiet der preußischen Geschichte zu seinen bekannten, grundlegenden Resultaten geführt hat. Diese Betrachtungsweise muß in besonderem Maße dazu geeignet sein, die politische Geschichte des hier behandelten Themas durch sozial- und wirtschaftsgeschichtliche Einsichten zu ergänzen und so jener Monopolisierung von Aspekten entgegenzuwirken, die eine rein politische Historiographie in wissenschaftliche Vereinsamung führen kann. Mit seiner undogmatischen Wertung und seinem reichhaltigen Angebot eines aus weit verstreuten archivalischen und statistischen Quellen zusammengestellten Materials bietet das Buch von Kurt Hinze eine unentbehrliche Grundlage zur Neubesinnung auf In-

---

* Nur zum Beispiel vergleiche man die Urteile von Hugo Rachel (in: *Jahresberichte für deutsche Geschichte*, 3. Jahrgang [1927], Besprechungsteil, S. 339 f.) und — drei Jahrzehnte später — von Horst Krüger (in seiner Publikation *Zur Geschichte der Manufakturen und Manufakturarbeiter in Preußen...*, Berlin [Ost] 1958, S. 14 f.). Siehe auch die unverkennbaren Parallelen in der Darstellung von Carl Hinrichs über die Beziehungen von Staat, Unternehmern und Arbeitern in seiner *Wollindustrie in Preußen unter Friedrich Wilhelm I.* (in der Reihe der *Acta Borussica*), Berlin 1933, S. 171 ff.

halt und Bedeutung der sozialen Verhältnisse im 18. Jahrhundert: in der aufkommenden preußischen Industrie wie in der Arbeiterschaft besonders im Rahmen des altpreußischen Städtewesens. Hierbei bewirkt die führende Rolle, die die Residenzstadt Berlin in den Kernlanden der preußischen Monarchie während des behandelten Zeitraums in zunehmendem Maße auch auf dem Gebiet der frühindustriellen Betätigung zum Schwerpunkt werden ließ, zwangsläufig, daß die Berliner Verhältnisse zur beispielhaften Veranschaulichung verbreiteter Vorgänge sehr häufig in Erscheinung treten. Mit alledem gewährt die Arbeit wichtige Einblicke in die Bevölkerungsstruktur und den Sozialnexus von Stadt und Land unter den Bedingungen der ständisch-monarchischen Gesellschaftsordnung, des militärisch-bürokratischen Absolutismus, des staatlichen Merkantilismus preußicher Prägung und der frühkapitalistischen Unternehmerwirtschaft im alten Preußen.

Zur Bewältigung seines Themas geht es dem Autor in einer noch immer modernen und heute wieder verstärkt aktuellen Problemstellung um die sachliche Bestimmung des Begriffes „Arbeiterfrage" für den Zeitraum des Aufkommens kapitalistischer Industrie zwischen 1685 und 1806 sowie um die Beantwortung der Frage nach den Auswirkungen der Probleme des Lohnarbeiterstandes auf Wirtschaft und Gesellschaft des Ancien Régime im Übergang zur modernen Welt. Aus der Darstellung wird auf der Basis quellenmäßig fundierter Tatsachen überzeugend verständlich, daß die „Arbeiterfrage" und — damit zusammenhängend — die Ausbildung des Manufakturwesens im merkantilistischen Preußen nur zum weitaus geringeren Teil mit dem Problem der „Proletarisierung" von Teilen der gewerblichen Bevölkerung verknüpft oder gar identisch gewesen sind, die jene ersten Anfänge der Entstehung einer Schicht abhängiger, aus der familienhaften Bedarfsdeckungswirtschaft gelöster Lohnarbeiter zur Folge hatten. Vielmehr wird deutlich, daß zunächst einmal die Aufbringung und Ausbildung einer genügenden Zahl von ausreichend qualifizierten Arbeitskräften für die entstehenden Manufakturbetriebe im Vordergrund der Problematik des industriellen und sozialen Lebens standen, mithin die Arbeiterfrage jener Zeit im wesentlichen ein arbeitspolitisches und noch kein umwälzendes soziales Problem im Sinne des 19. Jahrhunderts hat sein können. Auch neueste, im Einflußbereich leninistischer Geschichtsinterpretation entstandene Untersuchungen über Manufakturen und Manufakturarbeiter im frühkapitalistischen Mittel- und Ostdeutschland** vermögen im Grunde nur zu bestätigen, was der Autor des vorliegenden Bandes in eingehender Analyse der quantitativen und qualitativen Bevölkerungsverhältnisse und der technischen Voraussetzungen des Zeitalters mit instruktiver Ausführlichkeit bereits im Jahre 1927 belegt hat: daß in erster Linie der Mangel an Arbeitern, zumal an wirtschaftlich rational denkenden und technisch ausreichend geschulten Arbeitskräften, also gerade nicht ihr massenhaftes Auftreten für jene Epoche bezeichnend war und daß hierdurch die rasche Ausbreitung der kapitalistischen Produktionsweise in Preußen während der Phase des Überganges vom ständisch gebundenen zum liberalisierten Wirtschaftsstil nach den Stein-Hardenbergschen Reformen behindert und verlangsamt worden ist.

Die mit der Arbeiterfrage des ausgehenden Merkantilsystems tatsächlich verbundenen sozialen Spannungen und Gegensätze erschließen sich dem um unbefangene und undoktrinäre Erkenntnis sozialhistorischen Geschehens bemühten Historiker in der Untersuchung der eindeutig nicht auf eine einfache Formel reduzierbaren Konflikte, die bei Heranziehung und Ausbildung der notwendigen Arbeitskräfte aus dem In- und Ausland für die neuen kapitalistischen Wirtschaftsbetriebe auftraten: zwischen den konkurrierenden merkantilistischen Staaten Europas einerseits und innerhalb der Unternehmerschicht in den preußischen Landesteilen selbst sowie nicht zuletzt zwischen den sozialen Bedingungen des altpreußischen Militärsystems und den aus der neuen kapitalistischen Betriebsweise erwachsenden Forderungen an die brandenburgisch-preußische Bevölkerung anderseits. Die vorliegende Studie erklärt die Ursprünge dieser Konflikte aus der doppelten Schwierigkeit einer solchen „Arbeiterbeschaffung" infolge nicht nur der noch mangelnden bevölkerungsmäßigen Voraussetzungen, sondern auch wegen der vielfach noch in einem vorrationalistischen Wirtschaftsdenken verharrenden inneren Einstellung vornehmlich der abhängigen Bevölkerungsschichten zur Arbeit. Das Vorhandensein eines aus dem 16. und 17. Jahrhundert in die merkantilistische Zeit herüberreichenden Heeres von arbeitsunfähigen und -unwilligen Bettlern und Vagabundierenden, dessen Entstehung und Existenzbedingungen auch in der vorliegenden Schrift objektiv gewürdigt werden, erinnert daran, daß massenhaftes Elend nicht erst die Folge der Entstehung

---

** Eine Zusammenstellung dieser Arbeiten findet sich in: *Analysen und Berichte zum XI. Internationalen Historikerkongreß in Stockholm August 1960* (= Zeitschrift für Geschichtswissenschaft, 8. Jahrgang 1960 [Sonderheft], Berlin [Ost]), S. 173 ff., S. 248 f.

eines Arbeiterproletariats im Zeitalter des sich ausbreitenden Kapitalismus gewesen ist. Es zeigt sich darin auch die sekundäre Bedeutung des „quantitativen" Bevölkerungsmangels als Hemmnis für die Entfaltung der kapitalistischen Produktion im ausgehenden 18. Jahrhundert. So hat gewiß nicht allein der rein numerische Mangel an Arbeitskräften in den relativ zu anderen deutschen und westeuropäschen Territorien noch dünn bevölkerten und durch häufige Kriegseinwirkungen an Bevölkerungszahl obendrein dezimierten preußischen Landen jene systematischen Abwerbungsaktionen ausgelöst, mit denen die Staaten ebenso wie die privaten Unternehmer um Arbeitskräfte für ihre Manufakturen gerungen haben. Bekanntlich ist von den brandenburgisch-preußischen Landesherren nicht zuletzt aus diesem Antrieb im 17. und 18. Jahrhundert eine typisch merkantilistische Einwanderungspolitik mit dem Ergebnis auch einer Verpflanzung wirtschaftlichen Könnens und technischer Erfahrung aus den sozialökonomisch und technisch weit entwickelteren westeuropäischen Staaten nach Brandenburg-Preußen aufgenommen und laufend fortgeführt worden.

An der Spitze stand bei allen in- und ausländischen Werbungen das Verlangen nach ausgebildeten Fachkräften. Sie waren anders nur zu gewinnen durch die Heranbildung ungelernter Arbeiter des inländischen Arbeitsmarktes. Hierzu bedurfte es aber erst der von freilich mitunter recht harten sozialen Folgen begleiteten Erziehung größerer Teile der wirtschaftlich abhängigen Bevölkerung zu einem rationalen Erwerbsdenken und zur geistigen wie manuellen Adaption an die entstehende Welt einer arbeitsteiligen Wirtschaft und Technik, also zu jenem ökonomischen und technischen Rationalismus, den die aufkommende kapitalistische Industrie zunehmend von den Gliedern der Gesellschaft verlangte. Nur so konnte die bis dahin von der Leitidee des selbstgenügsamen Wirtschaftens zur Deckung des bloßen Existenzminimums beherrschte, dem ökonomisch-technischen Traditionalismus des Wirtschaftsstils der Väter verhaftete arbeitende Bevölkerung auf die neue industrielle Arbeitswelt vorbereitet werden. Erst jetzt konnte eine Schicht von Lohnarbeitern entstehen, deren technische Fertigkeit und deren Einordnung in ein Wirtschaftsleben unter dem Gesichtspunkt größtmöglicher Gewinnerzielung einer kapitalistischen Industrie die erforderliche breite personelle Basis zu geben vermochten. Dieser Umerziehungsprozeß war für die im Verlags-, Manufaktur- oder Fabriksystem produzierende Industrie — der zeitgenössische Sprachgebrauch für die frühkapitalistischen Betriebsformen des 18. Jahrhunderts stellte die genannten Begriffe noch ganz unscharf, oft sogar synonym, nebeneinander — deshalb überhaupt unerläßlich, weil die Personalgebundenheit aller Fabrikation in jener Zeit die Wirtschaft, Industrie und Technik noch völlig von der Qualifikation der Arbeitskräfte im einzelnen abhängig sein ließ.

Eine weitere Voraussetzung für die Schaffung einer tragenden Schicht von ausgebildeten Arbeitern wurde die Loslösung weiter Bevölkerungskreise aus den — mit den Worten von Kurt Hinze — „dem Kapitalismus abgewendeten Sphären": zum einen aus dem Handwerk, zum anderen aber aus der gutsherrschaftlich-gutsbetrieblich organisierten Agrarwirtschaft, die die weit überwiegende Mehrzahl der Bevölkerung im alten Preußen festhielt, und schließlich aus dem alles Sozialleben beherrschenden militärischen Bereich, um dessen Pflege und Erhaltung willen der altpreußische Staat der Wirtschaft und Gesellschaft die empfindlichsten Einschränkungen auferlegte.[***] Auf der Basis dieser „Arbeiterbeschaffungspolitik" des 18. Jahrhunderts ließ die Entfaltung der liberalisierten kapitalistischen Industriewirtschaft in den Jahrzehnten nach der preußischen Staatsumwälzung von 1807 mit dem Beginn der nun massenhaft einsetzenden Proletarisierung der Industriearbeiterschaft die Arbeiterfrage zum großen sozialen Problem des 19. Jahrhunderts werden.

In seine Analyse und Beschreibung der Arbeiterfrage des 18. Jahrhunderts bezieht Kurt Hinze zwangsläufig auch das sozialrechtliche Verhältnis zwischen Arbeitern und Unternehmern unter dem bestimmenden Einfluß der preußischen Sozialpolitik ein. Die vertragsrechtliche Stellung der Arbeiter gegenüber ihren Betrieben ist durch eine Vielfalt von arbeitsrechtlichen Bestimmungen des Staates zur Regelung dieses Verhältnisses getragen gewesen. Der heutige Leser des in den zwanziger Jahren unseres Jahrhunderts geschriebenen Buches wird das ausgewogene und erfrischend nüchterne Gesamturteil des Autors bemerkenswert finden, mit dem er Umfang und Charakter der staatsmerkantilistischen Sozialpolitik der preußischen Monarchie des 18. Jahrhunderts und die Summe der staatlichen und privaten Wirtschafts- und Sozialleistungen würdigt, an denen zum Beispiel im Jahre 1785/86 bei einer Bevölkerung von 5,4 Millionen Einwohnern in der ganzen Monarchie rund 165 000 ausgebildete Arbeiter teilnahmen. Als eigentlichen Kern jener vielgepriesenen Fürsorgepolitik der preußischen Könige und Minister erkennt der Autor: „Nicht in der Erhaltung der Existenz der Arbeiter, sondern in der Schaffung und Erhaltung der neuen Unternehmungen und für sie der

---

[***] Dem letztgenannten Problemkreis hat die Historische Kommission zu Berlin erst kürzlich einen eigenen Band ihrer Schriftenreihe gewidmet: O. Büsch, *Militärsystem und Sozialleben im alten Preußen 1713—1807. Die Anfänge der sozialen Militarisierung der preußisch-deutschen Gesellschaft,* Berlin 1962.

Arbeiter lag der Zielpunkt aller Sozialpolitik des Staates... Die Menge der ‚Untertanen' in ihrer Gesamtheit, nicht der einzelne war es, dem die Fürsorge galt." Diese grundlegende Erkenntnis führt hinein in die Anfänge des sozialpolitischen Problems der Beziehungen zwischen Staat, Industrie und Arbeiterschaft unter den Bedingungen der modernen Arbeitswelt, deren spezielle Problemlage im 18. Jahrhundert der vorliegende Band beschreibt.

*

Mit der äußeren Gestaltung dieses Buches, das in der Form eines photomechanischen Nachdrucks erscheint, möchten Herausgeber, Autor und Verlag bewirken, daß das auf diese Weise möglichst unverändert belassene Werk auch als ein für Zeit und Voraussetzungen seiner Entstehung sprechendes Dokument auftritt. Die Beigabe eines vermehrten und bis auf das jetzige Erscheinungsdatum fortgeführten neuen Verzeichnisses der zu dem Thema unter verschiedenen Gesichtspunkten in Verbindung stehenden Literatur, eines Namen- und Sachregisters, das der ersten Auflage fehlte, sowie die Einfügung weniger, kleinerer Korrekturen am Text und an der Anordnung der Überschriften hat die Historische Kommission zu Berlin als Herausgeber freilich für ihre Pflicht gehalten. Die Durchführung dieser Arbeiten war der Aufsicht des Unterzeichneten anvertraut, den Herr Klaus Ehrler, M. A., dankenswerterweise unterstützt hat. An der Zusammenstellung der Bibliographie haben Hans Martin Barth und Klaus Ehrler teilgenommen, die Register Solveig und Klaus Ehrler angefertigt; ihnen sei an dieser Stelle gedankt.

Angesichts der fortdauernden Bedeutung des Themas der Studie wird es der für die wissenschaftlichen und zeitlichen Entstehungsbedingungen der Arbeit verständnisbereite Leser gewiß hinnehmen, daß die betonte Anlehnung des damals jungen Autors an das Denkschema der Sombart-Schule sowie die unapostrophierte Verwendung der Terminologie seiner Zeit für den gegenwärtigen Sprachgebrauch in den Grenzen der heutigen geschichtswissenschaftlichen Betrachtung als teilweise überholt empfunden werden mag. Für die wissenschaftliche Überprüfung des modernen Geschichtsbildes vom Sozialleben der städtischen Arbeiterschaft im alten Preußen des 18. Jahrhunderts an Hand der Ergebnisse der Arbeit von Kurt Hinze bleiben jedoch die eventuell auftretenden methodologischen Vorbehalte ohne grundsätzliche Bedeutung. Eben diese Aufgabe einer erneuten historisch-sozialwissenschaftlichen Auseinandersetzung mit den Problemen der preußischen Gesellschaft unter dem Ancien Régime, die bis in das 20. Jahrhundert hinein fortgewirkt haben, gehört zum Forschungsprogramm der Historischen Kommission zu Berlin, dem sie sich verpflichtet fühlt und mit der Veröffentlichung dieser Studie zu dienen hofft.

Berlin-Dahlem,   *Im Auftrage der*
im März 1963   *Historischen Kommission zu Berlin*
                                                   Dr. phil. Otto Büsch

VORWORT

Anläßlich der auf freundliche Anregung der Historischen Kommission zu Berlin in der ursprünglichen Fassung erfolgenden Wiederherausgabe meiner im Jahr 1927 veröffentlichten Studie über „Die Arbeiterfrage zu Beginn des modernen Kapitalismus in Brandenburg-Preußen" hat mich neben dem wirtschaftshistorischen Interesse naturgemäß auch die Frage der Aktualität des Gegenstandes in der heutigen Zeit beschäftigt, zu der ich mir anschließend einige Hinweise gestatten möchte. Zuvor sei jedoch zu dem hier verwendeten Begriff des „Kapitalismus" — sowohl im Hinblick auf die vielfältigen Ausdeutungen und Abgrenzungen im wirtschaftshistorischen und methodologischen Bereich als auch auf die politisch-polemischen Abwandlungen und Färbungen im Laufe der Jahrzehnte — noch angemerkt, daß er wesentlich im Sinne der Sombartschen Auffassung vom „kapitalistischen Wirtschaftssystem" zu verstehen ist. In der vorliegenden Arbeit wird der allmählichen Verwirklichung und Durchsetzung dieses Wirtschaftssystems während der hier vorwiegend im merkantilistischen Zeitabschnitt behandelten Frühepoche hinsichtlich einer seiner Hauptvoraussetzungen nachgegangen: der Arbeitskräftebeschaffung.

Fragen der Beschaffung von zahlenmäßig ausreichenden und qualitativ geeigneten Arbeitskräften sind uns auch bis in die gegenwärtige Zeit herein nicht ungeläufig. Beim Studium der frühen Wirtschaftsentwicklung („Pioneers' stage") und der Gründung kapitalistischer Unternehmen in den Vereinigten Staaten von Amerika, in denen ich von 1927 bis 1930 auf Grund eines Auftrages der damaligen „Notgemeinschaft der Deutschen Wissenschaft" die Besonderheiten der Arbeitgeber- und Arbeitnehmerverhältnisse („Industrial relations") studierte, sind mir Probleme ähnlicher Art begegnet. Verwandte Fragen zeigten sich im Zusammenhang mit den Industrialisierungsbemühungen und mit der entsprechenden Einwanderungspolitik Australiens, von denen ich nach dem II. Weltkrieg während eines mehrjährigen Aufenthaltes im Rahmen des Auswärtigen Dienstes anschauliche Eindrücke gewinnen konnte. Besonders ist hier darauf hinzuweisen, daß sich in beiden Bereichen die Beschaffung von Arbeitskräften überwiegend als Übertragung von Elementen eines voll entwickelten Wirtschaftssystems darstellt. Der gleiche

Fragenkomplex gewinnt Bedeutung, wenn man an die heutigen Bestrebungen der Entwicklungshilfe für die jungen afrikanischen und asiatischen Nationen denkt.

Möge die vorliegende Veröffentlichung mit dazu anregen, sich innerhalb der zuständigen Wissenschaftsbereiche allenthalben in noch stärkerem Maße als bisher der Förderung wirtschaftsgeschichtlicher Forschung anzunehmen, auf deren Notwendigkeit erneut die von der Deutschen Forschungsgemeinschaft herausgegebene „Denkschrift zur Lage der Wirtschaftswissenschaft" hingewiesen hat. Auch von den erwähnten Gesichtspunkten aus zurückzublicken auf die Anfänge eines wirtschaftshistorisch bedeutsamen Entwicklungsabschnittes der preußisch-deutschen Geschichte, mag zu den für die heutige Zeit fruchtbaren Anregungen der vorliegenden Arbeit gehören, für deren Neuherausgabe ich dem Vorsitzenden und den Mitgliedern der Historischen Kommission zu Berlin beim Friedrich-Meinecke-Institut der Freien Universität Berlin, insbesondere Herrn Wissenschaftlichen Rat Dr. Otto Büsch, sowie für Vervollständigung der Bibliographie und Bearbeitung der Register ihren Mitarbeitern und schließlich für die Ausstattung des Bandes dem Verlag Walter de Gruyter, Berlin, sehr zu Dank verpflichtet bin.

Bonn,
im März 1963

Dr. Kurt F. Hinze

INHALT

EINLEITUNG
Problemstellung und Methode

ERSTER TEIL
Die gesellschaftlich-wirtschaftliche Lage
vor Beginn des Kapitalismus

ZWEITER TEIL
Die Beschaffung der Arbeitskräfte

DEM ANDENKEN
MEINER ELTERN
UND
MEINES LEHRERS
WERNER SOMBART

Vorbemerkung

Wenn wir heutzutage von der „Arbeiterfrage“ sprechen, so begreifen wir darunter gewöhnlich einen bestimmten Komplex von Problemen, die ihre Ursache in der Eigenart des gegenwärtigen kapitalistischen Wirtschaftssystems haben und vorwiegend sozialpolitischer Natur sind. Je mehr sich der Kapitalismus ausbreitete, je mehr Menschen in ihn hineingezogen und in den von ihm erfaßten Betrieben zusammengedrängt wurden, je schärfer sich die unterschiedliche Stellung von Arbeiter und Unternehmer im Wirtschaftsprozeß herausbildete, desto stärker traten alle jene Erscheinungen in den Vordergrund, die mit der „Arbeiterfrage“ zu bezeichnen wir heute gewohnt sind. Eine Arbeiterfrage in diesem sozialpolitisch betonten Sinne besteht für Preußen jedoch erst seit dem Beginn des 19. Jahrhunderts, seit einer Zeit also, in der bereits größere Massen von Arbeitskräften zur Verfügung standen und die Wirtschaftszustände mehr und mehr Züge anzunehmen begannen, die einem voll entwickelten kapitalistischen System eignen.

Die Arbeiterfrage des hier behandelten 17. und 18. Jahrhunderts dagegen war — im Rahmen der kapitalistischen Entwicklung — eine grundsätzlich anders geartete. Die Ausbildung der neuen Wirtschaftskörper erforderte vor allem Arbeitskräfte, und an diesen fehlte es sowohl in quantitativer wie in qualitativer Hinsicht. Arbeitermangel also und Arbeiterbeschaffung: das war die Frage jener Zeit. Eine ins einzelne gehende Darstellung der hierin gegründeten Entwicklung der Arbeiterverhältnisse und der sie beeinflussenden Bedingungen und Maßnahmen zu geben, wie sie im allgemeinen Werner Sombart in seinem „Modernen Kapitalismus“ für Gesamteuropa dargelegt hat, die Versorgung der neuen Unternehmungen mit Arbeitskräften, die ihr entgegengesetzten gesellschaftlich-wirtschaftlichen Verhältnisse und die in sie hineintreffende Beschaffungspolitik aufzuzeigen, bei der die Einwanderungsmaßnahmen eine besondere Rolle spielten, soll die Aufgabe der vorliegenden Arbeit sein.

Die Eigenart der damaligen „Arbeiterfrage“, die nicht in einem spezifischen Sinne „aktuell“ wie die heutige war und weniger als Sonderproblem in den Vordergrund trat, weist zugleich auf ihre bisherige Behandlung in der Literatur. Es finden sich nur wenige Spezialarbeiten, die für die vorliegenden Fragen herangezogen werden konnten. Die wichtigeren, sich allgemein mit der Wirtschaftsgeschichte jener Zeit oder monographisch mit einzelnen Industrien befassenden Werke sind in das nachfolgende Literaturverzeichnis aufgenommen.

Ihre Ergiebigkeit war jedoch zu beschränkt, um darauf eine umfassende Darstellung der Arbeiterprobleme des 17. und 18. Jahrhunderts in Brandenburg-Preußen zu gründen, so daß sich die Heranziehung des in den Archiven ruhenden Materials als notwendig erwies.

Untersuchungen im einschlägigen Aktenmaterial des Preuß. Geh. Staatsarchivs, Berlin-Dahlem, brachten manche positiven Ergebnisse, wenn auch — wie nach dem vorher Gesagten erklärlich — das spezifisch arbeiterpolitische Material stark verstreut und nicht allzu reichhaltig war. Die Durchsicht der Bestände des Archivs der Stadt Berlin blieb ohne Erfolg.

In Privatarchiven industrieller Unternehmungen jener Zeit, denen auch bei der stark im Vordergrunde stehenden merkantilistischen Wirksamkeit des Staates ein reiches Maß eigener arbeiterpolitischer Tätigkeit blieb, ist meines Wissens nur wenig Material enthalten; das Archiv des Berliner Bankhauses Delbrück, Schickler & Co. war nicht zugänglich [1]).

Für die Förderung meiner Studien habe ich Herrn Geh. Reg. Rat Prof. Dr. Sombart, meinem verehrten Lehrer, sowie den Beamten des Geh. Staatsarchivs zu danken. Die Drucklegung der Arbeit wurde ermöglicht durch die Bemühungen und Beihilfen der Notgemeinschaft der Deutschen Wissenschaft, des Vorstandes des Vereins für Geschichte der Mark Brandenburg und des Herrn Dr. P. Wallich. Es ist mir eine angenehme Pflicht, für die mir dadurch gewordene Unterstützung an dieser Stelle besonderen Dank auszusprechen. Bei dem Lesen der Korrekturen hat mich Herr Dipl.-Kfm. W. Kaufmann in freundschaftlicher Weise unterstützt.

Berlin, im April 1927

Dr. Kurt Hinze

---

1) Nach Auskunft der Verfasser ist das über Arbeiterfragen vorhandene nur geringe Material in der Jubiläumsschrift vom Jahre 1912 ausgeschöpft.

Einleitung

Problemstellung und Methode

Die Entwicklungsgeschichte des modernen Kapitalismus in Europa ist in eigentümlicher Weise dadurch gekennzeichnet, daß die Epoche, welche die volle Ausbildung dieses Wirtschaftssystems brachte (Hochepoche), sich über einen verhältnismäßig kurzen Zeitraum erstreckte, während die Zeit von seinem ersten Auftreten bis zur Beseitigung der Herrschaft des vorhergehenden handwerklichen Systems (Frühepoche) mehrere Jahrhunderte umfaßte. Die Frage nach den Ursachen für diese Erscheinung ist die Frage nach den Bedingungen, von denen die Entfaltung eines Wirtschaftssystems abhängig ist. Das Neuauftreten von in einer begrifflichen Einheit zusammengefaßten, sich gegenseitig bedingenden wirtschaftlichen Zuständlichkeiten und Beziehungen im Verlauf der Geschichte bedeutet immer eine Wandlung in der Entwicklung der einzelnen wirtschaftlich bedeutsamen Elemente des Kulturlebens von der dem früheren zu der dem folgenden System entsprechenden Gestaltung: eine Umwandlung der heterogenen Bedingungen in homogene für das neue Wirtschaftssystem. Daß diese Umwandlung in Europa mehrere Jahrhunderte erforderte, hatte seinen Grund in den Erschwernissen, welche sich ihr entgegenstellten.

Eines der Erfordernisse des kapitalistischen Wirtschaftssystems lag in einer entsprechenden Gestaltung des Arbeitsmarktes. Sollte der Kapitalismus werden, so mußten mehr Arbeiter und andersgeartete Arbeiter vorhanden sein, als sie dem feudalhandwerklichen System entsprochen hatten; liegt doch in der beständigen Vermehrung der Arbeitskräfte die Hauptgrundlage für die Auswirkungsmöglichkeit der dem Kapitalismus eigenen Expansivkraft überhaupt. Und gerade auf diesem Gebiete wiesen die wirtschaftlichen Verhältnisse des 17. und 18. Jahrhunderts erhebliche Mängel auf, die für die Entwicklung des neuen Wirtschaftssystems eine entscheidende Hemmung bedeuteten. Hier wandelnd und fördernd einzugreifen, war eine Hauptaufgabe der Träger des neuen Wirtschaftsgeistes.

In den ersten Worten ist bereits auf die Eigenart hingewiesen worden, in der sich das kapitalistische Wirtschaftssystem, wie jedes andere, in der Wirklichkeit durchsetzt und die in dieser gegebenen Voraussetzungen und Bedingungen so zu gestalten sucht, wie sie der ihm immanenten Idee entsprechen. Es soll hier nun nicht auf die Begründung der Idee selbst, sondern auf ihre Verwendung ein=gegangen werden, die sie bei der Behandlung der Probleme der Arbeiterbeschaffung findet; dies weist uns auf die Methode, nach der bei der Bearbeitung des gegebenen Tatsachenmaterials verfahren werden soll. Der Begriff des kapitalistischen Wirtschaftssystems als reine, idealtypische Zusammenfassung der gedanklich über die Wirklichkeit gesteigerten ökonomisch relevanten Elemente des Kulturlebens eines bestimmten Zeitabschnitts findet sich in dieser reinen Gestaltung in der Wirklichkeit nicht, sondern zeigt sich im Verlauf der Geschichte in einer höchsten Annäherung der Wirklichkeit an die in der Idee gegebene Formung. Eine Betrachtung des Verlaufs der ökonomischen Entwicklung zu dieser Hochepoche des Kapitalismus hin wird also in die mannigfaltige, „unendliche“ Wirklichkeit nach den Gesichtspunkten einzugreifen haben, die für die Höchstgestaltung bedeutsam sind und ihrer Idee entnommen werden. Nach diesen Prinzipien ist die Frage nach den subjektiven Voraussetzungen und objektiven Bedingungen, von denen die Verwirklichung des Wirtschaftssystems seinem ganzen Umfange nach abhängig ist und die als ihm homogene Bedingungen die seiner Verwirklichung dienenden Ursachen darstellen, zu behandeln. Die Erkenntnis der ihm adäquaten Verursachung wird dabei in einem kausalen Regressus von der „reinen“ Endform her gewonnen, zu der hin die Entwicklung erfolgte. Die ihr zugrundeliegende Idee leiht dazu die heuristischen Mittel, mit denen bei der Darstellung des empirischen Ablaufs eingegriffen wird.

Die Lösung der Frage nach der Gestaltung der die Verwirklichung ermöglichenden Bedingungen, von denen hier die in den Arbeitskräften liegenden dargestellt werden sollen, setzt eine entsprechende Behandlung des Tatsachenmaterials voraus, welche nicht eine rein historiologische sein kann. Die Wandlung der ökonomischen Zustände vollzieht sich nicht zu einem bestimmten Zeitpunkt in ihrer Gesamtheit, sondern sowohl intensiv, dem Grade ihrer Durchbildung nach, wie extensiv, nach dem Umfang des erfaßten Gebietes, nach Zeit und Ort verschieden.

Rein historisch bedeutsam wäre nun schon das erste einzelne Auftreten eines dem neuen ökonomischen System angehörenden Bestand-
teils; bedeutsam im Sinne des Systems selbst, als eines Inbegriffs
sozialökonomischer, einander nach der zugrunde gelegten Idee
bedingender Bestandteile, ist jedoch erst das Aufkommen einer Menge
gleicher Erscheinungen, einer Massenerscheinung. Die Betonung
des gehäuften Auftretens läßt auch die rein historische Betrachtung
des zeitlichen Hintereinander zurücktreten und stellt eine Betrachtung
der Erscheinungen nach ihrer soziologischen Bedeutung, ihrem
gesellschaftlich-funktionalen Zusammenhang in den Vordergrund. Wir
werden daher bei der Darstellung der gesellschaftlich-wirtschaftlichen
Lage, in die der Kapitalismus in Brandenburg-Preußen hineintrifft,
nicht dort Halt machen können, wo sich die ersten dem neuen System
angehörenden Erscheinungen bemerkbar machen (Ende des 17. Jahrhunderts), sondern werden weit in das 18. Jahrhundert hineingehen
müssen, in welchem sich die Umwandlung vollzieht. Eben das kennzeichnet ja die hier behandelte Epoche als eine Zeit des Ueberganges,
in welcher der Kapitalismus die Widerstände des vorhergehenden
Systems überwindet und sich nach und nach in immer stärkerem Maße
durchsetzt.

Historische Einordnung in die gesamteuropäische Entwicklung

Die Anfänge des modernen Kapitalismus in Brandenburg-Preußen
zeigen in noch stärkerem Maße als in anderen Ländern Europas eine
besonders enge Verknüpfung mit denen des modernen Staatswesens;
nirgends ist so wie hier die Entstehungsgeschichte des neuen
Wirtschaftssystems mit der Entwicklung des Staates
verbunden. Das hat seine Gründe in der Gesamtlage des Wirtschafts-
wesens im 16.—18. Jahrhundert für Preußen [1]). Mit dem Auftreten des
absoluten Fürstentums begann eine umfassende Neuordnung, stärkere
Konzentration und straffere Zentralisation der Verwaltung, eine beträchtliche Gebietserweiterung und jene im Vergleich mit anderen
europäischen Staaten schnelle Entwicklung der Wirtschaft unter dem
Einfluß der merkantilistischen Politik der preußischen Fürsten, in der der
industrielle Kapitalismus in Brandenburg-Preußen seinen Anfang nahm.
Beide Entwicklungsreihen, die des Merkantilismus, der sich von der

---

1) Preußen immer im Umfang des Staatsgebietes in der 2. Hälfte des 18. Jahrhunderts genommen.

Regierung des Gr. Kurfürsten 1640 bis zum Ende des 18. Jahr=
hunderts oder genauer bis 1806/07 erstreckte, und diejenige des
modernen Kapitalismus in Preußen, decken sich jedoch nicht völlig,
zumal sich die Bestrebungen des Merkantilismus ja auch auf alle
andern Gebiete staatlicher Wirtschaftstätigkeit bezogen.

Dies gilt auch für das hier zu behandelnde Gebiet der Arbeiter=
politik. Wollen wir eine für unsere Zwecke geeignete historische Ab=
grenzung vornehmen, so wird sich diese vorzüglich nach der Eigenart
unseres Gegenstandes richten müssen, der als Teilgebiet der mer=
kantilistischen Politik seine eigene Entwicklungsperiode aufweist.

Es wurde bereits darauf hingewiesen, welche Bedeutung der Ein=
wanderungspolitik für die Arbeiterbeschaffung zukam. Von Einzelfällen
in früheren Zeiten abgesehen, bei denen, wie etwa unter Joachim II.
(1535—71) fremde Handwerker ins Land gezogen wurden[1]), begann
eine erste allgemeinere Ansiedlung der Große Kurfürst 1644[2]); für
den An= und Ausbau der Vorstädte Berlins, Friedrichswerder und
Dorotheenstadt, wurden 1662 und 1674 Privilegien erlassen[3]). Gewiß
waren diese Einwanderungsfälle für die wirtschaftliche Entwicklung des
Landes nicht ohne Bedeutung; doch wird man ihnen nicht, wie es
manchmal geschieht, einen allzu großen Einfluß zuzuschreiben haben,
das zeigt schon ihr zahlenmäßiger Umfang[4]). Der eigentliche Quell=
punkt br.=preußischer Einwanderungspolitik lag vielmehr in dem Edikt
von Potsdam vom 29. Oktober 1685[5]), welches den Strom der
„Refugies" in die preußischen Lande leitete und hier jene für die
wirtschaftliche Entwicklung des Landes so bedeutungsvollen Wirkungen
hervorrief, die sich durch das ganze folgende 18. Jahrhundert zogen.
Erfuhr auch die intensive merkantilistische Einwanderungspolitik mit
dem Tode Friedrichs d. Gr. eine merkliche Abschwächung (manche

---

1) Meyer, Handwerkerpolitik, I. 69. Möglicherweise handelte es sich hier
um Ansetzung von Spezialarbeitern, die vorwiegend für den Hof arbeiteten, wie
etwa später (1669) der Gr. Kurfürst nach Berlin „Kunstdrechsler, Sammet=, Tapeten=,
und Raschmacher, die vom Churfürsten unterhalten, und von ihm in Thätigkeit
gesetzt wurden", hereinzog, König II. 143. — (Bemerkung: Bei Literaturangaben
wird regelmäßig nur der Verfassername angeführt und im übrigen auf das
Literatur=Verzeichnis verwiesen. Bei Verfassern mit mehreren hier benutzten Werken
ist außerdem das im Verzeichnis hervorgehobene Kennwort zugefügt.)

2) Die von Wiedfeldt, 49, gegebene „erste Aufforderung" für 1646
würde also dementsprechend vorzurücken sein.   3) Müller=Küster, I, 8 f.

4) Beheim=Schw., 38; vgl. auch Schmoller, Städtewesen, 556.

5) Mylius, II, I, Nr. LXV, p. 183 ff. [Alle chronologischen Angaben der
vorliegenden Studie folgen bis zum März 1700 dem Julianischen Kalender.

D. Herausgeber]

Wirtschaftshistoriker beschließen hier bereits die merkantilistische Epoche),
so dauerte doch die staatliche Arbeiterbeschaffung durch Einwanderung,
der in immer größerem Umfange die private zur Seite trat, den Rest
des 18., ja bis in die ersten Jahre des 19. Jahrhunderts hin, wenn
sie sich während dieser Zeit auch mehr und mehr auf Spezialarbeiter,
d. h. qualitativ hochwertige Arbeitskräfte, bezog. Mit der preußischen
Staatskatastrophe 1806/07 fand die merkantilistische Politik, die schon
in den beiden letzten Jahrzehnten von neuen politischen Strömungen
durchsetzt wurde, ihren endgültigen Abschluß.

Diese Zeit von 1685—1806 war die des Aufkommens
kapitalistischer Industrie, in den Anfängen und ohne planmäßige Geschlossenheit etwa von 1685—1713, in stärkster Ausbildung
bei intensiver staatlicher Förderung zur Zeit Friedrich Wilhelms I.
und Friedrichs d. Gr., bis in den Anfang des 19. Jahrhunderts. In
dieser Zeit werden wir auch die für unser Problem bedeutsamen
arbeiterpolitischen Vorgänge zu verfolgen haben, während eine vor-
hergehende Betrachtung der gesellschaftlich-wirtschaftlichen Lage, in die
der Kapitalismus hineintraf, noch in frühere Jahrzehnte zurückzu-
greifen hat.

Wenden wir uns der allgemeinen europäischen Entwicklung des
kapitalistischen Wirtschaftssystems zu, so lehrt ein Blick die historische
Besonderheit: das ist das verhältnismäßig späte Auftreten
kapitalistischer Industrie in Brandenburg-Preußen. Es
läßt sich im großen und ganzen eine geographische Verschiebung von
Süd-, West- und Nordwesteuropa nach Osten hin feststellen, wobei
die Anfänge des Kapitalismus jeweils später anzusetzen sind. Italien,
Frankreich, Holland und England waren in ihrer Wirtschaftsentwicklung
weit voraus, ehe in Preußen überhaupt Industrie in nennenswertem
Umfang aufkam. Bereits im 15. Jahrhundert fanden sich in Frankreich und England Ansätze einer Entwicklung, die im Laufe des 16.
und der ersten Hälfte des 17. Jahrhunderts zur Ausbildung und in
dessen zweiter Hälfte in Frankreich (unter Colbert), England (unter
Cromwell) und den anderen westeuropäischen Ländern zur vollen
Durchbildung kam. Unter Ludwig XI. wurden Versuche gemacht, in
Lyon und Tours eine heimische Seidenindustrie zu entwickeln; derselbe
Fürst zog eine Anzahl italienischer Seidenarbeiter unter Gewährung
von Bürgerrecht, Abgabenfreiheit und anderen Privilegien nach Frankreich; 1466 wurden die Manufakturen von Lyon, 1470 die von Tours

begründet. Mitte des 16. Jahrhunderts gingen hier schon 8000 Stühle mit einheimischen und italienischen Arbeitern [1]. 1601 wurde eine besondere Kommission des Staatsrats eingesetzt, die sich mit Handel und Industrie zu befassen hatte, 1667 fanden sich in Lyon bereits 2000 Stühle allein in der Seidenindustrie [2], während der Gr. Kurfürst erst 21 Jahre später, also 1686, die ersten Versuche in der Seidenindustrie machte: er ließ durch zwei französische Flüchtlinge Briet und Bourgignon eine Manufaktur mit 6—7 Stühlen einrichten; 1701 fand sich die erste Seiden„fabrik" des Baguaret in Berlin. Beide Etablissements gingen jedoch bald nach ihrer Entstehung ein [3]. In Italien treffen wir im 14. Jahrhundert Seidenfilanden in Bologna, in Holland im 17. Jahrhundert, ebenso auch Appreturanstalten [4]. In Antwerpen, wo sich ein altes Seidengewerbe befand, wurden im 17. Jahrhundert bereits 2000 Stühle in Tätigkeit gesetzt, an denen mit Einschluß der Hilfsarbeiter 10—12000 Personen (!) arbeiteten; die Einwanderung sachverständiger Arbeiter wurde durch den Magistrat gefördert [5]. Ende des 17. Jahrhunderts legte ein holländischer Unternehmer mit Hilfe französischer Refugies zu Utrecht eine Zwirnerei an, die gegen 500 Menschen beschäftigte [6]. Anfang des 17. Jahrhunderts, 1608, begann England unter staatlichem Schutze seine Seidenindustrie; Jacob I. zog einige hundert Zwirner, Färber und Weber aus dem Auslande heran. Für 1661 wird uns eine Zahl von 40000 Personen der in London und einem Umkreis von 4 Meilen Tätigen, einschließl. der mit Winden, Spulen und anderen Hilfsarbeiten beschäftigten Weiber und Kinder gegeben, die sicherlich übertrieben ist, aber doch auf einen beträchtlichen Umfang auch der kapitalistischen Industrie schließen läßt [7]. Die besonders weit vorgeschrittene Industrie Englands war 1687 soweit entwickelt, daß die aller merkantilistischen Politik eigenen Industriemonopole bereits um diese Zeit verschwunden waren [8]. In der Schweiz fand sich eine ausgedehnte Sammetindustrie schon während des 17. Jahrhunderts, in Basel eine verbreitete Seidenindustrie im 16. und 17. Jahrhundert, die jedoch nicht von einer

---

1) Hintze, Act. Bor. Seidenindustrie, III, 10.
2) Ebenda, 11 und 13.
3) Hintze, Zwei Denkschriften, 107 und 110.
4) Sombart, Kapitalismus, 6. Aufl., II, 735 f.
5) Hintze, Act. Bor. Seidenindustrie, III, 16.
6) Ebenda, 37.
7) Ebenda, 21.
8) Sombart, a. a. O., I, 380.

eigentlichen merkantilistischen Politik beeinflußt wurde. Auch in Deutschland, besonders im Westen und Südwesten, treffen wir schon frühzeitig, im 16. Jahrhundert, Barchentindustrie an[1]). Baden erließ bereits im Jahre 1664 ein Einwanderungsedikt[2]). — Diese kurzen Hinweise mögen genügen, um einige Beispiele für eine sonst bekannte Tatsache zu geben: West= und Nordwesteuropa, vorher schon Südeuropa waren in der kapitalistischen Entwick= lung weit voraus, hatten ihr bereits die Wege geebnet, während in Deutschland und besonders in Preußen die Wirtschaftsentwicklung noch weit im Rückstande war. Erst im Laufe des 18. Jahrhunderts schloß der preußische Staat die Zeit der merkantilistischen Wirt= schaftspolitik und damit die Förderung kapitalistischer Entwicklung, hier nun aber noch einmal in ihrer höchsten und konsequentesten Durch= führung, ab.

Auf eine bedeutsame Folge aus dieser historischen Ver= schiebung der wirtschaftlichen Entwicklung ist schon hier hinzuweisen: infolge des höheren ökonomischen Standes der westeuropäischen Staaten könnte durch die Einwanderungspolitik Preußens eine „Ver= pflanzung" kapitalistischen Geistes mit seinen Trägern, den Unternehmern und Arbeitern, stattfinden, was umso wichtiger war, als die Eigenart der Technik zu jener Zeit, die unten besonders behandelt wird, eine Uebertragung ökonomischer und technischer Kennt= nisse nur mit ihren menschlichen Trägern zuließ. Nicht in den Maximen der Wirtschaftspolitik allein traten die preußischen Fürsten die Nachfolge der westlichen Staaten an, sondern sie beschafften sich auch zu gleicher Zeit den rechten Grundstoff ihrer Arbeit durch ihre Emigrationspolitik, indem sie (passiv) aus den ökonomisch weiter fort= gebildeten Ländern Vertriebene aufnahmen und (aktiv) weitere Aus= wanderungen systematisch veranlaßten, um so ihrem Lande frische Kräfte und Vertreter jenes neuen Geistes zuzuführen, in dessen Zeichen die künftige Entwicklung der Wirtschaft stehen sollte. Unter diesem Gesichtspunkt kann man, wie es geschehen ist, die Emigration und ihre Wirkungen im 17. und 18. Jahrhundert in der Tat mit einer großen innereuropäischen Kolonisation vergleichen, welche die nicht nur durch die staatlichen Grenzen gesetzten Schranken überwand und einen Ausgleich der wirtschaftlich unterschiedlichen Lage zwischen den preußischen und den westeuropäischen Ländern herbeiführen half. Nicht

---

1) Hintze, a. a. O., 25 und 26.
2) Jahn, Gewerbepolitik, 152.

zuletzt findet zum Teil auch hierin die erfolgtragende Wirksamkeit der Staats= und Unternehmertätigkeit eine einleuchtende Erklärung.

Vorbedingungen an Arbeitskräften für die kapitalistische Unternehmung

Fassen wir mit Werner Sombart[1]) den Begriff des kapitalistischen Wirtschaftssystems als „verkehrswirt= schaftliche Organisation, bei der regelmäßig zwei verschiedene Bevöl= kerungsgruppen: die Inhaber der Produktionsmittel, die gleichzeitig die Leitung haben, Wirtschaftssubjekte sind, und besitzlose Nur= arbeiter (als Wirtschaftsobjekte), durch den Markt verbunden, zu= sammenwirken, und die von dem Erwerbsprinzip und dem ökonomischen Rationalismus beherrscht wird", so ist es die kapitalistische Unter= nehmung, in welcher diese beiden Bevölkerungsgruppen durch freien Vertragsschluß über den Verkauf von Arbeitsleistungen zusammen= treten; beide Gruppen müssen unter dem Erwerbsprinzip und ökonomischen Rationalismus stehen[2]). Wir betrachten nun hier in gedanklicher Isolierung vorwiegend die Bedingungen, die in dem Arbeitermaterial für die kapitalistische Unternehmung liegen.

Zunächst ist die Entstehung kapitalistischer Unternehmungen an die Bedingung geknüpft, daß überhaupt Menschen da sind, d. h. die Bevölkerung im Verhältnis zum bewohnten Land zahlenmäßig so groß ist, daß bei einer durchschnittlich angenommenen Gliederung in gesellschaftliche Schichten für kapitalistische Unternehmungen nennens= werte Bevölkerungsmengen nutzbar gemacht werden können: die Frage nach der Bevölkerungsdichte. Die tatsächliche Nutzbar= machung hängt von weiteren Voraussetzungen ab. Eine Frage betrifft die Verteilung auf die einzelnen Gesellschafts= und Berufs= gruppen: wieviel von der gegebenen Bevölkerungsmenge sich in einer dem Kapitalismus abgewendeten Sphäre befindet, sei es außer= wirtschaftlich (im engeren Sinne): Beamte, Militär usw., sei es wirtschaftlich: in der Agrarwirtschaft und noch im handwerklichen System, und wie groß auf der andern Seite die Menge der existenzlosen, aus wirtschaftlicher Selbständigkeit herausgefallenen Elemente ist, die dem aufkommenden Kapitalismus zunächst zur Ver= fügung stehen würden (Lohnarbeiter in potentia) und aus denen er sich tatsächliche Arbeitskräfte (Lohnarbeiter in actu) schafft. Den

---

1) Der moderne Kapitalismus, 6. Aufl., I, 319.
2) Ebenda, II, 811.

wesentlich quantitativ bestimmten Problemen steht die Frage nach der Beschaffenheit des Arbeitermaterials gegenüber; wir sahen oben als Voraussetzung das Beherrschtsein (auch der Nurarbeiter) vom Erwerbsprinzip und dem ökonomischen Rationalismus, dem der technische an die Seite zu stellen wäre. Beide Eigenschaften müssen dem Arbeiter in der kapitalistisch voll durchgebildeten Unternehmung eigen sein.

Aus dem eben gegebenen Schema erhellen ohne weiteres die der Verwirklichung des Kapitalismus von der Arbeiterfrage aus entgegenstehenden Hemmungen, die hier ebenso zunächst systematisch zusammengefaßt seien:

1) eine geringe absolute Bevölkerungsmenge, die sich auf der einen Seite infolge geringer Vermehrung, auf der andern durch forcierten Abgang bei dem gleichen oder sich verringernden Stande erhält,

2) ein Festhalten der Bevölkerung, auch wenn in größerem Umfange vorhanden, in anderen Kreisen, die sie nicht oder noch nicht abstoßen,

3) endlich, wenn sie aus der bisherigen Existenzgrundlage herausgeworfen werden, Absorption innerhalb des Landes, z. B. durch Heereswerbung, oder außerhalb, durch Auswanderung, Vertreibung usw.

Die Hemmungen auf qualitativem Gebiete liegen ebenso klar in:

1) Fehlen des Erwerbsprinzips, Vorherrschen der Idee der „Nahrung", Beibehalten der Genügsamkeit, Unstrebigkeit,

2) unrationalistischer Geisteshaltung in Wirtschaft und parallel in Technik.

Die daraus folgende Politik der an der wirtschaftlichen Entwicklung interessierten Mächte, Staat und Unternehmertum, richtet sich auf die Vermehrung der für den Kapitalismus geeigneten Bevölkerungselemente

1) von außen, außerhalb der eigenen Volkswirtschaft durch Aufnahme Vertriebener (passiv), durch Anlockung von Ausländern (aktiv), wobei die Arbeitskräfte für kapitalistische Unternehmungen von der andern Masse nicht oder noch nicht kapitalistischer Elemente zu scheiden sind;

2) im Inlande: Beförderung des Ueberganges von dem früheren Wirtschaftssystem zum kapitalistischen (Handwerkerpolitik), Heran-

ziehung aus andern Kreisen, sei es wirtschaftlicher Art (Agrar=
nexus), sei es sonstiger staatlich=anstaltsmäßiger Art (Gefängnisse,
Armen= und Waisenhäuser, Militär).

Die Maßnahmen, die sich auf qualitativ bestimmte Arbeiter=
beschaffung erstrecken, sind folgender Art:

1) Heranziehung neuer, bereits ausgebildeter kapitalistischer
Arbeitskräfte aus dem Auslande,

2) Erziehung alter Arbeitskräfte im Inlande.

In der Wirklichkeit kreuzen sich diese Maßnahmen vielfach
und erscheinen selten in reiner Gestaltung. So werden häufig
Arbeitskräfte, die zahlenmäßig aus dem Auslande hereingezogen werden,
auch gleichzeitig Träger neuen Geistes und ökonomischer wie technischer
Erfahrung sein. Andernteils liefern z. B. Insassen von Schulen, die
in irgendeiner Fertigkeit ausgebildet werden sollen, gleichzeitig quanti=
tativ Arbeitskräfte für Unternehmer des entsprechenden Produktions=
zweiges.

Bei der Betrachtung der Arbeiterverhältnisse, wie sie sich für
unser Land Brandenburg=Preußen zur Zeit des beginnenden
Kapitalismus ausnahmen, ergibt sich als natürliche Gliederung dem
obigen Schema entsprechend zunächst eine Darstellung der gesellschaftlich=
wirtschaftlichen Lage, in die der Kapitalismus hineintraf, hierauf
werden die beschaffungspolitischen Maßnahmen folgen, mit denen die
Wirtschaftssubjekte die Hemmungen zu beseitigen und dem neuen
System die Wege zu ebnen versuchten, wobei wiederum hemmende
Erscheinungen, die sich während der Entwicklung des Kapitalismus
aus mannigfachen Interessenkreuzungen ergaben, zu behandeln
sind, — um so von der Seite der Arbeiterbeschaffung her eine ein=
gehende Klarlegung der Ursachen zu erhalten, die der langsamen Ent=
wicklung des kapitalistischen Wirtschaftssystems zugrunde lagen.

I. Teil

Die gesellschaftlich=wirtschaftliche Lage vor Beginn des Kapitalismus

I. Die Bevölkerung Preußens nach Quantität und Qualität

Quantitative Bevölkerungsverhältnisse

„Ueberfluß“ existenzloser Elemente

Eine allgemeine Betrachtung der gesellschaftlich=wirtschaftlichen Lage, wie sie der moderne Kapitalismus nach der Seite der Arbeiterfrage hin in Preußen antraf, macht, um die Entwicklung der Bevölkerungs= verhältnisse verstehen zu können, ein Zurückgehen in die vorherige Zeit notwendig.

Wenn wir uns zunächst mit den quantitativen Verhältnissen der Bevölkerung beschäftigen, so stoßen wir auf eine eigenartige, wider= spruchsvoll erscheinende Zuständlichkeit, welche unmittelbar an das Hauptproblem dieser Arbeit rührt. Die Anzahl der wirtschaftlich un= selbständigen, der Entwicklung des Kapitalismus also entsprechenden Bevölkerungselemente erscheint dem ersten Eindruck nach recht be= trächtlich: ich denke dabei an die seit dem Mittelalter durch die ganze Zeit gehenden Klagen über die Bettler= und Vagabunden= plage, die im 16. und 17. Jahrhundert in allen deutschen Ländern gleichermaßen ertönten[1]. Ueberall trat die gleiche Erscheinung auf, daß um diese Zeit manche Menschen aus ihrer gefestigten wirtschaft= lichen Lage herausgeworfen wurden und nun bettelnd Land und Städte durchzogen. Schon für das Jahr 1540 findet sich in einer Aufstellung von Beschwerden, die der Berliner Magistrat durch die märkischen Stände an den Kurfürsten richtete, die Klage, daß „vil frembde Bethler im lande hin und wider umblauffen“[2]. Die vielen Klagen fanden ihr Echo in einer ebenso großen Zahl von Verordnungen, Edikten und Mandaten „wieder des Herrn=lose Gesinde, Plackers, und Bettler“[3], die „Herrenlosen umblauffenden Knechte, Gardebrüder, Müßiggenger,

---

1) Landau, G., Die materiellen Zustände, 338.
2) Winter, 595.
3) Mylius, V. V. 1. Nr. X. p. 21, Ed. v. 10. Apr. 1595.

und Betler"[1]), welche regelmäßig in den Ediktensammlungen von der
zweiten Hälfte des 16. Jahrhunderts bis in die Mitte des 18. Jahr=
hunderts wiederkehren. Die Mylius'sche Sammlung enthält für die
Zeit von 1565 bis 1735 über 50 Verordnungen[2]), die sich mit dem
Bettel= und Armenwesen, zwei damals wenig getrennten Gebieten[3]),
befassen. Für Schlesien sind von 1530—1729 nicht weniger als
26 Patente und Kurrenden gegen das Bettlerwesen erlassen worden
neben einer großen Anzahl besonderer Verordnungen gegen herum=
ziehende Zigeuner und zwei allgemeinen Bettelordnungen von 1700
und 1719[4]). Daß während des 30=jährigen Krieges und in dessen
Verfolg das Unwesen umherstreifenden Gesindels eher zu= als abnahm,
ist erklärlich. — Sehen wir uns nun diese Gesellschaft von arbeits=
losen Elementen näher an, so treffen wir auf die verschiedensten Ge=
stalten: Landsknechte, Handwerksburschen, Bauersleute, „lose Buben",
fahrende Studenten, ja Kinder von 6—8 Jahren[5]).

Die Formen des damaligen Kriegswesens waren es,
die eine der Hauptursachen des immer mehr überhandnehmenden
Bettelwesens bildeten. Stehende Truppen gab es noch nicht; mußte
ein Heer für einen beginnenden oder in Aussicht stehenden Feldzug
aufgestellt werden, so ging die Werbetrommel um, und von allen
Seiten innerhalb und außerhalb Landes strömten die Kriegs= und
Soldluftigen herbei. Rissen die Werbungen, die häufig unter Gewalt=
anwendung erfolgten, die einen aus einem mehr oder weniger festen
Beruf und Lebensunterhalt heraus, so waren daneben die Heeres=
haufen Sammelplätze des verschiedensten Gesindels, der noch irgend
kräftigen Armen und Besitzlosen, die durch Aussicht auf Beute an=
gelockt wurden. War der Feldzug zuende, so wurden die Heere ent=
weder, wie im 16. Jahrhundert, ganz oder, wie es später der Fall
war, zum größeren Teil aufgelöst, und die Entlassenen strömten in
großen Mengen ins Land und setzten, der Arbeit gänzlich entwöhnt,
als plündernde Horden nach dieser Seite hin ihr Kriegsleben in un=
veränderter Weise fort. Die während des 16. und 17. Jahrhunderts
erlassenen Edikte sind voll von Klagen und Maßnahmen gegen „das
Garden und Betteln der Landsknechte"[6]), das Volk der „abge=

---

1) Mylius, V. V. 1. p. 27, Nr. XII, Ed. v. 20. Okt. 1599.
2) Besonders Mylius V. V. 1.
3) Ebd., p. 53, „Nota".
4) Frauenstädt, 730.
5) Mylius, V. V. 1. Nr. XXIX. p. 50, Ed. v. 19. Nov. 1698.
6) Mylius, V. V. 1. Nr. 1, p. 1, 1565.

dancften Solbaten"[1], die — wie es an einer Stelle heißt — „itiger zeit, auch in die Vierßig starck, vnd auch zuweilen noch stärcker: in einem hauffen herumb lauffen, dernechst die Heuser vberall zuburch= mausen, was jnen darinnen gefelt, mit lauterer gewalt, hinweg zu= nehmen: das vbrige aber zu vorterben, vnd entzwey zu schmeißen"[2]. Verschlimmert wurde das Uebel noch badurch, baß zu jener Zeit eine Fürsorge für invalide und verkrüppelte Solbaten nicht bestand, sie waren auf die Almosen der Bauern und Bürger angewiesen[3]; Mila spricht sogar von einem „Recht, sich ihren Unterhalt zu erbetteln, bis sie einen anständigen Lebensunterhalt fanden oder man wieder ihre Dienste brauchte"[4].

Ein weiteres Element der Bettlerscharen bildeten die von Haus und Hof vertriebenen Bauern. Schon um 1550 wurde in Brandenburg von dem verderblichen Auskaufen der Bauern gesprochen[5]. In Pommern begann die Einziehung der Höfe gegen Mitte des 16. Jahrhunderts[6]. Das „Bauernlegen" ist eine zu bekannte Er= scheinung, als daß hier barauf näher eingegangen werden müßte. Im Anfang des 17. Jahrhunderts steigerte sie sich z. B. in der Alt= mark soweit, daß die gesamte Landschaft 1606 Einspruch dagegen erhob und den Kurfürsten zu einem Verbot des weiteren Bauernlegens (1615) veranlaßte, das jedoch ohne rechten Erfolg blieb[7]. Aber selbst wenn es nicht zu solchen mehr oder weniger gewaltsamen Ver= treibungen kam, so zwang die völlig fehlende Fürsorge der Grund= herrschaften die im Frondienst alt und arbeitsunfähig Gewordenen, burch Betteln ihren Lebensunterhalt zu suchen, wie die bei Gelegenheit des „Generalschubs" am 13. Januar 1724 in Brieg aufgenommene Bettlerliste zeigt[8]. Auch hier hatte der Krieg verstärkend mit Ver= wüstungen von Hof und Acker und Vertreibungen, die für gewisse Zeit oder für immer erfolgten, eingegriffen[9]. Kehrten die Bauern auch häufig wieder zurück, so blieb doch ein großer Teil von Landleuten übrig, die der Krieg in dauernde Bewegung und Umtrieb versetzte.

1) Eb., I. II. Nr. CXX., p. 238, Eb. v. 21. Jun. 1725.
2) Eb., III. I. Nr. 2., p. 5, Eb. v. 6 Dez. 1616.
3) Schnackenburg, 10.
4) Mila, 148.
5) Winter, 515.
6) Inama-Sternegg, 26.
7) Kaphahn, 22.
8) Frauenstädt, 732 und 756 f.
9) Petersdorff, 68 f.

Wie sah es nun in der städtischen Bevölkerung aus? Auch hier weist die Lage des städtischen Handwerks auf manche Quelle, die den Strom der Verarmten und Besitzlosen verstärkte; einige Hinweise mögen dafür genügen. Die allgemeine wirtschaftliche Entwicklung in Preußen befand sich, wie die in ganz Deutschland, bereits vor dem 30=jährigen Kriege im Niedergang[1]); darauf ist besonders in neuerer Zeit bei Betrachtung der Kriegswirkungen hingewiesen worden. Zu der äußeren schlechten wirtschaftlichen Lage gesellten sich im Innern die Erschwernisse aus der Entwicklung des Zunft= und Innungswesens, welches im 16. und 17. Jahrhundert ins „Barock" eintrat. Ueberall zeigten sich Verknöcherungen, die die Schwierigkeiten erst recht nicht zu überwinden vermochten, und die Klagen über Mißbräuche der Zünfte, die in einer Uebersteigerung aller Einrichtungen ihre Ursache hatten, nahmen kein Ende. Hohe Gebühren für den Eintritt in die Zunft, übertriebene Lehr= und Meistergelder wurden erhoben, teure und wegen ihrer veralteten Art später unverkäufliche Meisterstücke waren an der Tagesordnung, große Gelage, die Besorgung der sog. „Köste", zwangen den angehenden Gesellen oder den Lehrling oft, sich vor seiner Selbständigkeit in Schulden zu stürzen, an denen er sein ganzes Leben lang abzutragen hatte[2]). Andere Regeln sorgten für Verengerung des Kreises der Zunftberechtigten durch Ausschließung gewisser Bevölkerungsgruppen: Forderung der deutschen Geburt für den Lehrjungen, Ausschließung der Söhne gewisser Berufsklassen: der Stadtknechte und Gerichtsdiener, der Feldhüter, Hirten, Turm= und Nachtwächter, der Totengräber, Gassenfeger und Bader, — sie alle standen unter dem Ruf einer minderwertigen Geburt und hatten nie die Möglichkeit, in einen andern handwerklichen Beruf überzugehen[3]). Endlich als Krönung des Ganzen: die Schließung der Zünfte für bestimmte oder unbestimmte Zeit, die geschlossene Meisterzahl; der „ewige Geselle" nahm hier seinen Anfang. Alle diese Mißbräuche bedeuteten eine weitere Vermehrung der ärmeren Volksschichten, die sich irgendwie einen Unterhalt suchen mußten, brachte eine weitere Schwächung gegenüber wirtschaftlichen Unglücksfällen, die sie der Armenpflege oder dem Bettel zutrieben.

---

1) Roscher, Nationalökonomik, 272; Schmoller, Studien, 8. Jg., 380 f.; Jolles, 194.

2) Schmoller, Innungswesen, 17; Rohrscheidt, VI, 804 f.

3) eb., 820.

Verarmend wirkten im Stadtwesen des 16. und 17. Jahrhunderts die mit der Einnahmepolitik der Städte zusammenhängende Verordnung von hohen Geldstrafen auch bei geringeren Vergehen[1]). Dazu warf die Strafe der Stadtverweisung manchen Einwohner für bestimmte Zeit oder dauernd auf die Landstraße und verstärkte so die Zahl der fahrenden Leute, die selten in einen ehrlichen Beruf zurückfanden und ihren Lebensunterhalt durch Bettel und Diebstahl erwarben.

Selbst wenn man zugibt, daß die damals von den Behörden ergriffenen Maßnahmen unzureichend waren, das Bettelunwesen zu beseitigen[2]), so traten doch noch andere Umstände hinzu, die ihre Wirkung abschwächten. Wir müssen hier auch die Eigenart des damaligen Volkscharakters in Betracht ziehen, der von der andern Seite her eine Beseitigung dieser Zustände verhinderte. Die tatsächlich herrschenden wirtschaftlichen Nöte, wie wir sie oben als Folge der allgemeinen Lage vor und besonders nach dem 30-jährigen Kriege für die Soldaten, Land- und Stadtbewohner schilderten, wurden ergänzt und unterstrichen durch den allgemeinen Mangel an Energie: das Müßiggehen und liederliche Leben entsprachen der Grundeinstellung des Menschen im 17. und 18. Jahrhundert weit mehr als heute, wie wir nachfolgend in einem besonderen Abschnitt darzustellen haben werden. Darauf weist auch der Umfang des betrügerischen Bettels; starke, arbeitskräftige Leute liefen im Lande umher, ohne die ihnen gebotene Arbeitsgelegenheit zu benutzen. So traf man „insonderheit junge starcke Weiber, die sich mit Lumpen behängen, und kleine Kinder bey sich haben, auf das Land lauffen, woselbst ohnedem dergleichen Gesinde sich überflüssig befindet, welche lieber das Betteln, als sich ehrlich zu nehren erwehlen, ..“[3]). Ver-

---

1) Landau, G., 351.

2) Zunächst war man darauf bedacht, die Bettler nicht erst ins Land oder wenigstens in die Städte hineinzulassen (Mylius, V. V. 1. Nr. 20, p. 39, Ed. v. 22./3. 1670; **Preuß. Geh. Staatsarchiv, Berlin-Dahlem** [nachfolgend zit.: G. St. A.], Rep. 21. 24 b 1, Schr. 14./5. 1688.) und die im Lande befindlichen mit Androhung von Haftstrafe und Züchtigung hinauszujagen: Mylius, I. II. Nr. CXXI, p. 242, 21./6. 1725.; s. auch Frauenstädt, 731. — Der Erfolg war der, daß sie ein Land dem andern zuschob. Erst spät griff man zu positiven Maßnahmen und suchte den Herumziehenden Arbeit zu verschaffen und sie an geordnete und regelmäßige Tätigkeit zu gewöhnen. (Kumpmann, 792.) Sie wurden in Armen- und Arbeitshäusern untergebracht und mußten dort durch Wollespinnen zu ihrem Lebensunterhalt beitragen: Mylius, V. V. 1. Nr. 28, p. 50, Ed. v. 10./4. 1696; eb. Nr. 49, p. 82, 21./12. 1719 und I. II. Nr. CXXI, p. 239, 21./6. 1725. — G. St. A., Rep. 21. 24 b 1, Kurf. Mand. v. 1688 an den Berliner Magistr.

3) Mylius, V. V. 1. Nr. XXVIII. p. 47, 10/4. 1696.

kleideten sich die Bettler einmal als Landsknechte, so verschafften sie
sich ein andermal zum wirksamen Betteln falsche Urkunden über er-
littenen Brand- und Wasserschaden, Religionsverfolgung, Dienst-
entsetzung, Ueberfall usw., welche man den Gebern vorwies[1]. An
anderer Stelle täuschten sie Krankheiten vor oder gingen sogar soweit,
sich solche beizubringen, sich mit Geschwüren zu infizieren, ihre Kinder
in früher Jugend, wie berichtet wird[2], absichtlich zu lähmen, um sie
so zum Betteln geeigneter zu machen. Man scheute in jeder Weise
die Arbeit. Als 1720 die fremden Bettler aus Breslau in ihre
Heimat geschickt werden sollten, weigerten sie sich: sie könnten vom
Bettel nicht ablassen, man sollte für sie sorgen[3]. Die verbreitete
Bettelei war also großenteils eine Folge allgemein verbreiteter Faulheit
und Trägheit, die als für jene Zeit „natürliche" Eigenheit durch alle
Schichten der Bevölkerung ging und den notwendigen Lebensunterhalt
lieber durch Betteln als durch anstrengende Arbeit erwerben ließ[4].

Hier aber treten wir an ein Hauptproblem unserer Arbeit heran.
Wir haben bei den vorstehenden Schilderungen zweifellos den Eindruck gewonnen, daß eine gewisse Menge wirtschaftlich entwurzelter,
unselbständiger Elemente im 16. und 17., ja bis in das 18. Jahrhundert hinein, als der Kapitalismus bereits in seinen Anfängen
stand, in Preußen vorhanden war. Was läge also näher, als für
das sich entwickelnde neue Wirtschaftssystem die Folgerung zu ziehen,
daß für dieses gar keine „Arbeiterfrage" in unserm Sinne bestand,
daß es nur in die „große" Menge arbeitslosen Volkes hineinzugreifen
hatte, um sich die Arbeitskräfte zu verschaffen, die es zu seiner
Entwicklung in geeigneter Form notwendig brauchte? Ja, vielleicht
warteten diese Massen bei der „Ueberfüllung des Arbeitsmarktes"
sehnsüchtig auf die Entwicklung des Kapitalismus, der ohne
Schwierigkeiten auf diesem Gebiete seinen Einzug halten konnte? —
Das ist in der Tat behauptet worden: „So war der Boden für eine
kapitalistische Industrie geschaffen, die Arbeiter, bereit um jeden Lohn
zu arbeiten, waren reichlich (sic!) vertreten; ihr Entstehen und
Gedeihen konnte wahrhaftig einen Rettungsanker (sic!) für die Volks-
massen bedeuten. Und das geschah auch, — — ..."[5]

<hr>

[1] eb., Nr. LIII, p. 89, 12/2. 1722; eb., I. II. Nr. CXXI, p. 237 f. 21/6. 1725.
[2] Frauenstädt, 725.   [3] eb., 723.   [4] Landau, G., 344.
[5] Landau, Joh., Die Arbeiterfrage in Deutschland im XVII. und XVIII.
Jahrhundert und ihre Behandlung in der deutschen Kameralwissenschaft. Diss.
Zürich 1915, S. 41; zit. im Hdwb. d. St., Art: „Arbeiter und Arbeiterfragen",
4. Aufl. 1923.

Nichts falscher als dies! Zunächst wird man sich davor hüten
müssen, die „Massen" der existenzlosen Elemente, für die man gern den
30=jährigen Krieg als Ursachenquelle heranzieht, zahlenmäßig zu hoch
einzuschätzen; die Forschungen der letzten Jahrzehnte haben einwandfrei
erwiesen, daß die Wirkungen des Krieges, die wir bis dahin vorwiegend
aus zweckmäßig zurechtgemachten Klageschriften, Jammereingaben an
Behörden, die Freiheit von Steuern erwirken sollten, und vor allem
aus bilderreichen Erzählungen kennengelernt haben, die bereits einen
langen „Hörensagen"=Weg bis zu ihrer Niederschrift zurückgelegt
hatten, bei weitem nicht so hoch anzuschlagen sind, wie es früher
geschehen ist. Weiter steht dem die wirtschaftliche Unbrauchbarkeit
der aus ihrer Selbständigkeit herausgeworfenen Elemente entgegen,[1]
die — wie wir gesehen haben — größtenteils garnicht arbeiten
wollten, denen ihre Streifzüge durch Stadt und Land bei „arbeits=
losem" Einkommen, das sie durch alle möglichen „Kunstgriffe" zu
erlangen suchten, viel lieber waren, als etwa in eine Manufaktur
bei regelmäßiger Arbeit eingespannt zu werden. Dazu kam die
technische Unfähigkeit zu einer großen Anzahl gewerblicher Tätig=
keiten.[2] Zu erinnern wäre weiter an die eigentümliche Gestaltung
des „Arbeitsmarktes", wenn man von einem solchen überhaupt
sprechen will, an die Schwierigkeiten der Arbeitsvermittlung.[3]
Endlich stehen dem entgegen — die historischen Tatsachen, welche ein
weites Gebiet von umfangreichen und ungeheuren Schwierigkeiten
gegenüberstehenden Maßregeln umfassen, mit denen sich die Unter=
nehmer bemühten, Arbeitskräfte für ihre neuen Unternehmungen heran=
zuschaffen[4]. Diese Tatsachen aber mit den nun folgenden Darlegungen
aufzuzeigen, soll ja die Aufgabe der vorliegenden Arbeit sein.

---

1) Herkner, 3.

2) Es wird noch zu zeigen sein, wie sich die Verhältnisse dort gestalteten, wo
man diese Elemente später tatsächlich dem Kapitalismus nutzbar zu machen suchte.

3) Siehe II. Teil I.

4) Es ist gefährlich, sich lediglich auf die Vorschläge der merkantilistischen
Schriftsteller zu verlassen, welche nach dem wirtschaftspolitischen Charakter ihrer
Schriften leicht dazu kamen, zur stärkeren Anregung der Wirtschaftsführer — Staat
und Unternehmer — manche Schwierigkeiten kleiner hinzustellen als sie waren,
was bei dem „fieberhaften [!] Bestreben der Kameralisten nach Schaffung neuer
freier Produktionsformen" — so sagt Landau (S. 79) selbst — nicht verwunderlich
erscheint. So finden wir etwa bei Justi, Manufacturen, II, 172, Wendungen
wie: „Jedoch, obgleich die Arbeit schwer und mühsam ist; so ist es doch nicht die
Einführung dieser Manufacturen. Teutschland hat heutigen Tages schon so viel
geschickte Arbeiter in diesen faconirten seidenen Zeugen, daß es in keinem Lande

Ueberwiegender Bevölkerungsmangel

Will man sich heutzutage ein Bild von den gegenwärtigen Bevölkerungsverhältnissen eines Landes machen, so steht meist ein weites, auf Grund amtlicher Erhebungen gewonnenes statistisches Material zur Verfügung, welches als brauchbare Unterlage für den Nachweis von Stand und Bewegung der Bevölkerung dienen kann. Für die hier behandelte Zeitspanne, besonders die vormerkantilistische, sieht es jedoch in dieser Beziehung recht trübe aus, so daß es von vornherein illusorisch erscheinen könnte, einen Einblick in die Bevölkerungsverhältnisse Brandenburg-Preußens und damit in die Eigenart der uns interessierenden Probleme zu gewinnen. Als 1744 das General-Direktorium von Friedrich II., welcher für die Redaktion seiner „Histoire de mon temps" statistisches Material über den Bevölkerungsstand vor dem 30-jährigen Kriege wünschte, mit entsprechenden Untersuchungen beauftragt wurde, kam es in große Verlegenheit, denn aus der Zeit vor dem 30-jährigen Kriege gab es kaum Zählungen der Bewohner der Mark, und die regelmäßige Aufstellung von Verzeichnissen der Getauften, Kopulierten und Gestorbenen war erst in den letzten Jahren des Gr. Kurfürsten begonnen worden [1]). Es ist auch heute noch nicht möglich, an Hand einer sicheren Gesamtstatistik die Bevölkerungsverhältnisse Brandenburg-Preußens vor und nach dem 30-jährigen Kriege in Vergleich zu stellen und so von dessen Wirkungen ein klares Bild zu bekommen. Zwar findet man auch Zahlen aus

daran fehlen wird, welches diese Manufacturen bey sich einführen will, sobald es nur diesen Arbeitern Vortheile und Etablissements anbietet." Oder ebb., 111: „Die Spinnerey der Baumwollenmanufacturen verursachet gleichfalls nicht die geringste Schwierigkeit [!]. Das ist eine Sache, die fast jede Weibesperson ohne allen Unterricht lernet. Das Landvolk gewöhnet sich auch bald dazu, wenn nur Anfangs ein gutes Spinnerlohn bezahlet wird, daß die Leute mehr dabei verdienen, als bey ihren zeitherigen Spinnen." Auch Bergius, V, 51, sieht keine Schwierigkeiten, „denn bey der großen Menge von Seidenmanufacturen in Europa und selbst in Teutschland giebt es allenthalben die Menge Leute [!], welche um ein Etablissement verlegen sind, oder denen das Land ihres zeitherigen Aufenthaltes nicht gefällt; und die mithin die Gelegenheit, sich in einem andern Lande niederzulassen, mit Vergnügen ergreifen." Die Wirklichkeit sah jedoch etwas anders aus. Wie wollte man aber auch sonst die ausgedehnte „Populationspolitik" der Merkantilisten, die ihren eigenen Platz hat, rechtfertigen, wenn keine Schwierigkeiten in dieser Beziehung bestanden hätten? —

1) Behre, 65; 1683—84 ist die erste Nachweisung für die in den Residenz- und Kurstädten getauften, getrauten und gestorbenen Personen vorgenommen worden: ebb., 133.

der Zeit vor dem Kriege, sie umfassen jedoch nur einzelne Territorien und Städte, beziehen sich meist auf benachbarte Sachgebiete (Steuer- und Schoßregister, Aushebungslisten usw.) und gestatten daher nur mehr oder weniger haltbare Schlüsse auf die tatsächlichen Bevölkerungs- verhältnisse. Im übrigen aber haben wir geschätzte Zahlen, die oft für die gleiche Zeit verschiedene Angaben zeigen und nur mit ent- sprechender Vorsicht herangezogen werden können; so etwa die in den Jahren 1660, 1717, 1746 und, wie schon erwähnt, 1774 veranstalteten Aufnahmen über die durch den 30-jährigen Krieg veränderten Ver- hältnisse [1]. Es kann also nur versucht werden, aus den vorliegenden Daten einen allgemeinen Ueberblick über die absolute Bevölkerungs- größe, Dichte usw. zu gewinnen. Soweit nicht Gesamtzahlen vor- liegen, müssen wir uns, besonders was die Wirkung des 30-jährigen Krieges betrifft, mit Angaben von Einzelfällen aus Städten und Dörfern begnügen, Zahlen, die aber doch, soweit möglich, als typisch nachgewiesen werden sollen, um so wenigstens einen ungefähren Rück- schluß auf die Bevölkerungsverhältnisse zu gestatten, die der moderne Kapitalismus bei seinem Einzug in Preußen vorfand.

Ein Hinweis, der auf recht frühe Zeit zurückgeht, findet sich bei Behre [2] für die Bevölkerung in der Mark Brandenburg, welche für 1486 bei einer Einwohnerzahl von 308 750 Seelen und einem Areal von 653 Quadratmeilen eine Dichtigkeit von nur 472 (10,6 pro qkm) aufweist. Ein Vergleich mit dem übrigen Deutsch- land — 800 bis 1000 Menschen auf 1 Quadratmeile (17,9 bis 22,4 p. qkm) — zeigt die bedeutende Rückständigkeit gegenüber den anderen Ländern. Wie sehr die Bevölkerung des flachen Landes in der Mittelmark noch 1524 zurückstand, geht daraus hervor, daß um diese Zeit auf 1 Quadratmeile 35,5 Bauern und 25,5 Kossätenstellen kamen, d. h. bei einer Zahl von 5 Personen für die Familie nur 300 (6,7 p. qkm) Menschen [3]. Eine „amtliche" Tabelle aus dem Jahre 1564 gibt für die Kurmark an: Bewohner der Städte 99 000, der Städte und Flecken der Prälaten und Ritterschaft 5000, für die 13 Kreise des platten Landes 160 000 Einwohner, dazu „ca. 36 000 Per- sonen der Prälaten und Ritterschaft nebst Angehörigen", zusammen also 300 000 Einwohner [4]. Die im Jahre 1774 vom General-Direktorium

---

1) Behre, 62 ff.

2) Gesch. d. Statistik, 53; die für den qkm umgerechneten Zahlen sind von mir jeweils beigefügt.

3) ebenda, 53.

4) Häpke, 672; s. jedoch dazu Behre, 68, und hier unten S. 26.

dem König für das Jahr 1617 übermittelten Einwohnerzahlen geben für die Kurmark ohne die Neumark 139460 Personen in den Städten, 190200 auf dem Lande, zusammen also 329660 Einwohner an, d. h. bei 564,8 Quadratmeilen 584 Menschen p. Quadratmeile (13,1 auf 1 qkm)[1]); nach Petersdorff soll Brandenburg um 1634 etwa 300000 Seelen gehabt haben; Schmoller gewinnt jedoch eine höhere Ziffer: 330000 bis 400000 (?) Seelen[2]). Für 1688 finden sich für den gleichen Gebietsumfang 399240 Einwohner angegeben, wonach auf 1 Quadratmeile 704 Seelen (15,8 p. qkm) gekommen wären. Die Zahl scheint jedoch zu hoch zu sein, denn Schmoller stellte für die Zeit von 1680 bis 1700 folgende ausführlichere Zahlen auf, welche zeigen, wie gering die Dichtigkeit noch Jahrzehnte nach dem 30=jährigen Kriege war. Auf die Quadratmeile kamen in Ostpreußen 600 (ca. 13,4), in der Neumark 505 (11,3), in Pommern 420 (9,4), in der Kurmark 656 (14,7) Menschen, wonach er 616 (13,8) als Durchschnitt für die östlichen und mittleren Provinzen errechnet. Wenn man selbst die von Dieterici[3]) für die Zeit gegen 1700 auf= gestellte Bevölkerungsdichte von 919 (20,6) heranzieht, so zeigt doch der Vergleich mit anderen Ländern die Rückständigkeit der preußischen Bevölkerungsdichte; es kamen in Sachsen 2017 (45,2), in Hannover 1365 (30,6), in Württemberg 2272 (50,9), in Böhmen 1590 (35,6), in Schleswig=Holstein 1225 (27,5), in den Niederlanden 2150 (48,2), in Frankreich 2400 (53,6) und in der Lombardei 3000 Einwohner (67,3) auf die Quadratmeile[4]).

Diese wenigen Zahlenangaben zeigen die Schwierigkeiten, einen Ueberblick über die Bevölkerungsbewegung der gesamten Mark Branden= burg, viel weniger noch über alle später zum Königreich Preußen ge= hörenden Gebiete zu erhalten. Eines aber geht aus ihnen bei einem Vergleich mit der Bevölkerungsdichte besonders der westlichen, ökonomisch weiter fortgeschrittenen Länder unzweifelhaft hervor, nämlich daß die Besiedlung selbst der mittleren Gebiete sich auf einem recht niedrigen Stande befand und die Bevölkerung im ganzen nur sehr langsam wuchs; es gehörte noch viel dazu,

---

1) Häpke, 672.

2) Petersdorff, 3.

3) Ueber die Vermehrung der Bevölkerung, 115; Hintze, Industrialisierungs= politik, 158, nimmt für den Anfang des 18. Jahrhunderts 900 Seelen p. Quadratmeile an.

4) Schmoller, Kolonisation, 6.

wollte Brandenburg-Preußen zu einer wirtschaftlichen Höhe kommen, die auch nur annähernd der der westlichen Staaten entsprach [1]).

Konnten für den Bevölkerungsstand des Gesamtgebiets keine genauen und in jeder Beziehung einwandfreien Angaben gemacht werden, so finden sich auch für einzelne Städte und Dörfer nur ungenaue Zahlen, die zumeist auf die Wirkungen des 30-jährigen Krieges Bezug haben. Selbst für die Hauptstadt des Landes, Berlin-Cölln, deren Bevölkerungsentwicklung hier dargestellt ist, können für die Zeit vor dem Kriege nur ungefähre Schätzungen angegeben werden:

Jahr: [2])	Einwohnerzahl:	Zahl der Feuerstellen:
1565	gegen 12000	1322
1590	„ 12000 [3])	—
1596 [4])	„ 12000	—
1600 [5])	„ 12000	—
1602	„ 12000	—
1608	11000	1236
1609 [6])	12000	—
1619	12000	—
1631	8000 [7])	1240
1640 [8])	6000	—
1645	—	1197
1653	—	1259
1654	6197	1279
1661	6500 [9])	—
1670	8150	—
1680	9800	—
1685	17400 [10])	—
1690	21500	—
1698	22400	—
1700	29000 [11])	—

1) Noch 1740 hatte der ganze preußische Staat von 2145 Quadratmeilen nur ebensoviel Einwohner wie im Jahre 1896 die Provinz Brandenburg: 2¼ Millionen; durchschnittliche Dichtigkeit für ganz Preußen im Jahre 1740 also 1048 Ew. p. Qu.-Meile. Bergér, 6.

2) Wo nicht anders angegeben, aus einer bei Fidicin, Hist.-dipl. Beiträge, 516, gegebenen Liste.

3) Süßmilch, Berlin, 24 und 26: 14000 Ew.

4) Stiller, 186; Mila, 143: 1598 „höchstens 9000 Seelen".

5) Wiebfeldt, 45: „im allg. auf 14000 geschätzt".

6) ebb., 81.

7) Mila, 155, gibt 8100 an.

8) ebb., 155.

9) Wiebfeldt, 45: um diese Zeit „nur 300 Bürger".

10) ebb., 81: 7400 (Druckfehler!).

11) ebb., 81: 28500.

Für die Zeit des 30=jährigen Krieges und deſſen Wirkungen finden ſich verſtreut mannigfache Angaben.

Im Jahre 1626 zählte nach Nicolai[1]) Berlin ohne Cölln und Vorſtädte 874 Häuſer einſchl. 22 Freihäuſer, die ſich bis 1634 auf 845 Häuſer vermindert hatten, wovon 156 „ledig" ſtanden. Schon 1627 war Berlin ſo arm an Bewohnern, daß nicht alle Tore bewacht werden konnten und das Hofgeſinde und die Advokaten zum Wach= dienſt herangezogen werden mußten[2]). 1648 fanden ſich in Berlin „an 200" ledige Häuſer, 1645 in Cölln 150 Häuſer, von denen keine Kontribution zu erhalten war und die „zum Teil" aus Mangel an Reparatur ganz eingefallen waren[3]). Nach einer bei Süßmilch[4]) wiedergegebenen Nachricht aus den Rathausakten vom Jahre 1645 hatte Berlin „vor denen ſchweren Drangſaalen des Krieges, und der in ſelbigem erfolgten großen Peſt" 835 Häuſer gehabt; davon waren aber „nur 620 Häuſer bewohnet: worunter noch 77 baufällige Büd= chens im Cloſter= und Marien=Viertel begriffen". Danach wird gegen das Jahr 1644, in welchem 358 wüſte Feuerſtellen gezählt wurden, eine kleine Beſſerung feſtgeſtellt. Für Cölln ergab ſich bei dieſer „Viſitation" ein Rückgang der bewohnten Häuſer von der Vorkriegs= zahl von 401 um 22 auf 379 Häuſer im Jahre 1645. Berlin und Cölln zuſammen zählten alſo gegen Ende des Krieges 999 bewohnte Häuſer gegenüber 1236 vor dem Kriege. Noch 1661 ſoll Berlin nur „300 Bürger" gehabt haben[5]).

Nicht viel anders ſah es in den übrigen Städten Brandenburgs aus:

In Frankfurt a./O. fanden ſich 1618 13 000, 1653 2 366 Ein= wohner. Gegenüber 1329 vor dem Kriege ſind für die Zeit nach dem Kriege 581 bewohnte Feuerſtellen und 103 Buden angegeben[6]).

Die Altſtadt Magdeburg, welche vor der Zerſtörung 20 bis 26 000 Einwohner und während der Belagerung mit den aus der Umgegend und den Vorſtädten Geflüchteten 35 000 Seelen zählte[6]), hatte 1644 nur noch 2464, im Jahre 1681 wieder 8000 Einwohner. 1631 nach der Brandkataſtrophe ſtanden noch 139 Häuſer. 1635 waren von den ehemaligen 1500 Feuerſtellen (ausſchl. Vorſtädte)

---

1) Beſchreibung, I, XLII.

2) König, I, 207.

3) Nicolai, a. a. O., XLV; vergl. auch Behre, 57.

4) Berlin, 11.

5) Siehe S. 23, Anm. 9; ſ. auch Anlage A.

6) Schmoller, Städteweſen, 10. Jg., 537.

wieder 394 bewohnt (vor der Pest)[1]. 1683 fanden sich noch 113 unbewohnte Häuser und 434 unbebaute Stätten.

In der Neustadt Magdeburg wurden 1625 1500 Feuerstellen gezählt, von denen schon 1625/26 mit Wallensteins Erlaubnis ein großer Teil aus taktischen Gründen zerstört wurde. 1653 fanden sich hier 200, und 1680 300 Bürgerhäuser[2].

Stadt Brandenburg: vor dem Kriege 1144 Häuser, nach dem Kriege 527 mit 4000 Einwohnern[3]; 1630 500 verlassene Häuser[4].

Spandau hatte gegen 1620 etwa 3600, nach dem Kriege etwa 1500 Einwohner[5].

Für Neustadt=Eberswalde gibt Schmoller eine Aufstellung der Bürgerfamilien, welcher hier eine Einwohnerliste des Lokalhistorikers Rud. Schmidt gegenübergestellt ist[6]:

1600[7]	209	Bürger	1625	1200	Ew.
1624	218	„	1635	150	„
1637	20	„	1643	168	„
1662[7]	52	„	1645	240	„
1682	66	„	1650	300	„
1701	157	„	1682	330	„
			1700	670	„

Wriezen a./O.: vor dem Kriege 250 Feuerstellen, 1634 davon 100 „desolat"[8].

Schwedt a./O.: von 216 im Jahre 1625 auf 26 Feuerstellen im Jahre 1643; die Einwohnerzahl sank in der gleichen Zeit von 17—1800 auf etwa 150[9].

Oderberg und Biesenthal wurden fast ganz zerstört und gebrandschatzt; 1634 befanden sich in Biesenthal nur noch 285 Einwohner[10].

Alt=Landsberg: von 100 Bürgerstellen verbrannte im Laufe des Krieges mehr als die Hälfte.[10]

---

1) Inama = St., 56, gibt für 1680 7—8000 Seelen gegen 40000 (?) vor dem Kriege an.

2) Schmoller, Städtewesen, 10. Jg., 537.

3) Behre, 57.

4) Inama - St., a. a. O., 70.

5) Schmoller, a. a. O., 537.

6) Schmidt, Eberswalde, 26.

7) Von der Hagen, 66.

8) Behre, 60.

9) Wolff, 1.

10) Schmoller, a. a. O., 538; Petersdorff, 70.

Prenzlau: hier wurden vor dem Kriege 787 Feuerstellen, 1643 noch 321 gezählt, von denen 107 unbewohnt waren; von 60 Tuch=machern existierten noch 10 [1]).

Diese Zahlen geben meist einen recht erheblichen Rückgang der Bewohner während des Krieges. Man hat auf Grund solcher Einzel=fälle, andernteils auch nach zeitgenössischen Ueberlieferungen Schätzungen für die gesamte Stadtbevölkerung einzelner Kreise oder Marken an=gestellt. Die städtische Bevölkerung Oberbarnims war bis zum achten Kriegsjahr von 4510 Seelen auf 2865, d. h. um $^2/_5$ zurückgegangen [2]); diesem würde nach der Meinung Petersdorffs ein Rückgang der Gesamteinwohnerschaft des Kreises von 13 500 auf 8900 entsprechen (?). Für die Städte der Altmark wird nach guten Unterlagen ein Ver=lust von 51,6 % des Vorkriegsstandes angegeben [3]). Nach einem Schreiben Berlin=Cöllns vom 19. Juni 1643 soll die Zahl der be=wohnten Häuser in der Mittel= und Uckermark schon 5 Jahre vor Kriegsende von 10000 auf 3000 zurückgegangen sein [4]). Ein Protokoll des Kreises Oberbarnim vom Jahre 1635 bezeichnet schon um diese Zeit ein Drittel aller Hufen (1403$^1/_2$ von 4278$^1/_2$) als wüst, nach welcher Zahl Petersdorff die ländliche Bevölkerung (auf die Bauernstelle 5 Personen) vor dem Kriege auf 9000, nach dem Kriege auf etwa 6065 Seelen berechnet [5]). Behre [6]) nimmt für das platte Land nach Schätzungen an, daß um die Mitte des 16. Jahr=hunderts mindestens 200 000 Menschen in der Mark waren, die bis 1618 auf etwa 240 000 bis 300 000 gestiegen seien. Bei einem gleich=großen Abgang wie in den Städten würden dann 1643 nur noch 70—80 000 Menschen vorhanden gewesen sein, wobei er auf eine in der Pfuel'schen Denkschrift gegebene Angabe weist, nach welcher die Zahl der Dörfer in der ganzen Kurmark von 8000 auf 4000 herab=gegangen sei. Kaphahn nimmt für die Dörfer der Altmark einen Verlust von 25 %, für die östliche Altmark von 50—60 % an und stellt für die ganze Altmark einen Verlust von ca. 40 % der früheren Bevölkerung als ziemlich wahrscheinlich auf [7]). Nach Berg [8])

---

1) Schmoller, a. a. O., 538; Petersdorff, 70.
2) Petersdorff, 70.
3) Kaphahn, 38.
4) Petersdorff, 2; ebenso Behre, 57.
5) Hintze, Hohenzollern, 187; Petersdorff, 69.
6) Behre, 59.
7) Kaphahn, 70 und 80.
8) Berg, 336.

soll im Arnswalder Kreis (Neumark) die Bevölkerung um 40 % heruntergegangen sein. Ein Verzeichnis der Amtsuntertanen in den Aemtern der neumärkischen Kammer aus dem Jahre 1651 gibt einen Durchschnittsverlust von 31,4 % an [1]).

Gegenüber einigen hier angegebenen, teilweise ungeheuren Verlustzahlen der Städte erscheint es Schmoller mit Recht verwunderlich, daß die auf Befehl Friedrichs II. vom Generaldirektorium angestellte Untersuchung für die gesamte städtische Bevölkerung der Kurmark für 1617 139 460 Einwohner und für 1688 schon wieder 166 440 feststellte [2]): Zahlen, die zweifellos mit den angegebenen „Verlusten" in gewissem Widerspruch stehen.

Hoeniger hat zum ersten Mal grundsätzlich und allgemein auf die Kritiklosigkeit hingewiesen, mit der man bis dahin Berichten und Unterlagen über die Wirkungen des 30-jährigen Krieges in Deutschland gegenübergetreten ist [3]). Eine Untersuchung der Quellen nach ihren Gründen zeigt, wie notwendig eine Prüfung ihrer Brauchbarkeit zu wissenschaftlichen Feststellungen ist. Finden sich großenteils in ihnen unbewußte Uebertreibungen, die in dem Mangel an Ueberblick der Menschen jener Zeit, ihrer Abgewandtheit vom Zahlenmäßigen, ihrem Hang zum Größermachen, was durch die großenteils mündliche Weiterbeförderung der Nachrichten nur begünstigt wurde, ihren Grund haben, so treffen wir ungezählte Male auf bewußt einseitig gefärbte Berichterstattungen und Fälschungen, besonders bei „amtlichen" Berichten der Magistrate, Verwaltungen, Stände, welche für die Heranziehung zur Steuer und Kontribution Unterlagen geben sollten, wobei eben der Zweck des Schriftstückes [4]) die objektive Verwertbarkeit in Frage stellt. Ungezählte Beispiele könnten hierfür angeführt werden [5]). Bedenklich ist es, wenn solche Berichte kritiklos angenommen werden, ja wenn — wie bei Inama-Sternegg [6]) — eine „ununterbrochene Reihe" von Schaudergeschichten in breitem Maße als notwendig empfunden wird, um dem Leser „im Interesse der Gründlichkeit" ein eingehendes und lebendiges Bild von den furchtbaren Folgen des 30-jährigen Wütens zu geben. Kaphahn hat dann im Verfolg der von Hoeniger gegebenen Anregungen versucht, für ein engeres

---

1) Schwartz, Neumark (1902), 170.
2) Schmoller, Städtewesen, 10. Jg., 539.
3) Der 30-jährige Krieg und die deutsche Kultur; s. Lit.-Verz.
4) Nachweisung der Zahlungsunfähigkeit: ebd., 406.
5) so etwa Orlich, I 49 f.
6) Die volksw. Folgen d. 30-j. Kr., 5.

Gebiet, die Altmark, die Wirkungen des 30=jährigen Krieges festzu=
stellen und die bisherigen Vorstellungen zu berichtigen [1]). Die Er=
gebnisse seiner Arbeit zusammen mit entsprechenden Hinweisen aus
anderen Untersuchungen lehren uns manche Erscheinung kennen, die
für unser Problem von erheblicher Bedeutung ist.

Dabei ist zunächst hervorzuheben, daß die sog. „Wirkungen des
30=jährigen Krieges", unter denen das Wüstwerden von städtischen und
ländlichen Besitzungen und der daraus gefolgerte Rückgang der Be=
völkerung eine besondere Rolle spielen, sich auch schon vor dem Kriege
fanden. So ergaben die auf Veranlassung Friedrichs d. Gr. 1746
durch die kurmärk. Kammer angestellten Untersuchungen über die Dörfer,
welche lange vor dem 30=j. Kriege vorhanden waren, 94 Dörfer mehr
als zu Beginn des Krieges, auch bei Berücksichtigung der inzwischen
zu Städten erhobenen Ortschaften [2]). Für die Umgebung von Alt=
und Neu=Brandenburg stellt Gebauer [3]) fest, daß die Verödung der
Dörfer sämtlich auf die letzten Jahrhunderte des Mittelalters zurück=
zuführen ist; auch die ländlichen Wüstungen gehen auf die Zeit vor
dem 30 jährigen Kriege zurück [4]). Aehnliches läßt sich für die Neumark
feststellen [5]). Endlich sei auf die im Anhang [6]) auszugsweise wieder=
gegebene Aufstellung Jastrows der „Feuerstellen in den Städten
der Mittelmark, Uckermark und von Ruppin" verwiesen, die sowohl
den Beginn des Wüstwerdens vor dem Kriege wie auch die verstärkende
Wirkung des Krieges selbst erkennen läßt.

Betrachten wir nun im Zusammenhang mit unserem Problem der
Arbeiterbeschaffung für den aufkommenden Kapitalismus die Ursachen,
welche auf den Stand und die Bewegung der Bevölkerung ihre Ein=
flüsse ausübten, so soll dabei nach den in der Einleitung [7]) angegebenen
Gesichtspunkten vorgegangen werden.

Unter den Ursachen, welche die städtischen und ländlichen Be=
sitzungen wüst werden ließen, finden sich verhältnismäßig selten Mord
und Totschlag. Gewiß forderte der 30=jährige Krieg Opfer und

---

1) Die wirtsch. Folgen d. 30j. Kr. f. d. Altmark; s. Lit.=Verz.

2) Hoeniger, 424.

3) Die Städte Alt= und Neu=Brandenburg, 93 Anm. 1 und 2.

4) Kaphahn, 70 Anm. 4.

5) Schwartz, Neumark (1902), 165.

6) Anlage A.

7) s. S. 9.

bewirkte einen erheblichen Abgang der Bevölkerung [1]). Trotzdem wird gerade hier den Berichten Mißtrauen entgegen zu bringen sein; zeigt es sich doch, daß auch an den Orten ein Rückgang der Bevölkerung eintrat, die nie vom Kriege berührt wurden. Bedeutsamere Wirkung ist den epidemischen Krankheiten, welche schon vor dem Kriege auftraten, durch diesen aber erheblich vermehrt wurden und noch lange danach wüteten, zuzuschreiben.

Ueber die Wirkungen der Pest liegen manche einigermaßen gesicherte Zahlen aus Totenlisten und Kirchenbüchern vor. 1611 starben in Berlin und Cölln an der Pest 1058 Personen, 1630 777 [2]). Im Jahre 1631 erlagen ihr 2066 Menschen; erst im Jahre 1682 trat sie in Berlin zum letzten Mal in größerem Umfange auf [3]). In Pritzwalk starben 1611, also schon vor dem Kriege, an der Seuche innerhalb 5 Monaten 1500, in Wittstock 800, in Freienwalde in 7 Monaten 700 Menschen: für die damals kleinen Städte beträchtliche Zahlen. Zwischen Perleberg, Kyritz, Pritzwalk, Havelberg und Werben, einem Gebiet von 4 Qu.-Meilen war ein einziger Prediger tätig, der im Jahre nur 4 bis 5 Kinder zu taufen hatte [4]). In Spandau starben 1630 an der Pest 833 Personen, darunter 180 Bürger [5]), 1632 mehr als 1500 Personen; 1635 trat sie erneut auf, sodaß die Stadt, die täglich 150 Mann zum Festungsbau stellen sollte, nur die Hälfte schickte [6]). 1682 raffte die Pest in Halle 5681 Menschen hinweg [7]). 1625 starben in Königsberg (Neum.) an der Seuche fast 1000 Personen bei etwa 3500 Einwohnern [8]). In Crossen sollen durch die Pest 1900 Menschen umgekommen sein [9]). In den östlichen Provinzen wütete sie noch im 18. Jahrhundert (1709/1710) und soll ein Drittel der Bevölkerung gefordert haben. In Königsberg allein starben 18000 Menschen in einem Jahre. Für die ganze Provinz, in der Litthauen am meisten

---

1) Vgl. Joh. Schultze, Die Herrschaft Ruppin und ihre Bevölkerung nach dem 30-jähr. Kriege. 1925. Danach wurden durch die Ereignisse und Epidemien der drei Jahrzehnte ca. ⅔ der Wohnstätten in diesem Bezirk wüst.

2) König, I, 186; ebd. 225; 1637 waren von 168 ledigen Häusern 40 mit Pest angesteckt.

3) Behre, 132 Anm. 4.

4) ebd. 56 f.

5) Fischbach und Dilschmann, 77.

6) Kuntzemüller, 314.

7) Schwetschke, 10.

8) Schwartz, Neumark (1902), 173.

9) Schmoller, Städtewesen, 10. Jg., 537.

betroffen wurde, werden 200 000, von Süßmilch sogar 250 000 Opfer (Gesamtbevölkerung ca. 600 000) angenommen [1]. Nicht nur bei den Zivileinwohnern forderte die Pest ihre Opfer, sondern auch bei den Truppen: die 1638 ausgehobenen 10 900 Mann gingen zum Teil infolge von Seuchen in zwei Jahren auf 2500 Reiter und 3600 Fußgänger zurück [2].

Der Hauptgrund für die Wirksamkeit der Epidemien lag in dem Mangel an jeder Hygiene. Dazu kam die größere Anfälligkeit der Bewohner infolge Hungersnot und Unbeständigkeit, die wieder ihre Gründe in Mißwachs, Zerstörung der Aecker und mangelhafter Bebauung hatten. Die Mangelhaftigkeit hygienischer Vorsichtsmaßregeln bewirkte auch eine größere Sterblichkeit der Frauen bei der Geburt und vor allem eine bedeutende Säuglingssterblichkeit [3].

Ein weiterer Grund für das Wüstwerden von Wohnstätten ist durch ein Abwandern der Bevölkerung gegeben. Mannigfache Ursachen sind dafür anzuführen. Die Bauern flüchteten beim Nahen des Feindes in die Wälder und Sümpfe oder retteten sich in die Städte. Die städtischen Bewohner verließen infolge Einquartierung und Kontribution die Heimatstadt und zogen in eine andere [4]. Es handelte sich dabei um eine allgemeine Erscheinung: Inbewegungsetzen und Fluktuieren großer Bevölkerungsteile, aus denen — wie wir früher gesehen haben — mancher nie wieder einen festen Wohnsitz fand und den Bettlerhorden anheimfiel. Solange die Wanderung innerhalb des Landes sich vollzog, es sich also nur um eine regionale Verschiebung handelte, kann man von einer eigentlichen Bevölkerungsminderung nicht sprechen: dem Abgang in der einen Stadt entsprach ein Zuwachs in der anderen. Bedeutsam wird für uns die Wanderung erst da, wo sie sich zur territorialen Bevölkerungsverschiebung auswuchs, d. h. wo wir von tatsächlicher Auswanderung sprechen können, die einen absoluten Rückgang der Volkszahl bedeutet. Gerade hierfür finden sich Beispiele in großer Menge. Schon in den ersten Jahren des Krieges klagte Salzwedel über dauernden Abzug seiner Bürger in fremde Länder. 1626 meldete Stendal, daß von den 1252 Häusern um 1567 400 verlassen wären und täglich mehr Ein-

---

1) Schmoller, Kolonisation, 5.

2) Behre, 112.

3) Schmoller, ebd.

4) Für Berlin: König, 1, 227; für Spandau: Kuntzemüller, 319; für Eberswalde: Schmidt, Finowtal, 20.

wohner um Erteilung ihres Abschiedes anhielten [1]). Ebenso wendeten sich am 15. Februar 1640 in Berlin die „Eximirten, Räthe, und Bürgerschafft" mit einer Bittschrift an den Kurfürsten, in welcher sie auf Abhilfe des gegenwärtigen betrüblichen Zustandes der Residenz= städte drangen, „dahingegen im wiedrigenfall man zu befürchten hätte, daß zwischen Ostern noch viel mit Weib und Kind davon gehen, und Hauß und Hoff stehen lassen müßten, wie denn gar viel wären, die sich dessen heimlich und öffentlich verlauten laßen . . ." [2]). Oster= burg meldete Anfang 1627, daß von den 300 Bürgern 160 ausge= laufen seien. Infolge der dänischen und kaiserlichen Einquartierung gingen viele Einwohner häufig „in andere Länder". Bezeichnend ist eine Resolution des Kurfürsten an seine Räte Anfang 1641 über die Einziehung der Kontribution, die „jedoch mit Behutsamkeit, daß wir dabei nicht mehr Schaden des Landes und Verlierung einiges Volks, als Vorteil und Frommen empfinden vermögen", vorgenommen werden soll [3]). In einer Stendaler Eingabe heißt es, daß die Tuchmacher nach Hamburg in Dienste gegangen seien, die Stände von Schwarzenberg meldeten 1640, daß die Einwohner sich nach Polen, Sachsen, Holstein und den Seestädten gewandt hätten [4]). Süßmilch schreibt etwa für 1623: „Was noch Muth hatte, das suchte der neuen Noth so der ersten auf dem Fuß folgte, durch die Flucht zu entgehen, und begab sich nach Hamburg, und in andere Nordische Gegenden" [5]). Daß für Hamburg der 30=jährige Krieg tatsächlich einen Bevölkerungszuwachs brachte, ist bezeugt [6]), ebenso auch für Lübeck und Bremen, sodaß er dort infolge dieser Zuwanderungen für Handel und Gewerbe eine Beförderung brachte [7]). Auch für Sachsen wird eine Vermehrung der Bevölkerung im 30=jährigen Kriege festgestellt [8]).

Wie die städtische, so flüchtete auch die ländliche Bevölkerung ins Ausland, oft in ganzen Gemeinden, und zwar besonders häufig nach

<hr>

1) Kaphahn, 42.

2) Fidicin, Beiträge, 10.

3) Kaphahn 42 f.

4) zit. ebb. 43 f.

5) Berlin, 17.

6) Schmoller, Studien, 8. Jg., 1044.

7) Hintze, Act. Bor. III, Seidenindustrie, 19; Inama, 48.

8) Wuttke, Gesindeordnungen, 65.

Polen [1]); fanden sich an der einen Stelle nach der Unruhezeit die
Leute wieder ein, so kehrten an anderer Stelle die Untertanen über=
haupt nicht zurück [2]); teilweise wurden sie mit Zwangsmitteln zurück=
gehalten. Als die Regierung z. B. die Rückweisung der nach Polen
geflüchteten neumärkischen Untertanen verlangte, wurde ihr mitgeteilt,
„das könne sich nur auf solche Flüchtlinge beziehen, die vor kurzem
über die Grenze gekommen wären; denn wer sich längere Zeit als
Untertan unter einem polnischen Herrn aufhalte, der verfalle nach
dem Recht in dessen Leibeigenschaft“. Aber auch freiwillig blieben die
Neumärker in Polen zurück, zumal sich die polnischen Behörden mit
vielen Versprechungen bemühten, die zu ihnen Geflüchteten zum Bleiben
zu bewegen [3]). Viele Tausende, wie Hoeniger annimmt, haben in
Polen Zuflucht gesucht [4]).

Aber auch diese Verluste durch Auswanderung waren schon
vor dem Kriege aufgetreten, und zwar im Zusammenhang mit dem
mehrfach erwähnten allgemeinen wirtschaftlichen Niedergang. Für die
Altmark wird gemeldet, daß auch die „gelegten“ Bauern und das durch
Zins= und Arbeitslast niedergedrückte Gesinde in fremdes Land zogen [5]).
Die gleiche Erscheinung fand sich auch nach dem Kriege. In der
revidierten Gemeindeordnung vom 14. September 1685 heißt es:
„Damit aber über diß der ausweichenden Unterthanen Frevel und
Muthwill, andern zum Abschew und Exempel gebührend abgestraffet,
und hiebey ein rechter Ernst gebrauchet werden möge: Als ordnen
Wir hiemit, daß wann hinfüro würckliche Unterthanen oder derer
Kinder austreten, und in auswärtige Lande entweichen werden“,
sie durch „offenen Brieff der am Kruge oder Schultze=Gerichte ange=
schlagen werden kan, zurück zufordern“ sind [6]).

Unter den mit dem Kriege nicht unmittelbar verbundenen Ursachen,
die eine mehr oder weniger starke Abwanderung zur Folge hatten,

---

1) Schwartz, Neum., (1902), 161 u. 174.

2) Berg, 216.

3) Schwartz, a. a. O., 181.

4) Der 30=j. Kr., 431. Wenn H. hier einschränkend von „nur Tausenden,
höchstens Zehntausenden“ spricht, so kann das wohl mit Bezug auf ganz Deutschland
gelten, nicht aber für Preußen, welches dabei als benachbartes Land in erster
Linie in Betracht kam. Eine andere Bedeutung für Preußen haben auch die Ver=
schiebungen der Bevölkerung innerhalb Deutschlands (ebd. S. 430).

5) Kaphahn, 27.

6) Mylius, V. III. 1, Nr. 24, p. 178.

finden wir auch die Restriktionspolitik der Zünfte[1]). Im Landtags-Rezeß für die Neumark vom 19. August 1653 wendete man sich gegen die geschlossenen Innungen, „da dem gantzen Lande daran gelegen, daß sich die Anzahl der Bürger vermehre, und einer, der sein Handtwerck voll gelernet, nicht veruhrsachet werde, sich in andere Länder zu begeben"[2]). Eine Verordnung vom 20. Januar 1693 klagte über die Beibehaltung der Mißbräuche; „das sei unverträglich mit dem Ziel, die Städte populös zu machen."[3]) Der Bevölkerungszunahme wirkten sie aber auch dadurch entgegen, daß viele „fremde gesellen, so das ihrige rechtschaffen gelernet, sich in die Städte zu setzen abgeschreckt und in die nahe angrenzende Pollnische Städte sich niederzulaßen, gleichsahm gezwungen von diesen aber willigst auff und angenommen auch protegirt" wurden[4]). Daneben sorgten ja die Innungsbestimmungen, welche Leute ausländischer Geburt zurückwiesen, dafür, daß die Bevölkerung von außen nicht vermehrt wurde[5]).

Gründe wirtschaftlicher Art für diese Auswanderungen fanden sich auch bei der Rohstoffversorgung als Folge von Naturereignissen oder Kriegswirkungen. Der 30-jährige Krieg hatte die Rohstoffgrundlage der Tuchmacherei, die Schäfereien, zerstört, wodurch Mangel an Wolle eintrat. Die dadurch herabgekommenen Tuchmacher, die vorher zahlreich vorhanden waren[6]), wanderten nach den benachbarten Ländern, besonders Sachsen, aus, wo sie die Tuchmacherei emporbrachten[7]). Ein allgemeines Schafsterben im Winter 1709 hatte die gleiche Folge: es fehlte an dem nötigen Rohstoff, die einheimischen wie auch die bei dem schwedischen Einfall ins Land gekommenen Tuchmacher wanderten aus, und zwar nach Sachsen, aber auch „ins Hannöversche, Wolfenbüttelsche und Dänische"[8]).

---

1) Die Wirkungen der Handwerksmißbräuche waren zwiefacher Art: einmal untergruben sie die Existenz mancher Handwerker und überlieferten sie, wie wir sahen, dem Bettelwesen; andererseits aber trieben sie auch die eigenen Landeseinwohner hinaus und bewirkten so eine tatsächliche Verminderung der Volkszahl.

2) Mylius, VI. I Nr. CXIX, p. 473, „zum Sechs und Zwanzigsten".

3) zit. bei Schmoller, Innungswesen, 85.

4) G. St. A., Rep. 9. JJ. 12, 15. III. 1712: Manitius über die Verhältnisse in der Neumark an den König.

5) eb., Postskriptum v. 10. III. 1669.

6) Bekmann, I, 803 und 1151.

7) G. St. A., Gen.-Dir., Fabr.-Dep. Tit. 234 Nr. 46a.

8) G. St. A., ebenda; Bekmann, I, 1152; Reinhold, 319

Auch Vertreibungen aus religiösen Gründen haben wir in unsere Betrachtung einzubeziehen, zwar nicht für das Brandenburg-Preußen des 17. Jahrhunderts, sondern für das später erworbene Schlesien, in dem sich noch um diese Zeit die Folgen der österreichischen Religionspolitik neben dem Druck durch Besteuerung bemerkbar machten[1]). In Sagan ging im Laufe des 17. Jahrhunderts von 1626 bis 1698 die Zahl der Tuchmacher von 700 auf etwa 10, in Löwenberg von 300 auf 21 zurück, Leobschütz verlor 1672 807 Familien, Neustadt 500; 1687 vertrieb der Abt Rosa von Grüssau mit einemmal 1240 Untertanen[2]), darunter allein 800 aus den Dörfern Reich-Hennersdorf und Ober-Zieder, meist Weber und Bleicher. Unter dem jesuitischen Ferdinand wanderten die protestantischen Bürger von Neisse aus[3]). Die Gesamtzahl wird überall auf viele Tausend geschätzt. 1640 zogen die evangelischen Einwohner Hirschbergs mit der schwedischen Besatzung ab und ließen den nachbringenden Oesterreichern leere Häuser und 8 katholische Bürgerfamilien zurück[4]). Im Laufe des 30-jährigen Krieges wurden 1100 evangelische Kirchen in Schlesien eingezogen. Die Schwenkfelder Damastweber vertrieb man im Anfang des 18. Jahrhunderts[5]). — Auch der Bergbau litt unter den zu Beginn des 17. Jahrhunderts während der Regierungszeit Ferdinands II. auftretenden Religionsverfolgungen. Die protestantischen Bergleute aus Tarnowitz und Beuthen wendeten sich fort, die Zechen wurden aufläffig und gingen ganz ein[6]). Der Blei- und Silberbergbau von Tarnowitz verfiel[7]). Daß es sich bei diesen Vertreibungen um nicht geringe Zahlen gehandelt und die Abwanderung sich auch wirtschaftlich erheblich bemerkbar gemacht haben muß, beweisen die Versuche, die Auswanderer selbst durch Gewährung von Zugeständnissen in religiöser Hinsicht wieder zur Umkehr zu bewegen. Schon 1699 fand sich bei der kaiserlichen Regierung Neigung dazu[8]); unter Karl VI. (1711—1740) wurde am 1. Juli 1716 ein Edikt gegen die Auswanderung der Schäfer und Bleicher erlassen, in welchem auch

---

1) Grünhagen, Zustände Schlesiens, 391 u. 398. Fechner, Berg- und Hüttenwesen, Bd. 48, 199; ders., Wirtschaftsgeschichte, 4.

2) Grünhagen, a. a. O., 397. Fechner, a. a. O., 11.

3) Beheim-Schw., 229.

4) eb., 230.

5) Fechner, a. a. O., 11 und 4.

6) Koch, 20.

7) Fechner. Berg- und Hüttenwesen, Bd. 48, 287.

8) Grünhagen, Zustände Schlesiens. 398.

freie Religionsübung für Einwanderer zugesagt wurde [1]). Endlich
können wir gewisse Schlüsse auf die Erheblichkeit dieser Auswanderungen
auch aus den Wirkungen ziehen, welche dadurch in den Einwanderungs=
ländern hervorgerufen wurden. Die Weberei in der Lausitz führte
die spätere Stärkung ihrer Konkurrenzkraft zum großen Teil auf diese
Einwanderungen aus Schlesien zurück [2]). In Polen, Ungarn und in
deutsch=österreichischen Gebieten (außer Schlesien) riefen die schlesischen
Auswanderer Leinenindustrien ins Leben, die dem späteren Absatz
Schlesiens selbst in diesen Gebieten großen Schaden zufügten [3]).

In den bisher angeführten Fällen handelte es sich um eine tat=
sächliche, d. h. absolute Bevölkerungsverminderung: sei es
durch Tod infolge Krieg, Pest, Hungersnot, mangelhafter Hygiene,
sei es durch Auswanderung und Vertreibung. Hier aber ist schon
auf eine Erscheinung hinzuweisen, die nicht einen tatsächlichen Be=
völkerungsrückgang, sondern eine Entziehung und Absorption ge=
wisser Volksteile aus der wirtschaftlichen Sphäre bedeutete, die
also für die Entwicklung des neuen Wirtschaftssystems zeitweilig oder
dauernd verloren gingen. Ich meine die Heereswerbung. Es
erscheint mir um so berechtigter, schon hier auf diese Tatsache hinzu=
weisen, als vor und mit dem Beginn des Kapitalismus aus Gründen,
die später zu behandeln sind, eine Inanspruchnahme eines immer um=
fangreicher werdenden Menschenmaterials für den Auf= und Ausbau
des brandenburgisch=preußischen Heeres auftrat, welche bei einem
Vergleich unsere heutige und auch die damalige Militarisierung der
Nachbarländer weit zurückließ.

Während des 30=jährigen Krieges waren nach dem damals ge=
bräuchlichen Werbesystem die Heerhaufen jeweils für bestimmte Zwecke
und Aufgaben mittels in= und ausländischer Werbung zusammengebracht
worden; in der Mark bei der Musterung von Eberswalde (15. VI.
1638) ein recht ansehnliches Heer von 10 900 Mann. Teile dieser
Armee waren 1642 unter dem Gr. Kurfürsten in Höhe von 2400 Mann
beibehalten worden. Von 1653 ab wurde das Heer nie mehr ganz
entlassen; auf diese Zeit wäre also der Beginn des stehenden Heeres
und damit der dauernden Absorption gewisser Volksteile anzusetzen [4]).

1) Fechner, Wirtschaftsgeschichte, 12.
2) Zimmermann, Leinengewerbe, 23; vgl. a. Grünhagen, a. a. O., 397.
3) Zimmermann, a. a. O., 66.
4) Behre, 112 f.

Bei dem Kriege zwischen Polen und Schweden stellte der Gr. Kurfürst (1655) ein Heer von 14 400 Reitern und 10 300 Fußgängern, mit Offizieren, Aerzten, Predigern und Auditeuren zusammen 25 932 Mann, auf. Nach einer zeitweiligen Verminderung im Jahre 1661 auf 3550 Mann trat, besonders bei Anlässen neuer Kriege, eine erhebliche Verstärkung des Heeres auf: 1655 auf 12 688, 1672 auf 23 562 und 1678 auf 45 318 Mann [1]). Eine Gegenüberstellung des Heeres aus den ersten Regierungsjahren des Gr. Kurfürsten mit dem bei seinem Tode ergibt 4000 Mann gegen 28 500 [2]). Daß infolge der umfangreichen Werbungen dem Ackerbau und dem Gewerbe beträchtliche Kräfte entzogen wurden, ist mehr als einmal bezeugt [3]). Bedeutet doch die letztgenannte Zahl bei einer Bevölkerung von ungefähr 1 067 000 Ew. auf einem Staatsgebiet von 2020 Quadratmeilen eine Inanspruchnahme von ca. 3 v. H. der Gesamtvolkszahl, wobei sicherlich manche Gebiete stärker herangezogen wurden. Am Ende der Regierung Friedrichs I. waren 1713 nach Angabe Friedrichs des Gr. 30 000 Mann vorhanden, während Generalmajor von Massow in einem Bericht an Friedrich d. Gr. (1748) dagegen eine Zahl von 38 459 Mann feststellte. Friedrich Wilhelm I. hinterließ 1740 ein Heer von 82 000 Mann [4]).

Daß diese Verhältnisse gerade für Brandenburg-Preußen besonders hervorzuheben sind, zeigt ein Vergleich mit den übrigen europäischen Staaten: 1740 war Preußen an Bodenfläche „der zehnte, an Bevölkerung der dreizehnte, nach seiner militärischen Macht aber der dritte oder vierte europäische Staat"; um diese Zeit betrug die Kriegsstärke des Heeres 3,7 v. H. der Bevölkerung (2,2 Mill.), die Kosten beanspruchten nahezu $^2/_3$ der gesamten Staatseinnahmen. Die starke Entziehung der Bevölkerung aus Feldbau und städtischem Gewerbe machte die Einrichtung eines besonderen Beurlaubungssystems notwendig, wonach dennoch 2,7 v. H. ständig außerhalb des wirtschaftlichen Lebens blieben [5]). Das weitere Ansteigen der Heeresstärke zeigen folgende Zahlen:

1) eb., 144 f.

2) Inama, 19; letztere den „Oeuvres" Friedrichs d. Gr. entnommene Zahl hält Behre, 116, für unglaubwürdig und setzt statt dessen eine Gesamtkopfstärke von 30625 an.

3) Inama, 20; Schmoller, Studien, 10. Jg., 345.

4) Behre, 119; Naudé, Act. Bor. Behördenorganisation, II, 294, setzt für 1740 ein Heer Friedrich Wilhelms I. von 83000 Mann an.

5) Behre, 123.

1755 136 988 Mann,
Februar 1757 200 000 ,,
1786 194 086 ,,

Der Anteil an der Bevölkerung betrug 1786 ungefähr 3 ¹/₃ v. H. (beim Friedensstand 2 ¹/₄ v. H.) [1].

Die vorstehenden Zahlen lassen erkennen, in welch starkem Maße durch dauernde Entziehung beträchtlicher Bevölkerungsteile aus der wirtschaftlichen Sphäre die Grundlagen und Möglichkeiten für die Entwicklung der Arbeiter heischenden kapitalistischen Industrie eingeengt wurden, auch wenn man die ausländische Werbung in Rücksicht zieht [2].

Verteilung zwischen Stadt und Land

Zum Schluß unserer Darstellung der quantitativen Verhältnisse der Bevölkerung zu Beginn des modernen Kapitalismus in Brandenburg-Preußen sei noch ein kurzer Blick auf ihre Verteilung zwischen Stadt und Land getan, um so einen wenn auch beschränkten Einblick in die Reichweite der Agrar- und Gewerbesphäre zu bekommen. Was eingangs über die Ergebnisse der statistischen Forschung gesagt wurde, gilt auch hier: wir haben nur herzlich wenig Zahlenmaterial, und dieses ist nur in gewissem Sinne zuverlässig und verwertbar.

Eine von Schmoller [3] gegebene Aufstellung, deren Zahlen den Ergebnissen der 1774 auf Veranlassung Friedrichs d. Gr. vom General-Direktorium angestellten Untersuchungen entnommen sind, zeigt folgende Verhältnisse:

in der Kurmark	städt.	länbl.	
1617	42,30 %	57,70 %	
1688	41,68 „	58,32 „	der Gesamtbevölkerung.
1740	43,36 „	56,44 „	

Behre greift, wie mir scheint, mit Recht die vom General-Direktorium für 1617, d. h. also die Zeit vor dem 30-jährigen Kriege, festgestellten Verhältnisse an und bezweifelt, daß zu jener Zeit ein

---

1) Behre, 123 f.

2) Ueber die weiteren Wirkungen der Militärwerbung und ihre Konflikte mit den übrigen Staatsinteressen siehe II. Teil, II. 3 c.

3) Städtewesen, 293.

im allgemeinen gering bevölkertes, vorwiegend ackerbautreibendes Land bereits mehr als 42% der Gesamtbevölkerung in Städten gehabt haben sollte. Nach der von ihm erwähnten „Ungeferigen Comparation" lebten 1564 etwa 34% der Bevölkerung in Städten, ein Satz, der sich bis zu Beginn des 30=jährigen Krieges nicht wesentlich verschoben haben soll. Behält man die vom General=Direktorium angegebene Zahl der Städter mit 139460 Seelen bei und stellt ihr die von Behre geschätzte Zahl der Landbewohner von ca. 270 000 gegenüber, so ergibt sich ein Verhältnis von 34,1% zu 65,9%, das ungefähr mit Behres Meinung übereinstimmt; hier die für 1625 errechnete Stadt=bewohnerzahl von 113 500 gegenüberzustellen, würde ein für das Land noch höheres Verhältnis ergeben [1]). Aus alledem ist aber ersichtlich, auf wie schwachen Grundlagen alle statistischen Angaben aus der Zeit vor dem 30=jährigen Kriege ruhen. Nach einer Aufstellung von Bassewitz [2]) war das Verhältnis der Stadt= zur Landbevölkerung im Jahre 1804/5 in der Kurmark 44,3% zu 55,7%.

Für einen größeren Teil Preußens gibt Schmoller eine Tabelle für 1748 [3]):

	städt.	ländl. Bevölkerung
Kur= und Neumark	42,38% [?]	57,62% [?]
Preußen und Litthauen	20,22 „	79,78 „
Pommern	27,44 „	72,56 „
Magdeburg	38,87 „	61,13 „
Halberstadt	40,38 „	59,62 „
Mark	29,48 „	70,52 „
Cleve=Mörs	43,42 „	56,58 „

Ein Durchschnitt aus diesen Zahlen würde für Gesamt=Preußen schwerlich ein zuverlässiges Bild geben.

Eine genauere und ins Einzelne gehende Tabelle fand ich in den Akten des General=Direktoriums [4]) für das Jahr 1778; da sie eine gute Uebersicht über die Bevölkerung im ganzen preußischen Staat wie ihre Verteilung in Stadt und Land gibt und bisher un=veröffentlicht ist, sei sie hier wiedergegeben:

---

1) Behre, 68.
2) Die Kurmark, Beilage I.
3) Städtewesen, 293.
4) Fabr.=Dep. Tit. 94 Nr. 9.

„General-Tabelle

von denen Einwohnern, in sämtlichen Königlichen Provintzien, Schlesien ausgenommen, in anno 1778"

I. Königreich Preußen

Ostpreußen	i. d. Städten	126 594		26,1 %[1]
incl. Ermld.	a. d. pl. Lande	356 660	483 254	73,9 „
Litthauen		44 820		13,1 „
		297 841	342 661	86,9 „
Westpreußen		74 605		22,2 „
		260 950	335 555	77,8 „
Districte, dies- und jenseits		37 833		27,5 „
Netze		99 564	137 397	72,5 „
II. Pommern		94 326		23,4 „
		308 888	403 214	76,6 „
III. Neumark		66 697		28,2 „
		169 946	236 643	71,8 „
IV. Churmark		266 343		42,1 „
		366 623	632 966	57,9 „
V. Magdeburg		87 495		37,1 „
		148 426	235 921	62,9 „
VI. Halberstadt-Hohenstein		40 900		39,7 „
		62 137	103 037	60,3 „
VII. Minden und Lingen		22 990		14,0 „
		141 742	164 732	86,0 „
VIII. Marck		37 741		31,6 „
		81 411	119 152	68,4 „
IX. Cleve und Meurs		44 905		43,3 „
		58 849	103 754	56,7 „
X. Geldern		3 829		8,0 „
		43 859	47 688	92,0 „
XI. Ostfriesland		25 147		24,7 „
		76 708	101 855	75,3 „
XII. Neufchatel		39 387	39 387	—
		3 487 216	3 487 216	—

Für III.–IV. zusammengefasst: 38,3 % und 61,7 „

Für Gesamt-Preußen ergibt sich (ohne Neufchatel):

i. d. Städten   974 225 Ew. = 28,3 % } der Gesamt-
a. d. platten Lande 2 473 604   „   = 71,7 % } bevölkerung.

Die aus der Aufstellung von Bassewitz aus dem Jahre 1804/5[2] errechneten Anteilzahlen zeigen gegenüber den eben genannten Verhältnissen eine Verschiebung zugunsten der Landbevölkerung: 24,8 % gegen 75,2 %.

---

1) Die Prozentsätze der Verteilung sind von mir zugefügt.
2) Die Kurmark, Beilage I.

Die vorstehenden Tabellen geben einen gewissen Ueberblick einmal dafür, daß der Anteil der Landbevölkerung im 17. und 18. Jahrhundert noch außerordentlich groß war und sich im Laufe des 18. Jahrhunderts nur wenig verschob. Was sie aber mit Vorsicht genießen läßt, ist die vermutlich sehr verschiedene ihnen zu Grunde gelegte Auffassung, was jeweils als Stadt anzusehen ist. Meistens wird der verwaltungsrechtliche Begriff verwendet worden sein, wobei feststeht, daß als Stadt oft sehr kleine „Städte" — außer Berlin und vielleicht Brandenburg, Frankfurt, Magdeburg und Königsberg gab es kaum eine größere Stadt[1]) — einbezogen wurden. Damit aber kommen wir auf den Charakter der Städte in jener Zeit überhaupt, der für unsere Probleme manches Interessante gibt. Wichtiger als die bloße zahlenmäßige Zuordnung der Ortschaften zu „Stadt" und „Land" ist die Feststellung der tatsächlichen Reichweite der Agrarsphäre. Und da ergibt sich, daß bis über die Mitte des 18. Jahrhunderts hinaus die Bevölkerung der Städte durchaus ländlichen Charakter bewahrte[2]). Selbst in Berlin finden wir noch lange Ackerbauer und Viehzüchter. Noch 1624 gab der Stadtrat den Berliner Ackerbürgern eine „Revidirte Ackerordnung", mit welcher die frühere erneuert und inzwischen in Unordnung geratene Angelegenheiten wie Hütedienst, Ernten und Mistfahren geregelt wurden[3]). Die Anlage der Häuser Ende des 16. Jahrhunderts war noch ganz nach Art von Wirtschaften für Ackerbau und Viehzucht eingerichtet[4]). Unter Johann Sigismund (1608/19) wurde von den Bewohnern auf den Höfen in der Stadt „Viehzucht aller Art" getrieben, ebenso in der Umgebung Ackerbau, der zwar z. Zt. Königs (1792) zurückgegangen war, aber doch erst soweit, daß um diese Zeit „das Ackerland gegenwärtig größtenteils [erst!] mit Wohngebäuden besetzt" war[5]). Als Kurfürst Georg Wilhelm 1624 an den Rat die Anordnung ergehen ließ, die Reinigung der Straßen durchzuführen, wurde erwidert, daß dies nicht möglich wäre, „weil die Bürger mit der Feldarbeit beschäftiget wären". Neben der Petrikirche befand sich

---

1) Um 1600 hatte Berlin-Cölln etwa 12000 Einwohner, Brandenburg und Frankfurt je über 10000 Einwohner; außerdem sind noch etwa 26 Städte mit je 1200 bis 5000 Seelen und der Rest der Städte (42) mit einer Seelenzahl von unter 12 bis 1500 anzunehmen: Schmoller, Innungswesen, 62.

2) ebenda, 57 und 62.

3) Fidicin, Hist.-dipl. Beiträge, I, 364 ff.

4) Mila, 122.

5) König, I, 183.

damals ein so gewaltiger Kehrichthaufen, „daß er fast die Passage hinderte"; erst um 1650 konnte es der Große Kurfürst mit Mühe durchsetzen, daß dieses Verkehrshindernis beseitigt wurde[1]). Noch 1660 befaßte sich der größte Teil der Einwohner mit Ackerbau und Viehzucht und ließ den Dung vor den Häusern so lange liegen, bis er gebraucht wurde; ganze Straßenreihen entlang fand man Schweinekofen und Viehställe, die vor und neben den Häusern eingerichtet waren[2]). Eine Zählung in den Städten der Kurmark im J. 1750 ergab bei 235 794 Einwohnern 2834 Ackersleute, 238 Gärtner und 3977 Tagelöhner[3]), und je weiter man nach Osten kam, desto mehr hatten die Städte agrarischen Charakter[4]).

Die städtische Bevölkerung stand also nicht nur zahlenmäßig hinter der des platten Landes im Vergleich zu späteren Verhältnissen weit zurück, sondern es kam vor allem hinzu, daß die landwirtschaftliche Tätigkeit selbst in die „größten" Städte hineinreichte und deren Bewohner zu Ungunsten der gewerblichen Entwicklung in bedeutendem Umfang beschäftigte.

Qualitative Bevölkerungsverhältnisse

Nachdem wir uns im vorhergehenden einen Einblick in die zahlenmäßigen Bevölkerungsverhältnisse Brandenburg-Preußens zu der Zeit verschafft haben, in welcher der moderne Kapitalismus hier seinen Einzug hielt, nachdem wir feststellen konnten, wie gering bevölkert unser Land zu jener Zeit war, welche mannigfachen Einflüsse diese Bevölkerung auf geringem Stande erhielten, ist nunmehr auch auf die Beschaffenheit der Bevölkerung einzugehen und zu untersuchen, wie weit sie in dieser Beziehung einer möglichen kapitalistischen Entwicklung entsprechen konnte.

Es wurde bereits darauf hingewiesen, welche Gründe dem entgegenstanden, die beschäftigungslosen, im Lande umhertreibenden Bettlerhorden dem neuen System dienstbar zu machen: die meisten wollten gar nicht arbeiten, waren mit dem zufrieden, was sie durch Almosenbettelei zu notdürftigem Unterhalt erlangten. Diese Begrenzung und Beschränkung auf das Existenzminimum, auf

---

1) Mila, 169 f. Vgl. auch Orlich, I, 404 Anm. 1.
2) Ballhorn, 45. Vgl. auch den Bericht über das Berlin von 1663 bei König, II, 111 und Mila, 209.
3) Schmoller, Städtewesen, 295.
4) Ders., Innungswesen, 104.

das Auskommen war nun aber zu jener Zeit eben keine Sonder=
erscheinung, sondern war ihrem Wesen nach in der allgemeinen wirt=
schaftlichen Grundauffassung jener Zeit gelegen [1]).

Wir finden in Brandenburg=Preußen im 17. und noch weit ins
18. Jahrhundert hinein den „mittelalterlichen“ Menschen als allge=
meinen Typus, d. h. den Menschen, der noch immer und zwar vollauf
von der „Idee der Nahrung“ [2]) beherrscht wurde, der noch nicht
vom Erwerbsstreben, wie es der heutigen Zeit des ausgehenden Hoch=
kapitalismus eigen ist, ergriffen war. Das nahrungsmäßige Aus=
kommen im Kreise seiner Familie, jenes handwerkerliche Ideal, be=
zeichnete die Grenzen für das Maß seiner Unterhaltsfürsorge. Erst
allmählich begann der neue Geist des Erwerbsstrebens einzubringen
und zwar zunächst bei den Wirschaftsführern. Wo diese aber auf
traten und sich zu betätigen suchten, fanden sie jenes selbstgenügsame,
expansionsfeindliche Menschentum, das ihren Bestrebungen nicht ent=
sprach. Hier mußte allmählich wirkend die Umbildungskraft des
Kapitalismus eingreifen und Hemmungen beseitigen, die erst im Laufe
von anderthalb bis zwei Jahrhunderten überwunden wurden.

Dies alles wird man sich bei Betrachtung von Einzelfällen jener
Zeit vor Augen halten müssen und kann nicht, wie es oft geschieht,
die Maßstäbe unserer Zeit vorbehaltlos anlegen, ohne damit den
„Geist der Zeit“ zu vergewaltigen, der den Menschen jener Epoche
entsprach. Gewiß bedeutet das nicht, alle Trägheit und allen Prunk,
der — wie wir sehen werden — auch hier nicht fehlte, als dem
Idealbild des 17. und 18. Jahrhunderts gemäß hinzustellen; denn
auch jene Zeit fand darin des Guten zuviel. Wo man aber ein An=
gehen dagegen beobachtet, zeigt sich meist auch ein Vordringen des
„neuen Geistes“, der das alte Ideal zurückzudrängen suchte.

Den Charakter des Brandenburgers stellt uns Süßmilch [3]) mit
interessanten Worten vor: „Den meisten Landleuten in der Churmark
fehlt es gänzlich an rechter Betriebsamkeit und esprit
d’entreprise. Es ist alles nachläßig und denkt nicht an Vortheile,

---

1) Es scheint daher nicht richtig — wie Fechner, Wirtschaftsgeschichte, 2, es
tut — die Faulheit des den herrschaftlichen Acker bei übermäßigen Dienstleistungen
bestellenden Bauern davon abhängig zu machen, daß er ja „von der Beschleunigung
seiner Arbeit keinen Vorteil“ hätte; solche Vorteilsspekulationen lagen den Bauern,
zumal der vorfriderizianischen Zeit, sicher ziemlich fern.

2) Sombart, Kapitalismus, 6. Aufl. 1924, I, 190 ff., II, 816 ff.

3) Die göttliche Ordnung, III, 729; aus einem von Baumann erwähnten
Manuskript Süßmilchs vom 1. III. 1764.

wenn sie gleich vor Augen liegen." Das fand sich auch in anderen Be-
völkerungskreisen bei häufigen Gelegenheiten bestätigt. Der im Zusammenhang mit der Schiffahrtspolitik des Gr. Kurfürsten in Königsberg stärker betriebene Schiffsbau kam nicht vorwärts, trotz namhafter
Verheißungen des eigens dazu erlassenen Schiffahrtspatentes vom 24. Dezember 1680. Die Gründe dafür lagen wesentlich in der Arbeitsart und
im Arbeitsgeist der Schiffszimmerleute, „die lieber ihren geringen
aber bequemen Verdienst genießen, als die lockende Aussicht
auf höheren Gewinn durch eine angestrengtere Arbeitstätigkeit eintauschen
wollten. So ging es den sämtlichen Redern ..."[1]. Jene Trägheit
finden wir — entgegen der Meinung, daß sie lediglich eine Folge des
30-jährigen Krieges und seiner Zerstörungen wäre — auch früher.
Bei dem 1605 begonnenen Bau des Finow-Kanals, bei dem Teichgräber usw. in Menge zusammengezogen wurden, verließen schon 1606
wieder viele die Arbeit — wie es heißt — „wegen Beschwerlichkeit
derselben und gingen nach Hause", sodaß der Kurfürst gezwungen war,
sie „in eiserne Helden geschlossen zurückbringen und mit Gewalt zur
Arbeit anhalten zu lassen"[2].

Trithemius, ein Prälat an Joachims I. Hofe, charakterisiert
die Märker, sicher übertrieben, folgendermaßen: „Das Land ist
gut und sehr fruchtbar, es fehlet aber an fleißigen Arbeitern, denn
es ist weitläufig und groß. Die wenigen Bauern, die es hat,
sind sehr faul und ziehen den Trunk und Müßiggang der Arbeit
vor. Man kann von den Märkern sagen, daß sie durch die vielen
Festtage und durch ihre Faulheit zur Armuth gebracht werden
und daß sie durch die vielen Fasten und den Soff ihren Tod beschleunigen, indem sie hierin die übrigen Teutschen übertreffen ...
Das Leben in der Mark besteht in nichts als Essen und Trinken"[3].
Die Feiertage spielten bei dieser Grundeinstellung des damaligen
Menschen überhaupt eine besondere Rolle, sowohl zahlenmäßig wie
ihrer Intensität nach, sodaß sie bei Arbeitszeitberechnungen einen
breiten Raum einnahmen. Ein Bericht, in welchem der Fabriken-
Kommissar Hartmann in Breslau die Arbeitszeit und die Mindestzahl
der Arbeiter für zwei Stücke Tuch feststellte, enthielt zwei Umstände,
die die gegebene Arbeitszeit von einer Woche verlängern könnten: der
eine, daß „die Witterung naß und feuchte", und der andere: „Da

____

1) Meinardus, Handelspolitik, 463.

2) Berghaus, II., 187; Faulheit und Weglaufen von der Arbeit bei
Handwerkern erwähnt Landau, Die materiellen Zustände, 346, ebenso Inama, 82.

3) zit. von Behre, 53, Anm. 3.

nun in Oberschlesien des Jahres sehr viele Feiertage einfallen, welche sehr eifrig gefeiert werden, so würde an solchen Orten fast nicht zu vermuthen sein, daß auf zwei Stühlen in einem Jahre 200 Stücke Tuch verarbeitet werden könnten"[1]). Kloeber errechnete für Schlesien bei 10 Feiertagen und 2 Wallfahrten einen Verlust von 5100000 Tagearbeiten.[2]) Wie in Schlesien, so suchte später Friedrich d. Gr. auch in Westpreußen die große Zahl der katholischen Feiertage einzuschränken, die die Protestanten ebenso bei der Arbeit behinderten.[3]) Auch sonst klagte Friedrich d. Gr. oft, „daß seine Landeskinder faul und träge seien, daß ihnen der nötige Unternehmungsgeist fehle und daß er daher oft Dinge unternehmen müsse, die eigentlich die Bürger zu tun hätten"[4]).

Haben wir eine solche träge Grundeinstellung auch für die Zeit vor dem 30=jährigen Kriege feststellen können, so verstärkten dessen Wirren diese „natürliche" Müßigkeit noch mehr, zumal dadurch verschärfte entsittlichende Wirkungen hinzutraten. Die Ungewißheit aller Umstände ertötete jede Unternehmungslust, wenn überhaupt irgendwelche vorher bestanden hatte, und das Söldnerwesen zusammen mit der Unbeständigkeit aller Arbeitsergebnisse in Landwirtschaft und Gewerbe züchteten Arbeitsunlust $\kappa\alpha\tau$' $\dot{\epsilon}\xi o\chi\acute{\eta}\nu$.

Dazu kam nun aber eine weitere negative Auswirkung, die zu der allgemeinen Not in schärfstem Widerspruch stand: überall in Deutschland griffen Luxus und Schwelgerei um sich. Die oft zitierte „Consultatio politico Theologica" des Kanzlers von dem Borne[5]), die jedoch mit der nötigen Vorsicht zu verwenden ist, predigt z. B. über den unmäßigen Aufwand bei Hochzeiten. Edikte richteten sich gegen das „Vollsaufen, Nachtschwärmen und Branntweintrinken".

---

1) Schroetter, XI, 480.

2) Beheim=Sch., 304.

3) zit. b. Bergér, 56, Anm. 1; s. hier auch das dieserhalb an den Papst gerichtete interessante Schreiben Friedrichs d. G. — 1774 kam es dann gemäß Vereinbarung mit dem Papste zur Abschaffung von 19 Festtagen: eb., Anm. 2; Edikte über Einschränkung der Feiertage finden sich mehrfach: Scotti, Nr. 1674, S. 1440 f., Cleve 1./V. 1753; Mylius, N. C., Bd. I Nr. 21, p. 647 f., Bln. 12./III. 1754, verkündet in Cleve 30./IV. 1754: Scotti, Nr. 1690 S. 1476; Mylius, N. C., Bd. V Nr. 5, p. 47 ff.: „Edict wegen Einschränkung der Feyertage, in den Evangelisch=Reformirten und Lutherischen Kirchen. De Dato Berlin, den 28. Jan. 1773."

4) Matschoß, Friedrich d. Gr., 38.

5) Borne, Hans Georg von dem. Consultatio Politico Theologica Vber den gegenwertigen / betrübeten vnd kümmerlichen Zustandt der Chur vnd Marck Brandenburgk. Franckfurt an der Oder Anno MDCXLI. (Ohne Seitenangabe.)

Ebenso wurden scharfe Verbote gegen die „Kleiderhoffart", besonders
bei Hochzeiten, erlassen [1]). Solche Verordnungen fanden sich aber
auch schon früher [2]). Am 19. August 1600 veranlaßte der Kurfürst
für Berlin und Cölln eine Polizei= und Kleiderordnung, da „in
Städten bei der Bürgerschaft, der übermäßige Pracht mit Perlen,
gülbenen Ketten, Armbändern, Ringen, Silbergeschirren, Sammet,
Seidengewand, Gesticke, gülden, silbern und seiden, Posament, Spar=
schnüren und anderm ausländischen, mancherlei köstlichen Leinengeräten,
Borten, Zanken, wie auch Rauchwerk, fremdes Pelzer, als Zobel,
Marder und was dergleichen des teuren Zeuges, zum Sommer als
Winter Pracht sowohl, mehr ist, welches alles ingemein überflüssigen,
und mehr denn sich Standes halber gebühre, gebraucht wird. Wie
imgleichen auch der gemeine Handwerkman und die Ihrigen es in
Kleidungen, nicht weniger als die andern, eben machen, sowohl auch
der Ueberfluß, insonderheit auf Verlöbnissen, Kindtaufen und andern
Gastgebotten, Item auf der Handwerker und Gülden Zusammenkünfte,
Werkkösten und dergleichen getrieben wird und in Schwung gehet 2c.,
nicht der geringsten Ursache eine sey, wie denn solches die tägliche
Erfahrungen an sich selbst, mehr als gut, genugsam bezeuget" [3]). Bei
den Versammlungen und Festen der Innungen, wo sich an und für
sich ein großer Teil des gesellschaftlichen Lebens abspielte, muß es in
dieser Zeit mit Gelagen und Faulenzen nicht nur am „Blauen Montag"
hoch hergegangen sein. Die dagegen vom Kurfürsten erlassenen Ord=
nungen wurden in ihrer Wirkung nicht zum wenigsten durch das
Beispiel wieder wettgemacht, das der Hof selbst in dieser Beziehung
den Bürgern im Frieden und sogar in den Zeiten des 30=jährigen
Krieges gab [4]).

Bei der eben geschilderten Eigenart der Menschen im 16. und
17. Jahrhundert, welche ein Streben über die in der Idee der „Nahrung"

---

1) Schwetschke, 10 f.

2) Wiederum ein Zeichen, daß die Schwelgerei nicht eine bloße Folge des
30=jährigen Krieges war. Des Markgrafen Johann von Cüstrin „Policey=Ordnung"
von 1540 beschränkte die verschiedensten Gebräuche und allen übermäßigen Auf=
wand beim Festefeiern. Noch eingehendere Vorschriften enthält die „Ordnung, wie
man es in Stedten des Churfürstenthums der Marcke zu Brandenburg mit Kösten
oder Wirthschafften, und auch mit Kindelbieren hinführo halten solle" (bei Mylius).
Der Rat der Städte Berlin und Cölln beschloß 1580 eine gemeinschaftliche Polizei=
ordnung gegen die bei den Bürgern „immer mehr überhand genommene Prunk=
liebe und Völlerei."

3) Fidicin, Hist.=dipl. Beiträge, I, 317 ff.

4) König, I, 204 f.

gesetzte Grenze nicht kannten, die auch die Lust zur Schwelgerei, um sie zu vergrößern, nicht etwa antrieb, mehr zu arbeiten, als es eben gerade nötig war, wird es auch verstänblich sein, welchen Schwierig= keiten die Einführung ökonomischer Neuerungen gegenüberstand. Der Mensch und mit ihm seine gewerblichen Einrichtungen, das Zunft= wesen, kannten keinen grundsätzlichen Neuerungsbrang, für sie bestand ja kaum die Frage nach der Neuerung, sie waren konser= vativ, „trabitionaliftisch": die „starre Ueberlieferung, die nichts Neues bulbete", herrschte in jener Zeit und bies um so mehr, als das Zunft= wesen innerlich immer mehr versteinerte und seine festen Formen um ihrer selbst willen pflegte [1]). Die „väterliche Gewohnheit"[2]) war das Sinnbild hier wie anderswo. — So konnte man neuen Anregungen, die etwa vom Staate oder flüchtigen französischen Proteftanten aus= gingen, nur feinblich gesinnt gegenüberstehen.

Eigenart der Technik

Im Zusammenhang damit bedarf es einiger Bemerkungen über die prinzipielle Eigenart der Technik jener Zeit [3]).

Dem ökonomischen Traditionalismus, wie wir ihn soeben kennengelernt haben, entsprach auch der technische bei den Bewohnern Preußens, die vom Kapitalismus noch nicht berührt waren. Auch hier hielt sich der Handwerker wie der Bauer an das, was ihm von seinem Vater oder von seinem Meister überliefert worden war. Allerdings machte sich nun mit dem Einzuge des neuen Geistes all= mählich eine Abkehr von der bloßen traditionalistischen Technik zur rationaliftischen, d. h. zur zweckbewußten und planmäßigen Einstellung, Ausrichtung und Anwendung technischer Methoden bemerkbar, jedoch nur in verhältnismäßig engen Grenzen. Energischer vollzog sich der Uebergang zum rationaliftischen Verfahren, das jedoch noch kaum von einem wissenschaftlichen Unterbau getragen wurde, da, wo der Kapitalismus auftrat; hier bedingte das Erwerbsftreben, wo nötig und möglich, mit den Ueberlieferungen zu brechen und sich neue Er= fahrungen zu verschaffen, die anderswo oder im eigenen Betriebe ge= wonnen waren.

Es handelte sich zu dieser Zeit eben vorwiegend nur um Er= fahrungen und zufällig gefundene Verbefferungen, nicht um Er=

---

1) Schmoller, Studien, XI. Jg., 800.
2) Süßmilch, II, 572 Anm. o.
3) Sombart, Kapitalismus, VI. Aufl., I., 200 ff., 463 ff.

gebnisse wissenschaftlicher Arbeit: die damalige Technik blieb weiter großenteils empirisch. Es fand kaum eine Systematisierung des Erfahrungsstoffes statt, die theoretische Erkenntnis fehlte, die den nötigen Zusammenhang, die erklärende Verbindung zwischen den einzelnen Erfahrungen hergestellt hätte: man kannte das „Daß", nicht das innere (theoretische) „Wie und Warum". Eben das verhinderte auch die Verobjektivierung der Kenntnisse, die Verselbständigung der Erfahrungen, die eine systematische, versachlichte Uebertragung an andere ermöglicht hätte.

Die Technik unserer Epoche blieb im wesentlichen organisch, und zwar nicht nur in Bezug auf ihre Stoffe, sondern — was uns besonders interessiert — auch hinsichtlich der Ausübung und Uebertragung: sie blieb personalgebunden. Der lebendige Mensch war der „Könner" eines Verfahrens und sein Bewahrer zugleich. Daraus folgt aber: wo eine neue Technik gefordert wurde, sei es um eine neue Industrie zu gründen, sei es um das Verfahren eines bestehenden Gewerbes zu verändern und zu verbessern, bedurfte es eines solchen lebendigen Trägers, eines menschlichen Uebermittlers, der die Erfahrungen weitertrug. War es nicht möglich, einen solchen „Erfahrungsträger" heranzuschaffen, so bestand auch nicht die Möglichkeit, eine neue oder bessere Technik anzuwenden. Aus der Personalgebundenheit folgte eine örtliche und zeitliche Gebundenheit der Technik an Aufenthaltsort und -zeit der „erfahrenen" Individuen, woraus sich eine enge Basis technischen Könnens ergab. Die Möglichkeit ihrer Ueberwindung war eine Frage der Ueberwindung der Schranken im Personenverkehr und zwar in technischer (können) wie in rechtlicher (dürfen) Beziehung.

II. Hemmungen für den beginnenden Kapitalismus

Mangel an Arbeitern

Eine kurze Darstellung der aus dem vorhergehenden folgenden Besonderheit der „Arbeiterfrage‟ im Gewerbe überhaupt und für den beginnenden Kapitalismus nach ihrer quantitativen und qualitativen, insbesondere der technischen Seite hin wird uns nun einen Einblick in die Hemmungen verschaffen können, die dem Aufkommen des neuen Wirtschaftssystems entgegenstanden.

Es fehlte vor allem an Menschen und damit an Arbeitskräften. In vielen Beispielen könnten hier Fälle aufgeführt werden, in denen der Beginn oder die Fortführung irgend einer Arbeit, die mehrere Arbeitskräfte erforderte, an deren Mangel scheiterte.

Auf welche Schwierigkeiten bereits vor dem 30=jährigen Kriege ein Werk stieß, welches das Zusammenarbeiten einer größeren, geschlossenen Anzahl Arbeiter nötig machte, zeigt der Bau des Finow= Kanals [1]. 1605 wurde die Arbeit bei Liebenwalde begonnen, ging jedoch wegen Mangels an Arbeitern sehr langsam von statten. Da in der Umgebung nicht genügend Arbeiter zu bekommen waren, erging ein kurfürstlicher Befehl an alle Provinzen, mit welchem Arbeitskräfte, sogar aus Ostpreußen (!), nach Neustadt=Eberswalde und Liebenwalde ebenso nach Ruhlsdorf und Schöpfurth zum Graben angefordert wurden. Hier wurden nun Teichgräber, Zimmerleute und Handarbeiter zusammengeführt, die jedoch — wie wir schon erfahren haben [2] — zum großen Teil die Arbeit „wegen Beschwerlichkeit derselben‟ schon 1606 wieder verließen und gewaltsam zurückgebracht und zur Arbeit angehalten werden mußten. Zur Anlegung der Schleusentore fehlte es an Wasserbauverständigen. Der Kurfürst wendete sich daher an

---

1) S. die Darstellungen bei: Hagen, 96 ff; Kunger, 169 ff; Berghaus, II, 187 ff.

2) Siehe S. 43.

seinen Sohn, den Erbprinzen Hans Sigmund, der ihm den Mühlen=
meister aus Beeskow einige Monate zur Anordnung der Schleusen=
arbeiten schickte. Um die Arbeiter besser bei der Arbeit halten zu
können, wurden Nahrungsmittel im Vorrat gehalten und ihnen zu
ermäßigten Preisen überlassen. Für Heranfahren von Baumaterialien
verschaffte man sich die Arbeitskräfte der kurfürstlichen Amtsunter=
tanen; ebenso wurden die Städte zu Fuhrdienstleistungen verpflichtet.
Trotzdem ging der Bau überaus langsam vorwärts. Im Jahre 1607
mußte man Erdarbeiter in Schlesien und Polen anwerben und heran=
ziehen, ohne daß jedoch damit dem Mangel an Arbeitskräften ge=
steuert gewesen wäre. Vom Kurprinzen Johann Sigmund wurde
daher im Namen des Kurfürsten eine Verordnung erlassen, nach
welcher „sowohl in Städten als Ämtern von den Hausleuten der
fünfte Mann, exklusive der Zimmerleute und Teich=Gräber, zu dieser
Graben=Arbeit angestellet wurden, und dabey bleiben sollte, wogegen
die Uebrigen, die zu Hause blieben, wöchentliche einen Groschen zur
Erhaltung der Weiber und Kinder der Abwesenden zusammenbringen
mußten“ 1). Für den Schleusenbau mußten alle Mühlenmeister und
Zimmerleute im Lande angefordert werden; Markgraf Christian zu
Bayreuth wurde schriftlich ersucht, Zimmerleute zum Kanalbau zu
schicken, sodaß endlich 90 Zimmerleute zusammengebracht waren. Erst
im Jahre 1620 konnte der Kanal eröffnet werden.

Ein Zeichen für den Mangel an ausreichenden Arbeitskräften
sind auch die teilweise schon vor dem Kriege für Gesinde und Hand=
werker festgesetzten Lohntaxen 2), um den erhöhten Forderungen der
ihrer Seltenheit bewußten Arbeiter zu begegnen. Aus dem Gesinde=
mangel folgte auch das gegenseitige Abjagen der Arbeitskräfte durch
höhere Lohngebote, die in den Gesindeordnungen regelmäßig unter=
sagt wurden. Wie gering manche Gewerbe vertreten waren, zeigt die
Tatsache, daß oft nur ein einzelner Meister für bestimmte Handwerke
vorhanden war, der auch dann noch manchmal vom Kurfürsten an=
gestellt wurde. Vom 4. April 1685 findet sich im Geh. Staats=
Archiv 3) eine „Concessio für den Pergamentmacher Joh. Bütner bey
der Universität zu Frankfurt“; bis dahin hatte Mangel an Pergament=
machern geherrscht, sodaß die Buchbinder das Material meist erst von

---

1) Hagen, 98

2) Mylius, V. III, 1 Nr. 22: Gesindeordnung 1682; wiederholt in den Jahren
1684, 1718, 1722, 1735 und 1769; siehe auch Schwetschke, 10.

3) G. St. A., Rep. 9. JJ. 9. Weißgerber (Lederfabriken).

Breslau und Leipzig kommen lassen mußten, wodurch die Bücher nicht zur rechten Zeit fertig wurden und teurer waren als anderswo.

Als im 30=jährigen Kriege der Mangel an Geld zur Erhaltung der kurfürstlichen Hammerwerke sehr groß wurde, versuchte man, wenigstens die so schwer zu bekommenden Hammerleute, Kohlenschweler und Stein=gräber mit allen Mitteln zu erhalten. So berichtet der Amtsschreiber zu Peitz Eliaß Zützel an den Neumärkischen Kammermeister (3. April 1640)[1]: er habe den Hammerleuten und Köhlern schon nichts anderes als Eisen in Bezahlung geben können; es sei jedoch zu befürchten, daß die Schmelzer und Kohlenschütter ihre Entlassung fordern würden. Daher hätte er Kornspenden und Geldvertröstungen aufwenden müssen, um sie dem Werk zu erhalten.

Ebenso war man bemüht, den Marienwalder Glasermeister durch regelmäßigen Unterhalt von 20 Thl. und 12 Scheffel Roggen über die schlimme Kriegszeit zu halten; „dann wan wir ihn dimittiret hätten," berichteten die kurfürstlichen Räte[2], „würden wir so baldt keinen andern erlangen, sintemahl aus den Böhmischen Blasehütten an diesen Blasemeister offters geschiffet, daß er entweder selbst her Böhmischen Derter sich begeben vndt arbeiten, oder ein Par seiner Gesellen dahin fertigen möchte".

Man gab die Leute nicht gern fort, weil man wußte, daß s ch w e r Ersatz zu bekommen war. Als vom Peitzer Hammer für den Bau der Feste Colberg Brettschneider angefordert wurden, weigerte man sich, dem zu entsprechen, „sinthemahl dieselben hier gar beynötig"[3].

Auf den Bericht des Oberlizenteinnehmers Happen an den Kur=fürsten über die Hüttenwerke, daß er die Leute nur dann halten könnte, wenn sie sofort Löhnung bekämen, erging die Antwort, „die notthurft zuerst zur beybehalthung der leuthe und anfertigung der nöthigen wercke außzuzahlen. . ."[4]

Jede Neubeschaffung von Arbeitern war schwer. — Im Eisen=hammer zu Steinfurt (bei Eberswalde) war die Anweisung an die Köhler, Holzkohle zu machen, einmal längere Zeit ausgeblieben, wo=durch ihnen der Verdienst entging; die Folge war, daß die Köhler

---

1) G. St. A., Rep. 9. GG. lit. D., Hammerwerke.

2) Rep. 9. N. 15. Fasc. 2 a. Cüstrin, 4./VIII. 1636.

3) ebd., GG. lit. D. Cölln, 1./I. 1659 an den Kurfürsten.

4) ebd., Rest GG. lit. L. Kupffer Hammer zu Bisenthal und Schiffurth (= Schöpfurth), 1./V. 1675; eb., lit. E. 17./X. 1657.

wegliefen, „die hernacher fo fchleünig nit wider zur Handt zubringen gewefen, doburch gleichfalß das Werck verhindert, . . ."[1])

Im J. 1698 begann Lorenz Gottlieb Schütz auf Befehl des Kurfürften mit dem Bau eines Meffingwerkes bei Eberswalde; diefer ging jedoch nur langfam vorwärts, weil es an Geld und guten Arbeitern fehlte, fodaß man fich genötigt fah, 10 Arbeiter aus Holftein kommen zu laffen [2]).

In der Erneuerung des Glas-Edicts vom 14. Juni 1696[3]), mit welchem die Einfuhr fremden Glafes verboten wurde, wurde auch von der verdienftvollen Errichtung von Glashütten in der Mark Brandenburg und der Befchaffung verftändiger Glafemeifter, „an denen es vorhin guten Theils ermangelt", gefprochen.

Wie bei jeder Arbeit, die eine größere Anzahl oder befonders fachverftändige Arbeiter erforderte, fo zeigten fich auch beim Berliner Schloßbau Schwierigkeiten, die aus offenbarem Arbeitermangel entftanden waren. Schon 1579 hatte man 30 fächfifche Maurer kommen laffen müffen, weil es hier daran fehlte[4]). 1647 fchrieb der Kammerpräfident von Arnim an den Kurfürften, der im Haag weilte, er habe keinen Steinmetzen, da der vorhandene verftorben fei. In der Antwort des Kurfürften hieß es, daß er bereits einen Zimmermann in Holland angenommen hätte, nun wollte er fich auch um einen Steinmetzen und Baumeifter bemühen. König bemerkt dazu: „Aus diefer Nachricht kann man fchließen, wie wenig oder gar keine Handwercker in Berlin waren, die zum Bau nötig find, und wie viel Mühe der Churfürft anwenden mußte, diefen Mangel zu erfetzen"[5]). Auch 1669, als der Baumeifter Chiefe den Weiterbau übernommen hatte, mußten Handwerker aus dem Auslande verfchrieben werden[6]). Es fehlte aber auch fonft in der Landeshauptftadt an allen befferen und feineren Handwerkern völlig.

Nachdem 1686 der Gr. Kurfürft nach Potsdam fchon eine Anzahl Meifter hereingezogen hatte, fehlte es nach dem Bedarf der Einwohner weiter an Arbeitskräften[7]). Wenn diefer Mangel aber fchon bei dem noch vollkommen im handwerkerlichen Syftem be=

---

1) eb., lit. B., 18./VII. 1620.
2) Cramer, Gefch. d. Bergbaues, H. III., 209.
3) Mylius, IV. II. 2. Nr. XXIX., p. 97.
4) Schmoller, Innungswefen, 63.
5) König, II, 45 f.
6) Orlich, I, 405 f.
7) Fidicin, Die Territorien, II, 48.

findlichen Gewerbe vorlag, wie sollte sich hier dann ohne Schwierigkeiten eine kapitalistische Industrie entfalten können? Gewiß gingen bald nach dem Kriege alle Bemühungen dahin, Handel und Industrie ins Leben zu rufen. Dazu fehlte jedoch der allerwichtigste Faktor: Menschen.

Je weiter wir in die Zeit des beginnenden Kapitalismus einbringen, desto häufiger treffen wir auf Mangel an Arbeitskräften. Als 1712 der Rohrschmidt Christoph Lintz eine Gewehrfabrik bei Zehdenick anlegen wollte, fehlte es an Arbeitern; er bat sich einen Freipaß aus, um nach seiner Heimat zu fahren und von dort Arbeiter zu besorgen[1]). Bereits im ersten Regierungsjahr erging von Friedrich d. Gr. ein Reskript, mit welchem die Anlage einer Stahl- und Eisenwarenfabrik in Neustadt-Eberswalde befohlen wurde. Darüber vergingen jedoch noch einige Jahre, da es an Arbeitern fehlte und vor allem Schwierigkeiten machte, fachkundige Meister anzuwerben[2]).

Frühzeitig trat Mangel an Spinnkräften auf. Die Bemühungen des Gr. Kurfürsten, die „Wollenweber- oder Tuch- und Zeugmacher-Fabricque" (hier in der Bedeutung des ganzen Gewerbes) zu fördern, führten zu keinem rechten Ergebnis „allein durch den Mangel der Spinnerey"[3]).

Als im Jahre 1764 die Breslauer Kaufmannschaft eine neue Wolltuchfabrik anlegen sollte, stellte sie dem verschiedene allgemeine und besondere Gründe entgegen. Der Mangel an Menschen für die Spinnarbeit wurde aber dadurch besonders unterstrichen, daß diese Arbeit den meisten zu beschwerlich und langweilig war und nicht viel einbrachte. Bei Anlegung „wollener Zeugfabriken" könnte man gegen die Konkurrenz des Auslandes nicht aufkommen, da dort niedrigere Löhne bezahlt würden, für die hier niemand arbeiten wollte; der Arbeitermangel hätte die Löhne für andere Beschäftigungszweige in die Höhe getrieben[4]).

Hier in dem Fehlen von Spinnern zeigt sich ein typischer Mangel in quantitativer Hinsicht. Maschinenspinnerei gab es noch nicht, es wurde mit der Hand und der Spindel, kaum am Spinnrad gesponnen. Da für einen Tuchmacherstuhl durchschnittlich mindestens 10 Berufsspinner gebraucht wurden, waren die Anforderungen

<hr>

1) G. St. A., Rep. 9. GG. g—i. Hammerwerke lit. H.; über den weiteren Verlauf der Gründung dieser Gewehrfabrik ist aus den Akten nichts zu ersehen.
2) Mitteilungen d. Vereins f. Heimatkunde, Ebersw., Jg. 1907/8, 204.
3) Mylius, V. V. I. Nr. XXV, p. 43 ff., Ed. v. 11./VI. 1687.
4) Schroetter, XI, 454 f.

an Spinnerkräften außerordentlich. Wie es an diesen fehlte, so konnten auch die Vorarbeiten in der Wollweberei, das Schlagen, Zöseln, Kämmen und Schrobbeln der Wolle, das meist von den Spinnern mitbesorgt wurde, nicht verrichtet werden [1].

Trotzdem das Spinnen, besonders auf dem Lande, fast überall verbreitet war, konnte doch nicht dem Gespinnstmangel abgeholfen werden [2]. Berichte aus pommerschen Gegenden über die schon bei durchweg handwerkerlichen Verhältnissen herrschenden Zustände besagen u. a.: „Es würden hier noch 500 bis 600 St. jährlich Tücher mehr gemacht werden können, wann es nur nicht an der Spinnerey fehle, indem daran alhier durchgehends ein großer Mangel, und die Leute alhier dazu nicht zu bringen wären, fleißiger zu spinnen" [3]; oder in einem andern Fall, wo 22 Tuchmacher sich nicht ihrem Gewerbe widmen konnten: „Die Ursache hiervon ist, daß es an Spinnern fehlet, sonst die hiesigen Tuchmacher alle von gutem Willen sind ihre Profession zu extendiren, auch noch mehrere Gesellen anzunehmen, wegen der fehlenden Spinner aber hat solches bishero nicht geschehen können" [4].

1776 schrieb der Kammerpräsident von Schoening an den König über die Widerstände, die der Errichtung von „ein oder ein paar Baumwollen Metzen Strumpf und Handschuh=Fabriquen in hiesiger Provintz" (Pommern) entgegenstünden; daß „es auch an diesen beiden Orten Gartz und Greiffenberg, so wie in allen Pommerschen kleinen Städten an Baumwollen Spinnern fehlte" [5].

Im Magdeburgischen herrschte vor Friedrichs d. Gr. Kolonisation völliger Mangel an Leinengarn und Garnspinnern; die Arbeitskräfte fehlten [6].

Als 1777 in Rügenwalde eine Leinwandfabrik angelegt werden sollte, wendeten sich die Stolper „Ziech=Dammast und Parchan Fabricanten" (Handwerker!) mit ihrem Gewerksältesten an den Geh.

---

1) Schroetter, XI, 391.

2) Bergius, II, 372 sagt darüber: „Der Mangel an tüchtigem Gespinnste ist gemeiniglich die größte Hinderniß, welche sich der Errichtung und Einführung der Linnen= und Wollmanufacturen entgegensetzet; und ehe diese Hinderniß nicht aus dem Wege geräumet worden; darf man nicht hoffen, daß diese Manufacturen in Flohr und Aufnahme kommen werden. Allein diese Hinderniß ist viel zu schwer zu heben, als daß sich die Manufacturisten allein imstande befinden sollten, solches zu bewerckstelligen."

3) G. St. A., Fabr.=Dep. Tit. 97. Nr. 41. Actum Perleberg, 4./X. 1777.

4) ebenda, Actum Wilsnack, 5./X. 1777.

5) eb., Tit. 94 Nr. 8. Vol. I. Stettin, 15./V. 1776.

6) Schmoller, Studien, XI. Jg., 825.

Finanzrat Tarrach im V. Departement: „Wir haben in Erfahrung gebracht, daß in Rügenwalde eine Leinwand Fabrique angeleget werden soll; in so ferne nun solches geschiehet und zu solcher besondere Manufacturisten angenommen werden, würden wir darunter entsetzlich leyden und der Spinner dadurch benommen werden. . ."[1]

Im folgenden Jahre richtete der Kämmerer Kameke, welcher eine Nesseltuchfabrik in Naugard (Pommern) anlegen wollte, folgendes für die Dringlichkeit des Arbeitermangels bezeichnende Bittschreiben an Tarrach: „Ew. Hochwohlgebohren haben zwar mein Gesuch hieselbst eine Nessel Tuch Fabrique zu etabliren, aufs Beste unterstützet um dadurch mein zeitliches Glück zu befördern, allein ich muß bekennen, daß, so leichte mir mein Vorhaben schien, es mir zur Zeit die gröste Unruhe verursachet. Zu Ew. H. habe ich das zuversichtliche Vertrauen daß dieselben mein Bestes suchen und in dießer Zuversicht erdreiste ich mich dasjenige zu entdecken, was mein Hertze kränket, um mich Dero Rath und Beystand zu erbitten. — 1. Muß ich melden, daß ich mir die gröste Mühe gegeben auch schon verschiedene Kosten gewaget habe, die erforderliche Arbeiter zuschaffen, allein meine Mühe und daß verwendete Geld ist vergeblich geweßen. Ich sehe auch noch nicht ein wo ich welche beschaffen werde, es sey den daß ich Reisen wage, die aber viel Geld kosten werden und wobey ich noch immer ungewiß bin, ob auch diese Reise kosten nicht werden vergeblich verwendet werden. Wäre es Ew. H. möglich, daß der Plan so entworfen würde daß mir die erforderliche Arbeiter geschaffet würden, so würde ich dadurch die größte Erleichterung erhalten, und wann ich auch in diesem Falle die erforderliche Reisekosten von dem mir zu zahlenden Quarto bezahlen sollte. Dis ist der erste Punct, worüber ich mich Ew. H. gütigen Rath ausbitte und Dero Vorsorge mich empfehle"[2].

Friedrich d. Gr. schätzte den Mangel an Wollspinnern, wohl für die Wollindustrie überhaupt, 1752 noch auf 60 000, sodaß der Bedarf erst hätte gedeckt werden können, wenn man jedes Jahr 1000 Familien zu fünf Köpfen 12 Jahre lang angesiedelt hätte[3].

Naturgemäß war der Mangel an Arbeitskräften da am größten, wo an und für sich das Land dünn besiedelt war. In Westpreußen, das 1772 an Preußen fiel, kam es kaum zu einer rechten Industrie-entwicklung, weil es an genügend ausreichender und tätiger Bevölkerung fehlte[4].

---

1) G. St. A., Fabr.-Dep. Tit. 94 Nr. 8 Vol. IV, 9./IX. 1777.
2) G. St. A., ebenda, Naugardten, I./I. 1778.
3) Matschoß, Textilindustrie, 324.
4) Beheim, 417.

Für den Bau des Kgl. Eisenhüttenwerks Malapane, das in einer sehr menschenarmen Gegend entstand, mußten Soldaten herangeschafft werden. Maurer und Zimmerleute ließ man durch Mannschaften eines Regiments aus Ohlau und aus Brieg zusammentreiben (!)[1]. Ebenso fehlte es auch an Bergleuten und Eisenarbeitern; sie mußten großenteils aus dem Auslande herangeschafft werden[2]. Dem Vorschlage von Heinitz im Jahre 1783, eine Stahl= und Eisenwarenfabrik zu errichten, hielt Friedrich d. Gr. entgegen: „Nun muß Ich Euch aber deshalb sagen, daß Ich erstlich für dies Jahr kein Geld dazu habe, und 2. daß Ich nicht weiß, woher die Leute dazu werden können hergenommen werden"[3]. Im schlesischen Bergbau bestand noch um 1800 Mangel an Bergarbeitern. 1801 fehlten im Bereich des Tarnowitzer Bergamtes 70 Mann für die königlichen Werke[4]. Ein Bericht Heinitz' vom 8. IX. 1801 besagt u. a.: „Die Kenntniß der unterirdischen Lagerstätten benutzbarer Materialien ist in ein solches Licht gesetzt, daß, wenn nur erst noch mehr Bergleute angezogen und für fremde genugsame Kolonie=Etablissements zustande gebracht sein werden, der Bergbau auch auf Gewinnung der edlen Erze ausgedehnt werden kann; bisher war dies wegen Mangels an Arbeitern und an Fonds nicht möglich"[5]. 1804 trat wiederum Mangel an Mannschaften zur Kohlenförderung neben dem an Transportleuten auf, sodaß sich das Oberbergamt an die Militärbehörden um Unterstützung wenden mußte[6].

Der Mangel an Arbeitskräften, der sich auch aus deren Eigenart erklärte, ging häufig so weit, daß die Werke zeitweilig stillliegen mußten oder wegen Arbeitermangels überhaupt ganz eingingen; die ersatzweise beschafften Arbeitskräfte waren oft unzuverlässig.

Die 1781 an Herrn von Stümer übergegangenen Werke in Schlesien, ein Hochofen zu Guttentag, ein Frischfeuer zu Ellguth=Guttentag und 2 Frischfeuer zu Makowtschutz und Smialkowa, kamen in Schwierigkeiten; 1783 lagen die Frischfeuer schon längere Zeit still, weil keine Fuhrleute zum Heranfahren der Kohlen da waren; sie waren im Sommer mit Feldarbeit beschäftigt[7]. Das 1747 vom Hauptmann von Zerbst und dem Regimentsquartiermeister Mencelius eröffnete Blei= und Silber=

---

1) Fechner, Malapane, 76.
2) Koch, 29.
3) zit. b. Fechner, Berg= und Hüttenwesen Bd. 49, 65.
4) eb., Bd. 48, 401.
5) eb., Bd. 49, 81.
6) eb., 491.
7) Fechner, Wirtschaftsgeschichte, 588.

bergwerk „Reicher Segen" bei Merzberg am Fuße des Schneebergs in der Grafschaft Glatz ging aus Mangel an guten Berg- und Hütten- leuten zu Grunde[1]). Graf Joseph Stillfried auf Cudowa und Deutsch- Tscherbenei hatte 1793/4 zu Rückers in der Grafschaft Glatz einen Hoch- ofen und 2 Frischfeuer errichtet; aber im September 1796 stand der Hochofen aus Mangel an Arbeitern und Absatz still[2]). Die Anfang des Jahres 1768 von dem herzoglich ölsischen Oberamtmann Müller zu Städtel auf Grund eines Privatprivilegs errichtete Fabrik für blecherne Löffel, Dosen und Klappern ging bald ganz ein, da seine Bemühungen, Arbeiter anderweit zu beschaffen, erfolglos waren[3]).

Dem Liegnitzer Jungfrauenstift war, wie vielen anderen geistlichen Instituten in Schlesien, von Schlabrendorff die Einrichtung einer Tuch- fabrik aufgegeben worden; aber es kam, wie bei manchen anderen auch, aus Mangel an brauchbaren Tuchmachern gar nicht zur Ausführung des Planes[4]). Zu den Vorschlägen, Steinschmelz- und Friesfabriken zu errichten, fehlte es, wie der Landrat von Kosel meinte, an Material und Arbeitern[5]).

Dies nur einzelne Fälle dafür, daß der Mangel an Arbeitern die Errichtung neuer Fabriken verhinderte oder sie nach kurzer Zeit ein- gehen ließ. Die Reihe könnte noch um viele bekannte Beispiele ver- mehrt werden. Wieviele Fälle aber mögen sich ereignet haben, in denen industrielle Unternehmungen geplant, wohl auch begonnen wurden, die aber in den behördlichen Akten keinen Niederschlag gefunden haben und uns heute unbekannt sind.

Wirtschaftliche und technische Ungeeignetheit der Arbeitskräfte

Gehen wir nun an die Betrachtung des wesentlich qualitativen Arbeitermangels, so bedarf es einer Rückbesinnung auf das, was über die Eigenart der Technik zur Zeit des beginnenden Kapitalismus gesagt wurde[6]). Die Tatsache, daß die Technik zu dieser Zeit empirisch war, d. h. auf der Erfahrung beruhte, daß sie nicht syste- matisch-wissenschaftlich weiterentwickelt wurde, ergab zusammen mit der

---

1) eb., 556.
2) Fechner, Berg- und Hüttenwesen, Bd. 50, 504.
3) ders., Wirtschaftsgeschichte, 326.
4) eb., 683.
5) ders., Fabrikengründungen, 632.
6) s. S. 46 f.

Tatsache, daß sie in jeder Weise personalgebunden war, einige bezeichnende Konsequenzen. Die Technik schritt in jener Zeit nur langsam oder gar nicht vorwärts; die langsame Entwicklung wurde bestärkt durch den Traditionalismus, der den Menschen beherrschte. Die Abhängigkeit technischen Wissens von seinem Träger nach Ort und Zeit erhob die Folgen aus der Eigenart der damaligen Bevölkerungsverhältnisse für die technische Eignung der Arbeitskräfte zu einer ganz besonderen Bedeutung. Wo der Träger technischer Erfahrung verschwand, sei es durch Tod oder durch Auswanderung, verschwand auch das Wissen mit ihm, wenn nicht vorher für die Uebertragung des Erfahrungsstoffes durch persönliche Mitteilung, Lehre, gesorgt worden war[1]). Wo aber hätte infolge der durch den Krieg verwirrten Zustände wohl nicht eine Unterbrechung der ordnungsmäßigen Kenntnisübermittlung stattgefunden? Jede dauernde Nachlässigkeit eines Arbeiters konnte das Fehlen von Kenntnissen u. U. für Generationen folgender Arbeiter bedeuten.

So finden wir auch in der zweiten Hälfte des 17. Jahrhunderts mehr als einmal, daß mangels genügender Uebermittlung ein erheblicher Rückgang der technischen und ökonomischen Kenntnisse eingetreten war. Die Technik war unvollendet, die Arbeit schlecht[2]). Manche Handwerkszweige waren so gut wie ausgestorben, die Ausübung anderer auf einen rohen Stand gesunken. So war die Töpferkunst in der Altmark erloschen, von der bedeutenden Tuchmacherei und Bierbrauerei wenig mehr übrig. Die Goldschmiedekunst war fast vernichtet; auch die Leinenindustrie war im Laufe der Zeit heruntergekommen.

In nicht wenigen Industriezweigen mußte so gut wie von neuem angefangen werden. Auch im schlesischen Bergwesen mangelte es an guten Arbeitern; taugliche, geschickte, werkverständige Leute hätten sich verzogen, ungeschickte, unerfahrene Stümper und Sudler, die mit Scheiden und Schmelzen nicht umzugehen wußten, hätten sich eingefunden, heißt es bei Fechner[3]). In einer Bergbaurechnung der Kommunitätszeche auf Bobrownicker Grund von 1756 findet sich die Bemerkung, der Schmelzer und die Arbeiter wären gestorben und das Erz müsse

---

1) Bergius, V, 51, sagt z. B. über die Wichtigkeit, die von Fremden erlangten Kenntnisse festzuhalten: „Ja es ist sogar eine der allernothwendigsten Maßregeln, daß man die Landeseinwohner auf das baldigste unterrichten läßt, damit die neuangelegten Werke nicht eingehen, wenn die Fremden Heimweh bekommen oder allzu unbillige Forderungen machen".

2) Inama, 84; Schmoller, Kleingewerbe, 14.

3) Berg- und Hüttenwesen, Bd. 48, 291.

liegen bleiben. Wegen Mangels an erfahrenen Arbeitern ruhte der Betrieb dann auch tatsächlich bis 1784 [1]).

Verstärkt wurde der Mangel an hochwertigen Arbeitskräften durch die übertriebenen Forderungen der wenigen vorhandenen „gelernten" Arbeiter, die sich ihres Könnens, daß ihnen gleichsam eine Monopolstellung gab, wohl bewußt waren und es nur unter besonderen Bedingungen weitergaben; und zwar dann meist an ihre Söhne, um ihnen die gleiche Einkommensquelle zu erhalten.

Als der Kurfürst mit zwei aus Schweden verschriebenen Eisenarbeitern 1664 ein Eisenwerk errichtet hatte, suchte er dem mit ihnen geschlossenen Kontrakt einen Zusatz anzuhängen, „daß besagte Bonnet und Roschet alsofort von anfang einige von S. Ch. Dhl. Unterthanen, solche Wißenschaft des Eysenwercks eröffnen, damit auf den unverhofften Todesfall dieses Werck nicht ins Stocken geraten dörfe und S. Ch. Dhl. allemahl Leute haben, die dieses Werck verstehen und befordern können". Die beiden lehnten jedoch dieses Ansinnen mit dem Hinweis auf ihre Söhne ab; Peter Roschet schlug seine drei Söhne als seine Nachfolger für das Eisenwerk vor [2]). Ebenso war es im Messingwerk Neustadt-Eberswalde; der Messingbrenner brachte seine Geschicklichkeit nur seinen Söhnen bei, sodaß es oft nötig war, bei Mangel an Arbeitern von anderen Werken solche zu verschreiben [3]).

Die Erhaltung qualitativ hochwertiger Arbeiter war bei der Schwierigkeit der Neubeschaffung Lebensfrage einer Unternehmung. So heißt es im Pachtkontrakt über das Freienwalder Alaun-Bergwerk für die Zeit vom 1. November 1782 bis dahin 1802: „§ 27. Ist Pächter [Bankier Aaron Meyer] gehalten, keinen von den Arbeitern, wovon ihm eine Designation zugestellet werden soll, eher als nach Verlauf eines Vierteljahres, von Uebergabe des Werks an zu rechnen, abzulegen, und muß außerdem noch gegründet Ursachen dazu haben. — Nach expirirten Pachtjahren muß er das Werk mit derselben Anzahl tüchtiger Arbeiter [!] wieder abliefern, es sei denn, daß Krieg oder epidemische Krankheiten solches unmöglich machen. Wenigstens aber ist er verbunden, bei Retradirung des Werks zwei gute Gruben-Steiger, einen dergleichen Kastensteiger und Alaun-Meister [!] abzugeben." [4])

---

1) Koch, 21.

2) G. St. A., Rep. 9. GG. g—i Lit. H. 23./XII. 1664 u. Antwort vom Dez. 1664 (ohne Tagesangabe).

3) Bergius, Bd. IV, 189.

4) G. St. A., Fabr.-Dep. Tit. 431 Nr. 33; wenn auch nach heutigen wie damaligen Rechtsbegriffen in die Pachtung des Werks die dazugehörigen Arbeits-

Wie das Aussterben der Kenntnisträger das Eingehen des betreffenden Gewerbes bedeutete, so stieß auch jede Einführung einer **neuen Industrie** auf völligen Mangel an geeigneten Arbeitskräften.

In einer „Methode, wie die Zeuge-Waaren sollen aufgebracht werden" (Beilage eines Privileggesuchs des Martin Küchler aus Leipzig für Errichtung einer „Zeugmacher und Wollfabrik") steht als besondere Aufgabe: „Müssen die Zeugmacher aus Sachsen hereingeholet und zur Arbeit angewiesen werden", (da im Lande keine vorhanden waren)[1].

Der Schneeberger Spitzenhändler Gottlieb Wenzel, der 1714 bei Freienwalde Sandstein gefunden hatte, kam nicht zur Errichtung eines Betriebes für Sandsteingewinnung. Grund? — „Weil es ihm aber an Leuten gemangelt, die mit der gleichen arbeit umzugehen wissen, und das werk ihm zu kostbahr worden: so ist die sache liegen geblieben"[2]. Im J. 1718 stieß der Generalleutnant von Doerfling bei der Suche nach Eisensteinen in derselben Gegend auf ein Alaunlager. Die herbeigerufenen Arbeiter hatten wenig Erfahrung und kamen zu keinem besonderen Ergebnis. Die späteren Pächter des Eisenwerks, zwei französische Kaufleute aus Berlin, besorgten sich jedoch erst einen geschickten Alaunsiedemeister aus Sachsen, mit dem sie dann auch in kurzer Zeit Alaun darstellen und ein Werk einrichten konnten[3]. In späterer Zeit (März 1748) wendete sich der Pächter des Eisenwerks Burchard an den Minister Unverfährt, ihm, wenn irgend möglich, einen Stahlmacher zu verschaffen, da mit den bisherigen Arbeitern nicht vorwärts zu kommen wäre; „sobald nur ein tüchtiger Stahlmacher hier ist, der die Offens recht weiß anzugeben und das Feuer kennet, So kan man auch mit Vergnügen arbeiten, weilen man als dann weiß das ein Nutzen heraus komt"[4].

1729 nahmen die Berliner Kaufleute Splittgerber und Daum das 1700 bei Eberswalde erbaute Messingwerk in Pacht. Auch hier fehlte es besonders an sachverständigen Arbeitern, sodaß sie sich welche mit großen Kosten aus Holstein, dem Harz, selbst aus Ungarn, Schweden und Norwegen zu verschaffen suchten. Auch für die allerersten Anlagepläne einer neuen Fabrik fehlte es oft an erfahrenen Leuten. Dieselben

kräfte nicht einbezogen werden konnten, so zeigt doch die ausdrückliche Vereinbarung im Vertrage durch Nebenabrede, wie wichtig die Erhaltung ausgebildeter und sachverständiger Arbeiter war.

1) G. St. A., Rep. 9. C. 6. c. 1, 10./V. 1686.
2) Betmann, I, 899.
3) derf., I, 899 f.
4) G. St. A., Fabr.-Dep. Tit. 439. Nr. 2 Vol. 2, Freienwalde, 2./III. 1748.

Kaufleute mußten für die Errichtung der Gewehrfabrik bei Spandau „zunächst einmal einen Meister aus dem durch seine Gewehrfabrikation berühmten Lüttich kommen lassen, um mit ihm einen zur Anlage ge= eigneten Platz ausfindig zu machen" [1].

Die Anlage einer Tabakspinnerei in Berlin machte es mangels geeigneter Arbeiter notwendig, Meisterknechte und Gesinde mit großen Kosten ins Land zu holen [2].

Weder Schlabrendorff, noch dem Grafen oder der Gräfin Hoym gelang es, die Stahlfabrikation in Schlesien einzuführen; der von dem ersteren verschriebene Stahlschmied konnte nur Rohstahl herstellen, ihn jedoch nicht raffinieren [3].

Wegen der Unmöglichkeit, guten Stahl zu fabrizieren, scheiterte auch die 1764 vom Grafen Posadowsky auf Tost=Preiskretscham in Schlesien auf Grund eines 10=jährigen Privilegs mit Hilfe fremder Meister er= richtete Sensen= und Strohmesserfabrik; sie wurde 1769 aufgegeben [4].

Besonders in dem an und für sich menschenarmen Oberschlesien sah es mit guten Arbeitskräften übel aus. Am 18. Juni 1755 be= richtete eine von der Kammer ausgesandte Kommission, daß es an gutem Arbeitermaterial fehle; man müßte nur tüchtige Werk= und Hüttenleute haben, dann könnte der Tarnowitzer Bergbau leicht wieder emporgebracht werden [5]. Noch 1779 schrieb Heinitz an Friedrich d. Gr.: „Die Natur hat sich in dieser Provinz wirklich so übertroffen, daß, wenn nur erst mehr geschickte Berg= und Hüttenleute [!] angestellt sein werden, dieselbe in Ansehung der Bergprodukte eine der wichtigsten Provinzen in Ew. Majestät Staaten werden wird" [6].

Ueber eine in Rügenwalde (Pommern) anzulegende Leinenfabrik wurde an Tarrach berichtet, daß wohl genügend Leinengarn vorhanden wäre, es aber an der guten Bearbeitung durch „geschickte ouvriers" fehle [7]. Als dort aber ein Jahr später eine Segeltuchfabrik angelegt werden sollte, welche statt des Flachsgespinnstes Hanfspinnerei erforderte, stieß man auch mit der Spinnerei auf Schwierigkeiten, „indem die Hanpf Spinnerey hier fast ganz unbekannt ist, außer auf denen Fischer= anlagen, woselbst jedoch auch weiter nichts gesponnen wird als was die

----

1) Gothsche, 1 f.
2) Reimann, 12.
3) Fechner, Wirtschaftsgeschichte, 406.
4) ebenda, 328.
5) Koch, 26.
6) Matschoß, Friedrich d. Gr., 80.
7) G. St. A., Fabr.=Dep. Tit. 94 Nr. 8 Vol. II, Rügenwalde, 1./VII. 1777.

Leute zu ihrem Fischer Zeüge gebrauchen ... Ein beträchtlicher Vorrath
von Leinen Garn ist von dem entrepreneur bereits angeschaft und es
fehlet nur noch an Fabrikanten[1] welche solches verarbeiten. Der entre=
preneur giebet sich deshalb alle ersinnliche Mühe, hat aber hierunter
noch nicht nach Wunsch reussiren können"[2].

Jede neue Art von Textilfabrikation forderte neue
Arbeiter, welche, da sie im Lande fehlten, immer anderswoher be=
schafft werden mußten; so bei der Einführung der Leinenplüschfabrikation[3],
der Creas= und Damastweberei in Schlesien[4]; auch die Ausbreitung der
Schachwitzfabrikation, Verarbeitung buntgestreifter und weißgarniger Lein=
wand, ließ sich nicht durchführen, da es unmöglich war, eine entsprechende
Zahl dazu geeigneter Weber ins Land zu ziehen[5]. Die Fabrikation
von „Messelin und Battist" versuchten zwei französische Fabrikanten in
Königsberg vergeblich aufzunehmen, „weil die hiesige Fabriquen Inspection
nicht im Stande gewesen, ihnen das erforderliche feine[!] Gespinste zu
fourniren"[6].

War es gelungen, für einen bestimmten Fabrikationszweig Arbeiter
heranzuschaffen, so fehlte es wieder an solchen, die ganz verwandte
Gegenstände herstellten. Die für die Eberswalder Stahlwarenfabrik
angezogenen Ruhlaer Schmiede konnten nur Messer machen. Wollte
man aber auch Sensen, Sicheln, Futterklingen usw. herstellen, so mußte
man die hierzu nötigen Schmiede aus anderen Gegenden verschreiben[7].
Den Grund dafür gibt uns der Eberswalder Fabriken=Inspektor Laval:
„Comme ces ouvriers sont tous d'un meme endroit, et ne travaille
que dans quelques sortes d'ouvrages qu'ils ont aprits, il n'est pas
possible d'assortir un Magazin comme il faut, ..."[8] Aehnlich
in einem Pro Memoria des Inspektors Knabeschuch: „So würde nun
höchst nöthig seyn, 8 bis 12 Steinbacher und Schmalkalder Meßer=
Schmide hieselbst noch anzusetzen, denn diese sind nur allein geschickt,
dergleichen Arthen Meßer zu machen, weil dergleichen dasigen Orthen
ihre ordentliche und einzige Arbeit ist"[9]. Diese Erscheinung fand ihre

---

1) = Arbeitern.
2) G. St. A., Fabr.=Dep. Tit. 94 Nr. 8, Vol. IV, Rügenwalde, 29./VI. 1778.
3) Fechner, Wirtschaftsgeschichte, 351.
4) Zimmermann, Leinengewerbe, 97.
5) Fechner, a. a. O., 178.
6) G. St. A., eb., Vol. IV., Königsberg, 29./IX. 1777
7) G. St. A., Fabr.=Dep. Tit. 439 Nr. 2. Vol.: Aa Manualia. 5./XII. 1750.
8) eb., Vol. VIII, Neust.=Eb. 8./IX. 1751.
9) ebd., Eisenspalterey, d. 2t Nov.: 1751.

Begründung in der traditionalistischen und personalgebundenen Eigen=
art der Technik jener Zeit, die sich so zu einer regionalen Gebundenheit
auswuchs. Wie für jede Neueinführung, so fehlte auch für jede Ver=
besserung bestehender Fabrikation das geeignete Arbeitermaterial.

Daß nun aber auch ein gut Teil der Gründe, die eine Verbesserung
der Technik verhinderten, in der Art der Gesamthaltung des da=
maligen Menschen lag, dafür nur einige Beispiele. Die Arbeiter jener
Zeit waren zum großen Teil unrationalistisch und unstrebig eingestellt. Es
fehlte an geeigneten, unter der Idee des Erwerbstriebes stehenden Arbeits=
kräften. Als Rehdanz die schlesischen Hochöfen bereiste, fand er überall,
daß „die Arbeiter aufs Geratewohl arbeiteten" [1]. Sie waren zu bequem,
Neues einzuführen. Die Arbeiter in der Bunzlauer Topfwarenindustrie
waren zu schwerfällig, sich bei der Töpferei moderne Kunstformen an=
zueignen [2]. Die Errichtung der Segeltuchfabrik in Rügenwalde (Pom.)
stieß auf Schwierigkeiten weil „die Einwohner hiesiger Gegend noch sehr
schwer an das Hanf=Spinnen zu gewöhnen. An das Flachs=Spinnen
gewöhnt scheuen sie sich vor die etwas mühsamere und schwerere Arbeit
welche das Hanf=Spinnen erfordert. Der Entrepreneur muß daher das
Gespinste sehr teuer bezahlen. Dies ziehet wiederum hohe Preise der
Seegel=Tücher nach sich, und dieses muß endlich den Absatz der Waaren
hindern... So fehlet es überhaupt noch sehr an den feinen Gespinsten und
denn spinnen die Leute noch nicht einen durchgängiglebenen Faden, sondern
bald grob und knipricht, bald vest bald lose. Dieses ist ein Haupt
Fehler" [3]. — Die Bergarbeiter in den schlesischen Kohlengruben des
Waldenburger Reviers sträubten sich lange gegen die Einführung der be=
schwerlichen, aber vorteilhafteren westfälischen Schrämarbeit [4]. — Auf den
behördlichen Vorschlag, außer weißen auch melierte Tücher weben zu lassen,
entgegnete die Breslauer Kaufmannschaft, daß von eigentlichen Woll=
spinnern sich alles lediglich und allein auf „weiß Gespinste lege und,
weil melirt Garn mühsamer und langsamer zu spinnen wäre, sich mit
diesem nicht abgebe. Denn alle melirte Wolle müsse erst gesotten werden,
und dadurch würde die hiesige Wolle kürzer und zäher, daher sie ganz
andere Handgriffe beim Gespinste erfordere, und nicht so viel als weiße
Wolle gesponnen werden könnte, worauf denn überhaupt die hiesigen
Arbeiter noch nicht eingerichtet wären" [5].

1) Fechner, Malapane, 75 f.
2) Fechner, Wirtschaftsgeschichte, 674.
3) G. St. A., Fabr.=Dep. Tit. 94 Nr. 11. Vol. V, Rügenwalde 11./VIII. 1779.
4) Fechner, a. a. O., 403.
5) Schroetter, Bd. XI, 454.

Wie lange es dauerte, ehe es gelang, einen wirklich guten Arbeiter zu bekommen, zeigt das Beispiel der Kupferzeche „Friderike Juliane" von Reden, wo die Schwierigkeiten beim Kupferschmelzen großenteils auf die Untauglichkeit der Schmelzer zurückzuführen waren. Der eine wurde 1782 wegen Eigensinns, sein Nachfolger wegen Trunks und Unordnung 1785 entlassen, ebenso der folgende Schmelzer; erst der neue mit Namen Dillmann war zu gebrauchen[1]. — Den Unternehmern des Blei= und Silberbergwerks „Reicher Segen" in Schlesien ging es folgendermaßen: sie stellten 25 Mann ein, mußten aber ihren Steiger wegen Unkenntnis und schlechter Wirtschaft entlassen. Auch der Schmelzer, den ihnen der König verschafft hatte, taugte nichts; das Werk ging „aus Mangel an guten Berg= und Hüttenleuten zu Grunde"[2].

Es konnten hier nur wenige Beispiele aus einer großen Anzahl vorliegender ausgewählt werden, die besonders typisch für die Lage des beginnenden Kapitalismus zu sein scheinen. Soviel — hoffe ich — geht jedenfalls daraus hervor, daß das neue Wirtschaftssystem gerade in der Arbeiterfrage bei seinem Eindringen in Preußen nicht besonders begünstigt war und daß es völlig abwegig ist, die Problematik umzukehren und das neue System als Mittel anzusehen, dem „un= geheuren Ueberfluß" existenzloser Arbeitskräfte abzuhelfen. Es fehlte, wie unser Ueberblick gezeigt hat, nicht nur an Arbeitskräften schlechthin, der Zahl und dem Dasein nach, sondern es machte sich vor allem auch ein Mangel an gehöriger Geeignetheit in jeder Beziehung bemerkbar. Hier erstand dem neuen Wirtschaftssystem eine umfangreiche tatsächliche „Hemmung", aus der heraus neben anderen erkennbar ist, daß der Kapitalismus in Preußen lange Zeit keinen fruchtbaren Boden fand. Erst mit Hilfe der neu sich entfaltenden Staatsmacht, die in der Lösung dieser Probleme eine ihrer Hauptaufgaben erblickte, wurde es möglich, die Hindernisse zu beseitigen und mit Maßnahmen einer der Lage ent= sprechenden Wirtschaftspolitik, bei der ja jede einzelne Maßregel wiederum auf einen neuen Fall von Arbeitermangel hinweist, die nötigen Kräfte für die Ausweitung des Volkswirtschaftskörpers heranzuschaffen. Dies zu schildern, wird die Aufgabe des zweiten Teils der Arbeit sein. —

---

1) Fechner, Wirtschaftsgeschichte, 573.
2) ebenda, 556.

III. Standortsbedingungen
für die entstehende kapitalistische Industrie

Bevor wir nun an die Behandlung der Wirtschaftspolitik heran=
gehen, wie sie die Wirtschaftssubjekte unserer Epoche zur Lösung ihrer
spezifischen „Arbeiterfrage" trieben, soll kurz auf die Standortsbedingungen
eingegangen werden, wie sie sich — immer von unserm Sonderproblem
aus betrachtet — für die aufkommende kapitalistische Industrie ergaben;
ich folge dabei im wesentlichen den Arbeiten Alfred Webers und Werner
Sombarts [1]).

Einleitend muß bemerkt werden, daß der Standort der kapitalistischen
Industrien in jener Zeit vorwiegend irrational orientiert, d. h.
nicht die Folge ökonomischer Zweckerwägungen war. Gründe dafür lagen
einmal in der auch teilweise noch die hier entscheidend wirkenden Wirt=
schaftssubjekte beherrschenden geistig=seelischen Gesamthaltung, wie wir sie —
in noch ausgesprochenerem Maße — bei der Schilderung der Bevölkerungs=
beschaffenheit [2]) kennen gelernt haben. Weiter aber wirkten noch irrationale
Bedingungen aus der rechtlichen Sphäre und der allgemein=gesellschaftlichen
Ordnung mit, die von außen her eine freie Auswirkung rationalistischer
Standortserwägungen verhinderten.

Gebundene Standorte ergaben sich:

für alle Industrien, die der Urstoffproduktion angehörten; also Berg=
werke und Eisenwerke, Bergwerke im Gebirge oder in der Ebene (z. B.
Salz in der Gegend von Halle), Eisenerzgewinnung auf dem Lande
verstreut, wo Raseneisenstein oder eisenhaltige Erde zu finden war. Für
diese Industrie war die Arbeiterbeschaffung zum Arbeitsort
hin eine Notwendigkeit, welche besonders dann auftrat, wenn die
betreffenden Berg=oder Industriewerke in einsamer, menschenarmer Gegend

---

1) Weber, Alfr. Industrielle Standortslehre i. Grundr. d. Soz.=öf., VI.
Abt., 2. Aufl. Tüb. 1923. S. 58 ff.; Sombart, W., Kapitalismus 6. Aufl., II,
800 ff., 901 ff.

2) Siehe S. 46 oben.

(Oberschlesien) entstanden. Zu rohen, quantitativ bestimmten Arbeiten konnten manchmal noch die Untertanendienste oder die Nebenarbeit der Landbevölkerung verwendet werden, während die Heranziehung qualitativer Arbeitskräfte sich meist von auswärts her als notwendig erwies;

für alle Industrien, die an nicht oder nur schwer ableitbare Kraftquellen gebunden waren. Die damals noch wesentlich auch in dieser Rücksicht organische Technik zwang alle Industrien, die Wasserkräfte brauchten, an fließende oder fallende Gewässer: Hammerwerke für alle metallverarbeitende Industrie, Schleifwerke größeren Umfangs usw. Krafttransport gab es nur in geringem Umfang. Umwandlung von Wasserkraft in leichter transportable elektrische oder vorher noch Anwendung von Dampfkraft, welche bei der Transportierbarkeit des Kraftstoffes, Holz oder Kohle, frei gewesen wäre, war noch unbekannt; letztere wurde erst in der zweiten Hälfte des 18. Jahrhunderts und dann nur sehr spärlich benutzt. Auch für diese Industrien bedeutete die Gebundenheit, sofern Arbeitskräfte am Ort der Kraftquellen nicht vorhanden waren, Heranschaffung von solchen an den Standort der Werke.

Eine Gebundenheit an die Arbeiterquelle wirkte sich dann aus, wenn es sich für eine sonst freie Industrie darum handelte, Arbeitskräfte zu gewinnen, die nur an einem bestimmten Ort zu haben waren: Anstaltsinsassen aller Art in Waisenhäusern, Arbeits=, Zucht= und Spinnhäusern, Garnisonen usw.; andererseits gewisse Zweige der Textilindustrie, besonders die Spinnerei, die meist Nebenbeschäftigung der Agrarbevölkerung war. Da letztere an den ländlichen Boden gebunden war, einmal physisch ihrer Hauptbeschäftigung nach, ein andermal aus rechtlichen Gründen grundherrlicher Bindung in häufigen Fällen, konnte sich diese Industrie — wenn auch nur in gewissen Produktionsstufen — nur nach diesem Faktor orientieren, was zu einer Zerteilung des Standorts nach den Stufen des Produktionsprozesses führte. Gebundenheit aus rechtlichen Gründen fand sich auch bei der Verwendung städtischer Arbeitskräfte: bezunftete Handwerker, die auch in der kapitalistischen Industrie beschäftigt wurden, durften sich (mit Ausnahme von fünf Berufen) lange Zeit nur in den Städten aufhalten; daneben allgemeiner Mangel an Freizügigkeit. Abhängig von städtischen Arbeitskräften waren auch die Industrien, welche auf hochwertige Spezialarbeiter (beispielsweise Dessinmaler) angewiesen waren, die sich, um sich unter Umständen auf mehrere Unternehmungen stützen zu können, in den Städten mit gehäufter Industrie aufhielten.

In den vorhergehenden Fällen kann man von „arbeitsgebundenen" Standorten nur insoweit reden, als anderswo Arbeitskräfte nicht zu

finden waren. Bei sonst freien Industrien konnten die gleichen Stand=
orte ebenso aus rationalen Gründen aufgesucht werden. Handelte es
sich aber darum, Arbeitskräfte aus dem Auslande zu beschaffen, so
konnte man sie ansetzen, wo sie gebraucht wurden. Der einmalige
Transport der Arbeiter an rohstoff= oder produktionsmittelbestimmte
Standorte war dann vorteilhafter als der dauernde Transport der Roh=
stoffe und Stufenfabrikate anderswohin. Andererseits wurde die Stand=
ortswahl durch mannigfache andere Gründe bestimmt. In den Städten:
Werbungsfreiheit, Freiheit von anderen Lasten, bessere Unterkommens=
möglichkeit, usw. Diese Gründe fielen fort, wenn die gleichen Freiheiten
durch ein allgemeines Edikt oder besondere Konzessionen für die Unter=
nehmungen selbst, unabhängig davon, wo sie sich niederließen, gewährt
wurden. Die Städte kamen als Standorte wegen der bequemeren Be=
schaffung des Lebensunterhalts für die Arbeiter besonders dann in
Frage, wenn diese voll von ihrer Industriearbeit in Anspruch genommen
wurden und außerhalb jeder Verbindung mit landwirtschaftlicher Neben=
tätigkeit standen. Oft aber nötigten sie gerade die billigeren Lebens=
verhältnisse wieder in kleinere Landstädte, wo die Arbeiter und ihre
Angehörigen in eigenen Gärten ihren Bedarf zum Teil selbst anbauen
konnten.

Konsumorientierung fand sich besonders bei den entstehenden Luxus=
industrien: Seiden=, Porzellan=, Zuckerindustrie usw. Hier konnte der
breite Untergrund der „Großstadt" gleichzeitig eine Quelle für die
Erlangung von Arbeitskräften bilden.

II. Teil

Die Beschaffung der Arbeitskräfte

I. Der Arbeitsmarkt

Wenn wir heute an Probleme der Arbeiterbeschaffung für die Industrie herangehen, so denken wir zweifellos zunächst an den sog. Arbeitsmarkt. Wir verstehen darunter den Ort oder den Inbegriff der Einrichtungen, mit Hilfe deren bei feinster Ausbildung von Marktbeherrschung und =übersicht Nachfrage nach und Angebot von Arbeitskräften zusammentreffen. Zu diesem Zweck ist mit Hilfe unserer entwickelten Technik eine Reihe von Einrichtungen geschaffen, die vor allem das Wissen davon, wo einerseits Arbeitskräfte überflüssig sind und wo andererseits Bedarf darnach vorhanden ist, zu einer weitgehenden Verallgemeinerung gebracht haben. Daneben gehört zur Ausgestaltung des Arbeitsmarktes zweitens die Möglichkeit eines schnellen und billigen Transports der Arbeitskräfte, eine Beweglichkeit des Arbeitermaterials in doppeltem Sinne: einmal technisch, daß sie an den Ort des Bedarfs gebracht werden können, und ein andermal rechtlich, daß sie übersiedeln dürfen (Freizügigkeit). Wie weit diese Fragen für das Brandenburg=Preußen des 17. und 18. Jahrhunderts wirksam waren, soll uns eine kurze Betrachtung verdeutlichen.

Wie stand es zur Zeit des Merkantilismus mit der Nachrichten=übermittlung für die Arbeiterbeschaffung? — Heute würde dafür in erster Linie die Zeitung in Frage kommen, die allgemeine Tages=zeitung, die Fachzeitschrift und das spezifische „Arbeitsblatt“. — Das Zeitungswesen lag in unserer Epoche noch in den Anfängen[1]. Es gab nur wenige Zeitungen, die überdies in großen Zeitabständen erschienen. Dreimal in der Woche, am Dienstag, Donnerstag, Sonnabend, erschien die „Berlinische ordinaire Zeitung“ erst von 1715 ab[2]. Auch der

---

1) s. dazu Consentius, Die Berliner Zeitungen; s. Lit.=Verz.
2) ebenda, 58.

Charakter der Zeitungen unterschied sich von dem der heutigen wesentlich. Ihr Inhalt war bei weitem nicht so wie heute auf Tagesnachrichten eingestellt; darauf weist auch ihre Erscheinungszeit. Weiter fand man am wenigsten Nachrichten von dem Erscheinungsort selbst, sondern vielmehr aus allen Teilen der Welt.

Die Nachrichten umfaßten nur bestimmte, engbegrenzte Sachgebiete: politischer Inhalt, der jahrzehntelang der Zensur unterworfen war, Wetternachrichten, Staatsanzeigen, Verordnungen und Edikte. Unter den „Geschäftsanzeigen", die in Berlin zuerst mit der genannten Zeitung 1715 aufkamen, fanden sich Lotterieankündigungen, Anzeigen von Versteigerungen, Hausverkäufen, Gutsverpachtungen, Verlusten usw.; die eigentlich geschäftliche Anzeige im heutigen Sinne gab es noch nicht, und Anzeigen für Arbeitsvermittlung fanden sich erst in späterer Zeit[1]).

Ein weiterer Mangel für ihre Verwendung zu arbeitervermittelnden Zwecken lag in jener Zeit in der eigenen Art der Verbreitung. Es wurde nur in bestimmten Kreisen Zeitung gelesen; das waren die Angehörigen des Hofes, die höheren und mittleren Staatsbeamten, die Kaufleute und besseren Bürger, Gelehrten und Geistlichen: also meist die sog. „höheren Stände". Es fehlte die Demokratisierung und Popularisierung dieses Nachrichtenmittels.

Auch das übrige Nachrichtenwesen kam wenig in Betracht. So das Anschlagwesen; wenn etwas „affigirt" wurde, so waren es meist behördliche Nachrichten, die übrigens auch von den Kanzeln verlesen wurden. Verteilung von Handzetteln fand ebenfalls kaum für die Anwerbung von Arbeitskräften Verwendung.

Der andere Kreis von Fragen, die zu einem „beweglichen" Arbeitsmarkt gehören, betrifft die Beweglichkeit der verlangten Personen.

Die Entwicklung der Technik des Personenverkehrs war noch gering. Postkutschen waren teuer und kamen für Arbeiter nur in dringenden Fällen in Frage. So blieb der gewöhnliche Fuhrwerks- und der Binnenschiffahrtsverkehr. Letzterer war noch mehr als der erstere an örtliche, engbegrenzte Bedingungen geknüpft; künstliche Wasserstraßen, Kanäle, waren erst wenig vorhanden. Wo jedoch der Wasserweg zu benutzen war, geschah es; denn er war nicht ganz so kostspielig

---

1) Sombart, Kapitalismus, II. 406 ff. — In fünf Jahrgängen der „Berlinischen ordinairen Zeitung" von 1720 ff. z. B. habe ich eine einzige Anzeige, in welcher für einen Fabrikanten ein Lehrling gesucht wurde, gefunden.

wie der Wagentransport für Personen und Güter (Hausrat). Häufig wurden die Wegstrecken von umsiedelnden Arbeitern zu Fuß zurückgelegt, wenigstens von den Männern; die Wagen wurden den Frauen und Kindern, den schwachen oder kranken Angehörigen überlassen. Daraus folgte aber Langsamkeit des Transports und damit weitere Behinderung der Beweglichkeit des Arbeitermaterials.

Die rechtliche Seite dieser Frage war die nach der Freizügigkeit. Die Beschränkungen auf diesem Gebiete sind bekannt. Gebundenheit der Gutsuntertanen, der angesessenen Bauern und der Städter, die Schwierigkeiten, die ihnen beim Abzug mit hohen Gebühren und Abgaben ebenso wie bei der Erwerbung des Bürgerrechts gemacht wurden: alles das behinderte einen beliebigen Ortswechsel.

Die von früher her bestehenden Arbeitsvermittlungsgelegenheiten der Innungen, an die sich der wandernde Handwerker in jeder Stadt wenden konnte, kamen bei der grundsätzlichen, instinktiven Feindschaft zwischen den Zünften und dem neuen Wirtschaftssystem für dieses nicht oder nur wenig in Betracht. Es ist daneben nicht zu vergessen, daß sie nur höchst selten eine aktive Rolle bei der Arbeiterbeschaffung gespielt und Arbeiter herangeholt haben. Im weiteren Verlauf ging auch ihr Wirkungsgebiet im geographischen Sinne verloren. Mit dem Aufkommen einer starken Staatsgewalt, mit der Konzentration der ursprünglich wenig zusammenhängenden Territorien zum einheitlich geschlosseneren Staat wurde auch die interterritoriale — das würde nun heißen internationale — Verbindung der Zünfte untereinander mehr und mehr gelöst. Ihre Reichweite ging also kaum mehr über die Staatsgrenzen hinaus, so daß sie für die Arbeiterbeschaffung aus dem Auslande nicht herangezogen werden konnten.

Eine ausgebildete Arbeitgeberorganisation, die hier hätte eingreifen können, gab es nicht; fehlte es doch zum großen Teil in Preußen zu Anfang an den Unternehmern ebenso wie an den Arbeitern. Später konnten dann aber die Verbindungen von Kaufleuten und Unternehmern zu ihren Geschäftsfreunden im In- und Auslande benutzt werden, deren sich in manchen Fällen sogar der Staat für seine eigenen Unternehmungen bediente.

Als Organisation, die über die Grenzen hinausgreifen konnte, blieb nun besonders für die ausländische Arbeiterwerbung in der Hauptsache die der staatlichen Einrichtungen. Der Staat, dessen Interessen ja aus mannigfachen Gründen mit der Beschaffung von Arbeitskräften verbunden waren, stellte seine Machtmittel zur Verfügung; seine Vertretungen im Auslande waren die Arbeitsvermittlungsstellen, über sie ging das Nachrichtensystem mit Verbreitung von Kundgebungen und Edikten, von dessen Wirksamkeit der Erfolg der Arbeiterbeschaffung zum großen Teil abhing. Ein Vorteil lag auch in der aus der staatsrechtlichen Eigenschaft dieser Stellen fließenden Exterritorialität und dem Recht zu geheimem Nachrichtenverkehr, der systematisch ausgebildet war.

Wie sich nun alle diese Vermittlungsmöglichkeiten bei der Arbeiterbeschaffung praktisch verwenden ließen, wird später zu zeigen sein.

II. Die Arbeiterbeschaffungspolitik
und ihre Maßnahmen

Staat und Unternehmertum

Es ist früher schon auf die enge Verknüpfung des neuen Wirtschafts=
systems mit der Entwicklung des preußischen Staates hingewiesen worden.
Auf die Verbindung gleichgerichteter Interessen des Staats=
wesens und der Unternehmer bei der Herausbildung neuer, höheren
Anforderungen entsprechender Wirtschaftsformen ist nun bei der Frage
nach den Subjekten der Arbeiterbeschaffung näher einzugehen. Dabei
müssen wir uns jedoch vor Augen halten, daß die Interessen des Staates
in dieser Beziehung gegenüber denen der Unternehmer ein weiteres Gebiet
umfaßten und die Grundlage einer allgemeinen Bevölkerungspolitik
waren[1]), die am Anfang aller Machtpolitik des preußischen Staates
stehen mußte. Preußen brauchte nicht allein Arbeiter, sondern zunächst
einmal Menschen, um sein Land zu bevölkern. Es fehlte nicht nur an
Lohnarbeitern, sondern ebenso an Ackerbauern und Arbeitskräften für
die Wirtschaftsformen des alten Systems, für die staatspolitischen Be=
strebungen aber vor allem, aus diesen Quellen geschöpft, an Soldaten.
Es galt, den Volkswirtschaftskörper über die natürliche Entwicklung
hinaus, die für die militär= und machtpolitischen Pläne der preußischen
Fürsten viel zu langsam vorwärtsschritt, durch eine planmäßige Be=
einflussung künstlich auszuweiten, um so erst eine Grundlage für den
Aufstieg des kleinen und zersplitterten Staates zu schaffen. Alle Politik
ging infolgedessen zunächst dahin, eine möglichst große Anzahl

---

1) Das wird besonders klar da werden, wo wir die Konfliktsmöglichkeiten
und ihre tatsächlichen Auswirkungen behandeln werden, die bei der Kreuzung ver=
schiedener staatseigener Interessen auftraten. In die allgemeine Bevölkerungs=
politik würde etwa auch die Abkürzung des Trauerjahres zur Vermehrung des
natürlichen Zuwachses einzubeziehen sein: Regl. v. 26/7. 1747. Mylius, Cont.
III. Nr. XXII., p. 179.

von Bewohnern auf dem eigenen Staatsgebiet zu erhalten und zu diesem Zweck alle produktiven Kräfte zu wecken und zur Auswirkung zu bringen; sicherte doch eine zahlreiche Bevölkerung gleichzeitig den Bestand eines unverhältnismäßig großen Heeres. Dabei stand der Staat als Ganzes im Vordergrund, dem als Gesamtinteresse sich alle Einzelinteressen einzuordnen hatten. Die Staatsräson, das Grundmotiv aller merkantilistischen Politik, beherrschte das gesamte Kultur- und Wirtschaftsleben, das so einer ökonomisch-politischen und „national-ökonomischen" Betrachtung im eigentlichen Sinne näher gerückt wird.

Von seiner ersten Aufgabe sprach Friedrich d. Gr. in einem Brief an seinen Bruder Heinrich vom 18. Juni 1772: „Das ist's, worauf wir hinarbeiten müssen, die erste Sorge in einem Staate ist, dessen Bevölkerung zu mehren nach Maßgabe der Ertragsfähigkeit des Bodens." Und in einem andern bekannten Worte drückte er den Grundsatz seiner Politik aus: »Comme cet axiome est certain que le nombre des peuples fait la richesse des Etats« [1]. Daß nun die merkantilistischen Fürsten der industriellen Entwicklung eine besondere Bedeutung für ihre allgemeine Bevölkerungspolitik beimaßen, kommt schon in einem Edikt des Gr. Kurfürsten von 1687 zum Ausdruck, wo gesagt wird, daß er „auch nach und nach, was zur Beförder- und Verbesserung der Fabriquen, und folglich [!] zu Populirung Unserer Städte, als auf welchem Fundament die Aufnahme und Wohlfahrt des Landmanns zugleich mit beruhet, zuträglich, auf gnädigste Hülffs-Mittel fernerweit bedacht seyn" werde [2]. Bezeichnend für eine ähnliche Stellungnahme zugunsten der Industrie gegenüber dem Handel, die zugleich die Absichten der Erweckung aller produktiven Kräfte erkennen läßt, ist folgende Aeußerung Friedrichs II.: „Ich bleibe jedoch dabei immer der Industrie gewogen: denn auf alle Fälle muß ich meinem Volke was zu thun geben, und dabei ist gewiß, daß ein Fabrikant zweitausend Hände beschäftigen kann, wenn ein Handelsmann deren kaum zwanzig beschäftigt," oder an anderer Stelle: „Mein Volk muß arbeiten; es würde aber faul werden, wenn die Industrie keinen gewissen Absatz hätte" [3].

Das kapitalistische Wirtschaftssystem fand so im staatswirtschaftlichen Interesse einen Hauptfaktor für seine Entwicklung, der sich in Preußen nach der Seite der Arbeiterbeschaffung wie selbst nach der der Heran-

---

1) Oeuvres de Fr. l. Gr., IV. p. 4.
2) Mylius, V. V. 1. Nr. XXV, p. 43 ff., 11/6. 1687.
3) zit. Buchholz, Fr., Gesch. v. Berlin, (1827), 63.

ziehung von Unternehmern zu betätigen hatte[1]). Die ver=
schiedensten Kreise wurden angeregt und oft mehr oder weniger ge=
zwungen, Unternehmungen zu gründen und die nötigen Arbeiter dazu
selbst anzusetzen. Mit den mannigfaltigsten Förderungsmaßnahmen:
Verschaffung von Betriebskapital, Rohstoffen, durch Privilegisierung und
Monopolisierung wurden sie bei der Errichtung von Unternehmungen
unterstützt. Seine besondere Hilfe aber lieh ihnen der Staat bei der
Beschaffung des anderen Teils eines kapitalistischen Betriebes, der Arbeits=
kräfte; hier deckten sich, speziell in der Beschaffung von Arbeitern aus
dem Auslande, die eine absolute Vermehrung der Bevölkerung
bedeutete, die Interessen des Staates und der Unternehmer vollkommen.
Er griff so als der natürliche Bundesgenosse des Unternehmers mit seiner
Macht ein, um die Hereinziehung zu fördern, und unterstützte die An=
setzung mit Geld= und Sachmitteln.

Auch wo die Unternehmer sich selbständig daran machten, Arbeiter
anzusetzen, sehen wir meist im Hintergrunde den Staat wirken, sei es
daß er einen Teil der Beschaffungskosten auf Grund der Benefizien=
Versprechungen der Einwanderungsedikte auf sich nahm, sei es daß er
sich mit diplomatischen Mitteln betätigte.

Unter den Leuten nun, die als Subjekte der Arbeiter=
beschaffung wirkten, begegnen uns die verschiedensten Unternehmer=
typen:

1. der Staat selbst mit seinen Beamten,
2. Kaufleute, darunter häufig Juden,
3. staatliche und Kommunal=Beamte als Privatunternehmer,
4. Grundherren,
5. geistliche Anstalten und
6. Städte.

Zunächst war es der Staat selbst, der eigene Unternehmungen
für den Staatsbedarf: Gewehrfabriken und Kanonengießereien[2]), Tuch=
fabriken[3]), Messingwerke und Kupferhammer[4]) gründete und mit Hilfe
seiner Organe sich Arbeitskräfte dazu verschaffte; aber auch auf anderen

---

1) Auch die Zahl der kapitalistischen Unternehmer war ja noch gering, da die
allgemeine wirtschaftliche Entwicklung Preußens noch weit zurückstand, so daß die
Staatspolitik sich großenteils darauf erstreckte, bei den eigenen Untertanen Unter=
nehmungsgeist und Erwerbsstreben zu wecken und neben Arbeiter= auch Unter=
nehmererziehung zu treiben.

2) Peitz, Spandau, Potsdam, Malapane, Kreuzburgerhütte, Berlin u. a.

3) z. B. Lagerhaus Berlin.

4) Eberswalde und Hegermühle.

Gebieten, die den direkten Bedürfnissen des Staates ferner lagen, betätigte er sich als Unternehmer: bei Messerschmiedefabriken[1]), Gold- und Silbermanufakturen, Porzellanmanufakturen[2]) usw., die er durch Administratoren verwalten ließ oder auch für gewisse Zeiten an Unternehmer verpachtete[3]); oft gingen solche Unternehmungen aus Gründen der Rentabilität an Privatunternehmer durch Verkauf oder auch durch Schenkung über, wobei unter den Bedingungen die Frage der Arbeiterkolonisation eine besondere Rolle spielte. Zur Erhaltung des Arbeiterstandes unter allen Umständen — darauf kam es der Staatspolitik am meisten an — wie zur Ansetzung einer bestimmten Anzahl neuer Arbeiter innerhalb einer gewissen Frist mußten sich die Unternehmer in solchen Fällen oft verpflichten.

So wurde den Kaufleuten Splittgerber und Daum die Eberswalder Stahlwarenfabrik nur unter der Voraussetzung geschenkt, daß sie noch 30 weitere Arbeiter auf ihre Kosten zu den bereits vorhandenen anschafften[4]).

Die Erbverschreibung der Luckenwalder Wollfabrik an den Unternehmer De Vins enthielt u. a. die Bedingung, sie „zu ewigen Zeiten" mit mindestens 46—50 Stühlen in Betrieb zu erhalten[5]).

Zu solchen Verpflichtungen, eine gewisse Anzahl von Arbeitern einzustellen, fand sich auch sonst bei Manufaktur- und Fabrikgründungen durch K a u f l e u t e   u n d   a n d e r e   b ü r g e r l i c h e   U n t e r n e h m e r Gelegenheit. Eine Neugründung war in jener Zeit meist an bestimmte Bevorrechtigungen gebunden, welche für ganze Gewerbegruppen oder für einzelne Unternehmungen gleicher Art oder endlich für eine einzige bestimmter Art gewährt wurden und im letzteren Falle zur Monopolisierung führten. Diese Vorrechte, welche in der Form der Privilegierung den Zweck des Schutzes gegen andere hatten (gegen andere Unternehmer, gegen die Zunftwiderstände), in der der Konzessionierung die Berechtigung zur Errichtung einer bestimmten Unternehmung erteilten, wurden dann häufig unter Bedingungen gewährt, die das Interesse des Staates an der Bevölkerungs-, insbesondere Arbeitervermehrung erkennen lassen.

In dem „Memorial" über die Creponfabrik des schweizerischen Einwanderers Orelly findet sich folgende Verpflichtung: „Verspricht der

---

1) Eberswalde.
2) Berlin.
3) Hier spielten Splittgerber & Daum eine große Rolle.
4) Lenz-Unholtz, Schickler, 87.
5) Feig, 84 f.; 24/9. 1794.

Entrepreneur in den Churfürstlichen Landen nicht nur zuzuführen, sondern auch, das nötige Volk darzu [unten heißt es: „Volck, so aus der Schweitz komen wirt"] zuverschaffen, damit die Brandenb. Vnderthanen . . . . mogin vnderrichtet werden" [1].

Dem Holländer Cornelius Funcke, „Bürger und Porcellain=Brenner" in Berlin, wurde 1712 ein Privileg auf 15 Jahre bewilligt unter der Bedingung, daß er „anfangs viele Arbeiter an 12 biß 20 Mann aus Holland zuverschreiben" sich bereit erklärte [2].

In dem „Privilegium Exclusivum" der Fabrikanten André Simon, Renard und Guillermin zu Cöpenick vom 2. August 1781 auf 10 Jahre heißt es: „Dagegen müssen die Entrepreneurs der Fabrique, ihrem ein= gegangenen Engagement gemäß, nicht allein ihre zu Coepenick habende Tafft=Fabrique beständig in Concertions mäßigem Zustand . . . erhalten, sondern auch ihre neue Fabrique von Milchflor zu Cöpenick, welche bereits mit Eilf Metiers arbeitete, binnen Jahresfrist biß auf zwantzig Metiers vermehren, auch sobald sie zu Aufrichtung mehrerer Stühle Platz finden können, solche biß auf zwey und dreißig erweitern, als so viel zu Ver= sorgung des Landes erforderlich sind" [3].

Wenn die Unternehmer in manchen Fällen die Arbeiter auf eigene Kosten aus dem Auslande verschrieben, so forderten sie doch die in den Einwanderungsedikten versprochenen Ausländer=Benefizien als Voraus= setzung für die Ansiedlung von Arbeitskräften [4].

Am 22. Mai 1764 erhielten drei Entrepreneurs, welche 23 vorher aus Nürnberg berufene „Lionische Drahtzieher" in Arbeit setzen wollten,

---

1) G. St. A., Rep. 9. JJ 1, o. O. u. D. (nach den Akten etwa 1694); nach Schmoller=Hintze, Act. Bor. Seideninb. I, 11, hatte O. in Berlin 1691 be= reits eine Seidenbandfabrik errichtet.

2) G. St. A., Rep. 9. E. 16. II. Fasc. 2, 14/12. 1712.

3) G. St. A., Fabr.=Dep. Tit. 187 Nr. 61. Vol. I. — Um ein entsprechendes Privileg zu erhalten, erklärte sich die Splittgerbersche Handlung bereit, für eine Fabrik von Elfenbeinkämmen, die sie mit ihrer Stahl= und Eisenwarenfabrik in Neustadt=Eberswalde zu kombinieren wünschte, aus eigenen Mitteln „noch mehrere Ouvriers aus Nürnberg kommen zu laßen". (G. St. A., Fabr.=Dep. Tit. 439 Nr. 24).

Unterm 21. Oktober 1772 wurde ein „Privilegium privativum" für die Entrepreneurs der „Leonischen Gold= Silber= und Drat=Waaren Fabrique" in Berlin, Johann Michael Trautner und Johann Daniel Felix, bewilligt; sie hatten sich dabei verpflichtet, „geschickte Ouvriers und Ouvrieres behufs der Fabrique, als Dratzieher, Knöpler, Spinner und dergleichen, im Fall sie nicht schon damit versehen sind, aus der Fremde zu engagiren". (G. St. A., ebenda Tit. 418 Nr. 45 Vol. 3).

4) So Joh. Caspar Oehmigt in Bernau, als er die Bedingungen für ein neues Privileg stellte (eb., Tit. 418 Nr. 45, Vol. 1, o. D.).

mit einem Privatprivileg diese „bereits engagirte Ouvriers auf Königliche Kosten frey geliefert," sollten jedoch diejenigen Arbeiter, die sie noch brauchen würden, auf eigene Rechnung verschreiben [1].

Oft aber fehlte jede, auch die geringste Unterstützung, und den Unternehmern wurde mit Recht oder Unrecht in rigorosester Weise die Herbeischaffung von Arbeitern „befohlen", wie etwa den Hirschberger und Schmiedeberger Kaufleuten, welchen der Minister v. Schlabrendorff auftrug, „auf ihre Kosten soviel Damastweber ins Land zu ziehen, als emigriert wären und zwar ohne Widerrede". Daß hier die Zwangs=androhung in die Wirklichkeit umgesetzt wurde, zeigt die Tatsache, daß man den Kaufleuten, als ihnen die Herbeischaffung nicht gelang, militärische Exekution ins Haus legte [2].

Ein Teil von Arbeiterbeschaffungen, der nicht zu gering eingeschätzt werden darf, wurde jedoch auch ohne direkte staatliche An=regung und Unterstützung vorgenommen; auch in den Akten findet sich mancher Hinweis auf solche private Initiative. Nach einem Untersuchungsbericht der Breslauer Direktion hatte der Spiegelfabrikant Hauck seine Arbeiter mit schweren Kosten aus der Fremde selbst ins Land gezogen [3]. Hierher gehören auch die Industrien der westlichen Provinzen, wie etwa die Seidenfabriken der Familie von der Leyen in Crefeld, die verhältnismäßig frei von staatlicher Einwirkung blieben [4].

Unter den bürgerlichen, aus gewerblichen Kreisen stammenden Unter=nehmern, welche für die Beschaffung von Arbeitern in Frage kamen, fanden sich auch viele Juden. Die besondere Art von Niederlassungs= und Schutzprivilegien, die ihnen und ihren Angehörigen mit der Konzession für Begründung von Industrieunternehmungen gewährt wurden, gab wiederum Gelegenheit, sie zur Heranschaffung von aus=ländischen Arbeitern zu verpflichten. — In dem Vertrag zwischen dem Fabriken=Departement und Veitel Wolff z. B. findet sich unter „1. verspricht der Veytel Wolff unter Guarantie des Hoff Jouvelier Ephraims eine Nehe Nadel=Fabrique in Potsdam auf seine eigene Kosten anzulegen, und zu etabliren, dergestalt daß er nicht allein die hierzu benöthigte Meister selbst verschreiben, anschaffen und frei aus seinen Mitteln mit ihren Effecten anhero transportiren, nicht weniger sämtliches Handwerks=Zeug und sonst erforderliches Geräthe ex propriis besorgen, sondern auch

---

1) G. St. A., Fabr.=Dep. Tit. 418 Nr. 45. Vol. I.

2) Zimmermann, Alfr., Leinengewerbe, 129; s. a. Sombart, Kapitalis=mus, 6. Aufl. I, 846.

3) G. St. A., Fabr.=Dep. Tit. 411 Nr. 9, Bresl. 27/4. 1797.

4) Hintze, Act. Bor. Seideninb. III., 273 f.

überhaupt die Fabrique in … Stande setzen und erhalten wolle," wofür Vehtel Wolff unter 3. sein General=Schutz=Privileg für sich und seine Familie gratis erhielt[1]). — In Schlesien bewarben sich eine Anzahl polnischer Juden um Konzession für Fabriken, um dadurch ein Schutz=privileg zu erhalten[2]).

Eine weitere Gruppe von Unternehmern bildeten die **Staats= und Kommunalbeamten**, die ja in unmittelbarer Verbindung mit dem Staate und seiner Wirtschaftspolitik standen. An sie ergingen Anordnungen, Leute hereinzuziehen, die nicht ohne Erfolg blieben, zumal manche besondere Auszeichnung durch den Monarchen lockte. Nach der Erwerbung Westpreußens wurde an die dortigen Behörden die Auf=forderung erlassen, in den Städten nützliche Ouvriers anzusetzen, „wie Ihr denn," hieß es weiter, „durch dergleichen Etablissements Euch bey Unserer höchsten Persohn vorzüglich distinguiren werdet"[3]).

Es finden sich manche Fälle, in denen Beamte außerhalb ihrer amtlichen Tätigkeit sich mit der Errichtung kapitalistischer Unternehmungen befaßten.

Der Ratmann Scholtze in Breslau gründete 1746 eine Kattun=fabrik, bei deren Konzessionierung er sich verpflichtete, innerhalb 4 Jahren die Zahl seiner Arbeiter auf 600 zu erhöhen[4]). 1753 tat sich der Salz=kommissar Rappard in Zborowsky bei Lublinitz (Schles.) mit dem Kriegs=rat v. Unfriedt und dem Kaufmann Grulich zur Anlage einer Fabrik holländischer Tonpfeifen, der später eine Fayencefabrik angegliedert wurde, zusammen und zog einen Pfeifenmachermeister und 7 Gesellen aus Sachsen, für die Fayencefabrik zwei Maler und zwei Dreher heran; 1754 hatten sie 40 Personen in Tätigkeit[5]). — Dem Kriegsrat Kienitz verlieh Friedrich II. 1765 ein ehemaliges Hammerwerk zu Weißenspring am Friedrich=Wilhelm=Kanal als Erbeigentum mit der Bedingung, dort 30 ausländische Familien ansässig zu machen und eine Pfeifenfabrik anzulegen[6]). — 1766 errichteten der Akziseeinnehmer Burggraf und der Salzfaktor Witsch in Kreuzberg eine Fabrik von 6 Stühlen für bunt=gestreifte und weißgarnige Leinwand, in der sie einen Werkmeister, 6 Weber, 4 Spuler und 36 Spinner, wofür sie 500 Rtl. Vorschuß

---

1) G. St. A., Fabr.=Dep. Tit. 439. Nr. 10. Vol. 1, Potsd. 2/11. 1752.
2) Fechner, Fabrikengründungen, 631.
3) Matschoß, Friedr. d. Gr., 12.
4) Fechner, Wirtschaftsgeschichte, 373 f.
5) Ders., a. a. O., 333.
6) Berghaus, I., 279.

erhalten hatten, beschäftigten[1]). — Der Bunzlauer Bürgermeister hatte bis 1766 17 Strumpfstricker aus dem Auslande verschrieben und angesetzt[2]). — Der uns schon bekannte Kämmerer Kameke legte 1778 in Naugard (Pomm.) eine Nesselfabrik an und zog eine Anzahl Arbeiter dazu aus dem In- und Auslande herbei[3]).

Bedeutsam für die Schaffung von Arbeitern war die Tätigkeit der Grundherren, die besonders nach dem 7-jährigen Kriege in Schlesien und anderswo zur Errichtung kapitalistischer Unternehmungen übergingen. Eine Erleichterung, welche gerade ihnen bei der Beschaffung von Arbeitskräften für ihre Unternehmungen zu Hilfe kam, bestand für sie in der Möglichkeit, die in ihrer grundherrlichen Gewalt befindlichen Untertanen als Arbeitskräfte heranzuziehen. So sehen wir denn ziemlich häufig Grundeigentümer als Unternehmer dieses billige Arbeitermaterial verwenden, daneben aber auch in nicht geringem Umfange aus dem Auslande Arbeiter heranziehen. Teilweise leiteten sich ihre Unternehmungen aus alten Anlagen von Frischfeuern, Luppenfeuern usw. her, welche ursprünglich zur Deckung des Eigenbedarfes gedient hatten, nun aber in den kapitalistischen Nexus übergeführt und dem Erwerbe nutzbar gemacht wurden. Darüber hinaus nennt Fechner für Schlesien auch manche Neugründungen in immerhin beträchtlicher Zahl; hier fanden sich u. a. eine Woll- und Baumwollzeugfabrik in Zülz vom Grafen Matuschka, der sich besonders für die Baumwollspinnerei der Arbeitskräfte seiner Gutsuntertanen bediente, wie Graf Maltzan, der in Militsch eine Tuchfabrik anlegte[4]); Graf Posadowsky errichtete 1764 eine Sensen-, eine Tapeten- und eine Glasfabrik in Preiskretscham; von anderen Grundherren wurden bis 1768 6 Glashütten, 9 Hochöfen, 21 Frischfeuer, ein Luppenfeuer und ein Eisenhammer angelegt. Unter Hoyms Verwaltung kamen dazu: in Querbach bei Friedeberg a. Q. ein großes Kobalt- und Blaufarbenwerk des Grafen Schaffgotsch, von anderen Grundherren 2 Glashütten, 11 Hochöfen, 96 Frischfeuer, 3 Luppen-, ein Zerrennfeuer, 7 Zainhämmer, ein Blechhammer und 2 Stahlhämmer[5]). Für die 1768 in Zülz angelegte Tuch- und Raschefabrik setzte der Graf Matuschka fremde Tuchmacher an und führte auf seinen Dörfern Wollspinnerei ein. Interessant ist das ihm wegen der seinen Absatz bedrängenden Konkurrenz verliehene Recht, ohne seine besondere Erlaubnis auf drei Jahre

---

1) Fechner, a. a. O., 350.
2) Ders., Fabrikengründungen, 634.
3) G. St. A., Fabr.-Dep. Tit. 94 Nr. 8. Vol. IV.
4) s. a. Roemer, 74.
5) Fechner, Wirtschaftsgeschichte, 143.

keine Niederlassung eines Tuchmachers in Zülz und Umgebung dulden
zu müssen, außer wenn sie in seine Fabrik eintraten[1]), was in der
Wirkung für ein örtlich begrenztes Gebiet einem Niederlassungs= und
Arbeiterbeschaffungsmonopol gleichkam. Die Gräfin Hoym setzte in
ihrer 1772 errichteten Löffelfabrik in Slawentzitz 50 bis 66 Mann in
Tätigkeit. Der Freiherr v. Schweinitz zog auf seine Bergwerksanlagen
in Rudelsdorf bei Kupferberg 40 Bergleute, darunter viele sächsische,
heran und baute eine Bergmannskolonie von 45 Häusern, für welche
er weitgehende Unterstützungen erhielt; 1747 zählte die Belegschaft 60
Mann[2]). In Altheide (Grafsch. Glatz) errichtete Graf Schönaich=Carolath
1796 zwei Frischfeuer, für die er böhmische Arbeiter ansetzte[3]).

Zu den Subjekten der Arbeiterbeschaffung gehörten weiter d i e
g e i s t l i c h e n S t i f t e r, besonders in Schlesien, wo wiederum
Schlabrendorff die Gelegenheit benutzte, durch sie fremde Arbeiter herein=
ziehen und industrielle Unternehmungen gründen zu lassen[4]). Bereits
1763 hatte er mit Zustimmung Friedrichs II. dem Zisterzienser Kloster
Grüssau bei der Neuwahl eines Abtes die Anlegung einer Damast=
weberei zur Bedingung gemacht, wobei die gleiche Zahl evangelischer
Weber angesetzt werden sollte, die der Abt Rosa im Jahre 1653 ver=
trieben hatte[5]); 150 Weberfamilien sollte es innerhalb 6 Jahren an=
siedeln. Den im ganzen 46 Stiftern wurde die Errichtung einer großen
Anzahl von Leinwand=, Baumwoll=, Zwirn= und Spitzenfabriken, Seiden=
und Lederfabriken, Leinwand= und Wachsbleichen, Stärkefabriken usw.
auferlegt, von denen jedoch nur ein Teil zur Gründung kam. Für diese
187 Etablissements wurden Arbeiter teils aus dem Auslande herbeigezogen,
teils bestanden sie aus Inländern, von denen viele, besonders die Spinner=
kräfte, aus den Dörfern der Stiftsgüter stammten[6]).

Zum Schluß seien als Ansiedler von Arbeitskräften d i e S t ä d t e
erwähnt, die auf ihren Unternehmungen, wie z. B. den Eisenhütten=
werken Sprottau und Bunzlau, Arbeiter benötigten und ansetzten[7]).
Die Stadt Sprottau errichtete, nachdem sie früher schon ein Frisch=

---

1) Schroetter, Bd. XI. 18 f.; F e c h n e r, a. a. O., 361.

2) F e c h n e r, Wirtschaftsgeschichte, 326 und 554.

3) ders., Berg= und Hüttenwesen, Bd. 50, 505.

4) f. die eingehende Darstellung bei F e c h n e r, Die industriellen Etablissements
d. geistl. Stifter i. Schles.

5) F e c h n e r, Fabrikengründungen, 626.

6) Von Ansiedlungen der Magdeburger Klöster spricht S c h m o l l e r, Studien,
XI. Jg., 6.

7) F e c h n e r, Königshuld, 279.

feuer und einen Zainhammer angelegt hatte, um 1780 noch einen Hochofen. Für unsere Probleme treten die Städte jedoch an Bedeutung zurück.

Die Gestaltung der quantitativen und qualitativen Arbeiterbeschaffung

Die Zusammenarbeit zwischen dem Staat und den privaten Unternehmerkreisen ging nun von der unmittelbarsten zur mittelbaren in so vielen Unterschiedsgraden vor sich, daß hier bei der Darstellung der Politik zur Beschaffung der Arbeitskräfte kein Unterschied zwischen beiden gemacht werden soll. Eine Gliederung des umfangreichen Stoffes, der sich uns bei der Betrachtung der Arbeiterbeschaffungspolitik bietet, wird vielmehr am besten nach den Gesichtspunkten vorgenommen werden, die in der Einleitung kurz berührt wurden. — Zunächst eine Behandlung der Einwanderungspolitik[1]), welche zu einer absoluten Vermehrung der Bevölkerung führte: Zuwachs der Bevölkerung von außen, aus dem Auslande; dieser wird eine Darstellung der Maßnahmen folgen, mit welchen den kapitalistischen Unternehmungen inländische Arbeitskräfte aus den verschiedensten Sphären zugeführt wurden. War die Darstellung bis dahin wesentlich auf die quantitative Beschaffung von Arbeitermaterial gerichtet, so werden in einem folgenden Abschnitt die besonderen Probleme der Heranziehung hochwertiger Elemente sowie der Leistungssteigerung überhaupt behandelt werden.

Beschaffung von Arbeitern aus dem Auslande

Alle Beschaffung fremdländischer Arbeitskräfte in jener Zeit hing irgendwie mit der Emigrationspolitik der Hohenzollern zusammen, sei es direkt durch unmittelbar eingreifende staatliche Maßnahmen, sei es indirekt durch Unterstützungen, die in Einzelfällen aus der Gesamtpolitik abgeleitet wurden. Daß diese Politik aber überhaupt auf einen fruchtbaren Boden fallen konnte, soll eine Behandlung der Frage nach den Ursachen, die die Auswanderer zum Verlassen ihrer Heimat trieben, erweisen; diese verdienen umso mehr hervorgehoben zu werden, als hiervon nicht zum wenigsten die Qualität der Einwandernden, d. h. ihre Eignung als Arbeitermaterial für die kapitalistischen Unternehmungen abhing.

---

1) Politik hier also als Inbegriff staatlicher und unternehmerseitiger Maßnahmen.

1. Ursachen der Auswanderung. — Unter den Tatsachen, welche in der Heimat der Auswanderer auftraten und sie veranlaßten, in andern Staaten Unterkunft und eine neue Existenzgrundlage zu suchen, stand an erster Stelle die religiöse Intoleranz der Heimatstaaten. Im Nordwesten und Westen, im Süden und Osten der brandenburgisch=preußischen Staaten war unter dem Einfluß der Gegenreformation die religiöse Unduldsamkeit gegen die protestantischen Untertanen gewachsen und führte zur Unterdrückung und zur Aus= treibung. Erhebliche Teile der Bevölkerung Europas gerieten da= mals in Bewegung, und Ströme von Auswanderern zogen in Länder, die in irgend einer Weise den Vertriebenen Schutz bieten konnten. Von Frankreich aus wanderten die Protestanten nach Holland, nach der Schweiz, nach westdeutschen Staaten (der Pfalz), und auch Preußen nahm sich bald der Vertriebenen an[1]). Die erste größere Masse von Einwanderern fand ihre Aufnahme in Preußen nach dem Potsdamer Edikt vom 29. Oktober 1685, das die Grundlage für die staatliche Stellung aller späteren, auch der nicht=französischen Kolonisten wurde.

Konfessionelle Unruhen zwangen viele Bewohner der Pfalz zur Auswanderung[2]). Sächsische Untertanen verließen ihr Land aus gleichen Gründen[3]). — Nach dem 7=jährigen Kriege wurden die Steuerräte in Oberschlesien beauftragt, soviel Spinner und Weber wie möglich aus Oesterreich herbeizuziehen, wobei man darauf rechnete, daß viele der Religion wegen zur Auswanderung geneigt wären[4]).

---

1) Wie weit hierbei religiöse Motive eine Rolle spielten, ist lange Streit= frage der Historiker gewesen. Soviel ist sicher, daß schon aus den Wirkungen der ersten Einwanderungen der Gr. Kurfürst sich bald der für die wirtschaftliche Ent= wicklung seines Landes vorteilhaften Folgen zum mindesten bewußt wurde; schon das Edikt von 1685 forderte auch „zu etablirung allerhand manufacturen, Handel und Wandel zu Wasser und zu Lande" auf. Man wird im Anfang der Ein= wandereraufnahme beide Motivationen annehmen können, während im weiteren Verlauf das wirtschaftliche Interesse mehr und mehr in den Vordergrund trat.

2) B e h e i m = S c h w., 112.

3) In einem am 16. November 1717 an den preußischen Residenten in Dresden, H. v. Cunheim, gesandten Postscriptum hieß es u. a.: „Auche man bey der Consternation, worin sich itzo die gemühter der Leute in Sachsen, wegen des Chur Printzen Religions=Veränderung, und anderer Umbstände halber, befinden, einige Kauff= und Handels Leute auch manufacturiers von dar nach Magdeburg, oder an andere Orte in unseren Landen gezogen werden können, So habt Ihr solches nicht zu negligiren, sondern alles diensame dazu beyzutragen." — G. St. A., Rep. 9. JJ. 12.

4) Z i m m e r m a n n, Alfr., Leinengewerbe, 117.

Böhmische Protestanten unter Führung ihres Predigers Letochleb waren im Anfang des 18. Jahrhunderts nach Sachsen gezogen und in Zittau, Groß-Hennersdorf und Gerlachshain untergekommen; weil sie kein Unterkommen mehr fanden, baten sie 1732 Friedrich Wilhelm I. um Aufnahme in Preußen, die ihnen gewährt wurde[1]).

Religionsbedrückungen zwangen die protestantischen Elemente in Polen zur Auswanderung. Schon 1742 (4. Mai) wurde Friedrich II. von Glogau aus gemeldet, daß „nach der avantageusen Lage des schlesischen Landes und bei dem Religionszwang der benachbarten Provinzen die hiesigen sogleich einen Vortheil haben können." Wie zweckbewußt hier die religiöse Unterstützung getrieben wurde, sieht man aus dem weiteren Inhalt der Meldung: die Leute würden gern kommen, hieß es, wenn der König nur veranlassen wollte, an der polnischen Grenze „zu Wartenburg, zwei zu Namslau und auf der böhmischen Grenze zu Silberberg und Münsterberg evangelische Kirchen bauen und in den beiden ersten polnisch, in den beiden letzten böhmisch predigen zu lassen." Außer den Einwanderern würden dann auch alle Sonntage ca. 7000 Menschen in diese Orte kommen und durch die Konsumtion von Bier und Branntwein mancherlei Vorteil schaffen. Und so geschah es[2]). Auch später wurden durch die Bedrückungen Protestanten und Deutsche aus Polen zur Auswanderung getrieben. 1767 zogen viele Lissaer Bürger nach dem Brande ihrer Stadt nach Preußen; der Uebergang der Herrschaft von der toleranten Fürsten-familie Lesczinsky auf den neuen Fürsten Sulkowsky hatte auch eine Aenderung der religiösen Lage gebracht, so daß die protestantische Bevölkerung der katholisch-slawischen schutzlos preisgegeben war. Im März 1770 beklagte sich Friedrich d. Gr., daß die Kolonisation so schlecht betrieben würde, „allermaßen es bei den Unruhen in Polen ja nicht fehlen könne, neue Unterthanen aller Art zu engagiren, wenn man sich nur eifrig darum bemühen und acceptable Conditiones stellen wolle." Ein darauf ausgegebenes Patent (5. Juni 1770) führte wiederum neue Scharen von polnisch-deutschen Protestanten nach Schlesien; jedoch unter größten Schwierigkeiten: oft suchten die Gutsherrschaften sie sogar mit bewaffneter Macht zurückzuhalten[3]).

Dazu kamen politische Wirrungen, welche zum Ver-lassen der Heimat drängten. Nach den Staatsumwälzungen von 1789

---

1) s. **Wichgraf**, Gesch. d. Weberkolonie Nowawes.
2) **Beheim**, 324.
3) **Bergér**, 25 f.

in Frankreich zogen viele Lyoner Seidenarbeiter in die Schweiz und richteten von hier aus an preußische Behörden und direkt an die Seidenfabrikanten Aufnahmegesuche. Unterm 10. Mai 1796 z. B. wendete sich der aus Frankreich vertriebene Chineur Moiroux mit einem Gesuch an den König, welches typisch anfing: „Sire, Les troubles, les malheurs qui agitent sans cesse Lyon, ma patrie, m'ont forcé d'abandonner cette ville, où je réunissais à l'art de chiner, celui de fabriquer toutes sortes d'étoffes"[1].

Zu den politischen Ereignissen wirksamster Art, welche Ursachen zur Auswanderung gaben, gehörte vor allem **der Krieg und seine Begleiterscheinungen**, besonders in wirtschaftlicher Hinsicht.

1795 berichtete der Prediger Müller aus Schwelm über die günstigen Gelegenheiten, aus dem benachbarten Herzogtum Berg Eisen- und Stahlarbeiter zu bekommen. „Der französische Krieg", so schrieb er, „hat unter andern auf die Eisen- und Stahl-Fabriken des Herzogthums Berg, besonders im benachbarten Kirchspiele Remscheid einen sehr nachtheiligen Einfluß gehabt. Der Absatz dieser Fabrik ging hauptsächlich nach Frankreich und den französischen Inseln, und ist nun seit drey Jahren gehemmet. Im letzt verfloßenen Jahre, ist die Theurung aller Lebensmittel, so gros gewesen, als sie noch nie war, und diese Theurung hält noch immer an. Dies hat denn die natürliche Folge gehabt, daß die Fabrikanten größtentheils verarmt sind, und aus Mangel an Arbeit, sich mit Steinkohlen-Tragen u. dergl. zu ernähren suchen. — Würden jetzt irgend wo neue Fabrikanlagen gemacht, so ließe sich wohl eine ganze Colonie von diesen Fabricanten erhalten, und zwar so wie sie zusammengehören und sich einander in die Hände arbeiten; nehmlich Rohstahlschmiede, Raffinierschmiede, Reck- und Breitschmiede, Schmiede für Sägeblätter, Hobeleisen, Meißel, Bohrer, Klingen, Schöppen, Pfannen u. dergl. Schleifer, Polirer usw." Es handele sich hier um einen besonders „günstigen Umstand, welcher sich in der Art noch nie eräugnet hat, und sich, wenn sich die Zeiten ändern, auch so bald nicht wieder eräugnen möchte." Aus dem beigelegten Aufsatz eines Remscheider Kaufmanns, welcher noch weitere Erläuterungen gab, ist die Bedeutung ersichtlich, welche die Art der Ursachen und ihre Dringlichkeit für die Qualität des fremden Arbeitermaterials hatte; es heißt da u. a: „. . . da jetzo der leidige Krieg fast alle Fabriken nahr- und broblos gemachet, die Theuerung unausstehlig ist, so wäre wohl niemals beßer, wahre treue,

---

1) G. St. A., Fabr.-Dep. Tit. 186. Nr. 595.

fleißige und kundige Arbeiter vor jedes Fach zu erhalten, so bey blühenden Zeiten sehr kostbar und erschweret ist, mehrentheils dann nur Stümper, Faullenzer und Liederliche zu haben sind"[1]). Der Aufschwung der schlesischen Fabrik Königshuld, für die der Prediger Müller 15 Meister mit Gehilfen und Familien, zusammen 62 Personen, aus dem Bergischen beschaffte, wird großenteils auf diese Tatsache zurückgeführt, daß infolge der Besetzung Solingens im Herbst 1795 durch die Franzosen die wirtschaftliche Grundlage vieler Stahlarbeiter untergraben wurde und sie zur Auswanderung zwang[2]).

Solche unmittelbaren Wirkungen des Krieges trieben erst recht zur Auswanderung an; so auch aus Sachsen, welches durch seine un= glückliche Lage zwischen Preußen und Oesterreich schon unter den Unbilden des ersten und zweiten schlesischen Krieges zu leiden hatte. Bis 1748 war die Zahl der angesiedelten sächsischen Familien in Zinna und Saarmund in der Kurmark auf 100 gestiegen[3]). Unerschwingliche Kriegs= kontributionen und Steuern, die dem Lande auferlegt wurden, und Belastung durch Einquartierung veranlaßten viele, durch Edikte des Preußenkönigs aufgefordert, sich in seinem Lande niederzulassen. Er schätzte die sächsischen Arbeiter wegen ihres guten Gewerbefleißes be= sonders, und die preußische Textilindustrie sollte gerade durch sie gefördert werden. Auch der Entwicklung der andern Industrien, wie der Porzellanmanufakturen, kamen Kriegsunruhen zu Hilfe. Viele Porzellanarbeiter der Meißener Manufaktur wurden durch den 7=jährigen Krieg gezwungen, ihre Heimat zu verlassen[4]). Die Wegelysche Porzellan= manufaktur zu Berlin gewann unmittelbar nach Ausbruch des Krieges viele Arbeiter aus Meißen[5]). Am Ende des Krieges schrieb Friedrich II. an seinen schlesischen Minister Schlabrendorff: „Weiln auch Sachsen durch den bisherigen Krieg und durch die darin gehabte Winterquartiere sehr mitgenommen worden, dabei aber garnicht zu vermuthen, daß der König von Polen diesem Lande deshalb beträchtliche remissiones thun werde noch könne, vielmehr zu präsumieren stehet, daß derselbe solchen neue Imposten auflegen werde, als werden zwischen hier und einem halben Jahre viele sächsische Leute gezwungen sein, aus dem Lande zu gehen. Wann Ihr also darauf eure Anstalten machen und Leute auf denen Grentzen der Lausitz halten werdet, die jene gleich

---

1) G. St. A., Fabr.=Dep. Tit. 449. Nr. 6., 28. 7. 1795.
2) Fechner, Königshuld, 287.
3) Bergér, 48.
4) Lenz, Gg., Porzellan, 3.
5) Wintzer, 24.

an= und aufnehmen, so werdet Ihr sonderlich auf der Seite von
Görlitz und Lauban nicht nur viele Leute von solchen, sondern auch
viele Bauernknechte nach Schlesien bekommen und erhalten können,
die gerne dem Landmann daselbst werden dienen wollen"[1].

Nach einer Instruktion vom 18. Januar 1770 sollte sich Hohm
bei den Kriegsunruhen in Polen bemühen, soviel Wollarbeiter wie
nur irgend möglich nach Schlesien zu ziehen[2]. — Erwähnt sei als
Kriegswirkung auch, daß durch die Kriegsgefangenen manche wertvolle
Arbeitskraft und wohl auch neue Gewerbszweige ins Land gebracht
wurden. Für die Strohhutmacherei fanden in Schlesien gefangene
Sachsen Verwendung, die diese Tätigkeit zusammen mit ihren Frauen
betrieben[3].

Gingen die Wirkungen der Kriege in den genannten Fällen meist
dahin, daß sie die wirtschaftliche Existenz der Arbeiter in den Nachbar=
staaten erschwerten oder zerstörten, so waren es überhaupt auch rein
w i r t s c h a f t l i c h e G r ü n d e, welche die Auswanderer häufig ver=
anlaßten, ihrer Heimat den Rücken zu kehren und andere Länder auf=
zusuchen.

Es fanden sich dabei zunächst durch natürliche Ursachen begründete
Erscheinungen: Hungersnöte, durch Mißwachs oder Wetterschäden ver=
anlaßt, trieben die Leute aus dem Lande. 1772 brach in Böhmen
und Sachsen eine Hungersnot aus, die den Roggenpreis pro Scheffel
auf 5 Tlr. trieb, während er in Berlin 1 Tlr. 3 Sgr., in der
teuersten Zeit etwas über 2 Tlr. betrug. Tausende neuer Ansiedler
kamen damals wie im vorhergehenden Jahre aus Sachsen und Böhmen
nach Preußen[4]. Brände, welche die Bewohner schutzlos machten,
begünstigten die Einwanderung. Bekannt ist, daß die Luckenwalder
Tuchindustrie Entstehen und Entwicklung der Ansiedlung von Tuch=
machern verdankt, welche durch ein großes Schadenfeuer in Gera
1775 obdachlos geworden waren. Bis Ende 1781 waren 24 Familien
angesetzt. Ein Schreiben Friedrichs d. Gr. an den Minister Michaelis
vom 21. Oktober 1750[5] wies auf die gute Gelegenheit hin: „In den
kleinen Städten, da fehlt es noch an Menschen, da können wir noch

<hr>

1) zit. bei S c h r o e t t e r, Bd. XI., 452 f.

2) F e c h n e r, Wirtschaftsgeschichte, 142.

3) ebenda, 401.

4) B e h e i m, 281; allerdings wurde um diese Zeit der Getreidepreis in
Preußen künstlich niedergehalten.

5) Für „den" Brand von Gera finden sich die verschiedensten Jahreszahlen;
vermutlich handelt es sich um mehrere Fälle.

Hauffen unterbringen und dazu haben wir die Gelegenheit, da die
Stadt Gera gantz abgebrannt ist, daher können wir ein Hauffen
Fabricanten ins Land ziehen und solche dann in den Städten etabliren"[1].
Wo irgend Arbeiter außer Tätigkeit kamen, wurde versucht, sie ins
Land zu ziehen. Als 1774 einer der bedeutendsten Kaufleute in Gera
Bankrott machte, gelang es Hoym, dort 37 Wollweber anzuwerben[2].

Interessant sind die mannigfaltigen Ursachen, welche die Schmal=
kalder und Ruhlaer Kleineisenarbeiter, mit denen die Eberswalder
Messerschmiedefabrik begründet wurde, zur Auswanderung ver=
anlaßten. — Nach dem Tode des Landgrafen Carl von Hessen, der
sich um die Thüringer Kleineisenarbeiter angelegentlich gekümmert hatte,
war eine Zeit wirtschaftlichen Verfalls eingetreten, verstärkt durch
schwere Besteuerung und Absatzmangel, der die Hand=
werker immer mehr zurückbrachte[3]. Der preußische Resident Avenarius
in Mühlhausen, an den sich die bedrängten Ruhlaer gewendet hatten,
berichtete an den König: „Wie vor einigen Tagen 2 Deputirte aus
der Ruhl, einen Sachsen=Gotha und Sachsen=Eisenach zugehörigen
Flecken, 3 Stunden von Eisenach und 4 von Gotha gelegen, zu mir
kommen, und angezeigt, daß 10 Familien aus solchem Ort sich
resolviret, nach vorgängiger Verkaufung ihrer daselbst habenden Hab
und Güther in Ew. K. Maj. gesegnete Lande, wenn anders Aller=
höchstdieselben Dero Allergnädigste Aufnahme placidiren wolten, sich
zu wenden. Die Ursach dieser ihrer nothdringlich vorzunehmenden
Veränderung bestunde darin, daß eines Theils sie die von ihren
Landesherren auferlegte ohnerschwingliche Gaben nicht mehr auf=
bringen, andern theils von denen in ihrem Ort wohnenden Kauf= und
Handels=Leüten, bey welchen sie ihre fabricirte Waaren verkaufen
müßten, allzu sehr gedrücket würden, auch drittens zu Treibung ihrer
Professionen in dasigen Gegenden keine Kohlen mehr bekommen
könnten. Es sind solches lauter Messer Schmide, und machen die
schönsten Waaren, was man von ihnen verlanget"[4]. Auch die später
Zuwandernden klagten in ihren Bittschriften, daß sie „gar keine Hülffe
in allen Stücken haben, so wohl in Handwercks Sachen wie auch in

---

1) zit. bei Bergér, 9 f.

2) Fechner, Wirtschaftsgeschichte, 368.

3) Pistor, Der Versuch Friedrichs d. Gr., 15.

4) G. St. A., Fabr.=Dep. Tit. 439. Nr. 2. Vol. I., 22. 7. 1747. — Für die
Begründung und Inbetriebsetzung der Eberswalder Messerschmiedefabrik ist das
Aktenmaterial in seltener Vollständigkeit erhalten.

Kohl Holtzwesen[1]) und wer sich ehrlich zu ernehren gedencket, der wird getrückt und an Bettelstab gebracht durch Einige welche freye Handt in allen Stücken gewinnen und wir arme Mstr. darüber vergehen werden, welches leider Gott zu klagen"[2]).

Steuern und Lasten machten überall die Bewohner zur Aus= wanderung geneigt. 1746 schrieb Friedrich II. dem Kammerpräsidenten Platen, der letzte sächsische Landtag habe unerträgliche onera bewilligt, jetzt sei die beste Zeit, unter der Hand Spinner und Manufakturiers ins Land zu ziehen; die Preise der Lebensmittel seien zu hoch[3]).

Den Ursachen, welche zur Auswanderung aus der Heimat drängten, kamen auf der andern Seite die Aufforderungsedikte und Ein= ladungen entgegen, welche vom preußischen Staat und vereinzelt auch von Unternehmern ausgingen; hierin manifestierte sich vor allem die planmäßige staatliche Tätigkeit, Einwanderer aus allen Ländern der eigenen Bevölkerung zuzuführen und dadurch den Volksstand zu heben und im besonderen der aufkommenden Industrie Arbeitskräfte zu ver= schaffen. Von den Edikten interessieren uns die an die Manufakturen= und Fabrikenarbeiter gerichteten am meisten. Geht man aber, zeitlich weitergreifend, über den Augenblick der Auswanderung hinaus, so treten außer den unmittelbar für kapitalistische Unternehmungen heran= gezogenen Einwanderern auch Teile der anderen (handwerklichen und agrarischen) Gruppen in den Kreis der Betrachtung, die nach ihrer Ansiedlung im Laufe der Zeit gleichfalls in die kapitalistische Industrie übergehen konnten.

Den allgemeinen Edikten und Patenten standen Sonderauf= forderungen durch örtlich und zeitlich, oft auch zahlenmäßig be= stimmte Einladungen gegenüber, welche dann meist einen weniger öffentlichen Charakter trugen und oft für eine Gruppe von Unter= nehmungen oder eine einzelne erfolgten, die erst gegründet werden sollten oder schon bestanden; am Ende dieser Reihe stehen die Spezial= angebote von ausgesandten Arbeiterwerbern für den einzelnen Fall. Am besten unterrichtet sind wir natürlich über die

---

1) An anderer Stelle wurde der Mangel an Roh= und Erstprodukten auch durch künstliche Maßnahmen von preußischer Seite aus herbeigeführt; eine An= ordnung Friedrichs II. verbot das Spinnen in Schlesien für polnische Tuchmacher, um diese dadurch zur Auswanderung nach Schlesien zu veranlassen; Schroetter, Bd. XI. 393.

2) G. St. A., a. a. O. Vol. IV. 20/1. 1749.

3) Schmoller, Studien, XI. Jg. 5.

erste Art von Einladungen, welche, da allgemein, sich an die breite Oeffentlichkeit wendeten und daher in die Gesetzessammlungen aufgenommen worden sind.

Es ist nicht beabsichtigt, hier eine auch nur annähernd vollständige Aufstellung der ergangenen Einladungsedikte zu geben; nur einige typische Vertreter sollen hervorgehoben werden. — Außer dem bekannten Potsdamer Edikt von 1685[1]) wurden Einladungen, mit welchen man sich ebenfalls an Religionsverfolgte wendete, erlassen: im Juli 1704 für die Orangisten, am 10./8. 1747, 25./2. 1755 und 20./1. 1776 für die Pfälzer[2]). Das erste Patent, welches ausschließlich für die Angehörigen einer bestimmten gewerblichen Kategorie ausgegeben wurde, war das „Patent, wegen der Freyheit der Woll=Arbeiter, welche aus fremden Landen sich in die Königl. Städte begeben, und darinn ansetzen. De dato 27./Septr. 1717"[3]). Diesem folgten später eine „Königl. Cammer=Verordnung ... für die ins Land zu ziehende Siebmacher," vom 17./8. 1752[4]) und ein „Avertissement wegen der Beneficien vor die auswärtige in Schlesien sich etablirende Leder=Fabricanten"[5]) vom 26./5. 1763[6]). Meist aber wurden allgemeine Edikte an gewerbliche Arbeiter überhaupt und für alle preußischen Länder oder bestimmte Provinzen erlassen, unter welch letzteren Schlesien hervorragt. Zu der ersteren Art gehört das „Edict, von denen Wohlthaten und Vortheilen, deren fremde bemittelte Personen und Familien, Manufacturiers, Profeßionisten und Handarbeiter, welche sich in Kgl. Pr. Landen niederlassen, sich zu erfreuen haben" vom 8./4. 1764[7]); ebenso ein „Oeffentl. Avertissement von den, denen auswärtigen Fabricanten und Profeßionisten, die sich in Kgl. Landen niederlassen, accordirten Beneficien und Freyheiten, 26./Octobr. 1770"[8]). Als Hauptedikt für Schlesien erging am 6./November 1742 ein Patent für „alle ausländische Künstlers, Ouvriers, Fabriquanten und Manufacturiers, welche sich in Sr. Königl. Majestät von Pr. Schlesischen Landen niederlassen"[9]), das für die

---

1) M y l i u s, II. I. Nr. XV, p. 183 ff.

2) B e r g é r, 81.

3) M y l i u s, V. II. 4. Nr. LV, p. 311 f.

4) K o r n, Ediktensammlg., IV. 711 ff.

5) Unter der Bezeichnung „Fabricanten" sind nicht wie heute Unternehmer zu verstehen!

6) K o r n, VII. 291 ff.

7) M y l i u s, V. II. 4. Nr. LV, p. 311 f.

8) eb., N. C., IV. 7401 Nr. 75.

9) M y l i u s, Supplementa 1737—47, Nr. XXIV, p. 27 ff.

Grafschaft Glatz am 10./4. 1744 ausdrücklich wiederholt wurde[1]). Ihnen folgten am 31./3. 1749[2]) und am 5./1. 1770 Edikte und eine Deklaration dazu am 18./4. 1770[3]), in welcher, wie in der Erneuerung vom 8./3. 1775[4]), den aus Polen Kommenden die versprochenen Benefizien ausdrücklich zugesagt wurden.

In allen drei Edikten findet sich ein besonderer Abschnitt mit erweiterten Benefizien für „Tuch= und Zeugmacher und andere Woll= fabricanten aus Polen." — Unter den für Berlin ergangenen Edikten sind hervorzuheben ein „Erneuertes Patent, daß die aus fremden Landen nach Berlin ziehenden Manufacturiers, Fabricanten und Hand= wercker die hierinn benannten Beneficia und Freyheiten genießen sollen" vom 3./8. 1734[5]), in welchem „insbesondere annoch mit einigen Zeug sonderlich geblümten Wollen Estoff=Machern, Gerbern, so gut Sohl=Leder zu machen wissen, guten Töpffern und dergleichen" ge= rechnet wurde; diesem folgte am 27./7. 1740 ein erweitertes Patent für „alle nützlichen und geschickten Leute"[6]).

Von den neben den Edikten und Patenten allgemeinen und mehr öffentlichen Charakters erlassenen Spezialaufforderungen begrenzterer Art sei als Beispiel ein Auftrag erwähnt, den Friedrich II. für die Eberswalder Messerfabrik der Clevischen Kammer erteilte, sich „alle mögliche Mühe zu geben, um einen tüchtigen Schleifer und Zimmermann aus Sohlingen oder aus dem Bergischen … zum Etablissement in Neüstadt=Eberswalde gegen billige Conditiones und biß auf unsere allergndste approbation zu engagiren"[7]). Aehnlich wurden „zu Anlegung einer Lionischen Drath Fabrik" in Potsdam durch den König mit vielen Versprechungen eine Anzahl „Schwo= bachischer Fabricanten" aus dem Ansbachschen verschrieben[8]). — Beispiele für selbständige Arbeiterwerbungen durch Unternehmer werden uns später noch begegnen.

Je weiter man nun aber in der Geschichte der Emigrations= politik vordringt, desto häufiger trifft man auf Fälle, in denen Hand= werker und Gewerbetreibende ihre Heimat verließen, ohne durch

---

1) Korn, 1744, S. 37.
2) eb., III. 445 ff.
3) Korn, XII. 1 ff. und 138.
4) ebenda, XIV. 364 ff.
5) Mylius, V. I. 4. Nr. LIV, p. 433 ff.
6) derf., I. Cont. Nr. XXXVIII., p. 365.
7) G. St. A., Fabr.=Dep. Tit. 439 Nr. 2. Vol. VII, 11/12. 1750.
8) G. St. A., Fabr.=Dep. Tit. 418 Nr. 45. Vol. 1, Potsd. 2/2. 1764.

zwingende Umstände dazu gedrängt zu sein; das heißt, der treibende
Faktor war nicht mehr ausschließlich die Notlage in
den Nachbarländern, sondern die Lockungen, welche die Ver=
sprechungen in den Patenten ausübten. Parallel dazu kann man in
der staatlichen und privaten Politik — wie schon angedeutet — mit
der Zeit einen immer stärker werdenden Uebergang von vorwiegend
passiver Aufnahme Vertriebener zur aktiven Veranlassung von Aus=
wanderungen feststellen, die natürlich da einsetzen mußte, wo die
früheren Ursachenquellen: Religionsverfolgung, Kriegserschwerungen,
wirtschaftlicher Niedergang usw. versiegten. Hatten aber erst einmal
Auswanderer in Preußen eine gute Aufnahme gefunden, so stellten sich
viele ein, welche lediglich durch große Hoffnungen auf ein günstiges
Unterkommen angelockt worden waren. Preußen wurde in Europa
bekannt als toleranter Staat, welcher ohne Rücksicht auf Herkommen
Fremde aufnahm und gute Bedingungen für sie bot. Die Dinge,
welche die Merkantilisten als Hilfsmittel für die Heranziehung von
Ausländern bezeichneten[1]), zogen auch nach Preußen die Arbeiter, die
jetzt häufig aufs Geratewohl von einem Land ins andere wanderten.

Typisch für solche „hoffnungsvollen" Einwanderer ist das Gesuch
zweier „Englischer Stahlarbeiter Joseph Thill und Wentzell Hnisdil
aus Böhmen" an Friedrich d. Gr., welches die eben geschilderte
Wandlung zeigt: „Was maßen dem Ruf von Ew. Königl. Maj.
Weltberühmten Gnade gegen Dero sämtlichen Unterthanen so wohl,
als besonders gegen Ausländern von Künstlern und Handwerckern,
auch uns bewogen unser Vaterland zu verlaßen, und nichts mehr
wünschen, als die unschätzbare Gnade zu genießen, unter Ew. Königl.
Maj. glorreichen Scepter, Unterthanen zu werden, und ein Etablissement
errichten zu können." Nun folgt die Selbstanpreisung: „Wir sind
einem metier zugethan, welches bis dato noch nicht hieselbst existiret;
Wir verfertigen nemlich alle diejenige feine Stahl Arbeit, die bishero
aus England und aus der Steuermarck anhero gebracht wird; als
englische feine stählerne Degen Gefäße, Uhrketten, Stöck Knöpffe,
Koppel Schlösser, Knöpffe zu Kleydern, Leuchter, Schnallen, und
dergl. alles von verschiedener Facon und ausnehmender Schönheit"[2]).

---

1) „Eine gelinde Regierung" sagt Bergius, IV, 19, „Religionsfreyheit,
Schutz u. schleunige Justizverwaltung, Befreyungen u. Wohlthaten, Unterstützungen
u. zuverläßige Nahrung, sind die kräftigsten Mittel, Ausländer zu bewegen, daß sie
ihr Vaterland verlassen, u. sich bey uns niederlassen."

2) G. St. A., Fabr.=Dep. Tit. 438 Nr. 219, Bln. 16./11. 1774.

Noch 1801 (!) zog die Spekulation auf Unterstützung solche Arbeiter ins Land.

Man kannte die Werbekraft, die eine gute Aufnahme in Preußen auf andere Auswanderungsluftige ausübte, wohl und war bestrebt, sie zu erhalten. Podewils, der preußische Gesandte im Haag, drängte immer wieder darauf, daß erst einmal einige Familien nach Preußen gezogen werden und hier hervorragende Aufnahme finden müßten; ihre glänzenden Berichte nach Hause würden dann weitere Leute an= ziehen. „Si par un bon traitement,“ schrieb er 1742 an Friedrich II., „on engage ces premiers à en faire des rapports favorables, Votre Majesté verra en peu de tems quantité de familles à leur aise, qui quitteront ce pays et iront s’établir sous la domination de Votre Majesté“[1]). Und zwei Monate später hieß es von einer Familie, die er hereinzuziehen verfuchte: „Comme il seroit un des premiers à s’établir dans le païs de Votre Majesté, on le seroit jouir de tous les avantages possibles, pour que par les relations qu’il en feroit, d’autres fussent engagés à le suivre voiant que les promesses que j’etois chargé de leur faire, n’étoient pas moins réelles que con- siderables“[2]). — Auf der andern Seite suchte man alle Umstände zu vermeiden, welche eine auch nur leise Enttäuschung der Zuerst= angekommenen nach sich hätten ziehen können. Wie aus einem Protokoll hervorgeht, wollte der Kämmerer Kameke für seine Nesseltuchfabrik erst dann Weber heranziehen, wenn er für deren Beschäftigung ge- nügend Spinner hatte, weil im andern Falle „die Leute aus Mangel an Verdienst wieder weggehen würden, welches er soviel, als möglich, vermeiden müßte, weil ihm die Anziehung einer Familie jederzeit viele Kosten verursachte, die Fabrique selbst auch darunter leiden würde, wenn die Leute wieder wegzogen und aussprengeten, daß sie aus Mangel an Arbeit und Verdienst, zu diesen Schritt genöthiget gewesen wären“[3]). — Die Ruhlaer Messerschmiede, mit denen Avenarius schon längere Zeit verhandelt hatte, setzten sich eines Tages mit Sack und Pack in Bewegung und kamen nach Mühlhausen, um von hier weiter nach Brandenburg transportiert zu werden. Der völlig über= raschte Avenarius konnte sie, wie er an den König berichtete, aber nicht wieder in ihre Heimat zurückschicken, weil sie dann nicht nur

---

1) G. St. A., Rep. 9 J.J. 13, 7./9. 1742.
2) ebenda, 30./10. 1742.
3) G. St. A., Fabr.=Dep. Tit. 94 Nr. 11. Vol. V, Actum Naugardten 24./7. 1799.

nicht wieder für eine Auswanderung nach Preußen zu gewinnen gewesen wären, „sondern auch die noch in der Ruhl wohnende begüterte Leüte[1]), die ebenfalls, wenn Sie vorhero nur von dem Etablissement derer zuerst in die Königlichen Lande Abgegangenen Nachricht erhalten, dahin zu emigriren gesonnen, davon abgeschrecket werden würden. . ."[2])

Je weniger nun aber der Druck in der Heimat die Veranlassung zur Auswanderung gab, je mehr ein gutes und sicheres Unterkommen in Preußen winkte, desto häufiger wurden die Fälle, in denen a u c h m i n d e r w e r t i g e s M a t e r i a l sich einfand, das nicht eine gute Arbeitsstätte, sondern ein besseres Leben ohne viel Mühe suchte. Abenteuernde Gestalten, müßige Elemente, die in Preußen ein Schlaraffenland zu finden hofften, boten sich an; sie jagten nach den versprochenen Benefizien, versuchten diese mehrmals zu erlangen, indem sie am ersten Niederlassungsort entwichen und in einer neuen Stadt sich als eben angekommene Einwanderer ausgaben. Hier zeigt sich recht deutlich die Bedeutung, welche die Art der verursachenden Elemente für die Güte des einwandernden Arbeitermaterials hatte.

Umso schwerer war es auch noch in späterer Zeit, h o c h w e r t i g e A r b e i t s k r ä f t e zu bekommen. Sie verließen ihre Heimat nicht gern, weil sie es nicht nötig hatten; ihre gute Arbeit sicherte ihnen ein genügendes Auskommen. In einem „Actum Frankf. 18./July 1779" heißt es von dem Kaufmann Christian Friedrich Lübcke in Gollnow, der eine Bandfabrik angelegt hatte, u. a.: „Ansonsten könne er annoch nicht unangezeiget laßen, daß bey seinem ganzen Etablissement der schwerste Umstand in dem Anzuge der Auslandisch Ouvriers bestehe, weil es ihm ohnendlich viel Mühe und Kosten verursachen würde, die Leute jetzo besonders zu Friedenszeiten, aus ihren Orten heraus zu bringen. . ."[3]) Besonders wenn es sich darum handelte, für eine Fabrik unentbehrliche Arbeiter zu bekommen, mußten die größten Anstrengungen und Aufwendungen gemacht werden, sie heranzuschaffen; es war nicht nur schwierig, einen Spezialarbeiter irgendwo aufzufinden, sie stellten auch meist, ihres Wertes wohl bewußt, v o n s i c h a u s h o h e B e d i n g u n g e n, die damit begründet wurden, daß ihnen ihre Existenz in der neuen Heimat gegenüber ihrer jetzigen zu unsicher

---

1) Viele Messerschmiede hatten dort Haus und Acker.
2) G. St. A., Fabr.-Dep. Tit. 439 Nr. 2. Vol. I., 29./10. 1747.
3) eb., Tit. 94. Nr. 11. Vol. V.

erschien [1]). Wir werden, wenn wir uns mit der Beschaffung qualitativen Arbeitermaterials zu befassen haben, darauf näher zurückkommen.

Daneben zeigten sich **auch irrationale Momente**. Im Jahre 1770 versuchte Hoym für eine in der Gegend von Malapane zu errichtende Nähnadelfabrik Bauern aus Riedlingen und Monheim bei Donauwörth heranzuziehen, welche sich dort nebengewerblich mit Nähnadelmacherei beschäftigten, jedoch ohne Erfolg: keiner wollte sich gern von seiner alten Heimat trennen [2]).

In der Reihe der Verursachungen spielte auch die **zwangs= weise Beschaffung von Arbeitskräften aus dem Auslande** eine Rolle; sie wurde — die Möglichkeit dazu voraus= gesetzt — dann angewendet, wenn auch höchste Versprechungen nichts nützten oder aus irgendwelchen Gründen — Machtverhältnisse — die Behörden solche nicht zu machen brauchten und nicht machen wollten. Daß Friedrich II. Arbeitskräfte mit Zwang herangeholt hat, ist in der Literatur häufig bestritten worden. Was aber liegt hier näher als der Vergleich mit der Heranziehung von militärisch brauchbaren Leuten, die durch Zwangswerbung im In= und Auslande beschafft wurden. Wenn auch die zwangsweise Heranziehung von Arbeitern aus dem Auslande (Deportation) bei weitem nicht so häufig vorkam, wie die Militärwerbung, so finden sich eben doch Fälle dafür. Nach der Besetzung großer Teile Sachsens im ersten schlesischen Krieg gab Friedrich II. im Frühjahr 1742 dem General von Schmettau den Befehl, mit Versprechungen und Drohungen einige sächsische Damastweber zur Uebersiedlung nach Schlesien zu veranlassen. In diesem Jahr wurden 4 Familien und im April 1745 ebensoviel nach Schlesien geschafft. Da diese 8 Familien nicht für die Entwicklung einer lebenskräftigen Industrie genügten, befahl Friedrich dem Obristen von Manstein und dem General von Bonin, weitere sächsische Weber zu gewinnen oder „auch mit Gewalt aufzuheben." Ein Bericht Mansteins vom Dezember 1745 meldete, daß unter Eskorte (!) 55 Familien, die 179 Personen umfaßten, nach Schlesien geschickt würden.

---

1) So war es schwer, für die Colonie Hüttendorf bei Malapane im menschen= armen Oberschlesien Ansiedler zu bekommen, weil dort schlecht zu leben war; die ausländischen Bewerber stellten übermäßig hohe Bedingungen. Als sich dann endlich 5 Oppelnsche Untertanen bereit erklärten, mußte man ihnen beim Häuser= bau besonders entgegenkommen, „da man fürchten mußte, sie sonst zu verlieren, und die neuen Frischfeuer ihrer unbedingt bedurften." Fechner, Berg= und Hüttenwesen, Bd. 48, 395.

2) ebenda, Bd. 49, 272.

Von diesen kamen jedoch nur 34 Familien in Schlesien an, die anderen waren trotz der militärischen Eskorte unterwegs „verloren gegangen"[1]. — Die Behauptung, daß die spätere kgl. Porzellanmanufaktur in Berlin Entstehen und Blüte in der Hauptsache der zwangsweisen Entführung von Arbeitern aus der Meißener Manufaktur im Jahre 1745 verdanke, hat man zu widerlegen versucht[2]. Wenn auch in diesem Fall eine zwangsweise Arbeiterwerbung abgelehnt werden konnte, so darf jedoch — wie wir sahen — die Möglichkeit dazu nicht prinzipiell von der Hand gewiesen werden.

Daß zwangsweise beschaffte Arbeitskräfte am wenigsten zuverlässig waren, braucht nicht hervorgehoben zu werden. Von den nach Abzug der unterwegs „verlorengegangenen" 34 in Schlesien übrig gebliebenen Familien entwich später an Ort und Stelle noch manche. Wenn auch endgültig noch andere im Absatzmangel liegende Gründe den Versuch Friedrichs, in Schlesien wieder die Damastweberei einzuführen, in seinem Erfolg beeinträchtigten, so trugen doch die Wirkungen der Deportation nicht wenig dazu bei.

2. **Art und Weise der Heranziehung.** — Im Einleitungsabschnitt des zweiten Teils ist die für diese Zeit eigentümliche Gestaltung des „Arbeitsmarktes" (wenn man überhaupt hier von einem solchen sprechen will) dargestellt worden. Die Schwierigkeiten, die damals der Arbeitsvermittlung im allgemeinen entgegenstanden, mußten sich bei der Heranziehung von Arbeitskräften aus dem Auslande besonders bemerkbar machen. Um diese Hindernisse zu überbrücken, entwickelte man einen eigenartigen Vermittlungsapparat, mit dem man auf den verschiedensten Wegen zum Ziel zu gelangen suchte. In welcher Weise hierbei vorgegangen wurde, welcher Hilfsmittel sich Staat und Unternehmer bedienten, diese Fragen sollen uns jetzt beschäftigen.

Bei der Hereinziehung von Arbeitern aus dem Auslande kam es darauf an, mit den Bewohnern der fremden Länder in Verbindung zu treten. Als Vermittler eigneten sich dabei vor allem die preußischen Staatsvertretungen im Auslande, welche in verschiedener Hinsicht besondere Vorteile für eine solche systematische Arbeitervermittlung boten. Erstens handelte es sich hier um Organe, die bereits seit langem bestanden und daher eine ge-

---

1) Zimmermann, Leinengewerbe, 97 f.
2) Wintzer, 20.

brauchsfähige Kommunikationstechnik ausgebildet hatten; weiter trat als günstiger Umstand der staatsrechtliche Schutz hinzu, durch den sie größere Beweglichkeit im Auslande besaßen, kurz: alle Vorteile, die ihnen bei ihrem politischen Verkehr zur Verfügung standen, konnten sie auch für die Zwecke der Arbeiterwerbung benutzen. Dazu kam, daß — besonders während der Regierungszeit Friedrichs d. Gr. — die Auslandsvertretungen mehr und mehr mit staatswirtschaftlichen Aufgaben betraut wurden. Die diplomatischen Vertreter hatten nicht nur regelmäßig Preis= und Warenlisten von ihren Standorten, all= gemeine Berichte über die wirtschaftlichen Vorgänge in ihrem Lande an die Heimatbehörde zu senden, um zuverlässige Unterlagen für die staatliche Politik zu liefern, sie funktionierten auch geradezu als Handelsagenten und Kolonistenwerber. In Frankfurt a. M. und Hamburg wurden regelrechte Durchgangsstationen für Einwanderer eingerichtet; hier waren die Sammelorte, wo sich Vertriebene und Auswanderungslustige einfanden, um in größeren Scharen, mit be= sonderen Schutzpatenten und Unterstützungsgeldern ausgestattet, nach den preußischen Provinzen geschickt zu werden[1]). Von hier gingen wie von den übrigen Vertretungen in Wien, Petersburg, Kopenhagen, Nürnberg, Mühlhausen usw. die Werbungen in Wort und Schrift aus.

Man bediente sich dabei der verschiedensten Werbemittel und =wege. Bald nach Verkündung des Potsdamer Edikts gingen 500 gedruckte Exemplare davon nach Frankreich und wurden dort ver= breitet[2]). Dem preußischen Residenten in Hamburg, Destinon, wurden einige Stücke des für die Ansetzung von Kolonisten in Potsdam erlassenen Edikts von 1731 zugesandt, welche er „überall an den Orten, wo er es von gutem effect zu seyn befindet, bekannt zu machen" hatte. Ein Antwortschreiben des Regensburger Residenten, Frh. v. Danckelmann, bestätigte, daß er einige „Exemplarien des wegen Aufnehm= und beneficirung derer nach Berlin sich begebenden fabricanten und Handwercker allermildest erlaßenen Patents" erhalten hätte und sich „bemühen würde, durch Bekanntmachung derer zu erteilenden Beneficien und Freyheiten tüchtige Leute zuzuziehen"[3]).

In manchen Fällen wurden, soweit möglich, Anzeigen in die Zeitungen gegeben, etwa der ganze Wortlaut eines Einwanderungs= patentes oder nur ein Auszug daraus. So meldeten 1740 die Wiener

---

1) f. auch das Eb. v. 29./10. 1685, Mylius, II. I. Nr. LXV, p. 183 f.
2) Beheim, 48.
3) G. St. A., Rep. 9. JJ 12, 17./12. 1731 und 23./9. 1734.

Gefandten v. Borcke und v. Graeve, sie hätten von dem Patent vom 27. Juli 1740 „dem Publico zur Nachricht denen hiesigen Zeitungen Copey andrucken laßen," und der Gesandte im Haag, v. Podewils, unterm 18. Dezember 1742 auf die Uebersendung eines Patentes für Anziehende u. a.: „J'en ai fait inserer provisionellement un extrait dans les gazettes"[1]). In ähnlicher Weise gaben auch Unternehmer Anzeigen in Zeitungen auf; ein Damaftfabrikant, welcher sich Weber anzuschaffen suchte, hatte, wie es in einem Protokoll heißt, „auch durch die Hamburger und Berliner Zeitungen und Intelligentz Bogen dergl: Leute einladen laßen"[2]). Ein Dankschreiben der Berliner Unternehmer Borchard & Ruben Hirsch an den König für ein Privilegium privativum zu einer Baumwollen=Nesseltuch= und Mousselin=fabrik sagt über ihre Bemühungen zur Arbeiterbeschaffung, daß sie „in denen Zeitungen und Intelligenz Zettel auswärtige Arbeiter hiezu eingeladen" hätten[3]).

Die den Berichten der ausländischen Vertreter beigelegten Zeitungen und Zeitungsausschnitte zeigen in solchen Fällen vollständige Abdrucke mit öffentlichem Charakter. Meistens jedoch wurden sie umgeändert und frisiert in den allgemeinen Nachrichtenteil der Blätter hinein=gegeben. Diese Art versteckter Bekanntmachung hatte ihre besonderen Gründe in dem außerordentlichen Argwohn, mit welchem die fremden Regierungen allen Werbungsversuchen gegenüberstanden. Der hartnäckige „Kampf der Staaten um den Arbeiter", der später ausführlich abzuhandeln sein wird, zwang zu solchen heimlichen und vorsichtigen Maßnahmen. Allerlei unterirdische Kanäle mußten benutzt werden, um an die Arbeiter unbeobachtet heranzukommen. In einem Bericht des Gesandten im Haag über seine Versuche, Tabakpfeifen=arbeiter für Preußen zu gewinnen, heißt es u. a.: „Pour cet effet je les ai fait sonder sous main, sur ce qu'ils pourroient resoudre et je leur ai fait representer par le meme canal, les avantages in-finis, dont ceux, qui s'établissoient dans les Etats de Votre Majesté, avoient à jouir, outre que n'y aiant pas jusqu' à present, à ce que je croiois, de pareilles fabriques, ils en tireroient un Profit d'autant plus considerable"[4]). — Bei solcher Werbetätigkeit zeigten sich im Verkehr mit der Heimatbehörde die Vorteile, welche die

<hr>

1) G. St. A., Rep. 9. JJ. 12, 3./9. 1740 und JJ. 13.
2) G. St. A., Fabr.=Dep. Tit. 94 Nr. 11. Vol. VI. Actum, Rügenwalde 29./12. 1779.
3) eb., Tit. 258 Nr. 100, Bln. 25./4. 1778.
4) G. St. A., Rep. 9. JJ., 30./10. 1742.

preußischen Staatsvertretungen benutzen konnten: chiffrierter Brief=
wechsel, unantastbare Kuriere usw.

An die preußischen Vertreter wendeten sich die Auswanderungs=
lustigen auch selbständig. So sechs französische Refugies, welche nach
London reisten, um durch Vermittlung des dortigen Gesandten Nieder=
lassungsmöglichkeit in Preußen zu bekommen. In ihrem Schreiben
an den Geschäftsträger Michel in London teilten sie u. a. mit: „que
nous sommes tous arrivés à Londres dans le dessin d'avoir
l'honneur de vous offrir nos services comme étant commis icy
pour les affaires de Sa Maj. Le Roy de Prusse... [folgen Angaben,
was sie alles machen können]... Nous Vous suplions d'avoir la
bonté d'en informer Sa Maj. Le Roy de Pr. ou ses Ministres d'etats
et les persuader que nous sommes tous zelés de rendre toutes
bon et fidel services à Sa Maj. ...."[1] — Nach einer Meldung
des „Envoyé extraordinaire" v. Haeseler aus Kopenhagen hatte sich
bei ihm ein Porzellanmacher, der bei der Manufaktur in Meißen und
nachher in Dresden 16 Jahre tätig gewesen war, für eine Beschäftigung
in Berlin angeboten[2].

Neben dem Staat bedienten sich dieses Vermittlungssystems
auch die privaten Unternehmer. Sie wendeten sich zu diesem
Zweck meist an die Zentralbehörde, das General=Direktorium, und
ließen sich mit Hilfe der Staatsvertretungen im Auslande Arbeits=
kräfte verschaffen. Der Potsdamer Entrepreneur David Hirsch, welcher
für Anlegung einer Sammetfabrik ein Privilegium auf 12 Jahre er=
halten hatte, richtete, da es ihm an einigen guten und tüchtigen
Arbeitern fehlte und er erfahren hatte, daß in Hamburg welche zu
bekommen wären, am 13. Februar 1731 an den König die Bitte, dem
„albort befindlichen Geheimten Rath und Residenten Herrn Destinon
aufzugeben, daß er dergleichen Meister nebst 3 Gesellen ... auf=
suchen und selbige anhero überkommen lassen möge"[3]. Schon am
18. Februar erging an Destinon eine Ordre auf Besorgung von 2
Sammetmachern und 10 Gesellen[4]. In dem nun folgenden, fast
vollständig erhaltenen Briefwechsel zeigt sich recht deutlich die Art
der Vermittlungsarbeit, welche die Gesandtschaften zu übernehmen
hatten, andererseits auch die rege Zusammenarbeit zwischen Staat

---

1) ebenda.
2) eb., Rep. 9. C. 16. II., 13./3. 1753.
3) G. St. A., Rep. 9. JJ. 12, Bln. 13./2. 1731.
4) eb.; ihr folgten weitere, sogar persönliche des Königs, am 7., 19./2., 25.,
31./3. und 3./6. 1732.

und Unternehmer, welche es bei der energischen Art Friedrich Wilhelms I. und seiner persönlichen Beschäftigung mit diesen Dingen an nichts fehlen ließ. In dem Aktenmaterial der Hamburger Gesandtschaft finden sich allerlei Merkzettel, welche Anschriften von Sammetmachern, Angebote und Bedingungen enthalten und aus denen hervorgeht, daß die verlangten Arbeiter nur mit Schwierigkeiten zu bekommen waren. Dies zeigt auch ein Brief des Potsdamer Steuerrates Heidenreich an Destinon: Er erkenne „nunmehro fast selbst, wie difficil solches mit denen unbeständigen Leüten sey... S. Kgl. Maj. haben auch nach Leipzig und Holland umb Gesellen schreiben laßen, was es aber vor effect haben wird, wird die Zeit lehren...“[1]). Der dringende Bedarf an Arbeitern wurde Anlaß zu einer erneuten Ordre an Destinon vom gleichen Tage, 3. Juni 1732: „Ich befehle Euch nochmahlen, daß Ihr Euren äußersten fleiß anwenden müßet, um noch einige gute Sambtmacher nach Potsdam zu schaffen, und müßet Ihr Euch sorgfältigst angelegen seyn laßen, solche aus Hamburg oder aus Holland, oder aber auch aus Dänemark zu schaffen. An Gelde zu den dazu benöthigten Kosten soll es nicht fehlen, jedoch müßet Ihr alles mit einer vernünfftigen Menage thun, und könnt Ihr übrigens solchen Leuthen versichern, daß sie in Potsdam gewis reichlichen Verdienst finden werden.“

1770 versuchte ein Ignaz Rohrbach, bei Reinerz eine Glashütte mit 30—40 Arbeitern zu errichten, und wendete sich deswegen durch den Provinzialminister Hoym an den Residenten beim schwäbischen und fränkischen Kreise, v. Pfeil, und an den Fürsten Hatzfeld, um durch sie Glasmacher für weißes Tafelglas zu bekommen[2]). „Es würde dieser hiesigen Stahl Fabrique,“ heißt es in einem Gesuch des Berliner Unternehmers Voigt, „zum großen Vortheil gereichen, wenn es möglich wäre aus Engeland einige Stahl Arbeiter besonders einen Feilenmacher und Machinisten wie auch einen Metall-Gießer, anhero zu ziehen. Da aber zu Hieherziehung dieser Leuthe keine andere Gelegenheit ist, als wenn Ew. Maj. allerhöchst selbst die Ordre an Höchst Dero Gesandten in London ergehen zu laßen, und dergl: Leuthe für die hiesige Fabrique zu engagiren,“ so bäte er um diese Unterstützung[3]). 1776 vermittelte Hoym für einen Unternehmer Rehnisch, welcher in Breslau eine Porzellanfabrik gegründet hatte,

---

1) eb., Potsd. 3./6. 1732.
2) F e c h n e r , Königshuld, 97.
3) G. St. A., Fabr.-Dep. Titl. 438 Nr. 219., 14./5. 1775.

durch den Gesandten in London die nötigen Arbeiter[1]). Aus einem Schreiben der Berliner Seidenfabrikanten Gebr. Baudouin Söhne, Girard, Michelet & Comp. und Friedländer vom 17. Mai 1794 geht hervor, daß sie sich mit Unterstützung des preußischen Konsuls Crayen in Leipzig französische Seidenarbeiter verschaffen ließen. Hierbei war die Stellung zwischen Staat und Unternehmer folgende: die Engagierung fand durch die Kaufleute und in ihrem Namen statt, die Behörden wußten davon, unterstützten auch mit Geldmitteln, ließen durch das „Departement der auswärtigen Affaires" die Gesandtschaft in Bern anweisen, Pässe für die angeworbenen Arbeiter auszustellen[2]), beteiligten sich daran jedoch sonst nicht offiziell, um nicht später irgendwelchen Ansprüchen der Einwanderer gegenübergestellt zu sein[3]).

Wie der Staat seine Residenten, so benutzten die Unternehmer eigene Verbindungen, die sie zu Geschäftsfreunden im Auslande unterhielten, dazu, sich Arbeitskräfte vermitteln zu lassen. Die Bemühungen einer Damast- und Segeltuchfabrik in Rügenwalde (Pomm.) nach dieser Richtung zeigen deutlich, welche ungeheuren Schwierigkeiten es machte, notwendige Arbeiter aus dem Auslande herbeizuziehen. Die hierüber stattgefundenen Untersuchungen ergaben folgendes: ein bereits in Sorau engagierter Damastweber war kurz vor seiner Abreise gestorben. Verschiedene Briefe von Geschäftsfreunden aus Sommerfeld und Zittau zeigten, daß alle mögliche Mühe angewendet worden war, Damastweber in Lauban, Groß-Schönau und Zittau selbst zu bekommen, jedoch ohne Erfolg. Nach Briefen der Berliner Fa. J. M. G. Steinhaus sollte endlich in Altona ein Damastweber gewonnen werden. „Der Hr. Entrepreneur", heißt es da, „hat deshalb auch sogleich commission gegeben, und sich zu allen von demselben zu machenden conditiones verbunden. Der Hr. Entrepreneur hat außerdem verschiedenen Freunden dieserhalb Aufträge gemacht, und ansehnliche Douceurs für jeden herzuschaffenden Weber versprochen. . .

---

1) Fechner, Wirtschaftsgeschichte, 335.

2) Es wurde auch um falsche Pässe gebeten! Die Berliner Fa. Falckmann & Co. z. B. wendete sich im Jahre 1794 an den König, für einen von ihnen „engagirten Schweizer, Nahmens Emanuel Büchlin in Basel, deßen eigentliche Bestimmung aber dort nicht bekandt werden darff [!], einen Reise-Paß von dort anhero, allergnädigst ausfertigen zu laßen; und zwar als ob derselbe bey die hiesigen Herren Hotho und Welper als Inspector bey ihrer Baumwollen Weberey in Potsdam, in Diensten trete." Schon am folgenden Tage wurde der Paß in der gewünschten Art ausgestellt. — G. St. A., Fabr.-Dep. Tit. 150 Nr. 100, 26./3. 1794.

3) Akten dazu: Fabr.-Dep., Tit. 90 Nr. 80 a.

Wegen eines geschickten Segeltuchwebers ist d. H. Entrepreneur laut producirte Briefe mit der Handlung Matthias Adami in Copenhagen in Correspondence. Uebrigens beziehet sich d. H. Entrepreneur auf die bey der Revision vom 26ᵗ Juni, wegen Anziehung solcher Ouvriers schon producirte Briefe und wird mit denen damahls angezeigten Häusern die Correspondance deshalb noch fortgesetzet"[1]. — Die Berliner Stahlfabrikanten Gebr. Dutton ließen sich 1791 von einem ihrer englischen Geschäftsfreunde, welcher ihnen auch früher schon Arbeiter beschafft hatte, einen Feilenhauer Moses Armatage aus England besorgen[2]. Von welchem Wert solche auswärtigen Beziehungen waren, zeigt ein Schreiben des Ruben Hirsch, Entrepreneur einer Nesseltuchfabrik, an den König, in welchem er hervorhob, daß er einen guten Associé gefunden habe, der nicht nur genügende Geldmittel zur Vergrößerung der Fabrik hätte, „sondern auch große Bekanntschaft in Sachsen, und er ist jetzt beschäftiget, geschickte Arbeiter, die hier noch fehlen, zu engagiren, und hinlängliche Spinnereyen von allen Sorten anzuschaffen"[3].

Die Verbindungen der Unternehmer und Kaufleute zu ihren Geschäfsfreunden benutzte aber auch der Staat für sich. Als 1722 in Spandau eine staatliche Gewehrfabrik angelegt werden sollte, setzten sich die Behörden mit den Kaufleuten Splittgerber und Daum wegen Arbeiterbesorgung in Verbindung, weil diese nach Lüttich gute Geschäftsverbindung hatten[4].

In allen den vorgenannten Fällen wurden Arbeitskräfte durch Faktoren vermittelt, welche seit längerer oder kürzerer Zeit an Ort und Stelle bereits bestanden. Diesen Einrichtungen gegenüber hebt sich eine andere Gruppe arbeitervermittelnder Faktoren heraus: die der Abgesandten und Deputierten, der Arbeiterwerber, welche, vom Staat und den Unternehmern benutzt, erst zu dem besonderen Zweck hinausgeschickt wurden; was natürlich nicht ausschloß, daß sie nebenher auf ihren Werbereisen auch andere Angelegenheiten erledigten[5].

---

1) G. St. A., Fabr.-Dep. Tit. 94 Nr. 11 Vol. VI., Rügenw. 29./12. 1779.
2) eb., Tit. 438 Nr. 219, 5./12. 1791.
3) eb., Tit. 258 Nr. 100, 9./4. 1777.
4) Haffenstein, Zur Gesch. d. kgl. Gewehrfabriken.
5) Parallelerscheinung zur Militärwerbung im Auslande: wie dort Offiziere und Beamte ausgeschickt wurden, um Soldaten zu werben, so gingen hier Beamte zur Arbeiterwerbung ins Ausland.

Im Januar 1751 sandte die Clevische Kriegs= und Domänen=
kammer den Kriegsrat Göring aus, um für die Eberswalder Fabrik
zwei Spezialarbeiter aus Solingen und dem Bergischen zu besorgen[1].
Für die Aufnahme der Damastweberei in Schlesien ging im Auftrage
Schlabrendorffs zu Beginn des 7=jährigen Krieges der Zolleinnehmer
Kegel nach Sachsen und brachte, durch die Kriegsnöte begünstigt, 31
Familien mit zurück[2].

Ebenso bemühten sich auch die Unternehmer selbst im Aus=
lande um Arbeitskräfte, indem sie ihre Geschäftsreisen häufig mit
Arbeiterwerbung verbanden. Der Kaufmann Daum reiste 1722 nach
Lüttich und im nächsten Jahre nach Solingen, um dort für die
Spandau=Potsdamer Gewehrfabriken Arbeiter zu gewinnen. Seinen
persönlichen Bemühungen war es großenteils zu verdanken, wenn
1730 auf den Werken nicht weniger als 252 Leute gezählt werden
konnten[3]. Der Unternehmer Keyling, welcher vergeblich versucht
hatte, auf den verschiedensten Wegen Arbeiter zu bekommen, machte
sich selbst nach Sachsen auf[4]. Den Entrepreneur, der die Potsdamer
Nadelfabrik von dem Juden Veitel Wulff übernommen hatte, traf
die Fabrikinspektion nicht an, „da er nach Schwobach verreiset ge=
wesen, um . . . noch tüchtige Arbeiter zur Fabrique zu engagiren"[5].
Da 1754 die Glogauer Kammer nach dem Auftrage Massows,
schweizerische Weber für geblümte Schleier hereinzuziehen, große
Schwierigkeiten hatte, bemühte sich der bekannte schlesische Leinwand=
kaufmann Peter Hasenclever, der damals in Nantes weilte, solche
Weber in St. Quentin anzuwerben[6]. Der Berliner Jude Abraham
Hirschel wies in einem Bittgesuch um Gewährung eines Privilegs
für eine Battist= und Kammertuchfabrik darauf hin, daß er auf der
Leipziger Ostermesse 1754 „so glücklich" gewesen, „drey Meurquiniers
oder Battist=macher aus dem Dorfe Honnechy in der Picardie, allwo
diese Art Manufacturen ihren eigentlichen Sitz hat," zu gewinnen[7].

Beide, staatliche Stellen und Unternehmer, bedienten sich auch
aller möglichen Mittelsmänner, um zu Arbeitern zu kommen. Sie
schickten dazu erbötige Subjekte hinaus, welchen nicht nur die Reise=

---

1) G. St. A., Fabr.=Dep. Tit. 439 Nr. 2 Vol. VIII, 16./1. 1751.
2) Fechner, Wirtschaftsgesch., 137.
3) Lenz=Unholtz, Schickler, 35.
4) G. St. A., Fabr.=Dep., Tit. 94 Nr. 11 Vol. VI., Rügenw. 29./10. 1779.
5) eb., Tit. 439 Nr. 10 Vol. II., 24./5. 1765.
6) Fechner, Wirtschaftsgesch., 345.
7) G. St. A., Fabr.=Dep. Tit. 240 Nr. 135a, Bln. 25./6. 1754.

kosten nebst Spesen ersetzt wurden, sondern die u. U. auch noch für jede Vermittlung eine besondere Summe erhielten, welche pro Kopf, Güte und Art des Arbeiters festgesetzt wurde: „gewerbsmäßige" Lieferung von Arbeitskräften!

Generalleutnant Frh. v. Spaen in Cleve, der, da viele „Familien und Handwercker von Luyck[1]) in großer menge weggehen," den Auftrag erhalten hatte, insbesondere Büchsenschmiede, „Spyckermacher" und dergl. für Berlin zu gewinnen, schickte „zu solchem negotio jemanden, der bequem ist zu gebrauchen," in die Gegend der Lütticher Gewehrindustrie[2]). „Um tüchtige Leute aus der Fremde zu erhalten," besagt ein Verhandlungsbericht von 1770[3]), würde sich die Kammer zwar mit den Königl. auswärtigen Geschäftsträgern in Verbindung setzen. „Wenn aber die Erfahrung gelehret wie wenig hierauf zu rechnen, so müste Camera sich auch anderer dahin abzweckender zuverläßigen Canaele bedienen, auch durch die Steuerräthe, und dazu den Magistraten auszumittelnde redliche und active Subjecta den Anzug nützlicher Ouvriers zu facilitiren suchen." — Der Steuerrat Kameke in Naugard berichtete dem Geh. Finanzrat Tarrach, daß der Kriegsrat Lenz ihm „einen verschmitzten Mann" besorgt habe, der nach Plauen reisen wollte, um ihm 4 Arbeiterfamilien zu beschaffen. Allein die Anwerbung scheint nicht ohne Schwierigkeiten gewesen zu sein, und Kameke bat Tarrach, ihm einige Ouvriers auf seine Kosten zu besorgen, da er in großer Not wäre und nicht wüßte, wo er solche erhalten könnte[4]). — Für das 1700 gegründete Messingwerk in Hegermühle b./Eberswalde ließ der Faktor Schütz einen Kaufmann Andreas Mast aus der Berliner Dorotheenstadt Arbeitsleute aus Goslar besorgen, wofür dieser 100 Rtl. verlangte[5]).

Wie es einem Arbeiterwerber erging, erfahren wir aus einem interessanten Bericht eines „Ferd. All. Krugschaur" an Hofrat Sohr, der ihn nach Lübeck geschickt hatte, um Arbeiter für die kgl. Hammerwerke heranzuschaffen. „Nechst unterdienstl. Begrüßung berichte, daß Verganne Montag von Oldenßlan geschrieben, verhoffe der Brief wird wohl überkomen sein, ich habe darin gemelt, daß die verlangten Leuth

<hr>

1) d. i. Lüttich.

2) G. St. A., Rep. 9. JJ. 12, Cleve, 13. (23.) Sept. 1684.

3) eb., Fabr.-Dep. Tit. 97 Nr. 15: „Actum in der Behausung des Herrn v. Derschau Excellenz, den 27ten 8br. 1770."

4) eb., Tit. 94 Nr. 8. Vol. IV., Naugard 14./1. 1778, 15./1. 1778, Kyritz 22./2. 1778 und Naugard 18./3. 1778.

5) G. St. A., Rep. 9. GG. g–i. Lit. J, Hegermühle 18./6. und 24./8. 1700.

alle zuhaben, nur daß Sie über den contract in Hamb. einen Caventem[1]) haben wolten, Und dann auch Handgeld, von meiner Vollmacht wurde nichts mehr gedacht, ich hab ihnen 3 Tag Bedenkzeit gegeben und sie ersucht, von solchen unbillichen disrepudirl: Beger abzustehen, . . . habe also die daselbst vorhandene Leut jeden absonderlich zu mir kommen lassen, welches mir insoweit gelungen. Seind einig worden, daß ihnen 1. etwaß geld auf die Hand geben, 2. freie Fuhr Und Kost verschaffen will, wann daß Werk nicht recht gebauet, oder daß man sie daselbst nicht mehr verlangte, daß sie unkostenfrei wieder anhero sollten geschafft werden. . . Erwarte also nun Antwort, ob ich 2 oder 7 Personen bringen soll, . . . "[2]).

Solche Versuche, mit Hilfe bezahlter Leute Arbeitskräfte zu bekommen, wurden überall gemacht, jedoch nicht immer mit Erfolg. Wenn die Werber sachunkundig waren und es ihnen daher schwer möglich war, die Fähigkeiten und Kenntnisse der Angeworbenen fest= zustellen, kam es nicht selten vor, daß die angezogenen Arbeiter durchaus untauglich zu den gedachten Zwecken waren. So kam man bald darauf, Fachleute des betreffenden Gewerbezweiges hinauszusenden, welche nebenher ihre Reise u. U. dazu benutzen konnten, ihre eigenen Kenntnisse zu erweitern.

Nachdem Hoym zuerst aus Posen und Fraustadt für die schlesische Tuchindustrie nur untaugliches Material erhalten hatte, bediente er sich mit besserem Erfolge eines Menschen, der in Lissa und Fraustadt sehr bekannt war; dieser erhielt außer den Diäten pro Engagement eines Meisters 3 Tl., für einen verheirateten sogar 5 Tl. als Douceur[3]). — Um 1765 wurde nach dem Vorschlage des Steuerrats Schnecker der schlesische Tuchmacher Eichholz mit einer Reise nach Holland be= auftragt, auf der er Arbeiter für Schlesien werben sollte. Er ging dabei so vor, daß er in einigen Städten in Arbeit trat und auf diese Weise erfahrene Gesellen kennenlernte, die er mit vielen Versprechungen nach Schlesien schicken konnte. Es gelang ihm, in Duisburg einen Tuchmacher, Bereiter, Spinner und Schrobbler zu gewinnen und mit· dem dortigen Bürgermeister Leybendecker in Verbindung zu treten, welcher Fabrikanten aus Aachen, Verviers und Eupen besorgte. Sie engagierten 40 Handwerker, die im Mai 1765 in Schlesien ankamen[4]).

---

1) Sicherung für ihre Ansetzungsbedingungen.
2) G. St. A., a. a. O., Lübeck 7./4. 1701.
3) Beheim, 327.
4) Schroetter, Bd. XI., 429.

Für die kgl. Eisenhüttenwerke Malapane und Kreuzburgerhütte wurden durch den Sohn eines Stahlschmieds Joh. Michael Kätzel aus Straßburg i. E., welcher dafür außer den Reisekosten für die Arbeiter und ihre Familien 50 Rtl. erhielt, aus Geislautern ein Stahlmacher Eberhard Droll und zwei Stahlarbeiter mit ihren Familien — zusammen waren es 15 Personen — herbeigeschafft[1]. — Ein Kolonist Müller in Lünen machte sich anheischig, aus seiner Heimatstadt Pforzheim 8 bis 10 Mann seiner Bekanntschaft herzuziehen, wenn man ihnen etwas mehr Lohn und das Reisegeld zahlte und die Kolonistenfreiheiten gewährte[2]. — Die Unternehmer der Eberswalder Messerschmiedefabrik ließen durch ihre Werksangehörigen, welche in die Heimat reisten, um Erbschaftsangelegenheiten usw. zu erledigen, auf Grund von Freipässen neue Arbeiter mitbringen[3].

Hierbei kommen wir auf eine Hauptquelle aller preußischen Einwanderungspolitik: die Wirkung und Verwendung berufs und blutsverwandtschaftlicher Beziehungen der bereits Angesiedelten für die weitere Ansetzung ausländischer Arbeitskräfte. Diese Art der Arbeiterwerbung war oft wirksamer als die bisher besprochenen. In den schon erwähnten Ministerberatungen über die Anlegung neuer Fabriken und Manufakturen wurde empfohlen: wenn alles übrige nichts nütze, müsse man „die jeden Ortes befindliche Ausländer animiren, aus ihrem Vaterlande mehrere geschickte Fabricanten zum Anzug zu vermögen, wofür letztern ein kleines Douceur bewilligt werden könnte"[4]. Den ersten Kolonisten, welche gleichsam als Kundschafter in das neue Land gingen, folgten bald neue[5]. Bei der Heranziehung von Messerschmieden aus Ruhla hatte schon ein Füsilier aus einem Potsdamer Regiment[6], der aus dem thüringischen Städtchen stammte, als Werber eine Rolle gespielt und bot auch später seine Hilfe dazu an, aus seiner Heimat neue Arbeitskräfte ins Land zu bringen[7]. Wenige Monate nach dem Abzug des ersten Trupps aus Ruhla, den er begleitet hatte, erhielt er einen Brief aus der Heimat, welcher sehr deutlich zeigt, wie sehr Bekanntschaft und Verwandtschaft

---

1) Fechner, Malapane, 81.

2) G. St. A., Fabr.=Dep. Tit. 438 Nr. 219 Vol. I., Lünen 23./2. 1775.

3) eb., Tit. 439 Nr. 2 Vol. X., Actum Neust.=Ebersw. 24./3. 1755.

4) f. S. 104 Anm. 3.

5) f. auch Bekmann, I. 130.

6) Heinrich Fischer, Füsilier im Regiment Prinz Heinrich zu Potsdam.

7) G. St. A., a. a. O., Vol. I., Potsd. 19./12. 1747.

mit Kolonisten als arbeitsvermittelnde Faktoren in die Erscheinung traten [1]).

Im März 1753 berichtete Avenarius von einem aus Tribach zu ihm gekommenen Lotschlosser, welcher, da er schon einen Sohn des gleichen Berufs in Neustadt-Eberswalde hätte, gesonnen wäre, sich dort ebenfalls niederzulassen [2]). Die Kolonisten schrieben oft ohne Wissen der Behörden an ihre Bekannten und Verwandten, wenn sie ihnen für ihren Betrieb wichtig erschienen. So hatte sich nach einem Bericht des Londoner Gesandten, Grafen von Degenfeld, bei ihm ein Tuchmacher gemeldet mit einem Schreiben des kürzlich im Berliner Lagerhaus angenommenen englischen Tuchmachers, „daß es ihnen an jemand fehlete, der die Tücher dick machete" [3]).

Die genaue Kenntnis der heimatlichen Verhältnisse machte die Neuangesiedelten als Arbeitervermittler geeignet. Sie schlugen den Behörden zur Heranziehung von den Daheimgebliebenen die für spezielle Arbeiten am besten geeigneten vor [4]).

1773 wollte man für die Breslauer Nähnadelfabrik einen Draht-zug errichten. Um Drahtarbeiter dafür zu bekommen, erkundigte man sich in Slawentzitz und Rauden bei den fremden Meistern und Gesellen, ob sie nicht die Anwerbung aus Oesterreich und Sachsen vermitteln könnten [5]). Eine Anna Rosina Nitschke aus Platten in Böhmen erhielt 1780 für jede Arbeiterin, die sie für eine beim Grafen Maltzan

---

1) eb., Tit. 438 Nr. 219, Beilage (Ruhl 9./12. 1747) zu einem Bittgesuch des Fischer an Marschall, Potsd. 30./12. 1747; dazu Brief eines Ruhlaer Messer-schmieds Joh. Ludw. Böttger 12./12. 1748 i: Tit. 439 Nr. 2 Vol. III.

2) G. St. A., Tit. 439 Nr. 2 Vol. X., Mühlh. 28./3. 1753.

3) eb., Rep. 9 JJ. 12, London 9./11. 1730; Randbemerkung Friedrich Wilhelms I.: „soll nur sicken W."

4) Vgl. den Bericht des Kriegsrates Gerber aus Eberswalde vom 27. 5. 1748. (Fabr.-Dep. Tit. 439 Nr. 2. Vol. II): „ . . . die Ruhler Schmiede begehren,

1. Es möchten 2 Schleiffer verschrieben werden und schlagen selbige hierzu vor:

    a) Valentin Michel in der Ruhla auf den Dennebergschen Boden,

    b) Johannes Wagener in der Ruhla unter den Uterotschen Gerichten.

2. Begehren sie einen Feilenhauer und vermeinen an Johann Schluthauern, welcher in der Ruhla unter den Uterotschen Gerichten wohnhaft wäre, einen tüchtigen guten Arbeiter zu finden.

3. Noch fehlte ihnen ein tüchtiger Zähner und hätten Zutrauen an Lorenz Molsch, welcher in der Ruhla unter den Uterotschen Gerichten wohnhaft wäre.

4. Endlich begehren sie, daß 3 bis 4 Zuschläger von denen obbenannten Ruhlern möchten mitgebracht werden, weilen dergleichen Art Leute bey ihrer Profession nöthig thäten."

5) Fechner, Malapane, 84.

in Militsch errichtete Spitzenfabrik aus ihrer Heimat hereinziehen
würde, 10 Rtl. und die Ausländerbenefizien versprochen[1]). Interessant
für die Tätigkeit der Eingewanderten als Einwanderungsvermittler
ist auch die Entstehungsgeschichte der Kolonie Nowawes bei Potsdam.
Hier wendete sich der mit der Ansiedlung von böhmischen Kolonisten
beauftragte v. Retzow an die böhmische Brüder=Gemeinde in Berlin,
welche drei Männer nach Sachsen schickte, die aus Dresden und Zittau
und aus Böhmen selbst Emigranten herbeischafften[2]).

Diese Beispiele zeigen, daß es zur Zeit des beginnenden Kapitalismus
in Brandenburg=Preußen keine leicht benutzbare systematische
und übersichtliche Arbeitsvermittlung im heutigen Sinne
gab; vielmehr waren große Schwierigkeiten zu überwinden, um dem
Mangel an Arbeitskräften abzuhelfen. Erst im Laufe der Zeit gelang
es, neben der durch die Erstherbeigezogenen unterhaltenen Zuwanderung
Arbeitskräfte ins Land zu ziehen, welche eine Entwicklung neuer
Unternehmungen ermöglichten.

Die Werbemittel, die der Arbeitervermittlung aus dem Auslande
als Grundlage dienten, die Versprechungen und Unter=
stützungen, die den Einwanderern in den Edikten und Patenten
zugesagt wurden, sind schon öfter Gegenstand wissenschaftlicher Unter=
suchungen gewesen, die sich mit der allgemeinen Kolonisationspolitik
der preußischen Könige beschäftigten[3]). Es genügt daher, einen kurzen
Ueberblick zu geben; dabei sind die besonderen Vergünstigungen, die
bei der Arbeiterwerbung gewährt wurden, hervorzuheben und die
Probleme, die sich bei der Heranziehung von Arbeitskräften aus dem
Auslande nach dieser Richtung ergaben, darzulegen.

Die mannigfachen Erleichterungen, welche als „Ausländerbenefizien"
gewährt wurden, waren häufig gleichzeitig Bestandteil der Ver=
günstigungen, welche den Entrepreneurs in ihren Kon=
zessionen und Privilegien zugesagt wurden; auch hier zeigt
sich wiederum der unmittelbare Zusammhang der staatlichen und der
Unternehmerziele. In weiterem Sinne würden auch die den Unter=
nehmern direkt gewährten Unterstützungen hierher gehören, wie etwa:
Akzisefreiheit für Rohmaterialien und Lebensmittel, Stuhlvergütungen
usw., welche indirekt ja auch den Arbeitern zugute kamen. Wir werden
uns jedoch hier vorwiegend mit den Unterstützungen zu befassen

---

1) Fechner, Wirtschaftsgeschichte, 354.
2) Wichgraf, 5; s. auch Beheim, 382.
3) Beheim=Schw., Bergér u. a.

haben, welche den heranzuziehenden bezw. herangezogenen Arbeitern gegeben wurden. Dabei werden auch die von den Unternehmern bei ihren selbständigen Arbeiterwerbungen gewährten Vergünstigungen einbezogen, die sich in den meisten Fällen nach den in den staatlichen Edikten angegebenen richteten. Ueber die hier festgesetzten Normen gingen Staat wie Unternehmer in Sonderfällen hinaus; einige Beispiele werden dafür am gegebenen Ort aufzuzeigen sein.

Um einen klaren Ueberblick über die verschiedenen Arten der gewährten Unterstützungen zu erhalten, wobei als Quellen die Einwanderungsedikte, die Privilegien und Konzessionsverträge für Unternehmungen, die Instruktionen für die Staatsvertretungen im Auslande und die Anweisungen an die ausgeschickten Werber in Betracht kommen, werden wir sie hier nach dem Verlauf der Hereinziehung von Arbeitskräften der Reihe nach abhandeln: Versprechungen und Unterstützungen am Werbeorte, dann die für Transport und Reise geleisteten, denen endlich die am Ankunfts- und Niederlassungsort gegebenen folgen werden. Hieran soll sich eine Erörterung über die Dauer der Unterstützungen und das Verhältnis zwischen Versprechung und späterer tatsächlicher Erfüllung schließen. —

Besondere Unkosten, welche der anwerbenden Seite für den Angeworbenen erwuchsen, entstanden bereits am Werbeorte. Die wirtschaftliche Verbindung des Arbeiters mit seinem bisherigen Aufenthaltsorte erforderte häufig eine Ablösung, die mit Kosten verknüpft war. Oft war der Auswanderer, der ja in seinem Heimatsorte nicht notwendig schon kapitalistischer Lohnarbeiter zu sein brauchte, an seinen Verleger, seinen Lebensmittellieferanten durch Schulden gebunden, die sofort abzutragen ihm in der Regel nicht möglich war. Dann mußte der Anwerbende für ihn einspringen und mit Geschenk oder Vorschuß aushelfen, welcher u. U. später am neuen Ansiedlungsort wieder aus dem Arbeitslohn allmählich abgetragen werden konnte.

Für einen für die kgl. Eisenwerke aus Struth bei Pfalzburg angeworbenen Stahlmacher mußten Schulden in Höhe von 31 Tl. 8 Gr. bezahlt werden[1]. In den Hamburger Gesandtschaftsakten findet sich ein Merkzettel über die Anwerbung eines „Christian Labian, Bürger und Sammetmacher in Hamburg": „Verlanget vors erste einen Vorschuß von 100 Th. zu bezahlung seiner Schulden,

---

1) Fechner, Malapane, 81.

welche ihm nach und nach von seinem Verdienst wieder … abgezogen
werden. . ."[1]).

Weitere Herauslösungskosten für die angeworbenen Arbeiter erwuchsen häufig aus Entschädigungssummen für ihre früheren Arbeitgeber, mit welchen eine Aufhebung der laufenden Gedinge
vereinbart werden mußte. Zwei besonders tüchtigen Lyoner
Appreteuren, von denen die Berliner Seidenfabrikanten Gebr. Baudouin
Kenntnis erhalten hatten und die sie mit staatlicher Hilfe anzuziehen
hofften, mußten „ein paar Tausend Thaler bahr offeriret werden",
damit sie mit einem Teil dieser Summe ihre Verträge in Lorae auf-
heben konnten[2]).

Dazu kam am Werbeort die Zahlung der „Abzugsgelder"
an die Ortsbehörden, die fast allgemein von den Auswanderern verlangt wurden, wenn es ihnen nicht gelang, heimlich fortzuziehen.

Eine große Reihe von Kosten fand sich für die Uebersiedlung.
Zu den allgemeinen „Ausländerbenefizien" gehörten die Reise- und
Transportgelder. Zu unterscheiden sind hierbei die für
den Lebensunterhalt während der Reise bis zum Niederlassungsort
für die Arbeiter und ihre Familienangehörigen und die Transportkosten für Personen und mitgeführte Habe; häufig wurden Zehrungs-
und Transportkosten zu einem bestimmten Satz, den sog. „Meilen-
geldern", zusammengezogen. Sie stellten eine normierte Reiseunter-

---

1) G. St. A., Rep. 9. JF. 12; Handschrift des Residenten Destinon. Eine
Art Verpflichtungsschein des Hamburger Sammetmachers Christian Tamsen
über solchen Vorschuß lautet:

„Demnach Wir Endes Unterschriebene entschloßen sind, sich bey der Sammt
Fabrique zu Potsdam in Arbeit zubegeben, zu Beförderung unserer Abreyse dahin
aber eines Vorschusses, Theils zu Hamburg ein- und andern Sachen in
Richtigkeit zusetzen, theils unter Weges den nöthigen Unterhalt zuhaben, unumb-
gänglich benötiget sind, Als hat uns, auf unßer Ansuchen, der Königl. Preußische
Herr Geheime Raht u. Resident Destinon hierunter gewillfahret, und zwar mir
dem Meister, Christian Thamsen Vier Thaler, uns Gesellen aber jeden … Thaler
baar vorgeschoßen, welchen Vorschuß hinwiederumb zuvergüten, Wir uns
insgesamt, Meister sowohl, als Gesellen, nach unßerer Ankunfft in Potsdam
von den accordirten Transport Geldern, und, wann diese nicht zulänglich, von
unßeren verdientem Arbeitslohn nach und nach, ohne einige Einwendung
dagegen, wollen abziehen laßen. Auch verspricht vorerwehnter Meister, daß
die untenbenahmten Gesellen ohnfehlbar nach Potsdam in Arbeit gehen werden,
Bürge zu seyn. Zu Bekräfftigung deßen, haben Wir sich, Meister und Gesellen,
Eigenhändig unterschrieben So geschehen Hamburg, den 31ten Martij 1732."

2) eb., Fabr.-Dep. Tit. 90. Nr. 80a, Bln. 18./6. 1794.

ſtützung dar, die nicht notwendig die Reiſekoſten deckte, und wurden in faſt allen Edikten zugeſagt. Das Einwanderungspatent vom 20./11. 1721 z. B. verſprach, daß den Koloniſten, „wann ſie eine Familie haben, vor jede Meile zum Behuf des Transports 12 Ggr. bei ihrem Anzuge mit der Familie aus der Accise-Caſſe des Orts baar gezahlet . . . werden" ſollten[1]). In Erweiterung eines am 29. 10. 1732 publizierten Edikts ſollte „einer nombreuſen über vier Perſonen ſich erſtreckenden Familie, außer vorgedachten 8. Gr. Meilen-Gelder, annoch 2. Gr. vor jede Perſon groß oder klein pro Meile zugeleget werden"[2]). In manchen Patenten wurden die Meilengelder nicht familienweiſe, ſondern unabhängig von Alter und Stellung auf die einzelne Perſon feſtgeſetzt, ſo etwa „für jeden Kopf, es ſey Mann, Frau, Kind, Knecht, Magd, per Meile zwey gute Groſchen"[3]). Für polniſche Tuchmacher beſtand nach dem Edikt vom 5. 1. 1770 und der am 18. 4. des gleichen Jahres erlaſſenen „Declaration"[4]) die Unterſtützung in der Erſtattung der „Zehrungskoſten während der Reiſe für ihre Perſonen und Kinder von 14 Jahren und darüber à 3 Rthlr., unter 14 Jahren aber 2 Rthlr. auch in dem Erſatz der außer dem Vorſpann erweißlich gehabten Reiſe und von dem Orte ihres Aufenthaltes in Pohlen bis an die Schleſiſche Gränze erweißlich gehabten Transport-Koſten". Fünf Jahre ſpäter wurden dieſe Sätze nur auf die Fälle beſchränkt, in denen die Städte, wo ſich die polniſchen Einwanderer niederließen, 6 Meilen und darüber von der Grenze entfernt lagen[5]).

Neben oder anſtelle der geldlichen Erſetzung der Reiſe- und Transportkoſten wurde für die Ueberſiedlung der Angeworbenen ſog. „freier Vorſpann" für Perſonen- und Sachtransport gewährt, d. h. der Staat ſtellte die ihm zuſtehenden Fuhrleiſtungen ſeiner Untertanen, der Städte und Dörfer, der Bauern und Gutshörigen

---

1) Mylius, V. I. 4. Nr. XXXIX, p. 414.

2) eb., Nr. LII. p. 432.

3) Avertiſſement 1./9. 1769 f. Cleve-Mark: Scotti, III. 1938. Faſt immer jedoch findet ſich, auch wenn Tagegelder gegeben werden, eine Zurückführung auf die zurückgelegte Meile als Rechnungseinheit; nach dem Patent vom 2./5. 1764 ſollten den Anziehenden, „wenn ſie von dem Orte ihrer Abreiſe glaubwürdige Atteſtata mitbringen, gleichfalls täglich 8 Groſchen Reiſe Geld bey ihrer Ankunft in Stettin aus der Königlichen Caſſe ausgezahlet werden. . ., wobey zu merken, daß auf eine Tagereiſe 5 Meilen gerechnet werden." Mylius, N. C., 1764 Nr. 26, p. 414.

4) Korn, Ed.-ſammlung, XII, 1 ff. und 141.

5) Korn, a. a. O., XIV, 370, 8./3. 1775.

in den Dienst der Einwanderungspolitik. Auch in den eben genannten Patenten wurden freie Fuhrdienste zugestanden und zwar freier Vorspann von der schlesischen Grenze bis an den Ort des ausgesuchten Aufenthalts sowohl für Familie als Gerätschaften. Zu diesem Zweck wurden den Angeworbenen besondere „Vorspann-Pässe" übergeben, gegen deren Vorweisung sie bei ihrer Reise durch preußisches Gebiet überall entsprechende Unterstützung fanden.

Zu den Vergünstigungen materieller Art, welche die Anreise der Einwanderer erleichterten, gehörte auch die Befreiung von Uebergangs- und Inlandszöllen für mitgebrachte Sachen, welche bei der großen Zahl der zu jener Zeit noch bestehenden Zollschranken eine nicht unwesentliche Förderung bedeutete. Das Patent vom 8. 3. 1775 z. B. verspricht dem Einwanderer „die Accise- und Zoll-Freyheit sämtlicher zu seiner Consumtion, nicht aber zum Handel dienenden Effecten, Meubles und Handwerksgeräthschaften, welche er bey seinem Anzuge mit ins Land bringt, worüber die erforderliche Frey-Pässe bey Uns von denen Krieges- und Domänen-Cammern gesuchet und extrahirt werden müßen"[1]).

Endlich gehörte zu den Unterstützungen, welche der Staat aus seiner Eigenschaft als politische Institution zu gewähren in der Lage war, die Bewilligung von Reisepässen[2]), um damit die Anreisenden auf ihrem Durchzug durch andere Provinzen bis zu ihrem Bestimmungsort nicht nur vor allen Hemmungen und Gefahren zu schützen, sondern auch ihr Fortkommen in jeder Weise zu befördern. Politischer Machtschutz konnte hier manchmal auch bereits bei der Besorgung der Auswanderer in ihrem Heimatsort selbst gewährt werden, wobei die preußischen Geschäftsträger bei den ausländischen Behörden oft das ganze Gewicht ihres Ansehens einlegen mußten, um eine ungehinderte Abreise zu ermöglichen.

In den einzelnen Einwanderungsfällen wurde bald von diesen, bald von jenen der vorgenannten Unterstützungen Gebrauch gemacht. Handelte es sich um besonders wichtige Einzelarbeiter, so wurde über die in den Patenten festgelegten Normen hinausgegangen und in besonderen Vereinbarungen die Anwerbung durchzusetzen gesucht. Die folgenden Schilderungen geben manches Beispiel dafür.

---

1) Korn, a. a. O., 366.

2) Wenn den Einwanderern keine außerordentlichen Versprechungen gemacht wurden, so gewährte man ihnen wenigstens diese zu ihrem Schutz.

Die Ruhlaer Messerschmiede erhielten vom Tage ihrer Abreise bis Eberswalde unterwegs an Diäten für jeden Mann 4 Gr., jede Frau 3 Gr. und für die Kinder je 2 Gr.[1] Für den Transport der Frauen und Kinder und der beweglichen Habe wurde ihnen freies Fuhrwerk zur Verfügung gestellt, wobei im preußischen Gebiet auch die Fuhrdienste der Städte und Untertanen (Magdeburg, Potsdam) benutzt wurden. Auch die später anziehenden Kolonisten erhielten, wenn sie ausdrücklich angefordert wurden, Reiseunterstützungen. Daß sie hierbei möglichst viel zu erreichen suchten, ist erklärlich. Im Februar 1749 ging an den Eberswalder Kriegsrat Gerber die Ordre, dem aus Ruhla angekommenen Messerschmied Johann Fleischmann, welcher um „die Meilengelder à 12 gr. pro 47 Meilen mit 23 rth 12 gr" gebeten hatte, nur 2 Gr. pro Meile und Person zu zahlen. Dabei sollten „die Frachtkosten wegen ihres Handwerkszeüges und übrigen Geräthschaften mit ordinaire Fuhrleuthen Centner-Weise" ausgemacht werden, dagegen die Kosten für die Mutter und den Bruder nicht ersetzt werden, da die Unterstützung nur für die Arbeiter nebst Frauen und Kindern, nicht aber für Eltern und Geschwister bewilligt würden[2] In einem andern Falle — es kamen nun häufiger ohne besondere Aufforderung oder Anweisung des Residenten Avenarius Ruhlaer Arbeiter — erhielten die Messerschmiede Schenck und Stehemann die Transportkosten für die 47 Meilen mit 12 Gr. für die Meile bewilligt[3]. Die Neuangekommenen mußten dabei immer vorher von ihrem Können „die Probe machen", ehe man sie endgültig behielt. Ihre Frauen und Kinder, die zunächst in Ruhla zurückgeblieben waren, kamen später nach und erhielten ebenfalls Reisegelder und einen Vorspannpaß für die Fortschaffung ihrer Habe zugestellt[4]. Eine „Summarische Berechnung" der Ausgaben für die Ruhlaer „vom Anfange bis jetzo" (2. 11. 1750) zeigt den Posten „3. An Transport 417 Rth. 1 gr."[5].

Nach den dem Hamburger Residenten Destinon für Anwerbung von Sammetmachern gegebenen Aufträgen sollten „die Meister vor jede Meile 1 Thlr. Reise-Kosten, und die Gesellen jeder täglich 4 ggr. Zehrungs Kosten" erhalten[6].

---

1) s. auch Hagen, 122 Anm. b.

2) G. St. A., Fabr.-Dep. Tit. 439 Nr. 2 Vol. IV., Ebersw. 28./1. 1749.

3) eb., Vol. V, 5./7. 1749 u. 1./8. 1749.

4) eb., Bln. 25./9. 1749.

5) eb., Vol. VII, 2./11. 1750.

6) G. St. A., Rep. 9. JJ 12, Potsd. 7./2. 1732. Der Meister Tamsen bekam 8 Rtl. 16 Gr., sein Geselle Joh. Heinrich Siebenbaum 16 Gr. Reisezuschuß.

Kostenfreie Anreise wurde fast immer von den angeworbenen Arbeitern verlangt; denn sie waren meist nicht in der Lage, sie zu bezahlen, zumal es sich hier gewöhnlich um eine Uebersiedlung mit der ganzen Familie und allem fahrenden Gut handelte. Es galt im allgemeinen als selbstverständlich, daß den verschriebenen Arbeitern das Reisegeld erstattet wurde. Man könnte sonst sicher sein, keine zu bekommen, meinte der Bauleiter des Messingwerks Hegermühle, „denn das ist kein verlauffen Volk, wenn man sie haben will, müßen Sie verschrieben und ihre Reise Kosten und Zehrungs Geld gut gethan werden. . ."[1]

Diese Reisegelder, mit welchen ja den Angeworbenen häufig nicht nur ihre bloßen Unkosten ersetzt werden sollten, sondern welche gleich= zeitig als Anlockungsmittel dienten, erhöhten sich je nach der besonderen Art der Arbeiter, ihrem Umworbensein von verschiedenen Seiten, den Schwierigkeiten, ihre am Aufenthaltsort eingegangenen Bindungen zu lösen, so daß manchmal außergewöhnlich hohe Summen geboten werden mußten. Zwei als außerordentlich tüchtig bezeichnete Lyoner Appreteure, welche an ihrem Aufenthaltsort ein gutes Aus= kommen hatten, würden wohl — so meinten die Berliner Fabrikanten — kaum mit gewöhnlichen Versprechungen zu gewinnen sein. Man müßte ihnen „wichtigere Vorschläge machen und ihnen vorteilhafte Aussichten eröffnen; und diese dürften dem Staat wohl 6 bis 8000 Rtlr. kosten"[2]. In einer Offerte, welche einige Berliner Fabrikanten Lyoner Seidenarbeitern machten, bewilligten sie an Reisegeldern, von denen die Hälfte am Werbeort, $\frac{1}{4}$ in Nürnberg und der Rest gleich nach ihrer Ankunft in Berlin gezahlt werden sollte, für 11 gewöhnliche Arbeiter je „6. Louis d'or neufs oder 40 Rtlr.", für 4 Spezial= arbeiter je 10 Louisd'or oder 65 Tl., gaben jedoch dem Vermittler Vollmacht, „bei einem vorzüglich brauchbaren Subject der ersten Classe, das Reise Geld bis 8—9 Louis d'or neufs, und bey einem aus= gezeichneten Mann von Talenten biß 20 Louis d'or neufs zu erhöhen". Für die 15 Arbeiter mit Frauen und Kindern waren die Reisekosten auf 2000 Rtl. veranschlagt, von denen der Staat wenigstens einen Teil tragen sollte[3].

Ein gewisser Uebergang zeigt sich in dem folgenden Fall. Bei der Uebernahme der Potsdamer Nadelfabrik durch Jacobi wurde fest=

<hr>

1) eb., GG. g.—i. Lit. J, Hegermühle, 4./3. 1701.
2) eb., Fabr.=Dep. Tit. 90. Nr. 80a, Bln. 18./6. 1794.
3) G. St. A., Fabr.=Dep. Tit. 90 Nr. 80a, Bln. 17./5. 1794.

gesetzt, daß ihm u. a. für 60 Arbeiter, die er selbst anschaffte, an
Wagen= und Meilengeld 560 Rtl. gegeben würden, jedoch unter der
Bedingung, daß er die Fabrik in vollen Gang bringen und, wenn
nötig, auch weitere Arbeiter ansetzen müsse; sollte er nicht damit zu=
stande kommen, so wäre er „schuldig, die von Sr. K. Maj. gezahlte
Gelder und Kosten zu restituiren"[1]. — Der Berliner Schutzjude
Abraham Hirschel schickte einen der von ihm engagierten Battistmacher
in seine Heimat, um weitere Arbeiter herbeizuziehen. Zu diesem Zweck
versah er ihn mit dem nötigen Reisegeld für die Leute bis zur
nächsten preußischen Grenzstadt. Von hier aber sollten sie — darum
bat er den König — mit dem den Behörden aus Fuhrdienstleistungen
zur Verfügung stehenden Vorspann nach Berlin transportiert und
deshalb mit den nötigen Vorspannpässen versehen werden[2].

Endlich finden sich auch Fälle, in denen die Arbeiter von den
Unternehmern ohne staatliche Hilfe herangeschafft wurden.
Wenn auch manches in der Selbstbiographie und Verteidigungsschrift
des bekannten Berliner Kaufmanns Gotzkowsky zweckmäßig hervor=
gehoben ist, so dürfen wir ihm doch glauben, wenn er über seine
Bemühungen, eine von seinem Schwiegervater angefangene Sammet=
fabrik zur Vollendung zu bringen, schreibt: „Ich ließ zu diesem Ende
aus denen entlegensten Orten ganze Familien von geschickten Arbeitern
auf meine eigenen Unkosten [!] kommen, wovon mir manche Familie
1000 auch 1500 Rthlr. anhero zu transportiren kostete. Dieses,
nebst Anschaffung der Geräthschaften, an einem Orte, wo dergleichen
Einrichtung noch niemals gewesen, nahm mir ein ansehnliches von
meinem Vermögen weg"[3].

Besonders zahlreich und umfangreich waren nun die Unter=
stützungen und Versprechungen, welche die Einwanderer am Orte
ihrer Niederlassung erhielten. Auch hier hatten sich bestimmte,
fast in jedem Edikt und Einwanderungspatent wiederkehrende Normen
herausgebildet, über die hinaus wie bei den Reiseunterstützungen in
besonderen Fällen ebenfalls weitergehende Benefizien gewährt wurden.

War es glücklich gelungen, eine Anzahl Arbeiter für eine Unter=
nehmung ins Land zu ziehen, so konnten sie — besonders in den
ersten Jahrzehnten — selten sofort in Arbeit gesetzt werden.
Das hatte seinen Grund nicht nur darin, daß man besonders im

---

1) eb., Tit. 439. Nr. 10. Vol. II., Actum Potsd. 19./2. 1764.
2) eb., Tit. 240. Nr. 134a, Bln. 25./6. 1754.
3) Geschichte eines patriotischen Kaufmanns, 8.

Anfang mit den für eine bestimmte Industrieart herangezogenen Arbeitskräften Unternehmungen erst gründen und errichten wollte, wozu häufig der sachverständige Rat der Einwanderer selbst gebraucht wurde, sondern eine ganze Reihe Ursachen dafür lag auch in dem Mangel an genügend entwickelter Sach- und Organisationstechnik (subjektives Hemmnis). Daneben aber machte es der Stand der damaligen Technik auch nicht möglich, die zeitlichen und räumlichen Hindernisse in der äußeren Verumstandung ohne weiteres zu überwinden und einen Plan zur Errichtung eines Werkes mit der für unsere Zeit gewohnten Genauigkeit und Pünktlichkeit durchzuführen. Unabhängig davon nötigten die Schwierigkeiten der Arbeiterbeschaffung oft dazu, weit vor der Zeit Arbeitskräfte heranzuziehen. Für diese Fälle waren besondere Versprechungen notwendig; die sog. „Unterhalts-" oder „Subsistenz Gelder", „Wartegelder", „Diaeten", „Feyerungs- gelder", der „Zehrpfennig", die „Veralimentirung" oder wie sie sonst genannt wurden, mußten gewährt werden.

Während das Messingwerk Hegermühle noch lange im Bau war — der Bauleiter Schütz sprach von zwei Jahren —, kamen bereits Hammerleute an; dabei war es „gebräuchlich, daß man ihnen einen Zehrpfennig reichet, daß sie gekommen"[1]. Unter den Be- dingungen, mit welchen ein Meister für den Messinghammer gewonnen wurde, fand sich als erste: „Ist der Meßings Brenner, Meister Henrich Prahl zufrieden, daß, so lange das Meßings Werk nicht gehet, er mit $1\frac{1}{2}$ rthlr. wochtl. als Wartegeld vorlieb und zu sein und der seinigen Verpflegung, unterthanigst nehmen will"[2]. — Ein Merkzettel in der Korrespondenz der Hamburger Gesandtschaft setzt für einen anzuwerbenden Sammetmacher fest: „So lange er nicht in Arbeit gesetzet ist, wochentl. 4 rthl. Unterhalt"[3]. Den Jacobischen Nadelmachern wurde, falls sie nicht gleich in Arbeit kommen sollten, jedem ein Monat Wartegeld von 4 Rtl. bewilligt[4]. Bei Begründung der Gewehrfabriken Spandau-Potsdam wurden die ersten aus Lüttich herangezogenen Rohrschmiede ebenfalls zunächst auf Wartegeld gestellt[5].

In den „Conventions" des Abraham Hirschel mit französischen Battistmachern hieß es: „1. le Jouailler Hirsch nous promet payer

---

1) G. St. A., Rep. 9. GG. g—i. Lit. J, 30./6. 1699, Schütz an Ungeferth.
2) ebenda, 28./7. 1699.
3) eb., Rep. 9. JJ. 12. (o. D.)
4) G. St. A., Tit. 439, Nr. 10. Vol. II., Actum Potsd. 19./2. 1764. — s. auch S. 115, 1.
5) Gothsche, 2.

six livres argent de France à un chaqu'un par jour qui nous travaillons ou que nous travaillons point"[1]). — Bei der großen Ansiedlung von thüringischen Kleineisenarbeitern in Eberswalde wurden lange Zeit nach der Ansetzung noch regelmäßige monatliche „Subsistenz Gelder" für die Messerschmiede und ihre Familien gezahlt. Die Gründe waren verschiedene. Anfangs konnten nicht alle mit Arbeit versehen werden, weil es on Rohstoffen, Eisen, Stahl und Kohlen, fehlte, weil sie kein Handwerkszeug hatten; monatelang dauerte es, ehe sie in volle Arbeit gesetzt werden konnten[2]). Trotz der Klagen der Messerschmiede wurden nur noch in besonderen Fällen Diäten bewilligt; so dem Stahlmacher Schmidt, weil der Bau des Hammerwerks noch nicht zuende gebracht war. Die „Summarische Berechnung" der Ansetzungskosten zeigt bis zum 2. November 1750 an Subsistenzgeldern einen Posten von 2690 Rtl. 2 Gr. 8 ₰[3]).

Die gleichen Unterstützungen wurden gewährt, wenn die Unternehmungen aus irgendwelchen Gründen zeitweilig zum Stillstand kamen. Solche Gründe fanden sich zur Zeit der empirischen und organischen Technik recht häufig. Bald fehlte es an Kohlen oder anderen Rohstoffen oder es trat sonst eine größere Produktionspause ein; in den Hüttenwerken gab es noch keinen kontinuierlichen Produktionsprozeß. In allen solchen Fällen wurden die Feier= oder „Feyerungs Gelder" gezahlt. Ein Uebergang von Warte= zu Feierungsgeldern ist uns bei den Abmachungen des Juden Hirschel mit seinen drei französischen Battistmachern begegnet.

Die Notwendigkeit, den Arbeitslosen Feiergelder zu zahlen, lag nicht so sehr in sozialfürsorgerischen Rücksichten wie vielmehr in der Absicht, die Arbeiter, die nur mit Mühe zu beschaffen waren, für die Fortführung der Fabriken und Manufakturen zu erhalten; es wird später noch besonders darauf hinzuweisen sein[4]).

---

1) G. St. A., Fabr.=Dep. Tit. 240 Nr. 134a, Bln. 25./6. 1754, Beilage B.

2) Für den Mai 1748 z. B. findet sich eine Summe von 172 Rth. 12 Gr. Subsistenzgeldern für die Arbeiter, „da sie wegen fehlender Schleifmühle noch nicht in Arbeit gestanden". Ebenso noch für Januar 1749! Es wurden bezahlt: für jeden Mann 2 Gr., für jede Frau 1 Gr. 6 ₰ und für jedes Kind 1 Gr. täglich. Im März 1749 wollte man das Diätenzahlen einstellen, mußte jedoch, da die Schleifmühle noch nicht fertig war und Unruhen drohten, weiter damit fortfahren. Vom April jedoch wurde nur noch für die 48 Kinder und den Schleifer das „Sustentations Geld" gezahlt; die Frauen sollten durch Nebenarbeit zum Unterhalt beitragen. G. St. A., Fabr.=Dep. Tit. 439 Nr. 2 Vol. IV, 21./1. und 25./3. 1749.

3) s. auch S. 113, 5.   4) s. Schlußteil.

Zu den materiellen Schenkungen und Zuwendungen, welche den Einwandernden am Niederlassungsort gemacht wurden, gehörten eine ganze Reihe von Unterstützungen, die hier zusammengefaßt werden sollen. Es wurden ihnen direkte Prämien für die Ansiedlung in preußischen Landen versprochen[1]). Sie erhielten Geld für ihre erste Einrichtung, für Werkzeug[2]), Hausgerät usw., daneben wurden ihnen gewährt: freies Brenn- und Bauholz, kostenloser Boden zur Bebauung, freies Ackerland, Gärten zur Gemüsezucht, mietefreie Wohnung oder gar ganze Wohnhäuser, kurz: es wurden ihnen alle Unterstützungen zugesagt, an denen Einwanderer Bedürfnis haben konnten. An die Stelle der Schenkung in natura trat häufig die Geldunterstützung.

In der Eberswalder Messerschmiedefabrik erhielten 1752 eine Anzahl Ruhlaer zur Anschaffung von Gerätschaften 24, 40, 50, 60, ja sogar 80 Rtl.[3]). Kurze Zeit vorher hatten einige aus Wasungen stammende Familien für jede „50 Rtlr. zu Anschaffung des nötigen Hausgeräts" gefordert[4]). Gleich zu Beginn der Ansetzung der Ruhlaer Kolonisten wurden 7 Meistern fehlende Gerätschaften kostenlos besorgt[5]).

Wurde den Einwanderern das Geld nicht geschenkt, so wurde es ihnen wenigstens als zinsfreier Vorschuß gegeben, der allmählich vom erarbeiteten Lohn abgezogen wurde. Fast sämtliche Thüringer Messerschmiede erhielten außer den geschenkten „Subsistenz Geldern" Vorschüsse in Abstufungen, um sich einzurichten. Vier Schmieden, die im Januar 1749 in Eberswalde ankamen, wurden je 50 Rtl. als Vorschuß gegeben, einem andern 20 Rtl.[6]). Die böhmischen Spinnerfamilien in Nowawes erhielten für ihre erste Einrichtung Geldunterstützungen bis zu 50 Rtl.[7]). Das Hauptedikt für Schlesien vom

---

1) 1765 setzte der schlesische Provinzialminister Schlabrendorff zur Förderung der Damastweberei 2200 Tlr. zu Prämien für ausländische Weber aus.

2) Wurden die ins Land gerufenen Tuchmacher, Wollweber usw. zunächst als Handwerker oder für Verleger angesetzt, so erhielten sie „Weber- und WürkStühle samt Geräthschaften entweder in natura oder in Gelde". Declar. f. polnische Tuchmacher 18./4. 1770, Korn, XII, 141; ebenso Mylius, N. C. 26./10. 1770 Nr. 75, p. 7403; auch für polnische Einwanderer: 8./3. 1775, Korn, XIV, 367.

3) G. St. A., Fabr.-Dep. Tit. 439 Nr. 2, Vol. X, 6./10. 1752 ad Regem.

4) G. St. A., Fabr.-Dep. Tit. 439 Nr. 83, 12./7. 1752.

5) eb., Tit. 439 Nr. 2, Bln. 19./1. 1748 an Gerber.

6) eb., Ebersw. 25./1. 1749, Bln. 30./1. 1749.

7) Wichgraf, 7.

6. November 1742 sagte den „ausländischen Künstlers, Ouvriers. Fabriquanten und Manufacturiers", wenn sie sich in den Vorstädten von Brieg und Neiße niederließen, freie Bau=, Hof= und Garten= stellen zu[1]).

Die mit dem Potsdamer Edikt von 1685 versprochenen Unter= stützungen an Holz, Kalk und anderen Materialien zur Ausbesserung von wüsten Häusern wiederholten sich auch in den späteren Ein= wanderungspatenten[2]). Das Edikt für fremde Wollarbeiter vom 27. September 1717[3]) enthielt ebenfalls die Zusage kostenlosen Bau= holzes. Wenn die „Stadt=Heyde, oder des Magistratus loci Gehöltze" kein Holz liefern könnten, hieß es an anderer Stelle, so sollte es mit Hilfe der Forstbeamten aus dem nächsten königlichen Wald gegen Bezahlung des gewöhnlichen Stammgeldes frei verabfolgt werden[4]). Die aus Lüttich herbeigezogenen Arbeiter erhielten freies Brennholz, dazu — wie der König dem Kaufmann Daum schrieb — „Plätze zu Garten und Wiesen, das sie zu ihrer Haushaltung Kohl, Rüben, Bohnen und dergleichen Garten=Gewächse pflanzen, auch etwa ein oder ein paar Kühe halten" konnten[5]). Der Schweizer Seidenarbeiter Götteli, der sich zur Ansiedlung in Schlesien erbot, führte unter seinen Bedingungen „so dann freye Wohnung, als ein Häuß und ein Stücklein Land zum Garten" auf[6]).

Eine große Anzahl der aus Ruhla herbeigezogenen Arbeiter erhielt freie Miete für ihre Wohnungen auf königliche Kosten. Nach einem Schreiben Jaeschs an den König sollten 5 Messerschmiedefamilien an Hausmiete jährlich je 20 Rtl. erhalten, für zwei andere zum

1) Mylius, Suppl., Nr. XXIV, p. 28.

2) Die Menge der einzelnen Baumaterialien spezifiziert in: 29./10. 1732 Mylius, V. I. 4. Nr. LII., p. 432.

3) ders., V. II. 4. Nr. LV, p. 311.

4) eb., V. I. 4. Nr. XXXIX, p. 413, 20./11. 1721.

5) Haffenstein, 31.

6) G. St. A., Rep. 9. JJ. 12, 9./9. 1742. — In dem Anwerbungsvertrag, den „L. Kamele, Entrepreneur dla Fabrique Mousselin" mit einem Nesseltuch= arbeiter Gottlieb Döring in Naugard (Pomm.) abschloß, fanden sich u. a. folgende Punkte:

„1. Freie Wohnung, wobei

2. 2 Morgen Acker zu allerlei Früchte, diese beiden Articul auf so lange er und seine Familie bei der Fabrique stehen,

3. auf 6 Jahr alljährlich 6 Klafter Holz.

4. Erhält derselbe eine in Berlin bis Ostern bedungene $\frac{1}{2}$ jährige Hauß Miete mit 8 rtlr."

(G. St. A., Fabr.=Dep. Tit. 94 Nr. 11 Vol. VII, 8./11. 1778).

Hausbau 593 Rtl. bewilligt werden[1]). Damit sind wir bei dem Problem der Unterbringung angelangt. Da sich gerade dafür in jener Zeit Fragen besonderer Art ergaben, ist eine Behandlung in einem später folgenden, besonderen Abschnitt gerechtfertigt.

Den verschiedenen Schenkungen und Zuwendungen standen zur Seite die mannigfachen Befreiungen von Geld-, Sach- und Dienstleistungen. An erster Stelle ist hier die in fast allen Edikten gewährte Freiheit von der Konsumtionsakzise zu nennen; daneben allgemeine Befreiung von den sog. „publiquen oneribus realibus et personalibus"; darunter sind zu verstehen: Steuern, Kontributionen, alle „bürgerlichen Lasten" wie Schoß, Einquartierung, Serviß, Wachen und dergleichen. Ebenso wurde Befreiung von den Gebühren bei Gewinnung des Bürger- und Stadtrechts gewährt; zum mindesten waren die Gebühren außerordentlich ermäßigt[2]). Für die erste Zeit waren die Einwanderer auch von Stempel- und Gerichtsgebühren befreit; außerdem wurde ihnen die Aufnahme in die Zünfte und das Meisterrecht teilweise oder ganz frei zugestanden[3]). Endlich gehörte zu den Versprechungen in Edikten, Privilegien und Vereinbarungen die Zusage „freien Abzugs", wobei vor allem kein Abzugsgeld, der sog. „Abschoß", erhoben werden sollte[4]).

Diese Befreiungen wurden für kürzere oder längere Zeit, je nach der Art der Einwandernden und der Dringlichkeit des Bedarfs gewährt. Im Edikt vom 6. November 1742 heißt es, daß „alle und jede fremde ausländische Ouvriers und Künstler, wie auch Fabriquanten, Damast-Zieher und Leinweber, welche sich in einer oder der andern schlesischen Stadt niederlassen wollen, ohne Unterschied der Religion, zehnjährige Freiheit von allen bürgerlichen Oneribus und Unpflichten, als Contribution, Einquartierung, Serviß, nachbarlichen Wachten und wie sie sonsten Nahmen haben mögen, mit einem Wort von allen Real- und Personal-Oneribus, nebst freien Bürger- und Meister-Recht, sodann auch noch überdem dreijährige Accise-Freiheit haben und genießen sollen"[5]). Das Patent vom 26. Oktober 1770 gewährte nur eine

---

1) eb., Tit. 439 Nr. 83, 12./7. 1752.

2) Mylius, VI. II. Nr. CXLI, p. 226 6./6. 1721.

3) Mylius, V. I. 4. Nr. XXXIV, 16./3. 1719; eb. XXXIX, 20./11. 1721; eb., Nr. LII, 29./10. 1732, p. 432; eb., N. C., Nr. LXIII, p. 339 ff.

4) Wachler, 4 f.

5) Mylius, Suppl., Nr. XXIV, p. 27 ff; ebenso schon 16./3. 1719: eb., V. I. 4 Nr. XXXIV, p. 405 f.

dreijährige Freiheit von bürgerlichen Lasten außer einer Konsumtions-
akzise-Befreiung von der gleichen Dauer; diejenigen, welche sich gleich
niederließen, sollten dazu drei Jahre vom Servis frei sein[1]). Die
Normen für die Akzisefreiheit, die praktisch so gehandhabt wurde, daß
die Steuer vierteljährlich nach einem für Person und Alter bestimmten
Satz den Perzipienten aus der Akzisekasse zurückgezahlt wurde (daher
auch „Akzisebonifikation"), erhöhten oder erniedrigten sich nach
bestimmten Grundsätzen. Nach dem schlesischen Edikt vom 31. 3. 1749
erhielten die Kolonisten, die sich mietsweise niederließen, Akzisefreiheit
für zwei Jahre und zwar

auf jede Person von 14 Jahren und mehr jährlich 2 Rtl.

unter 14 Jahren . . . . 1 „ 12 Gr.,
diejenigen, die ein Haus kauften, 3-jährige Freiheit bei 4 bezw. 2 Rtl.
Vergütung[2]). Mit dem Edikt vom 5. 1. 1770 wurden diese Sätze
allgemein erhöht. Dabei erhielten Angehörige des wichtigen Leder-
gewerbes 10 Jahre Akzise-Bonifikation mit 4 bezw. 2 Rtl. und
10-jährige Exemtion von den oneribus publicis. Wenn dagegen
Ouvriers eines Gewerbes kämen, das „bisher in Schlesien noch garnicht existiret", so sollten ihnen außer diesen Benefizien noch andere
Subsidien gewährt werden[3]).

Dazu einige Einzelfälle. — Die in Luckenwalde angesetzten Zeugmacher und Spinner erhielten eine dreijährige Akzisebonifikation, sowie
eine fünfzehnjährige Befreiung von städtischen Lasten und Abgaben[4]).
Die Hüttenarbeiter in Malapane und Kreuzburgerhütte wurden durch
kgl. Verordnung vom 20./3. 1755 u. a. mit „Freiheit von Grund-
steuer und Nahrungsgeld und Freiheit des Ankaufs der notwendigen
Lebensbedürfnisse"[5]) (d. h. von den darauf liegenden Abgaben) bedacht.
Der von dem Baron Schweinitz angelegten Bergarbeiterkolonie Adlers-
ruh gewährte man Befreiung von Lasten mit Ausnahme der Einwohner, die eine für den Bergbau nicht wichtige Tätigkeit hatten[6]).
Den Ruhlaern wurde für Eberswalde in Aussicht gestellt, „sie
sowohl von Entrichtung aller Acciseabgaben, alß allen bürgerlichen
oneribus immerwährend [!] zu dispensiren"[7]). Neben der Befreiung

---

1) Mylius, N. C., Nr. 75, p. 7402; f. auch I. Cont., Nr. XXXVIII,
p. 565 f.

2) Korn, III, 445 ff.

3) ebenda, XII, 1 ff., 12.

4) Feig, 84.

5) Fechner, Malapane, 79; ausführlich in Wachler, 4.

6) Fechner, Wirtschaftsgesch., 78.

7) G. St. A., Fabr.-Dep. Tit. 439 Nr. 2. Vol. I, 30./7. 1747.

von den Bürgereidsgebühren erhielten sie „gleich andern dortigen
Einwohnern alle und jede bürgerliche beneficia bei der Bürger Heide
und sonst, ohne einzige Widerrede"[1]). — Zwei im Juli 1748 eingewanderten Schleifern wurde, da man auf sie besonders angewiesen
war, das Gewerksprivilegium[2]) völlig unentgeltlich erteilt. Als sich
1753 fünf aus Wasungen gekommene Messerschmiede weigerten, die
für die Aufnahme in das Gewerk festgesetzten 3 Rtl. Gebühren zu
zahlen, erging die Ordre, daß die fünf für nur 1 Tl. „jedoch ohne
alle Consequenz" rezipiert werden sollten[3]). Dem Potsdamer Nadel-
fabrikanten Jacobi wurde für ihn selbst und sämtliche verschriebene
Arbeiter zugestanden: freies Bürger- und Meisterrecht, dreijährige
Freiheit von der Akzise und bürgerlichen Lasten[4]). Die Spandauer
Arbeiter erhielten ebenfalls das Bürger- und Meisterrecht unentgeltlich[5]).

Eine besonders wichtige Vergünstigung, die in jedem Edikt ausdrücklich wiederholt wurde, war vor allem die Befreiung vom
Militärdienst, von der Anwerbung und von der „Enrollirung",
d. i. Eintragung in die Stammrollen der Regimenter. Daß diese
Werbungsfreiheit immer wieder zugesichert wurde, hat seinen Grund
darin, daß sie von den Militärbehörden nicht genau eingehalten wurde;
auf die zerstörenden Wirkungen der Militarisierung wird noch zurück-
zukommen sein. Klingt es nicht wie ein Eingeständnis dieser Tatsache,
wenn es im Edikt vom 16. 3. 1719 heißt: „Und ob Wir wohl alle
gewaltsame Werbungen aufs schärfeste verboten haben, auch solchem
strictè nachgelebet werden soll: so versichern und wollen Wir dennoch
zum Ueberfluß, daß alle von der Werbung gantz und gar frey ge-

---

1) eb., Vol. II, Bln. 19./1. 1748.

2) G. St. A., Tit. 439 Nr. 2. Vol. X. Das „Privilegium für das com-
binirte Meßer- Scheeren- Rincken- und Schnallen p. Schmiede-Gewerck" wurde
am 29. Mai 1753 erteilt. Nach den Akten scheint es (im § 3) die Ansetzung der Meister
besonders erleichtert zu haben; bei den Akten selbst ist kein Exemplar vorhanden.

3) ebenda, Ebersw. 21./8. 1753.

4) s. auch S. 116, 4.

5) Hassenstein, 30. — Man wird fragen, mit welcher Berechtigung die
Gebührenbefreiung bei Erlangung des Meisterrechts hier herangezogen werden
kann, wo es sich doch vorzüglich um die Beschaffung kapitalistischer Lohnarbeiter
handelt, welche sich außerhalb des handwerklichen Wirtschaftssystems in direkter
Abhängigkeit vom Produktionsmittelbesitzer befinden. Nun, es war in der Praxis
so, daß sich um diese Zeit auch in kapitalistischen Betrieben häufig Reste alter
Institutionen ihrer äußeren Form nach in Gebrauch fanden, die ihren ursprünglichen
Sinn und Inhalt längst verloren hatten, jedoch aus Zweckmäßigkeitsgründen beibehalten wurden.

laſſen werden ſollen"[1]). Häufig ſchließt ſich hieran als Beſtandteil des Einwanderungspatentes ein umſtändlicher Befehl an die Regimenter, die Koloniſten in jedem Fall zu ſchonen und die Militärwerber, „wenn jemand von ihnen dennoch ſich vergeſſen ſollte"[2]), zur Beſtrafung zu ziehen. Die Einwandernden erhielten über ihre Befreiung vom Militärdienſt beſondere „Beglaubigungs= und Verſicherungs= Päſſe", „Protectoria" oder „Exemtionsſcheine", die ſie den Soldatenwerbern vorwieſen[3]). Die Werbungsfreiheit wurde ihnen für ſie ſelbſt und ihre Angehörigen wie für „aus der Fremde mitgebrachte Domeſtiquen und Geſellen", und zwar nicht nur auf Lebenszeit der Einwanderer ſondern auch für ihre Kinder manchmal bis in die dritte Generation gewährt[4]). Wie die Eberswalder, ſo wurden die Spandauer Arbeiter vor gewaltſamer Werbung geſchützt[5]). Auch die Arbeiter der Potsdamer Nadelfabrik erhielten Freiheit von der Werbung zugeſtanden. Die Malapaner Hüttenbedienten (Beamten) und =arbeiter erhielten mit der Verordnung vom 20. März 1755 Freiheit von Einquartierung, Werbung und Enrollirung mit ihren Angehörigen. Das Privileg der Eiſen= und Stahlwarenfabrik Königshuld in Schleſien vom 6. Juli 1785 gewährte der unternehmenden Breslauer Kaufmannſchaft für ihre ausländiſchen Arbeiter und nur für dieſe Enrollierungsfreiheit[6]).

Unter den beſonderen Rechten, die den Einwanderern verliehen wurden, fand ſich vor allem das der freien Religionsübung; das war es ja, was die erſten aus der Heimat vertriebenen Ausländer in die preußiſchen Staaten gezogen hatte. Später galt es als ſelbſtverſtändlich und wurde in den Edikten kaum noch erwähnt. — Die für die Spandauer Gewehrfabrik von dem Kaufmann Daum in Lüttich angeworbenen Arbeiter wollten nur dann nach Preußen kommen, wenn ſie einen Prieſter, der ihrer und der deutſchen Sprache mächtig war, mitbringen durften. In einer Ordre vom 31. März 1722 wurde ihnen dann auch freie Ausübung ihres katholiſchen Gottesdienſtes geſtattet[7]). Beſondere Vergünſtigungen wurden ihnen, wie bei vielen

---

1) Mylius, V. I. 4. Nr. XXXIV, p. 407.

2) Mylius, N. C., 15./12. 1762, p. 171 ff.

3) Formulare dazu: eb., „ab. No. 50".

4) eb. Suppl., Nr. XXIV, 6./11. 1742; Korn, III, 448; Beheim, 290.

5) Gothſche, 3.

6) Fechner, Königshuld, 281.

7) Haſſenſtein, 30.

anderen Einwanderungen, auf rechtlichem Gebiete zugesagt; sie sollten nicht „unter dem ordinairen Stadt-Magiſtrat, ſondern immediate unter dem Königlichen Hofgerichte ſtehen und bei demſelben ihr forum haben"[1]. Die Freiheit, Bier und Branntwein zu brauen, die in anderen Fällen eingeräumt wurde, wurde ihnen nicht gegeben; dagegen wurde ihnen wenigſtens erlaubt, Branntwein zu trinken, trotzdem in der Stadt ſonſt „en égard der daſigen Garniſon aller Brandtwein Schank ernſtlich unterſaget" war[2].

Beſondere Schwierigkeiten machte in dieſer Epoche, wie ſchon angedeutet, die Unterbringung der angeworbenen Arbeiter. Die Frage, für ſie durch Häuſerbau Unterkunft zu ſchaffen, trat nicht nur bei Anſiedlungen in bis dahin unbewohnten Gegenden auf, ſondern häufig genug auch dann, wenn ſie in Dörfern oder ſogar in Städten angeſetzt werden ſollten.

Die Gründe hierfür ſind ähnliche wie die gelegentlich der Beſprechung der Wartegelder erwähnten: Mangel an Planmäßigkeit und an einer ausgebildeten Anſiedlungstechnik, deren Erfahrungen zwiſchen den eigentlich Ausführenden hätten ausgetauſcht werden können. Mit der Durchführung von Anſetzungen wurden nicht Spezialiſten betraut, welche überall hätten auftreten können, ſondern die Unterbringung blieb meiſt Aufgabe der Ortsbehörden. So ereignete es ſich denn häufig, daß die vom Ausland verſchriebenen Arbeitskräfte ankamen, ehe an ihre Unterbringung überhaupt gedacht war. Dazu kam, daß Mitte des 18. Jahrhunderts kaum noch wie ehedem „öde" Häuſer vorhanden waren; und ſelbſt dann waren ſie ſelten ſofort beziehbar. Zu erwähnen iſt auch, daß der relativ geringe Zuwachs der damaligen Bevölkerung, das Fehlen uneingeſchränkter Freizügigkeit nicht auf außergewöhnlichen Häuſerbau drängte, ſo daß, wenn einmal ein plötzlicher Zuwachs durch Zuwanderung erfolgte, ſofort Wohnungsnot eintrat, welche nur langſam zu beſeitigen war. In manchen Fällen ſchränkte auch militäriſche Einquartierung den gegebenen Wohnraum ein.

Ein typiſcher Fall für die Unterbringungsſchwierigkeiten liegt bei der Eberswalder Meſſerſchmiedefabrik vor; die erfreulicher-

---

1) zit. bei Haſſenſtein, 30; für die Malapaner Hüttenarbeiter ſ. Wachler, 5.

2) Gothſche, 3.

weise vollständiger als sonst erhaltenen Akten geben davon ein deutliches Bild, das bei der Bedeutung der Frage kurz zu schildern ist.

Zum ersten Mal war man im Juli 1747, als man mit den Messerschmieden in Ruhla noch in Verhandlung stand, an den Eberswalder Kriegsrat Gerber wegen der Unterbringung der Einwanderer herangetreten. Aus seiner Antwort ergibt sich die Lage, in welcher sich eine (immerhin) „Stadt" wie Eberswalde gegenüber einem Einwohnerzuwachs von 10—12 Familien befand: „Da nun Eberswalde nur aus 270 Feuerstellen bestehet, die aber außer andern Professionen und Brauerschafft von den Tuchmachern Spinstern und Woll Fabricanten dergestalt besetzt sind, daß kaum der Staab und 2 Compagnien können untergebracht werden, und die Stadt fast überleget ist, ja ich nur Mühe gehabt, die 4 aus Schmalkalden anhero gekommene Scheeren-Zeug- und Meßer-Schmiede mit ihren Familien unterzubringen, und selbige wegen schlechten Gelaßes und daß sie keine Eße wegen Mangel des Platzes anbringen könnten, sich so beschweren, so fället es nicht möglich, die 10 bis 12 Familien noch ankommen sollende Meßer-Schmiede unter zu bringen, es wäre auch nicht gar wohl anzuraten, wegen der Feuers Gefahr so viele Schmiede an diesen Ort anzusetzen, da diese Stadt ganz dichte bebauet ist, und wann, da Gott vor sei, ein Feuer auskommen sollte, der größten Gefahr exponiret stehet. Wollten aber Ew. Kgl. Maj. allergnädigst resolviren, daselbsten eine Vorstadt anlegen zu laßen, so findet sich bei der Schleuse-Brücke jenseit des Canals in der sogenannten Garten Gaße recht schöne Gelegenheit." Friedrich II. ging auf diesen Vorschlag ein und sagte freie Bauholzlieferung zu[1]. Ehe der Plan jedoch in die Wirklichkeit umgesetzt wurde, sollte noch einige Zeit vergehen.

Als sich im Oktober 1747 die Ruhlaer mit 28 Familien und Sack und Pack in Bewegung gesetzt hatten, kam man in die größte Verlegenheit. In Eberswalde war niemand unterzubringen; auch die bei Eberswalde gelegenen Dörfer Lichterfelde, Britz, Goltze, Trampe, Sommerfelde, Tornow und Hohenfinow waren besetzt[2]. Inzwischen war eine Anzahl Familien bei Eberswalder Bürgern gegen Miete, die die Behörde bezahlte, untergebracht worden; einige Tagelöhner und Juden, die hier vorher wohnten, hatten ihre Quartiere räumen

---

1) G. St. A., Fabr.-Dep. Tit. 439 Nr. 2 Vol. I., Potsd. 29./7. 1747.

2) In Niederfinow konnten sie nicht untergebracht werden, weil die Leute für jede Familie nur eine Stube besaßen und durch einen großen Brand gelitten hatten. Selbst Angermünde zog man in Betracht; da jedoch hier in den wenigsten Häusern das 2. Stockwerk ausgebaut war, kam man zu keinem Ergebnis.

müssen. Der Vorschlag, aus Eberswalde eine Kompanie Soldaten auszuquartieren und nach Liebenwalde, Lychen und Straßburg zu schicken, wurde nicht durchgeführt; im Gegenteil: es wurden ohne Rücksicht auf die Wohnungsnot noch mehr Truppen in Eberswalde einquartiert, „dergestalt, diese so aus wenigen Feuer Stellen bestehende Stadt so dicke beleget worden, daß auch so gar diejenige Häuser, worin die Ruhler Colonisten auf Kgl. allergn. ordre und verglichener Miete eingeleget worden sind, nicht verschonet geblieben, zu geschweige, daß die Tuchmacher die so nötig habende Spinsters [= Spinner] wegen Mangel der Quartiere schwerlich werden unterbringen können, auch gar leichte zwischen denen Colonisten und Soldaten, wenn sie zusammen in einem Hause wohnen, Schlägerei entstehen könnte, deren sich bereits zu getragen und sehr hart mit Schlägen von den Soldaten tractiret worden“[1]). Die Schwierigkeiten verstärkten sich bei jedem neuen Einwandererschub. Nicht nur Bürgerquartiere, sondern sogar das Rathaus wurde mit Einwandererfamilien belegt, da kein Raum sonst vorhanden war[2]), und diese Zustände noch im Dezember 1749, also zwei Jahre, nachdem die erste Gruppe angekommen war! Wie groß die Wohnungsnot noch im Juni 1751 war, zeigt ein Bericht Gerbers, mit welchem er um Anweisung der Mietegelder für die Bürger bat, da er sonst befürchten müßte, daß sie „gar die Quartiere aufsagten, als denn aber in der größten Verlegenheit gesetzet sein würde, für diese Leute Quartier zu schaffen“[3]).

Inzwischen hatte man Abhilfsmaßnahmen zu treffen gesucht. Im März 1749 waren drei in der Stadt gelegene Häuser für die Ruhlaer angekauft worden. Diese mußten erst in wohnungsmäßigen Zustand versetzt werden, um dann — wie die Klagen der Ruhlaer zeigten — möglichst viel Familien aufzunehmen; in jedem Hause, das an Größe kaum über ein gewöhnliches Bürgerhaus hinausging, wurden drei Familien mit je 3, 4 und 7 Kindern und eine Familie ohne Kinder untergebracht[4]). Ende November 1751 war immer noch nichts Endgültiges zur Beseitigung des Notstandes geschehen, und die Arbeiter konnten nicht in genügende und ordnungsmäßige Arbeit gesetzt werden, wodurch unnötige Kosten entstanden. Erst 1752 (!) konnten 4 Häuser der neuen Vorstadt, welche man schon hatte zu Anfang bauen wollen,

---

1) G. St. A., a. a. O., Bln. 23./11. 1747; Ebersw. 5./3. 1748.
2) G. St. A., eb., Vol. VI, Ebersw. 20./12. 1749.
3) eb., Vol. VIII, 12./6. 1751.
4) eb., Vol. IV, Ebersw. 18./3. 1749, Bln. 25./3. 1749.

mit Messerschmieden besetzt werden[1]). Das heißt also: erst nach mehr als vier Jahren, nachdem die ersten Einwanderer eingezogen waren, gelang es, ihre geordnete Unterbringung durchzusetzen. Daß um diese Zeit erst der Anfang damit gemacht war, zeigt die Tatsache, daß die beiden Ring= und Schnallenschmiede Fuchs nicht mit der Arbeit vorwärts kamen, weil es in den Bürgerhäusern zu eng war; weitere Leute konnten nicht angenommen werden, weil bis dahin nur eine einzige Schmiedeesse vorhanden war.

Wohnungsnot trat auch noch in späteren Jahren auf. 1765 berichtete Splittgerber, welcher inzwischen die Fabrik gepachtet hatte, daß das in gutem Stande befindliche Unternehmen noch mehr Absatz haben könnte, wenn mehr Arbeiter vorhanden wären, „allein es fehlet an Wohnungen, sie zu placiren, indem in den vorrätigen schon alles vollgeprofft ist"[2]). Da das Gen.=Direktorium zu Neubauten keine Mittel hatte, wurde Splittgerber, der sich bereit erklärte, diese und alle künftigen Bauten incl. Bauholzkosten zu übernehmen, die ganze Fabrik „erb und eigenthümlich" geschenkt. — So wurden die Wohnungsnot und die Schwierigkeiten, die Unterbringung der verschriebenen Arbeiter durchzuführen, eine Ursache zu der am 9. Mai 1765 erfolgten „Donation und Erbverschreibung für die Splittgerberschen Erben über die von ihnen entreprenirte Staal= und Eisenwaaren Fabrique zu Neustadt Eberswalde".

Solche Fälle von Schwierigkeiten wie hier in Eberswalde begegnen uns öfter; besonders natürlich in kleineren Provinzialstädten, welche nur über eine geringe Anzahl Häuser verfügten und noch weniger auf einen außergewöhnlichen Einwohnerwechsel bzw. =zuwachs vorbereitet waren. In Pommern z. B. war die Neuanlegung von Fabriken in Greifenberg und Gartz schwer möglich, weil „nur wenige und zudem kleine, schlechte Häuser vorhanden, worinnen kaum die Ein= wohner, und die darin liegende Garnisons Unterkommen haben, mithin würde die Unterbringung der zu dieser neuen Anlage anzu= setzenden Fabriquanten, Werkmeistern und Spinnern gar nicht anders möglich fallen, als daß vor alle diese Leute gantz neue Häuser er= bauet" würden[3]). Daß später die Zustände z. B. in Rügenwalde tatsächlich unhaltbar waren und zum Rückgang der dort angelegten

---

1) Bericht Gerbers eb., Vol. IX, Ebersw. 18./3. 1752.
2) G. St. A., Fabr.=Dep. Tit. 439 Nr. 11 Vol. IV, Bln. 16./2. 1765.
3) eb., Tit. 94 Nr. 8. Vol. I, Bericht des Kammerpräsidenten von Schoening in Stettin, v. 15./5. 1776.

Segeltuchfabrik, deren Arbeiter teilweise in der Spinnschule unter=
gebracht waren, führten, zeigt ein Protokoll aus dem März 1781,
welches besagt, daß „seit dem 15ten Aug. vorigen Jahres 5 Arbeiter
zum Teil heimlich weggegangen sind, zum Teil alles zuredens un=
geachtet unter keiner andern Bedingung hier länger arbeiten wollten,
als wenn ihnen ein ordentliches und bequemes Unterkommen vor
den Winter geschaffet würde. Dieses ist aber bei aller möglichen
gemeinschaftlichen Bemühung des Magistrats und des Entrepreneurs
auf keine Weise zu bewerkstelligen gewesen. Es ist auch gar nicht
abzusehen, wie ohne Hebung dieses Hindernißes die Fabrique in ge=
wünschten Flor gebracht werden könne. Die Fabriquen Häuser und
Spinn Schule sind jetzt die alleinigen Oerter wo die vorhandene
Ouvriers untergebracht werden können und arbeiten, auch dies hindert
den eigentlichen Endzweck der Spinn Schule. . . Die gegenwärtige
noch hier vorhandene Arbeiter erklären einmütig, daß wenn ihnen
gegen den künftigen Winter keine ordentliche Gelegenheit zur Arbeit
und die sonst für ihre Familien notwendige Bequemlichkeit verschaffet
würde, sie gezwungen wären, auch wieder wegzugehen, wie wohl sie
gerne hierbleiben, und ihr Brod bey der hiesigen Fabrique verdienen
wolten"[1]).

In und bei Tarnowitz machte die Unterbringung von Berg= und
Hüttenleuten Schwierigkeiten; sie waren in Rudy=Piekar 1783 in
Quartieren untergebracht, wo Graf Henckel=Neudeck 6 Häuser für
12 Arbeiterfamilien hergegeben hatte. 1797 entstand arge Wohnungs=
not, weil Garnison nach Tarnowitz, wo die andern Bergarbeiter
untergebracht worden waren, gelegt wurde und die Wohnungen ge=
räumt werden mußten. Ueberdies trieb wegen eines Streites mit
dem Tarnowitzer Bergamt der Graf die in Rudy=Piekar untergebrachten
Leute (im ganzen 67) aus[2]).

Die Abhilfsmaßnahmen, die man für die Unterbringung
von aus dem Auslande verschriebenen Arbeitern ergriff, hingen, wie
schon gezeigt, eng mit den Vergünstigungen zusammen, welche in
Edikten und Sondervereinbarungen zugesagt wurden. Wie in Ebers=
walde so wurden auch für die Arbeiter der Seidenfabrik Moreau &
Comp. in Frankfurt a./O. die Hausmietegelder von den Behörden
getragen[3]). Daneben wurden den Einwanderern Baumaterialien und

---

1) G. St. A., Fabr.=Dep. Tit. 94 Nr. 11 Vol. VI, 27./7. und 22./11. 1779
und Vol. VII, Actum Rügenw. 20./3. 1781.

2) Fechner, Wirtschaftsgesch., 147; derf., Berg= u. Hüttenwesen, Bd. 48, 397.

3) G. St. A., Fabr.=Dep. Tit. 187 Nr. 13 Vol. II, Bln. 9./8. 1768.

Bauhilfsgelder geschenkt[1]). Die von ihnen aufgebauten Häuser verblieben ihnen zum Eigentum und wurden überdies auf eine Reihe von Jahren von den Grundlasten eximiert[2]). Nach einem Einwanderungspatent von 1764 sollten „Unvermögenden und besonders denen Wollspinner-Familien zu deren Unterkommen in convenalen Gegenden aus Königlichen Cassen die Häuser erbauet, und unter der Bedingung, daß sie solche im baulichen Stande erhalten, geschenket, mit einem kleinen Garten-Fleck versehen, und zum Behuf der Landes-Manufacturen, als Wollspinner angesetzet, auch ihnen frei Brennholz gegeben werden"[3]). So erhielten die zur Förderung der Luckenwalder Tuchindustrie aus Sachsen verschriebenen Spinnerfamilien Haus und Garten umsonst; wenn sie ordentlich arbeiteten, sollte ihnen beides erb- und eigentümlich geschenkt werden[4]). In Cottbus ließ Friedrich II. in der Neustadt Wollspinnhäuser bauen, deren jedes 48 Fuß breit, mit 2 Stockwerken versehen und für 4 Familien bestimmt war; ebenso wurden in Sommerfeld und Bobersberg Häuser gebaut[5]).

Eine absolute Wohnungsnot trat ein wenn neue Industrieanlagen in siedlungsarmen Gebieten entstanden. Bei den oberschlesischen Bergwerks- und Hüttenanlagen z. B. mußte mitten im Walde oder in der Heide gesiedelt werden; in solchen Fällen wurden gewöhnlich gleich ganze Arbeiterkolonien geschaffen. Bei den schlesischen Eisenhüttenwerken Malapane, deren rasche Entwicklung einen vermehrten Bedarf an Tagelöhnern und Holzschlägern, „woran es gänzlich mangelte", brachte, mußte für die meist aus dem Auslande herbeigezogenen Arbeitskräfte 1769 die Kolonie Hüttendorf zwischen Malapane und dem Dorfe Krascheow angelegt werden. Sie umfaßte 17 Kolonistenstellen von je 8 Morgen Land und 2 Morgen Wiese und eine Gastwirtschaft. Die Familien waren als Besitzer dieser Stellen verpflichtet, bei den Werken gegen Bezahlung zu arbeiten. 1781 wurde eine zweite Kolonie, Antonia, zwischen Malapane und Jedlitze vom Oberbergamt angelegt. Es waren hier 20 Häuser für je 2 Familien, deren jede 4 Morgen Land und 1 Morgen Wiese erhielt[6]). Beim Kreuzburger Hochofen legte

---

1) s. S. 118.
2) Mylius, N. C. 1764 Nr. 23, p. 412, 8./4. 1764.
3) eb., Nr. 26, p. 413, 2./5. 1764.
4) Feig, 84.
5) Matschoß, Textilindustrie, 326.
6) Wachler, 5 f.; s. auch Fechner, Wirtschaftsgesch., 147.

man 1855 die Kolonie Friedrichsthal für 51 Familien an, um hier ausländische Hüttenarbeiter unterzubringen und regelmäßig Holzschläger und Köhler zur Verfügung zu haben. Auch hier waren die Stellen=eigentümer wie in Hüttendorf und Antonia durch ihr Eigentum zum Holzschlagen verpflichtet und zwar gegen einen Lohn von 4 Gr. pro Klafter, der später für Eichen= und Buchenholz auf 11 Gr. erhöht wurde[1]. Hier ist auch die 1751 angelegte Kolonie Nowawes zu er=wähnen, die für böhmische Weber= und Spinnerfamilien bestimmt war. Die „wüsteste und ödeste der Gegenden, welche die Königs=Residenz umgaben“, — wie der König selbst sagte — war dadurch besiedelt worden. Die erste Anlage umfaßte 60 Häuser für 120 Weber= und Spinnerfamilien. Dazu kamen 1 Pfarr= und 1 Schulhaus, sowie 38 andere Häuser für Bäcker, Schlosser usw., sodaß 1751—52 im ganzen etwa 100 Häuser errichtet wurden. 1766—67 wurden weitere 52 Häuser gebaut; 1767 waren es im ganzen 205 Häuser, 1797 209 und 1803 210. Die Kolonisten erhielten hier für je 2 Familien 1 Haus mit Garten und freiem Brennholz. Die Häuser wurden zu freiem Eigentum verliehen, durften aber nicht ohne Erlaubnis und nur an neue Ansiedler oder Soldaten verkauft werden[2].

3. Dauer und Umfang der Unterstützungen. — Vielfach findet sich in den Abmachungen mit einzelnen Arbeitern die Bedingung, daß ihnen bei Nichtgefallen in der neuen Stelle, für die sie angeworben wurden, Freiheit gewährleistet würde, wieder in die Heimat zurückzu=kehren. Einem Sammetmacher z. B., der in Hamburg für eine Potsdamer Fabrik angeworben wurde, stand nach den Abmachungen frei, „wann es ihm allda nicht länger anstehen sollte“, mit seiner ganzen Familie wieder nach Hamburg zu reisen[3]. Die Gebr. Baudouin versprachen den in der Schweiz anzuwerbenden französischen Seidenarbeitern, falls sie nach 3 Monaten wieder auswandern wollten, für jede Person sogar 4 Louisd'or Rückreisegeld[4].

Die ausdrückliche Festsetzung solcher Abzugsklauseln, auch für die Zeit nach Ablauf eines Kontraktes, zeigt schon, daß man die Ein=wanderer, wenn sie erst einmal im Lande waren, nicht ohne weiteres wieder abziehen ließ. Im Gegenteil! Man legte ihnen, nachdem man

---

1) ebenda, 704.
2) Wichgraf, 4 f. und 7 f.
3) G. St. A., Rep. 9. JJ. 12. (o. O. u. D.); s. auch unter dem 11./2. 1732.
4) eb., Fabr.=Dep. Tit. 90 Nr. 80a, Bln. 17./5. 1794.

sie einmal ins Land gelockt hatte, mancherlei Beschränkungen und Erschwerungen auf; die Kosten der Heranschaffung waren zu hoch, als
daß man sie hätte leicht verschmerzen wollen.

Wenn nun, manchmal sogar generell, bei der Anwerbung aus-
wärtiger Arbeiter für spätere Zeit freier Abzug nach dem Willen der
Einwanderer versprochen wurde, so handelte es sich gerade hier um eine
„Versprechung", die nicht in jedem Fall gehalten wurde.
Damit kommen wir zu der Frage, wie weit sich überhaupt die in den
Edikten und privaten Vereinbarungen gemachten Zusagen mit der
späteren wirklichen Erfüllung deckten. Ich habe bisher bei der Darstellung,
von den allgemeinen „Ausländer-Benefizien" ausgehend, absichtlich vermieden, „Theorie und Praxis" zu scheiden, und Einzelfälle von Vereinbarungen und tatsächlich geleisteten Vergünstigungen ohne Auswahl
zusammen angeführt[1]). Einige auch in den Akten verzeichnete Fälle
lassen jedoch darauf schließen, daß mancher von den Eingewanderten
auf die Erfüllung der Zusagen vergeblich gewartet hat. Der Kolonist
Müller, durch den der Postmeister Bodemann in Lünen aus Pforzheim
Arbeiter anwerben lassen wollte[2]), hatte selbst früher schlechte Erfahrungen
machen müssen und „auch schon ohnzehlige mahl beklaget, daß er sich
durch die große und gleichwohl in keinem Stück erfüllet
gewordene Promessen der Königlichen Commissairs verleiten laßen,
mit mehreren Colonisten in diese Lande zu ziehen"! — Den 1745 aus
Sachsen angezogenen Damastwebern wurden die gemachten Versprechungen
nicht oder nur langsam erfüllt. Auch 1749 beklagten sie sich über
Nichteinhalten der Bedingungen[3]).

Höchstens die Hälfte aller Einwanderer nach Preußen haben nach
der Meinung Bergérs Diäten erhalten, viele seien auf eigene Kosten
gekommen[4]). Die Beschränkung der Staatsausgaben war hier meist
das Motiv, die den Einwanderern generell versprochenen Unterstützungen
im Einzelfall vorzuenthalten, besonders dann, wenn sie sich nicht selbst
darum bemühten.

---

1) Es ist bei dem dürftigen und lückenhaften Aktenmaterial an und für sich
nur selten möglich, in einem einzelnen Einwanderungsfall der Entwicklung nach-
zugehen und festzustellen, ob und wie weit die gemachten Versprechungen erfüllt
oder nur als „Lockspeise" für ausländische Arbeitskräfte verwendet wurden.

2) s. S. 106.

3) Fechner, Wirtschaftsgeschichte, 136 f.

4) Friedrich der Gr. als Kolonisator, 16; schlechte archivalische Arbeit ist es
aber, wenn B. in einem Einzelfall aus dem Fehlen einer Rechnung in den Akten
auf die geringen Kolonisationsausgaben Friedrichs d. Gr. schließt; das beweist
nichts bei der Lückenhaftigkeit des Aktenmaterials! —

Abgesehen davon, daß Versprechungen in den Patenten **o f t n u r
a l s A n l o c k u n g s m i t t e l** gedient haben mochten, wurden die Ver=
günstigungen ebenso, wie man sie bei selten oder schwer zu erlangenden
Arbeitskräften zu erhöhen gezwungen war, nach Umfang oder Dauer
beschränkt und **h e r a b g e s e ß t, s o b a l d s i c h g e n ü g e n d E i n w a n d e r e r
a n g e f u n d e n** hatten oder sonst ein spezieller Bedarf an Arbeitskräften
gedeckt war. Nicht ausdrücklich verschriebene Arbeiter erhielten nur
selten Unterstützung. Als ein Messerschmied aus Ruhla mit seiner
Familie ohne besondere Aufforderung nach Eberswalde einwanderte,
erging an den dortigen Kriegsrat Gerber die Anordnung, „daß denen=
jenigen Ruhler=Colonisten und Meßer Schmieden, welche nicht von hier
aus expressö verschrieben worden, sondern bloß mit einem Paß von
dem Residenten Avenarius nach Neüstadt Eberswalde kommen, keine
Sustentations=Gelder angedeyen" könnten [1]. Als im März 1752 zwei
Ruhlaer Lotschlosser wiederum ohne besondere Einladung ankamen,
wurde genau nachgeforscht, wer sie verschrieben hätte, ob sie zu den
Familien gehörten, welche man nach dem aufgestellten Plan etabliren
wollte, von wem ihnen Benefizien versprochen worden wären usw. [2].

Wie die Unterstützungen allmählich herabgeschraubt wurden, zeigt
die Ansiedlung der böhmischen Weber in Nowawes: Ursprünglich waren
jedem 50 Tlr. versprochen worden; in Wirklichkeit erhielten jedoch nur
die ersten fünf Ansiedler diese Summe, die zweiten 44 Familien nur
je 20 Tlr., die folgenden 44 je 10 Tlr. 12 Ggr. und endlich noch 63
je 4 Tlr. [3]. Die ersten von Friedrich d. Gr. in der Jüterboger Vor=
stadt von Luckenwalde für die Tuchindustrie angesetzten 20 Kolonisten=
familien erhielten jede zu ihrem Hause einen Morgen Gartenland und
einen Morgen Wiese. Für die in den nächsten Jahren nachfolgenden
weiteren 32 Familien wurde diese Unterstützung auf $\frac{1}{4}$ Morgen Garten=
land herabgesetzt. Dem Kaufmann De Vins, welcher die Luckenwalder
Fabrik im Oktober 1782 übernahm, wurde in seiner Konzession für
noch weiter nötig werdende fremde Weber und Spinner nur noch die
Hälfte der bisher gegebenen staatlichen Unterstützung zugesagt [4].

Auf diese Weise wurde der Kreis der Benefizien immer enger ge=
zogen, man gewährte sie **n u r n o c h e i n z e l n e n V e r t r e t e r n b e s o n d e r s
n ü ß l i c h e r G e w e r b e,** wobei über die Höhe der Vergünstigungen lange

---

1) G. St. A., Fabr.=Dep. Tit. 439 Nr. 2 Vol. IV, Bln. 4./2. 1749.
2) ebenda, Vol. IX, Bln. 28./3. 1752.
3) Wichgraf, 7, Fußnote *).
4) Feig, 82.

Verhandlungen gepflogen wurden. In dem gleichen Maße, wie der Bedarf an Arbeitskräften zurückging, ließ naturgemäß auch die Bereitschaft nach, den Einwanderern hohe Versprechungen zu machen und auch zu erfüllen.

Beschaffung von Arbeitskräften im Inlande

Der immerwährende Bedarf der kapitalistischen Unternehmungen an Arbeitern hatte durch die innerhalb der allgemeinen Einwanderungspolitik von Staat und Unternehmertum aus dem Auslande herangezogenen Arbeitskräfte allein nicht gedeckt werden können, die Ergiebigkeit der dahin zielenden Maßnahmen war infolge der entgegenstehenden Schwierigkeiten nicht so groß, daß dem Arbettermangel schon dadurch hätte abgeholfen werden können. Die Notwendigkeit, Menschenkräfte in den Kreis des neuen Wirtschafssystems hineinzuziehen, blieb weiter bestehen. So ging man zu gleicher Zeit daran, auch die im Inlande selbst vorhandenen Kräfte von Bindungen freizulegen und in den Dienst kapitalistischer Interessen zu stellen. Wo irgend die Möglichkeit bestand, Arbeiter für die Unternehmer zu gewinnen, sehen wir die Wirtschaftsleiter sich betätigen. Dabei begegnen wir teilweise auch den früher aus dem Auslande herbeigeholten Menschen wieder, welche zunächst in andern Kreisen untergekommen waren.

Hatte die Beschaffung von fremdländischen Arbeitern eine absolute Bevölkerungsvermehrung bedeutet, so stellte die Heranziehung von Arbeitskräften aus den inländischen Quellen, von denen hier die aus dem städtisch-handwerklichen Wirtschaftssystem, aus der Agrarsphäre und aus dem Komplex der den ebengenannten abgewendeten staatlichanstaltlichen Einrichtungen unterschieden werden sollen, eine Verschiebung der Reichweite des alten und neuen Wirtschaftssystems innerhalb der vorhandenen Bevölkerung dar. Auch hier stehen wiederum Staat und Privatunternehmer in enger Zusammenarbeit, welche sich auf ein gleiches Interesse beider Gruppen stützte. Dies gilt hier jedoch nicht so unbeschränkt wie bei der Heranziehung von Menschen aus dem Auslande. Hatten sich dort die Interessen beider gedeckt — Ansetzung von ausländischen Arbeitern bedeutete immer eine absolute Zunahme der Volkszahl —, so trennten sie sich da, wo es um die Verwendung der Menschen im Inlande ging. Dem sicher hervorragenden Interesse des Staates an der Entwicklung kapitalistischer Unternehmungen traten jetzt andere zur Seite, die eine uneingeschränkte Unterstützung beeinträchtigten, wie wir später sehen

werden. Gleichwohl bleibt die Tatsache bestehen, daß die Unternehmer
jederzeit auf weitgehende Förderung durch die Behörden rechnen konnten.

1. Arbeiterbeschaffung aus dem städtisch-handwerklichen Nexus.
— Eine eigentümliche Rolle spielte der Staat bei der Heranziehung
von Arbeitskräften aus der städtisch-handwerklichen Bevölkerung. Sie
lief durchaus nicht darauf hinaus, das Handwerk, welches mannigfachen
Schwierigkeiten gegenüberstand, sich selbst zu überlassen oder gar seinen
Niedergang zugunsten der neuen Wirtschaftsformen zu befördern. Im
Gegenteil! Gerade in der Zeit des 17. und 18. Jahrhunderts entwickelte sich im Zusammenhang mit dem merkantilistischen Vorherrschen
der Staatsgewalt auf wirtschaftlichem Gebiet eine bis ins kleinste
gehende Innungspolitik, welche bestrebt war, die das Innungswesen
schwächenden Mißbräuche und barocken U e b e r s t e i g e r u n g e n d u r c h
e i n e z i e l b e w u ß t e H a n d w e r k e r p o l i t i k a b z u s c h a f f e n
und es so innerlich und äußerlich zu stärken; die Darstellungen
S c h m o l l e r s und M e y e r s , auf die hier verwiesen sei, geben ein
deutliches Bild davon. Gegen Ende des 18. Jahrhunderts war das
Handwerk noch auf der Höhe und teilweise gefestigter als vorher.
Daneben aber entwickelte sich im Gegensatz zu ihm — der den Wirt-
schaftsführern sehr bewußt war — das kapitalistische Wirtschaftssystem
weiter und ließ die Bedeutung des Handwerks immer mehr in den
Hintergrund treten. Bis dahin liefen Handwerk und die sich entwickelnde kapitalistische Wirtschaft mit den mannigfachsten Uebergängen
nebeneinander her, und von Interesse ist es nun, festzustellen, welche
Berührungspunkte beide Systeme in Bezug auf die Arbeiterfrage hatten
und in welcher Weise die kapitalistischen Unternehmungen auch aus der
handwerklichen Sphäre Arbeitskräfte an sich zogen.

Da waren zunächst alle die Z u s c h u ß - u n d U e b e r s c h u ß -
e l e m e n t e [1]), die ehemals den Innungen angehört hatten und nun
aus wirtschaftlichen und institutionellen Gründen hinausgedrängt worden
waren oder welchen der Eintritt in die Zunft vorenthalten war. Diese
Erscheinungen und ihre Ursachen sind zum Teil im Anfang unserer
Arbeit, da wir den scheinbaren Ueberfluß an existenzlosen Elementen
behandelten, festgestellt worden [2]). Handwerksmißbräuche mit Erschwerungen
aller Art belasteten die angehenden Meister; Hand in Hand damit ging
eine allgemeine Verarmung, die der Reihe der Besitzlosen neue Elemente

---

1) im S o m b a r t schen Sinne: Kapitalismus, 6. Aufl. I., 795.
2) s. S. 16 f.

zuführte[1]). Ein Teil davon arbeitete als Störer oder Bonhasen außerhalb der Zunftverfassung. Die Verfolgungen, die ihnen hierbei von den Gewerksangehörigen bereitet wurden, ihre eigene wirtschaftliche Not machten sie gefügig, ihre Arbeitskräfte in den Dienst einer Unternehmung zu stellen. Diese eine Quelle für die inländische Arbeiterbeschaffung war ergiebig, solange die Innungsmißbräuche blühten, ließ aber nach, als die reinigende und schützende Politik, welche der Staat im Innungswesen trieb, sich immer mehr durchsetzte.

Hier griff nun aber wiederum der Staat mit einer Reihe von Maßnahmen ein, welche einmal **den Weg von der Zunft in die kapitalistische Unternehmung freimachen** und ein andermal durch **Ansetzung unzünftiger Meister** eine freiere Verwertung ermöglichen sollten. — Im ersten Fall faßte man zunftangehörige Arbeiter in großen Unternehmungen kapitalistischen Charakters zusammen, beließ sie jedoch in den Gewerken, die manchmal für nur eine Unternehmung auf Grund eines besonderen Privilegs bestanden. Als Beispiele wären etwa das Berliner Lagerhaus und die Gold- und Silberdrahtfabrik in Berlin zu nennen, deren Arbeiter in die Zunft eingeschrieben waren. In der Eberswalder Eisenwarenfabrik waren die Messerschmiede mit einem besonderen Gewerksprivileg versehen, ohne daß dadurch die Fabrik etwa ihren kapitalistischen Charakter und die Arbeiter — nach ihrer Existenzgrundlage und ihrem Verhältnis zu der Unternehmung — ihre Eigenart als kapitalistische Lohnarbeiter verloren hätten[2]). Auch in kleineren Manufakturen und Fabriken wurden handwerkliche Elemente, Meister und Gesellen, beschäftigt[3]), was natürlich

---

1) Wie es mit vielen Handwerkern um 1707 aussah, zeigt eine „Erinnerung wegen anlage [= Veranlagung] der hand Wercker", in welcher sie um Befreiung von Akzise, Kopfsteuer usw. baten. Es heißt da, „daß alle vorgemeldete und mehr frey davon seyn und bleiben wollen, und ist warhafftig bey vielen Handtwerckern, außer ihres Kleydes, Bettes und Handtwercks-Zeüges nichts zu finden, zu geschweigen, daß von Refugirten Pfältzern, in güßte, wenig oder nichts zu hoffen p." i: G. St. A., Rep. 9. JJ. 12, 15./5. 1707.

2) f. S. 122 Anm. 2 und 5.

3) Typisch für den **Uebergang handwerklicher Elemente**, die in wirtschaftliche Bedrängnis kamen, in kapitalistische Unternehmungen scheint mir der Fall der Potsdamer Kammfabrik zu sein. Es handelte sich hier um eine Anzahl Kammachermeister und -gesellen, die von ihrem Verleger aufgegeben worden waren; der Meister Joh. Christ. Kluge bat nun, da er sich mit seinen Mitmeistern und Gesellen nicht halten konnte, um kgl. Unterstützung. Sie wurden jedoch abgewiesen und an die Splittgerber verwiesen, welche auf Grund eines ihnen verliehenen Privilegs die Kammfabrik der Messerfabrik in Eberswalde angliedern wollten; es wurde ihnen bedeutet, „daß, da sie nicht des Vermögens diese Fabrique zu

auf den heftigsten Widerstand der Innungen und Zünfte stieß; Handwerker, die für Unternehmer arbeiteten, wurden von den andern „geschimpft" und mit Ausschluß aus dem Gewerk bedroht. Hier betätigte sich der Staat mit seiner Sonderpolitik.

In den Konzessionen und Privilegien wurde den Entrepreneurs zugestanden, neben zunftfreien auch bezunftete Meister und Gesellen erst in bestimmter, dann in beliebiger Anzahl zu beschäftigen. Den Innungen verbot man, solche Meister, die in Fabriken gearbeitet hatten, auszustoßen oder mit Strafen zu belegen. Dagegen erhoben sie aber heftigen Widerspruch. Noch 1764 hielt es die Breslauer Kammer bei der Uebernahme der Macherschen Tuchfabrik durch die Kaufleute nicht für möglich, zünftige und unzünftige Gesellen und Jungen beieinander arbeiten zu lassen wie in Berlin. Es mußte daher, um Nachwuchs zu haben, den fremden unbezunfteten Werkmeistern erlaubt werden, selbst Jungen und Gesellen auszubilden[1]).

Später wurden diese Schwierigkeiten dadurch beseitigt, daß den Unternehmungen Konzessionen gewährt wurden, Zünftige und Unzünftige gleichzeitig zu beschäftigen. In der zweiten Hälfte des 18. Jahrhunderts wurden solche Konzessionierungen von Fabriken und Manufakturen immer häufiger. Im Jahre 1770 erhielten in Berlin Uhrenfabriken ein Privileg, alle Arten von Uhren durch zünftige und unzünftige Arbeiter anfertigen zu lassen[2]). Der Brieftaschen- und Futteralmacher Joh. Ferd. Hartwig in Berlin war nach seiner 1805 verliehenen Konzession berechtigt, „alle Arten von Futteralen zu Bijouterien, Uhren= Porcellain= auch Gold= und Silber= Servicen . . . fabrikmäßig zu verfertigen, und sich dazu sowohl unzünftiger Arbeiter, die er besonders anlehren oder zu den verschiedenen Arbeiten

retabliren, auch ihnen dazu nicht der mindeste Vorschuß oder Beyhülfe bewielliget werden kann, folglich sie auch nicht im Kleinen für eigene Rechnung werden arbeiten können, dieselbe sich sogleich bey der deshalb, laut der Beylage, instruirten Splittgerberschen Handlung melden, und zu ihrem Etablissement in Neustadt= Eberswalde Anstalt machen sollen. . ." — In späterer Zeit entstanden dann wegen Betreibung dieser Fabrik Streitigkeiten zwischen Splittgerber und dem Berliner Kammachergewerk. — G. St. A., Fabr.=Dep. Tit. 439 Nr. 24, Protokoll Potsd. 12./7. 1770; Gen.=Dir. an Splittg. 5./6. 1771; Gen.=Dir. an Kriegsr. Richter in Potsdam 5./6. 1771.

1) Der Zwang aus dem Zunftwesen, hier getrennt von den Gewerken Nachwuchs, d. h. unzünftige Jungen und Gesellen aufzuziehen, war zunächst hinderlich, förderte aber auf die Dauer die Bildung eines von den Innungen von vornherein unabhängigen Arbeiterstammes.

2) Lamprecht, 573.

gebrauchen mögte, oder auch zünftiger Tischler, Schlösser, Gürtler, Buchbinder- und Täschner-Gesellen, unter seiner eigenen Anweisung, und ohne Zuziehung der Meister zu bedienen"[1]). Ebenso wurde den Kaufleuten Gebr. Bousset in Berlin eine „Concession, zur Betreibung ihrer Parasol-Fabricke mit zünftigen und unzünftigen Arbeitern" bewilligt[2]).

Wollte man Betriebe, die über den Rahmen des handwerklichen Systems hinauswuchsen, von dessen Beschwernissen und den Streitigkeiten mit den Zünften befreien, so hob man sie ganz aus dem Zunftrecht heraus. Als in der schlesischen Papierfabrikation die Schwierigkeiten besonders stark wurden, hielt es Hoym für das geratenste, die Papiermühlen zu Fabriken zu erheben[3]).

In einigen Gewerbezweigen führte das gleiche Bestreben zu der Maßnahme, bestimmte Arbeitergruppen, besonders der neu eingeführten Industrien, von vornherein für zunftfrei zu erklären; dazu gehörten die vieler Luxusindustrien. Nicolai erwähnt u. a. die Appreteure für seidene und leichte wollene Zeuge, für Strümpfe, die Appreteure in der Manchesterfabrik, Blattsetzer für Webestühle, Kattundrucker, Nopperinnen, Plätterinnen, Plüserinnen zum Wolleauslesen und -auszupfen, die Liseure oder Musterleser bei den Seidenmanufakturen, die Seidenhasplerinnen und -wicklerinnen, Seidenzwirner, Etaminwäscher, Wollkämmer, Holzknopfmacher, Mützenmacher, Uhrenarbeiter usw.[4]).

Ueber die Möglichkeiten, die konzessionierten Fabriken neben den besonderen Privilegierungen völlig und generell vom Gewerkszwange zu befreien, fanden in den Jahren 1792 und 1794 bis 1801 im General-Direktorium mehrfach Verhandlungen statt. Unter der Korrespondenz der Behörden findet sich folgendes Schreiben des Fabriken-Departements an das General-Direktorium, welches auf die Gründe zu diesen Besprechungen ein bezeichnendes Licht wirft; es heißt da u. a.: „Schwerlich würden jemals solche Fabriken als die Hessesche, Hotho & Welpersche pp. sind, die einen großen und auswärtigen Absatz machen, also mit den Ausländern und fremden Märkten Preis halten müssen, hier entstanden sein, wenn sie sich nur blos zünftiger Arbeiter nicht etwa bloß zur Weberei, sondern auch zu ihren Utensilien und Gerätschaften hätten bedienen müßen*, diese Entrepreneurs haben jeder außer ihren unzünftigen Webern, Färber, Preßer pp. mehr als einen unzünftigen

---

1) G. St. A., Tit. 418 Nr. 301, 10./5. 1805.
2) eb., Tit. 418 Nr. 308, 1806.
3) Fechner, Wirtschaftsgeschichte, 448.
4) Beschreibung, II., 585 f.
*) von mir gesperrt.

Tischler, Schmiedt nebst Schmiede, Drechsler, Zimmerer und Maurer in ihren diensten, und müssen solche haben, wenn sie bestehen und mit dem Auslande in Concurrenz arbeiten sollen. Diese Leute sind gewöhnlich gute verheirathe Menschen, und Wir haben nichts dawider, daß es unter gewißen Modalitäten verlangt werde, daß sie auch Bürger werden müßen." Wir werden „bei der gegenwärtigen Lage der Sache den Gewerkszwang als ein bis jetzt annoch nothwendiges Uebel [!] fernerhin betrachten", heißt es an anderer Stelle[1].

Eine weitere Quelle, aus der handwerklich-städtischen Bevölkerung Arbeitskräfte für die kapitalistischen Unternehmungen zu gewinnen, bestand in der Heranziehung von Frauen und Kindern zur Fabrik- und Manufakturarbeit. Manche Unternehmungen wiesen nur Frauen als Arbeitskräfte auf. In Berlin erhielt ein Daniel Michaud am 12. Oktober 1682 eine zehnjährige Konzession für eine Manufaktur von „Points de Franze à la Reine", „Tissu d'Espagne" usw., in der er 40 arme Mädchen beschäftigte[2]. In einer 1776 errichteten Fabrik für die Herstellung künstlicher Blumen, welche in Berlin im Großbetriebe durch Franzosen eingeführt wurde, waren 1784 140 „Frauenspersonen" tätig; 1782 war eine zweite mit 30 Frauen angelegt worden[3].

Daß die Verwendung von Kindern zur Industriearbeit bei staatlichen Stellen keine Bedenken erregte, zeigt die Tatsache, daß Friedrich II. den Hirschberger Kaufleuten zur Vermehrung der Garnproduktion 1766 1000 Kinder im Alter von 10—12 Jahren schicken wollte, um sie zum Spinnen zu verwenden, und über deren Ablehnung höchst ungehalten war[4].

Die Frauen- und Kinderarbeit wurde besonders deswegen benutzt, weil sie billiger war und hier die Menge der vorhandenen Arbeitskräfte unbeschränkter und vor allem leichter zu verwenden war als unter den einschränkenden und erschwerenden Bestimmungen der Zünfte. Den dagegen ankämpfenden Innungen erklärte man, man wollte ihnen — z. B. den zünftigen Posamentierern — „nicht einen Erwerbszweig gänzlich abschneiden", wie es in einem Bericht der Fabrik-

---

1) G. St. A., Fabr.-Dep. Tit. 90 Nr. 44, Bln. 10./5. 1752. — Es kam im weiteren Verlaufe der Verhandlungen nicht dazu, daß die Beschäftigung zünftiger und unzünftiger Arbeiter ganz freigegeben wurde, sondern blieb bei der Konzessionserteilung von Fall zu Fall.

2) Orlich, II. 425, Fußn. 3.

3) Wiebfeldt, 206.

4) Zimmermann, Leinengewerbe, 117.

inspektoren Kunth und Brune hieß, sondern „nur einer Fabrikation, die sie, als Posamentirer, wegen des Gewerksverbandes nicht in der möglichen Stärke treiben können, mehrere Hände zuwenden [!], und man läßt es ihnen immer frei, sich damit auch ferner zu beschäftigen“[1].

Die schon früher angestellten Versuche, unzünftige Arbeiter, Frauen und Kinder in der Bandfabrikation zu beschäftigen, waren nach einiger Zeit immer wieder an den Widerständen des Posamentiergewerkes gescheitert. 1784 hatten einige Berliner Seidenfabrikanten Bänder durch Frauen und Kinder fabrizieren lassen; die aufgebrachten Handwerker demolierten ihnen darauf ihre Charlottenburger Fabrik und verhinderten so den Betrieb[2]. Eine andere Fabrik von Favreau & Falckmann hatte sich auf indirekte Weise dadurch des Gewerkszwangs zu entledigen versucht, daß sie einen zünftigen Posamentier anstellte und durch ihn Frauen und Kinder mit Bandarbeit beschäftigen ließ. Sie ging aber bald ein, da das Gewerk den Posamentier hinausdrängte. Das von Favreau & Falckmann daraufhin eingereichte Gesuch läßt uns einen Einblick in die Zustände tun. Sie hatten eine Menge kleiner Posamentier- oder Bandstühle aufstellen und „durch Kinder weiblichen Geschlechts von 7 bis 12 Jahren bearbeiten“ lassen. Nach Verlauf von zwei Jahren hatten sie 37 mit Kindern besetzte Stühle in Tätigkeit. Die auf der folgenden Seite gegebene Lohntabelle, welche dem Schreiben beigefügt war, zeigt den offensichtlichen Unterschied in den Lohnhöhen der verschiedenen Kategorien von Arbeitskräften, welcher zur Beschäftigung von Frauen und Kindern drängte.

In einem nun erfolgten Erlaß an die Kurmärkische Kammer wurde zur Beschäftigung von Unzünftigen, Frauen und Kindern die Genehmigung erteilt, deren Begründung hier wiedergegeben zu werden verdient: „Friedrich Wilhelm König p. Unsern p. Es ist eine längst allgemein anerkannte Wahrheit, daß keine Fabrik oder Manufaktur unter einem Gewerckszwange gedeihen, oder zu einer bedeutenden Größe gelangen kann [!], daß besonders die hiesige Seidenbandfabrikation durch solchen Zwang, welchen sich das Posamentier Gewerck darüber angemaßet hat, bisher in ihren Fortschritten und Ausbreitung außerordentlich zurückgehalten worden, daß ferner durch solchen Zwang Mangel an Arbeitern [!] entstanden und dadurch der Handlohn so ansehnlich erhöhet worden, daß die hiesigen Fabricken mit den fremden nicht haben Preis halten könnnen. . .“ „Wir haben daher

---

1) G. St. A., Fabr.=Dep. Tit. 150 Nr. 90, Bln. 8./1. 1792.
2) ebenda, Bln. 16./12. 1791.

„Lohn-Tabelle[1])

Von glatten seiden Englischen oder sogenannten glacés Bändern das Stück von 12 Staab oder 21 Berz."

Bestimmung der Breiten:	ein Arbeiter der nur mittelmäßig ist, kann in 6 Tagen verfertigen:	Lohn für jedes Stück an zünftige Posamentier:		Betrag des wöchentlichen Verdienstes für einen zünftigen Posamentier:			Lohn für unzünftige Bandmacher, welchen wir anfänglich werden zahlen müssen:		Wöchentlicher Verdienst für einen unzünftigen Arbeiter:			Lohn, welchen wir vor der Zerstörung unserer Anlage an Kinder u. Mädgens bez. h.		Wöchentlicher Verdienst für Kinder u. Weibs-Personen:		
No.	Stücke	gr.	d.	rh	gr	d.	gr	d.	rh	gr	d.	gr	d.	rh	gr	d.
1	8	3	9	1	6	—	3	—	1	—	—	2	3	—	18	—
1½	8	4	—	1	8	—	3	3	1	2	—	2	6	—	20	—
2	8	5	—	1	16	—	4	—	1	8	—	3	—	1	—	—
4	7	6	—	1	18	—	5	—	1	11	—	3	9	1	2	3
5	7	7	—	2	1	—	5	6	1	14	6	4	—	1	4	—
6	7	8	—	2	8	—	6	—	1	18	—	4	6	1	7	6
9	6	10	—	2	12	—	7	6	1	21	—	—	—	—	—	—
10	6	11	—	2	18	—	8	—	2	—	—	—	—	—	—	—
11	6	12	—	3	—	—	9	—	2	6	—	—	—	—	—	—
12	5	17	—	3	13	—	12	—	2	12	—	—	—	—	—	—

1) zu Seite 139.

nach reifer Erwegung aller Umstände gegenwärtig resolviret, und sezzen hiedurch fest, daß von izt an, indem, der darum ansuchen wird, die fabrickation aller und ieder Sortenbänder ohne Ausnahme, durch un= zünftige Arbeiter, Frauenspersohnen und Kinder, auf besondere con= cessiones gestattet, und dieses Mittel zur Emporbringung der seiden Band Manufacturen hier nach und nach, allgemein [!] eingeführet werden soll" usw. [1]).

Es wurden übrigens auch Manufakturen angelegt, die lediglich auf Benutzung von Kinderarbeit eingestellt waren. So war von dem Juden Veitel Heine Ephraim 1770 in Berlin eine Kanten= manufaktur angelegt und von dessen Sohn Benjamin V. Ephraim in seinem Hause in der Heiligen=Geist=Str. fortgesetzt worden, „woselbst von Christen= und Judenkindern," schreibt Nicolai, „alle Sorten von Bändern geklöppelt werden. Die Älteren [= Eltern] der Kinder machen sich für sie auf 2 oder 3 Jahre verbindlich. Die Kinder können schon in den Lehrjahren etwas verdienen, und werden auch im Lesen und Schreiben unentgeldlich, sie sein Christen oder Juden, unterrichtet" [!] [2]). — In der englischen Stahlfabrik der Gebr. Dutton in Berlin wurden mit besonderer Vorliebe Knaben von 12—14 Jahren verwendet, welche unter der Aufsicht von englischen Arbeitern beschäftigt wurden. Sie schienen den Unternehmern für feine Facetten=, Perlen= und Korallen= arbeit geeignetere Arbeiter zu sein, die auch leichter zu leiten und zum Fleiß anzuhalten waren als Erwachsene. „Die Beweise hiervon", meinten die Gebr. Dutton, „sind nicht alleine in Engeland, wo mehren= theils Kinder in den Fabriquen arbeiten, sondern sogar schon in unserer Fabrique, in welcher bereits etliche zwanzig solcher jungen Leuthe arbeiten" [3]). Ein Untersuchungsbericht des Fabrikinspektors Kunth gibt uns ein recht lebendiges Bild von der Beschäftigung der Knaben; es heißt da u. a.: „Diese Knaben von 12 bis 14 Jahren, welche sich hier früh zu einer anhaltenden und nüzlichen Geschäftigkeit gewöhnen, geben schon an sich einen interessanten Anblick; und wenn die Entrepreneurs, nach ihrem jetzigen Vorsatz, künftig fast allein [!] mit Knaben arbeiten, so wird die Erweiterung der Fabrike auch auf den Charakter der Nation von einem höchstvortheilhaften Einfluß sein. Ein solcher Anblick hat aber auch zugleich etwas rührendes, wenn man erwägt, daß es meistens Kinder armer Eltern sind, von denen der erst aufgenommene,

---

1) G. St. A., Fabr.=Dep. Tit. 150 Nr. 90, Bln. 23./2. 1792.
2) Beschreibung, II. 528.
3) G. St. A., Fabr.=Dep. Tit. 418 Nr. 202, Bln. 14./12. 1790.

der nur etwa zum Bewegen oder Bestreichen der Scheibe gebraucht werden kann, wöchentlich 12 Gr., der geübtere im ersten Jahr wöchentlich wenigstens 1 rh. 4 gr. — ein Lohn, der in der Folge jedes Jahr um 4 bis 6 gr. wöchentlich erhöhet wird — erhält, und diesen kleineren oder größeren Erwerb, die Frucht seines Fleißes, seinen Eltern wieder zurückbringt "[1]).

Die Rathenower optische Industrie leitet ihre Ursprünge aus einer „optischen Schleifanstalt" her, welche die Prediger Duncker und Wagener im Jahre 1800 dort anlegten und mit Kindern als Arbeitskräften betrieben. „Unsere Fabrik", sagten sie in einem „Pro Memoria", mit welchem sie sich um Unterstützung an die Behörden wendeten, „hat die eigentümliche Einrichtung, daß sie einzig durch Knaben von 8 bis 13 Jahren [!] in Thätigkeit erhalten wird, ohne daß diese Kinder ihre gewöhnlichen Schulstunden versäumen dürfen"[2]). Die Kinder erhielten einen Jahreslohn von 8 bis 36 Thalern. Gegenüber sozialfürsorgerischen Einwendungen gegen ihr Arbeitssystem und die Verwendung von Kindern wiesen sie darauf hin, daß sie die Schleifarbeit nur auf nassem Wege vornehmen ließen und „daß bei der Leichtigkeit unserer Maschinen, und bei der Art unserer Behandlung der Kinder, ein jedes derselben mit innigem Vergnügen [?] und ohne allen Zwang an die Arbeit gehet, und des Morgens kaum die Zeit der Eröffnung der Fabrikgebäude erwarten kann"[3]). Auch die Nebenindustrien, wie die Etuiherstellung, wurden mit Kinderarbeit durchgeführt.

Aber auch sonst wurden von der städtischen Bevölkerung, b e s o n d e r s d e r ä r m e r e n, A r b e i t s k r ä f t e f ü r d i e k a p i t a l i s t i s c h e n U n t e r = n e h m u n g e n geliefert. Dabei kamen vor allem solche Gewerbe in Betracht, die leicht erlernbare und ausführbare Arbeit hatten und auf viele Arbeitshände angewiesen waren. Das vortrefflichste Beispiel für eine derartige im wesentlichen quantitativ von Arbeitskräften abhängige Industrie war die W o l l = u n d B a u m w o l l s p i n n e r e i: alles, was irgend zum Spinnen herangezogen werden konnte, mußte spinnen. Wenn sonst kein Mangel an Arbeitern herrschte, hier war immer Bedarf an Arbeitskräften vorhanden. — Nach einer Spandauer Chronik von 1784 beschäftigte sich ein großer Teil der ärmeren Einwohner mit Wollspinnerei für Berliner Manufakturen[4]). Hier sind auch die

<hr>

1) ebenda, Bln. 21./12. 1790.

2) A l b r e c h t, 122; hier auch die recht verschiedenartige Motivation zur Beschäftigung von Kindern.

3) ebenda, 124.

4) F i s c h b a c h u. D i l s c h m a n n, 95.

städtischen Spinnstuben zu erwähnen, in denen alle sonst be=
schäftigungslosen Elemente gesammelt wurden, um dem Gespinstmangel
abzuhelfen[1]). Teilweise wurden den Unternehmern auch durch die
Polizei Arbeitskräfte zugeführt und — wenn sie auch sonst frei waren —
allwöchentlich von den Beamten recherchiert[2]).

Da es trotz aller Maßnahmen dauernd an Gespinnst für die Woll=
manufakturen fehlte, kam man sogar dazu, durch ein Edikt vom 14. Juni
1723[3]) den Hökerweibern nur dann Erlaubnis zu ihrem Gewerbe
zu geben, wenn sie monatlich bei ihrem Handel auf den Märkten und
Straßen 4 Pfund Wolle spannen und gegen gewöhnlichen Lohn im
Rathause ablieferten. Für jedes fehlende Pfund mußten sie doppeltes
Standgeld für ihre Buden zahlen. Neben den Hökerinnen mußten auch
sonst die Frauen, welche auf öffentlichen Straßen und Plätzen handelten,
Wolle und Flachs verspinnen, um dadurch den Fabriken und Manu=
fakturen das dringend benötigte Rohprodukt zu verschaffen. —

2. Arbeiterbeschaffung aus dem Agrarnexus. — Im 17. und
18. Jahrhundert war die Entstehung von Industrien, wie ein Rückblick
auf die an anderer Stelle dargestellten Standortsbedingungen lehrt[4]),
in höherem Maße als heute an den Ort der Rohstoff= und Kraft=
gewinnung gebunden. Für alle hiervon abhängigen Unternehmungen
war also bei der Beschaffung von Arbeitskräften, wenn sie nicht — wie
teilweise die schlesische Berg= und Hüttenindustrie — in menschenarmen
Gegenden entstanden und nun durch Koloniegründung sich mit aus=
ländischen Arbeitern versehen konnten, das Gegebene, die ländliche
Bevölkerung der Umgebung zu verwenden. Darüber hinaus
mußten auch die städtischen Industrien, sollte dem dauernden Arbeiter=
mangel abgeholfen werden, die Agrarbevölkerung heranzuziehen ver=
suchen. Wir wissen, daß der Anteil der ländlichen Bevölkerung an der
Gesamtvolkszahl in jener Zeit beträchtlich war, daß also hier für die
Unternehmer ein weites Feld für ihre Arbeiterbeschaffung vorhanden
war. Es ist dabei der Tatsache zu gedenken, daß der Kapitalismus
sich gerade jener Industriezweige bemächtigte, welche bis dahin als
Hausarbeit und ländliche Nebentätigkeit die Agrar=

---

1) Consentius, Alt-Berlin, 248; dazu schon das Ed. v. 11./6. 1687,
Mylius, V. V. 1. Nr. XXV, p. 43 ff. („zum Dritten").
2) Ballhorn, 112.
3) Mylius, V. II. 4. Nr. 91.
4) s. S. 64 ff.

bevölkerung neben ihrer landwirtschaftlichen Arbeit beschäftigt hatten: Woll= und Flachsspinnerei und teilweise auch Weberei. Diese Kräfte wenigstens für die Anfangsproduktion in der Textilindustrie für die eigenen Unternehmungen nutzbar zu machen, sehen wir die städtischen und ländlichen Unternehmer in weitem Umfange bestrebt.

Lagen die Mittel dazu lediglich in der Lockung durch Lohnzahlung und vielleicht in behördlicher Unterstützung durch Aufforderung und Anordnung, so standen einer besonderen Kategorie von Unternehmern, auf die wir bei Besprechung der Subjekte der Arbeiterbeschaffung hingewiesen haben, wirksamere Mittel zur Verfügung: die **Dienst= verpflichtungen der Untertanen für Grundherren, Stifter und Städte**[1]). In gewisser Weise können hier auch die Verpflichtungen der sog. **Spinndörfer** angeführt werden, deren Bewohner mit ihrer Ansiedlung durch den Staat und der Beschenkung mit Haus und Acker die am Grundstück haftende Verpflichtung übernahmen, bestimmte Quantitäten von Flachs, Wolle usw. zu verspinnen. Dem Staat war es dann gegeben, Textilunternehmern solche Spinndörfer zu verpachten oder kostenlos anzuweisen. In gewisser Verwandtschaft steht hiermit die Verwendung der in den **Spinnschulen** zusammengezogenen Kräfte, die sich hier zwar auf behördliche Anordnung in erster Linie zur Ausbildung im Spinnen einfanden, jedoch, da dies bei der leichten Erlernbarkeit bald geschehen war, zur Versorgung der Unternehmer mit Arbeitskräften dienen konnten. — Im folgenden wird die Beschaffung von Arbeitskräften aus der freien Nebenbeschäftigung vor der durch Grundherrlichkeit und behördliche Anordnung begründeten besprochen werden, um so — wenn auch der historischen Entwicklung in gewissem Sinne zuwiderlaufend — eine leichtere Ueberleitung zu dem letzten Abschnitt, der Arbeiterbeschaffung aus anstaltlich=militärischem Nexus, zu gewinnen.

In Schlesien war wie anderswo bis ins 19. Jahrhundert hinein die **Flachs= und Wollspinnerei Neben= und Hauptbeschäftigung der Bevölkerung im Wechsel mit der landwirtschaftlichen Tätigkeit** gewesen; ähnlich die Weberei. Sie wurde durch kein Innungsrecht gehemmt, was sie natürlich für kapitalistische Unternehmungen umso geeigneter machte. Die Regierung kam mit Maßregeln dazu, welche die gewerbliche Tätigkeit der Agrarbevölkerung nur noch erhöhen und vermehren sollten; sie sah darin eine unzweifelhafte Quelle volkswirtschaftlicher Kraft, die nach merkantilistischen

---

1) s. S. 80 f.

Grundsätzen gesteigert und ausgeweitet werden mußte [1]). Als nach dem 7=jährigen Kriege durch den großen Menschenverlust in Schlesien der Mangel an gesponnenem Garn noch vergrößert wurde, erneuerte man die bereits im Jahre 1761 erlassene Verordnung [2]), nach welcher jeder Junge und Knecht auf dem Lande zum Spinnen angehalten werden sollte und nicht eher heiraten durfte, als „bis er sich mit einem Attest, daß er sowohl in der Woll= als Flachß=Spinnerey geübet sey, legitimiret“ [3]).

Da sich der zahlenmäßige Umfang der in der kapitalistischen Industrie nutzbar zu machenden Kräfte mangels jeder differenzierten Statistik nicht feststellen läßt [4]), wird sich an einigen historischen Beispielen zeigen, daß die Verwendung ländlicher Bevölkerung im kapitalistischen Nexus recht bedeutsam war und hierdurch ein Teil des Bedarfs an Arbeitskräften wohl gedeckt werden konnte.

Die Reichenbacher und Breslauer Kaufleute ließen die von griechischen Importeuren bezogene Baumwolle in den Dörfern am Eulengebirge verarbeiten. Hierbei ragte wegen ihres großen Umfangs die Heymannsche Zitz= und Kattunfabrik in Breslau hervor. Sie ließ außer in Breslau in der Grafschaft Glatz und im Gebirge spinnen und weben. Nur 71 ihrer Arbeiter wurden in Breslau beschäftigt, während der weitaus größte Teil, nämlich 1400 Spinner, im Glatzischen und im Gebirge

1) Mylius, V. II. 5 Nr. XXIV, p. 477, 15./6. 1729: Patent wegen derer zu Beförderung der Linnen=Fabriquen auf dem Lande neu anzusetzende Leineweber, Haußleuthe und Spinner.

2) ausführlich zit. bei Bergius, II. 383.

3) Ein Abschnitt aus der Pommerschen Leinwandordnung (9./10. 1775) be= sagt: „8. Damit es auch vors künftige an genugsahmen Spinnern in Pommern, woselbst bisher nur allein die Weibs=Versohnen gesponnen haben, die Knechte und Jungen aber sonderlich zu Herbst= und Winter=Zeit bey den langen Abenden mehrentheils den Faulenzen und Müßigang ergeben gewesen, anstatt daß in andern Ländern dieselben sich auf das Spinnen mit der Spille legen, umb so villweniger fehlen mögen. So verordnen Wir hiermit, daß auch die Manns=Personen sich auf das Spinnen, und zwar mit der Spille befleißigen, und sonderlich die Knechte und Jungen, nicht minder die Schäfer und Hirten dazu angewiesen und angehalten“ werden. — G. St. A., Fabr.=Dep. Tit. 94 Nr. 8 Vol. I.

4) Das Spinnen wurde als allgemein verbreitete Tätigkeit in der Statistik gar nicht aufgeführt, so daß die Zahl der damit beschäftigten Leute nur durch Rück= schluß von der Zahl der Webstühle — auf je einen rechnete man 5—6 Spinner — geschätzt werden konnte. Die Bedeutung der ländlichen Tätigkeit erhellt daraus, daß z. B. in Minden u. Ravensberg die Zahl der Weber auf dem Lande sechsmal so groß wie in den Städten war. Im Herzogtum Magdeburg wurden noch 1802 1584 ländliche gegen 585 städtische Leineweber gezählt, in Pommern, der Neu= und der Kurmark standen sich um diese Zeit beide Gruppen gleich.

saßen. Die Zahl der Stühle betrug 1766 56, davon nur 6 in Breslau[1]) Aehnlich benutzte der Kaufmann Sadebeck, der eine Kattunfabrik in Reichenbach hatte, die ländlichen Spinnerkräfte. Er beschäftigte 6000 Menschen mit Spinnen, 1200 mit Spulen und Scheren, dazu 850 Webstühle. Im Jahre 1801 mußte er, da das in Schlesien gesponnene Baumwollgarn dennoch nicht ausreichte, fremdes einführen[2]). — Auch die Berliner Unternehmerschaft bediente sich für Spinnerei des ländlichen Hausfleißes. Süßmilch schätzt in seiner „Göttlichen Ordnung"[3]) für das Jahr 1775 5000 Stühle in der Berliner Woll=, Baumwoll= und Seidenindustrie. Von den hierfür beschäftigten 35000 Menschen einschl. der Spinner wäre jedoch nur ein Teil in Berlin, der Rest auf dem Lande: „Der kluge Fleiß unserer Kaufleute", sagt er, „läßet bis auf 24 Meilen von hier, auf dem Lande und in kleinen Städten spinnen."

Es finden sich mehrere Fälle solcher „Fernversorgung mit Arbeitskräften". Für die Kaufleute Wegely in Potsdam und Sieburg in Berlin spannen die Bewohner der 1748 bei Strehlen in Schlesien gegründeten böhmischen Kolonie. Wegely hatte 1752 mit ihnen durch ihren Gemeindeältesten Blanisky einen Kontrakt geschlossen und ihnen 400 Spinnräder bauen und 200 Tl. übermitteln lassen. Sieburg machte ihm aber später durch Zahlung höheren Lohnes einen Teil der Kolonisten abspenstig; ein anderer arbeitete für die Heymannsche Fabrik in Breslau[4]). — Auch in Pommern und der Neumark wurde für Wegely und andere Unternehmer gesponnen[5]). Am bezeichnendsten für die Verbreitung der Spinnerei der Firma Wegely ist die Tatsache daß der Plan, durch die gesamte in Preußen wohnende Judenschaft in Pommern 300 Woll= und Seidenarbeiter ansetzen zu lassen, nicht durchgeführt werden konnte, weil es schon vorher an Gespinst gefehlt hatte, „da überall die Wegelische Spinnereyen introduciret sind". Schon 1765 hatte für die damals in Pommern aufgestellten Stühle jährlich 1.248.862 Pfd. gesponnenes Wollgarn gefehlt. Die Wegelischen

---

1) Roemer, 54 u. 57 f.

2) Fechner, Wirtschaftsgeschichte, 681 Anm.

3) Teil I, 52.

4) Fechner, Wirtschaftsgesch., 127; s. auch ein im G. St. A., Fabr.=Dep. Tit. 258 Nr. 53 (Bln. 12./12. 1768) befindliches Schreiben Sieburgs über seine böhmischen Spinner.

5) Ein Bericht aus Massow in Pommern von 1777 besagt, daß sich die meisten Einwohner „mit Wollspinnen für die Wegelys und Stargardsche Fabricanten" beschäftigten. — G. St. A., Fabr.=Dep. Tit. 94 Nr. 8 Vol. I., 3./6. 1777.

Spinnereien, heißt es in einem Bericht, könnten nicht verdrängt werden; sie wären „bei ihrer Spinnerey geschützt, und ist zugleich per Rescriptum vom 17. Februarii a. pr. fest gesetzet, daß wenn in Pommern neue Fabriquen etabliret würden, auch die dazu erforderliche Spinner Familien mit angesetzet werden solten, damit denen Wegeli ihre Spinnereyen nicht entzogen würden“[1]). Nach einem Reisebericht Tarrachs an das General-Direktorium herrschte noch 1777 in Pommern wegen der Wegelyschen und Eckardtschen Spinnereien Mangel an Gespinst; in Kolberg konnte deswegen keine neue Fabrik angelegt werden. Fünf Jahre später waren die Schwierigkeiten noch nicht behoben. Wegely sitze in Stargard, hieß es, in Pyritz beschäftige er allein zwei Drittel der Spinner, auch in Greifenhagen sei das Gespinst knapp. Mit der Hoffnung, daß in Cöslin durch Verlegung der dortigen „Baumwollen Strümpf und Mützen Fabrique“ nach Gartz Spinner frei werden würden, sei es nichts; denn diese seien schon wieder durch den Entrepreneur der Nesseltuchfabrik in Naugard und durch die Leinenzeugfabrik in Rügenwalde beschäftigt. Außerdem würde für die Fabrik in Rohr, für die Wegelysche in Berlin die Eckardtsche in Kolberg gesponnen[2]).

Im Jahre 1783 bemühte sich die Berliner Firma Ephraim & Borchard um die Erlaubnis zur Anlegung von Spinnereien in pommerschen und neumärkischen Landstädten und Dörfern wie Bahn, Beerwalde, Greifenhagen, Königsberg, Lippen, Morin, Stargard, Soldin, Schönefließ und Pyritz. Die vorhandenen Spinnkräfte waren jedoch bereits von in Pommern selbst errichteten oder Berliner Fabriken in Anspruch genommen und zwar in so starkem Maße, „daß selbige schon verschiedentlich geklaget, dahero die Concurrenz einer neuen nothwendig vermehren, und unleugbahr zum Nachtheil dieser Fabricanten gereichen würde“[3]). Aehnliche Schwierigkeiten hatten Ephraim & Borchard auch in der Neumark. Hier richteten sie in

<hr>

1) G. St. A., Fabr.-Dep. Tit. 234 Nr. 14 Vol. I, Stettin 24./2. 1766.

2) eb., Tit. 94 Nr. 8, Bln. 10./6. 1777; Tit. 258 Nr. 101 Vol. I, Stettin 9./10. bzw. Pyritz 3./10. 1783; dazu Coeslin 17. bzw. 26./11. 1783. — Daß mit Wegelys Spinnerei überall gerechnet wurde, zeigt das Schreiben eines Unternehmers, der in Pomerellen eine Woll- oder Baumwollfabrik anlegen wollte und hoffte, es würde „auch das wollen Gespinnste dieser Gegend noch zu beschaffen sein, zumahl die Wegell ihre Spinnerey bis dahin noch nicht extendiret“ hätten; eb., Tit. 94 Nr. 8 Vol. I, Cöslin, 2./5. 1777.

3) G. St. A., Fabr.-Dep. Tit. 258 Nr. 101 Vol. I, Bln. ?/8. 1783, Ephr. & B. an den König; Stettin, 5./9. 1783, Pomm. Kammer an Gen.-Dir.

Arenswalbe mit großen Kosten eine Baumwollspinnerei ein, stießen dann aber auf den Widerstand eines Fabrikanten Werckmeister aus Landsberg a./W., welcher „ein ausschließendes Privilegium auf die Stadt Arenswalbe erhalten" hatte und in der Stadt selbst 272 Spinner, auf dem Lande 174, zusammen 446 Spinner beschäftigte. Trotz der Klage der Ephraim & Borchard bestätigten die Behörden das Werck-meistersche Privileg als zu recht bestehend, gestatteten ihnen aber, da die andern Fabrikanten eine Anzahl Spinner zeitweilig aufgegeben hatten, „die zu Arnswalde etablirte Baumwollspinnerey fortzusetzen; doch versteht es sich von selbst, daß sie solche als dann wiedereinstellen müßen, wann die Lange und Wegelysche fabrique, welche nebst der Werckmeisterschen, das cumulative Spinnerrecht an besagten Ort aus-schließend exerciren, ihre jetzt eingegangenen Wollspinnereyen wieder einrichten"[1]. — Was zeigt deutlicher als die Erteilung von Pri-vilegien auf bestimmte ländliche Gegenden, wodurch Arbeiterentziehung und Lohntreiberei infolge zu starker Nachfrage verhindert werden sollten, daß umfassender Mangel an ausreichenden Spinnerkräften dauernd bestand!

Wie die Heranziehung ländlicher Spinner in einzelnen Fällen organisiert war, davon gibt ein Schreiben der Ephraim & Borchard ein Bild: „Sind alle benandte Spinnereien der Art etablirt gewesen, daß wir die rohe Baumwolle einen daselbst an-gestellten Spinnhalter zugesandt, der die Vertheilung derselben, an die einzelne Spinner, und hinwiederum die Garne, einzeln empfangen, und in Quantitaet abschicken muste." Sie hatten die nötigen Geräte herstellen und an die Spinner ausgeben lassen, bekamen jedoch nach Einstellung der Spinnerei die wenigsten wieder zurück[2].

Wie stark der Mangel an Arbeitskräften um jene Zeit war, zeigt auch die Tatsache, daß die Heranziehung der ländlichen Be-völkerung auch über die Landesgrenzen hinausging; darauf soll hier kurz nebenher eingegangen werden. — Der Kaufmann Sabe-beck in Reichenbach ließ wegen Mangels an Baumwollgespinst in Polen spinnen[3]. Von Luckenwalde aus wurde Wolle zum Verspinnen nach Sachsen gegeben[4]. Auch Strumpfstrickereiarbeiten gab man ins

---

1) eb., Cüstrin 12./5. 1784; Bln. 28./5. 1784; Cüstrin 9./4. 1784.

2) eb. Vol. III, Bln. 12./2. 1790.

3) Roemer, 32; das Spinnerlohn, das 1798 nach Warschau ging, wurde auf 5000 Tl. geschätzt gegenüber den 40 000 Tl., welche die Glatzer Spinner jährlich erhielten: eb., 59.

4) Feig, 90.

Ausland. So ließ ein Cottbuser Strumpffabrikant Müller in Sachsen Strümpfe stricken, wobei das Wollgarn vom Torschreiber beim Ausgang notiert und die zurückkommenden gestrickten Strümpfe nachgewogen wurden, um Unterschleife zu verhüten. Im Jahre 1790 wurde ihm das Vergeben von Arbeit nach dem Auslande untersagt, so daß er in große Schwierigkeiten kam, „weil man hier, weil alles spinnt, schlechterdings nicht gestrickt bekommen kann“[1]. „Hiesigen Orts“, so berichteten die Cottbuser Strumpfstricker, „sucht sich ein jeder Tagelöhner seinen Unterhalt durchs Wollespinnen zu verschaffen, auch selbst diejenigen, die sonst Nebengeschäfte, mit Acker Wirtschaft und andern Arbeiten haben, widmen sich der Wollspinnerey; sogar Kinder von 8 und 9 Jahren, werden zum Wollspinnen angehalten und ist ihnen dieß auch nicht zu verdenken, weilen sie beim Wollespinnen einen weit beßern und vortheilhaftern Verdienst haben und ohnerachtet sich hieselbst ein großer Theil der Einwohner der Stadt, Vorstädte und nähester Dörffer mit Wollespinnen beschäftigt, so ist jedennoch Mangel an Spinnerey hieselbst.“ Deswegen müsse man Wollspinnarbeit ins Ausland geben, wodurch jährlich viele 1000 Tl. nach Sachsen ausgingen[2]. Dies ging aber gegen alle merkantilistischen Grundsätze der Behörden, und den Cottbusern wurde nur noch für vier Jahre erlaubt, in Sachsen stricken zu lassen[3]. Dann aber sollten sie im Cottbusschen Kreise selbst die nötigen Leute ansetzen und Sachsen ganz aufgeben[4].

Ein großer Teil der ländlichen Bevölkerung konnte nun auch zwangsmäßig zur Arbeit für kapitalistische Unternehmungen durch die Grundrechte herangezogen werden, nach welchen die Untertanen ihren Gutsherren, Aemtern und Stiftern zu Dienstleistungen verpflichtet waren.

---

1) G. St. A., Fabr.-Dep. Tit. 239 Nr. 195, 16./4. 1790.

2) G. St. A., a. a. O., Cottbus 12./8. 1794.

3) „Welchen Nuzzen“, meinte das Gen.-Direktorium, „können Manufacturen für den Staat haben, welche ihre Waaren im Auslande verfertigen laßen und dort Menschen beschäftigen und ernähren? und wohin würde es führen, wenn nach solchen Grundsäzzen, unter dem Vorwande der mangelnden Arbeiter, bei starker Nachfrage nach Tüchern oder seidenen Zeugen, auch deren Fabrication aus einländischen Materialien im Auslande nachgegeben werden solte?“: eb., Bln. 26./6. 1794. — Aus den Torregistern geht hervor, daß die Spinn- und Strickwolle hauptsächlich nach Forst, Pförten, Guben, Muskau; auf der andern Seite nach Baganz, Hoyerswerda, Wittgenau und Spremberg geschickt wurde.

4) G. St. A., a. a. O., 6./3. 1797; die folgenden Akten zeigen aber, daß dies nicht so bald durchgeführt werden konnte.

Hatte man solche Kräfte schon beim Bau von Gebäuden und Werksanlagen benutzt — in Malapane arbeiteten 1767 beim Bau von zwei Frischfeuern 110 Mann Amtsuntertanen aus dem Oppelnschen, 70 aus dem Lublinitzer und ebenso viele aus dem Großstrelitzer Kreise[1] —, so bediente man sich ihrer auch beim nachfolgenden Betrieb besonders für Fuhrdienste. — Für den Betrieb des Neustädter Hüttenwerks hatten die Bauern der umliegenden Dörfer Vorspann- und Handdienste für Kohlenfuhren zu leisten[2]. Auch für die dortige Spiegelmanufaktur mußten die Amtsbauern das Holz heranfahren und zwar, wie es scheint, gegen einen gewissen Lohn; der Vorteil für die Unternehmung bestand darin, über bestimmte zur Arbeit verpflichtete Kräfte verfügen zu können. In einer „Verhandlung mit dem Director der Neustädtschen Spiegel Manufactur be Moor" heißt es darüber: Es sollen „die Bauern des Amts Neustadt, welche die Holtz Fuhren gegen des Director de Moors baare Bezahlung vor wie nach zu verrichten haben, durch den damaligen Amtmann mit Nachdruck angehalten [!] werden, daß sie sich mit den Anfuhren nicht säumig erweisen, sondern jedweder, wo es der allzuschlimme Weg und des Baues schlechter Zustand nicht hindern /: als welches der Director von selbsten beherzigen wird :/ die Woche wenigstens einen Klafter anführen"[3]. — Ebenso besaßen das Messingwerk und der Eisen- bzw. Blechhammer in Hegermühle das Recht, die Hegermühler Bauern zu Hofdiensten zu verwenden. Das Messingwerk hatte für diese Dienste, die hauptsächlich im Heranfahren von Kien, Brennholz oder Kohlen bestanden, an die Kammer in Berlin jährlich 132 Tlr. 15 Sgr. zu bezahlen[4]. Zwang zur Arbeit und

---

1) Fechner, Malapane, 80.

2) Ihre Arbeit in der eigenen Landwirtschaft, bei der Ernte usw. machte sie jedoch nicht immer verfügbar (G. St. A., Rep. 21, 110 b, Neust. a. d. Dosse 26./7. 1696.). Eine „Bau- u. Hüttenrechnung Hiesiger Churfürstl. Schmeltz u. Seyger-Hütte zu Neustadt an der Dosse des Quarthals Luciä vom 2ten 8br. biß 25. Xbr. Anno 1697" zeigt „an Kohlenfuhrlohn, 13ᵗ 9 br: Hanß Haffemann und sämbtl. Köritzer unterthanen vor 48: fuder Kohlen von Krausen an gefahren à 6 ggl. 12.— —."

3) eb., Fabr.-Dep. Tit. 419 Nr. 49, Cölln a. d. Spree, 9./3. 1712.

4) Cramer, H. III, 210; Schmidt, Finowtal, 35 f., berichtet über die Höhe dieser Dienste, die von den Untertanen als äußerst drückend empfunden wurden: der Erbschulze mußte dem Messingwerk leisten:

mit dem Gespann 1 Tag in der Woche, im Jahre . . .   52 Tage
und im Auft (Erntezeit). . . . .   4 „

dafür Bezahlung finden wir bei den Eisenhüttenwerken Malapane und Kreuzburgerhütte in Schlesien, wo zum Erzanfahren die Oppelnschen Domänenbauern verpflichtet waren; jährlich hatten sie 40 Kübel zur Hütte zu bringen und erhielten für Zentner und Meile 6, später 9 Sgr. und darüber[1]). 1761 hatten sie — wohl wegen zu geringen Lohns — durch Militär zur Erzanfuhr gezwungen werden müssen; jedenfalls wurde 1764 der Fuhrlohn von 6 Sgr. auf 6 Sgr. pro Zentner und Meile erhöht. In welchem Maße die Hütten auf diese Dienste angewiesen waren, zeigt die Tatsache, daß, als die Untertanen in den 1770er Jahren Schwierigkeiten machten, es nicht gelang, Ersatz für sie zu bekommen, und die Werke nahe daran waren, völlig zum Stillstand zu kommen[2]).

Man benutzte die allgemeine Arbeitspflicht der Untertanen a u c h f ü r H a n d l a n g e r d i e n s t e und in manchen Fällen sogar für S p e z i a l a r b e i t e n. — In dem Pachtkontrakt, den der Kurfürstliche Fiskus mit dem Eisenfaktor Louis St. Paul über den Crossenschen Eisenhammer auf 6 Jahre abschloß, hieß es über die Untertanen= dienste: „Wird dem Arendatori der Dienst Zwang über die in anfang gemeldte Sechstehalb Dörffern befindliche Dienstbauren hiermit Ver= stattet, jedoch hat Er sich deßen bescheidentlich zu gebrauchen, die Unterthanen über ihre schuldigkeit nicht zu beschwehren, von einem jeden mehr nicht denn 6 rthl. Dienst Geld zu exigiren oder den Würcklichen dienst so sie zu leisten schuldig seyn, höher nicht zu treiben alß daß ein jeder schultz oder bauer so mit der Axtt dienet täglich 6 biß 9 maas gehaüffen gubenschen Virtel Eysens oder ein Vollstendiges halbe Fuder Kohlen nach der weite der jetzigen Eysenlacken und kohl= heym [?] auf den hütten hoff liefern, inn Handt dienst aber täglich ein Vollkommenes halb Klaffter holtz wie dasselbe Vor bahres geld pfleget gefallet zu werden, hat und wen die handt dienste einem gantzen kohlen korb Verfertigen ihnen dabür Viertägiger dienst zu gute gehen solle; weil auch das Amt Croßen die Pachte und andere praestationes von solchen dienstbauren sich Vorbehalten, als hat der Pachter dahin zu sehen, daß in beytreibung derselben pfleglich ver= fahren und niemand übers Vermögen oder zum ruin dieserhalb

10 Bauern 2 Tage in der Woche mit Gespann, also jeder . . 104 Tage
im Auft jeder . . . . 4 „
2 Kossäten 2 Tage in der Woche mit der Hand, also jeder . . 104 „
und dazu im Auft. . . . . 9 „

1) Fechner, Wirtschaftsgesch., 704.
2) derf., Malapane, 86.

getrieben werde"[1]). — Die beim Rüdersdorfer Kalkbergwerk angesiedelten Bergarbeiter und Steiger, Handarbeiter und Fuhrleute wurden
auf Ansuchen des Bergamtes durch Zwang zur Arbeit angehalten[2]).

Die schlesischen Grundherren verwendeten regelmäßig ihre Unter-
tanen, die im Robot für sie arbeiten mußten, beim Bergbau[3]). Graf
Götz beschäftigte in seiner Grube „Frischauf" zu Eckersdorf 4 bis
6 Untertanen; von den in der Grube „Johann Baptista" des Barons
Pilati zu Schlegel tätigen Untertanen waren 7 als Häuer angestellt.
Die Barone v. Stillfried auf Neurode zu Buchau verwendeten 1763
fünf Untertanen als Häuer und zwei als Offizianten[4]). In der
Schreckendorfschen Glashütte wurden für die Handlangerarbeit gräfliche
Untertanen benutzt, wodurch dem bürgerlichen Glasfabrikanten Rohr-
bach bei der Billigkeit dieser Arbeitskräfte starke Konkurrenz bereitet
wurde; auch die Hütten des Herzogs von Württemberg-Öls, des
Grafen Posadowsky und Kottulinsky hatten gegenüber den andern
Unternehmern größeren Gewinn, weil sie die Frondienste ihrer Untertanen verwenden konnten[5]).

Die Spinnerei wurde nicht nur in Schlesien sondern auch in der
Mark mit der Weberei in großem Umfange im Untertanenverhältnis
getrieben[6]). Daß diese Pflichtdienste kapitalistischen Unternehmungen
zugute kamen, haben wir schon früher gesehen[7]).

Zu den aus älterer Zeit stammenden Arbeitsverpflichtungen der
Untertanen kamen die neubegründeten. — Mit den nach den
Einwanderungsedikten auf königliche Kosten erbauten Häusern hatten
die Angesiedelten häufig bestimmte Arbeitsleistungen übernehmen müssen,

---

1) G. St. A., Rep. 9. GG. Lit. X, 15./6. 1694.

2) Hagen, 34.

3) Fechner, Berg= u. Hüttenwesen, Bd. 50, 294.

4) ders., Wirtschaftsgesch., 550.

5) ders., Malapane, 102.

6) ders., Wirtschaftsgesch., 444 ff.; die seinerzeit zwischen Brentano,
Grünhagen und Sombart stattgefundene Diskussion über den grundherrlichen Charakter der Leinenindustrie in Schlesien, die
hauptsächlich die Frage behandelte, ob die Spinner= und Webernot sowie das Zurück-
bleiben der Technik vorzugsweise in der Gutshörigkeit ihren Grund hätten, interessiert
uns hier nur insoweit, als tatsächlich Frondienste mit Spinnen und Weben ge-
leistet wurden: Brentano, Leinengewerbe; Sombart, Hausindustrie;
Grünhagen, Grundh. Charakter; Br., Grundherrlichkeit; Kern, Weber in
Schlesien; s. Lit.=Verz.!

7) s. S. 80 f.

die als Grundverpflichtung an Haus und Acker hafteten und bei
Eigentumswechsel mit übergingen; in gewissem Sinne kann man hier
von einer modifizierten Grundrechtlichkeit sprechen. So hatten die
Bewohner der bei den kgl. Eisenhüttenwerken Malapane und Kreuzburgerhütte angelegten Kolonien, wie erwähnt, die Verpflichtung, für
die Werke Dienste zu leisten[1]). Die Kolonisten von Friedrichsthal
mußten Erbzins zahlen und jährlich 40 Klafter Holz gegen üblichen
Lohn schlagen[2]).

Hierher gehören auch die sog. „Spinndörfer", Kolonien, in
denen in- und ausländische Familien auf staatliche Kosten angesiedelt
und mit Hof und Acker versehen wurden, dafür aber bestimmte Dienstleistungen zu übernehmen hatten. Als nach dem 7-jährigen Kriege
sich die Wollfabrikanten in Berlin über den Mangel an Gespinst
beklagten, wurden auf Anordnung Friedrichs d. Gr. im kurmärkischen Amte Wollup 400 Wollspinnerfamilien in den Kolonien
Neu-Langsow (119 Familien), Beyersberg (44), Siedowswiese (40),
Sophienthal (74), Lehmannshöfel (26), Rehfeld (19) und Gerikenberg
(47) angesetzt. Außer 15 Tagen Handdienste, die sie den Aemtern
zur Erntezeit leisten mußten, waren sie dem Berliner Lagerhaus zur
Wollspinnerei verpflichtet[3]). Neben diesen sind bei Beheim-
Schwarzbach[4]) folgende „Königliche Spinnerdörfer" aufgeführt:

im Amt Oranienburg: Sachsenhausen[5])   50 Büdnerfamilien

"   "   Köpenick: Neu-Zittau   100   "

"   "   Lehnin: Freyenthal   50   "

"   "   Köpenick: Friedrichshagen   100   "

               Gosen   100   "

"   "   Saarmund: Philippsthal   50   "

"   "   Mühlenbeck: Schönwalde   100   "

"   "   Liebenwalde: Marienwerder[6]) 50   "

               bei Brandenburg: 50   "

zus.: 650 Büdnerfamilien.

Die Spinnarbeit dieser Kolonien wurde großenteils von
Berliner Fabrikanten benutzt. In den Jahren 1780—81

---

1) f. S. 129 f.

2) Fechner, Berg- u. Hüttenwesen, 394.

3) Schwartz, P. Brenkenhoff, 57; Beheim, 553.

4) S. 551.

5) Berghaus, I. 457; mit Feinwollspinnern besetzt.

6) eb., 453: erwähnt Zwang zur Wollspinnerei, der erst zu Anfang des
19. Jahrhunderts abgelöst wurde.

richtete man in Lehmannshöfel, Beyersberg und Marggrafspieske regelrechte Wollspinnhaltereien ein[1]). Der von dem Berliner Kaufmann Friedrich Karl Daum 1753 in Brandenburg gegründeten Barchent= manufaktur, welche etwa 1500 Personen mit Wollespinnen beschäftigte, waren 6 Kolonistendörfer, nämlich Kloster Lehnin, ein „Dorf beym neuen Kruge", die Kolonien Wendisch=Gröben, Goris=Gröben, Görden und Bohnenland zugewiesen worden[2]); um die Spinnerei in den Dörfern um Brandenburg herum hat sich auch der Berliner Kaufmann Sieburg bemüht[3]).

Eine weitere Möglichkeit, aus der ländlichen Bevölkerung Arbeits= kräfte für die kapitalistische Industrie zu gewinnen, war durch die **Einrichtung der Spinnschulen** gegeben, deren qualitative Be= deutung, der sie recht eigentlich ihre Gründung verdanken, später zu behandeln sein wird. Hier kommt lediglich die Tatsache in Betracht, daß in den Schulen Arbeitskräfte örtlich und zeitlich zusammengefaßt waren, die neben der bald erledigten Ausbildung im Spinnen gleich= zeitig der kapitalistischen Industrie das infolge Arbeitermangels so nötige Gespinst liefern konnten. Durch verschiedene Edikte wurde die ländliche Bevölkerung: Männer und Frauen, Knechte und Mägde, Kinder und alte Leute, dazu veranlaßt, in die überall errichteten Spinnschulen zu gehen und ihre freie Zeit dort mit nützlicher Arbeit zu verbringen.

Als Tarrach 1777 die Provinz Pommern bereiste, um die Möglichkeiten zur Anlage von verschiedenen Manufakturen und Fabriken zu untersuchen, stieß er immer wieder auf Klagen der Tuchmacher über Mangel an Gespinst, der für Manufakturen natürlich erst recht hätte behoben werden müssen. Hier schien die Einrichtung von Spinn= schulen gute Abhilfe schaffen zu können[4]).

Die Verwendung von Spinnschulinsassen für kapitalistische Unter= nehmungen ist mehrfach bezeugt. Der Kämmerer Kameke, der in Naugard eine Nesselfabrik anlegte, ließ von auswärts einen Spinn= meister kommen, mit dem er eine Spinnschule eröffnete, um deren

---

1) Rohrscheidt, Bd. 5, 357.

2) Nicolai, III, 1032 f.

3) G. St. A., Fabr.=Dep. Tit. 258 Nr. 27, Bln. 26./3. 1759.

4) „Es ist offenbahr," heißt es in einem Cösliner Protokoll, „daß dieses eines der besten Mittel ist die fabriquanten, wegen der offt geführten Beschwerden über Mangel an Gespinst klaglos zu stellen." — G. St. A., Fabr.=Dep. Tit. 94 Nr. 8 Vol. II, Cöslin, 27./5. 1777; f. auch Bericht Tarrachs ab Regem: eb., Nr. 9, Bln. 31./3. 1777.

Produkte für seine Zwecke verwenden zu können. Ebenso bemühte sich der Kaufmann Lübemann in Cöslin, einen Spinnmeister für die dortige Spinnschule zu beschaffen. 1779 wurde in Pyritz eine „zum Behuf der Seegel Tuch und Strumpf-Fabrique" angelegt, und in Rügenwalde ließ der Entrepreneur Keyling die Spinnschulinsassen für sich arbeiten[1]).

Ein Vorteil, der die Verwendung dieser Arbeitskräfte für kapitalistische Unternehmungen besonders lohnend machte, lag in der hier durchgeführten Organisation. Der auf der Suche nach Arbeitern befindliche Unternehmer traf hier geordnet zusammengefaßte Kräfte, die in einem bestimmten Hause und zu bestimmten Stunden für Flachs-, Woll- und Baumwollspinnen verfügbar waren. Diese Vorteile zeigten sich in noch stärkerem Maße bei den Einrichtungen, die wir nun zu behandeln haben.

3. Arbeiterbeschaffung aus dem anstaltlich-militärischen Nexus. — Um dem Mangel an Arbeitern, der nun hier immer und immer wieder festgestellt wurde, abzuhelfen, hatte man im freien bürgerlichen und ländlichen Kreise alles Verfügbare aufgesucht. Nun ging man daran, die in anderen Sphären befindlichen, der freien Gesellschaft abgewandten Bevölkerungsgruppen der kapitalistischen Entwicklung nutzbar zu machen. Da waren vor allem die Insassen der verschiedenen staatlichen Anstalten, die dort zur Bestrafung, hier zur Zwangserziehung oder aus Gründen der Wohlfahrtspflege untergebracht waren. Zu den ersteren Instituten gehören die Zuchthäuser, Gefängnisse, Spinn- und Arbeitshäuser, zur zweiten Kategorie die Armenhäuser, Waisenhäuser und Stifter. Ein weiterer Kreis ungenutzter Möglichkeiten, ebenfalls außerhalb der üblichen zivilen Sphäre, bot sich bei den Angehörigen des Militärs, den Soldaten samt ihren Weibern und Kindern.

Zu der Frage, von welchen Interessengebieten her man solche Anstaltsinsassen den kapitalistischen Unternehmungen zugänglich zu machen suchte, ob die Unternehmer von sich aus darauf drangen, billige Arbeitskräfte zu bekommen, hinter denen u. U. noch der Zwang zu besonders ausgiebiger Arbeitsleistung stand, oder ob das Interesse des Staates, die Insassen mit nutzbringender Arbeit zu be-

---

1) eb., Nr. 8. Vol. III. Naugard 26./11. 1778; Cöslin 27./1. 1779; eb., Nr. 11 Vol. V, Pyritz 30./7. 1779; eb., Tit. 258 Nr. 101 Vol. I, Cöslin 26./11. 1783, beigelegt einem Bericht vom 17./11.

schäftigen und auf diese Weise finanzielle Unterstützung zu ihrem Unterhalt zu finden, im Vordergrund stand, ist wohl zu sagen, daß beide Motive auftraten, wobei im einen Fall dieses, im andern jenes vorherrschend gewesen sein mag[1]). Wichtiger ist für unseren Problemkreis die Feststellung, daß überhaupt und in bedeutendem Umfang die hier brachliegenden Menschenkräfte industriell genutzt wurden und dadurch auch von dieser Seite her eine für die Entstehung des Kapitalismus wesentliche Bedingung erfüllt werden konnte.

Eine Unterscheidung der verschiedenen Anstaltstypen strafrechtlichen Charakters ist deswegen wenig angängig, weil in der hier behandelten Epoche noch kaum eindeutig bestimmte, der Bestrafungsart, Schwere des Verbrechens usw. entsprechende Typen herausgebildet waren. Wohl waren die verschiedenen Gruppen in besonderen Räumen eines Hauses untergebracht, aber bereits in den Arbeitssälen fanden sich — wie etwa im Spandauer Zuchthaus — alle Arten von Insassen zusammen[2]). Es war also eine recht bunte Gesellschaft, die hier zusammensaß und für die Unternehmer Wolle spinnen, Seide haspeln, Farbholz raspeln und schaben mußte.

In welcher Weise man die Anstalten in den Dienst der Wirtschaft stellte, zeigen die Verhältnisse im Spandauer Zuchthaus, über das die Akten einigermaßen Auskunft geben. Nachdem zu Anfang die Insassen

---

1) Bei Anlegung des Spandauer Spinn- und Zuchthauses scheinen volkswirtschaftliche Gründe im Vordergrunde gestanden zu haben, wie aus einem an die Berliner Magistrate gerichteten kurfürstlichen Schreiben hervorgeht: „Der Länge nach zu vernehmen, waß maßen Wir zu beförderung der Wollen- und Seyden Manufacturen, auch zugleich zur Verbesserung der bishero ermangelnden Spinnerey in Unsern Churlanden, ein Zuchthauß in der Stadt Spandow anrichten, auch alles Liederliche, Ledige und Bettelgesinde auftreiben, zur Arbeit anhalten, den Müßiggang abschaffen, und die herumblauffende Jugend, durchgehends Zu erlernung der Spinnerei, und bey zunehmend Jahren eines guten Handwercks anweisen zu lassen, . . ." (G. St. A., Rep. 9. C. 6. c. 1, 15./12. 1687.)

2) Eine Spandauer Quartalsliste vom 30./6. 1734 weist als Haftgrund auf: Irrsinn, Bettelei, Schwachsinn, Diebstahl, Ehebruch, Kindesmord usw.; in die Anstalt wurden sogar erziehungsbedürftige Kinder und widerspenstige Dienstboten beiderlei Geschlechts aufgenommen, die „auf Instanz Ihrer Eltern und Verwandten ohne einig Urtheil und Sentenz zur Arbeit abgegeben" wurden: G. St. A., eb., 16./2. 1712; ebenso war es im Frankfurter Zucht- und Spinnhaus: G. St. A., Rep. 21 57g, Bln. 24./8. 1789; f. hier auch Regl. f. d. Zuchthaus in Halle v. 16./4. 1757 §§ 4 u. 6; ebenso Korn, 1747, S. 457: Ed. wegen der Armen-, Arbeits- u. Zuchthäuser in Schles. zu Brieg und Jauer, 25./3. 1747.

durch staatliche Kommissare, „Oeconomie-Directoren", zum Wollespinnen und Seidehaspeln angehalten worden waren, verpachtete man
die Anstalt im folgenden Jahre (1688) an die Seidenhändler Müller
und Koppisch und übergab ihnen sämtliche Gefangene gegen ein
wöchentliches Entgelt von 8 Groschen für jede Person zum Seide-
spinnen [1]). Da die Züchtlinge jedoch bei dieser Arbeit nicht soviel
verdienten, wie die Unternehmer dafür bezahlen mußten, gaben diese
die Spinnerei 1693 auf. Von dieser Zeit an wurden die Insassen
wieder mit Wollspinnen durch einen Schnurmacher Klette und den
Raschmacher Hans Ernst Kraft beschäftigt, welche für jeden Gefangenen
wöchentlich 8 Gr. zahlten und das Gespinst im Hause selbst verarbeiteten; sie erhielten 350 Tl. als staatliche Unterstützung zum
Unterhalt der Gefangenen dazu [2]). Um 1712 war ein Mann namens
Rouvroy als Inspektor in der Anstalt tätig, der sie für jährlich
50—100 Tl. weniger übernommen hatte. Drei Jahre später wurde
ein neuer Kontrakt mit dem Inspektor Andreas Michael Gutbier geschlossen [3]), aus dem die eigentümliche Stellung der „Inspektoren"
hervorgeht: Sie übernahmen vom Staat mit einer entsprechenden
Unterstützungssumme die Gefangenen zu ihrer freien Verfügung und
hatten dann die Aufgabe, für sie Arbeit von Unternehmern anzunehmen,
mit denen sie wohl ihre Privatverträge abschlossen (Inspektorsfall).
Hierbei ist zweifelhaft, ob die Arbeit nach Art und Stück einer Taxe
entsprechend bezahlt wurde oder ob der Unternehmer einen bestimmten
Verpflegungs- oder Pachtsatz pro Kopf der Gefangenen zahlte.
Letzteres kam ausschließlich da vor, wo der Unternehmer das ganze
Zuchthaus mit Inhalt pachtete, dafür einen Satz von z. B. 8 Gr.
für den Gefangenen zahlte und nun die Freiheit hatte, die Insassen
zur Arbeit nach seinem Belieben zu verwenden (Pachtfall); nur hierbei standen ausschließlich ihm die Arbeitskräfte zu, während es vorher vorgekommen sein mag, daß der Inspektor für mehrere Unternehmer gleichzeitig arbeiten ließ. In einem dritten, dem erstgenannten
ähnlichen Fall (Administrationsfall), der z. B. im Gründungsjahr des
Spandauer Zuchthauses vorlag, wurden die Rohstoffe des Unternehmers und Privatkunden vom staatlichen Administrator, dem gewöhnlich ein Fachkundiger (Werkmeister) unterstellt war, herein-

---

1) Fischbach u. Dilschmann, 47 f.; s. „Interims-Taxe" in Mylius,
V. II. 5. Nr. 2. p. 437. 28./12. 1687; über die 155 gleichzeitig im Zuchthaus
beschäftigten Piemonteser s. Beheim, 102 f.

2) Fischb. u. D., 48; G. St. A., Rep. 9. C. 6. c. 1, 14./1. 1702.

3) eb., 16./2. 1712 und 2./7. 1713; 15./2. 1715.

genommen und gegen einen bestimmten Taxlohn pro Arbeitsart und -einheit nach der Verarbeitung wieder ausgeliefert.

Nach einem Bericht des Commissarius Perbsch von 1733 war das Spinnhaus vermutlich schon wieder seit 1729 an den „Entrepreneur David Hirsch" verpachtet; auch für das Jahr 1769 ist von einem „Entrepreneur der hiesigen Wollarbeit" die Rede[1]. Um 1784 hatten Wegely & Söhne das Zuchthaus, in dem jeder erwachsene Gefangene wöchentlich 8 Stück Woll= oder Baumwollgarn spinnen mußte, als Entrepreneurs übernommen[2].

Wie weit bei den Zucht= und Arbeitshäusern der Zweck, die Insassen für Unternehmerarbeit zu verwenden, im Vordergrunde stand, erhellt aus der Tatsache, daß bei der Verschickung nach Spandau auf mehrmalige königliche Anordnung eine besondere Auswahl von starken und arbeitsfähigen Leuten getroffen werden mußte. Dem Inspektor Rouvroy z. B. sollten keine „schwangere Weibes= Persohnen, auch welche, so kleine Kinder haben, oder sonsten mit einer ansteckenden Krankheit behafftet sind, anhero geschickt werden, welches doch wider seinen Contract ist, und er solche zur Arbeit nicht gebrauchen kan. . ."[3]. Nach einer Ordre vom 22. Jan. 1729 sollten „insonderheit Weibes=Leuthe anhero geliessert werden, so noch jung und gesundt, auch zur Arbeit tüchtig, als wodurch der Entrepreneur David Hirsch desto mehr Gespinnste bekömmt, folglich die Einnahme bey dem Hause anwächset, . . ."[4]. Die Sorge für eine glatte Aus= übung der Arbeit ging sogar soweit, daß die Zahl der Züchtlinge beschränkt wurde, damit sie sich nicht gegenseitig bei der Arbeit be= hinderten[5]!

Die Benutzung von Anstaltsinsassen für kapitalistische Unter= nehmungen fand sich nun in jener Zeit sehr häufig. — Im Jahre 1749 übernahm der Küstriner Fabrikant Tobias Friederich Schiele auf zwölf Jahre das dortige Arbeitshaus, um darin eine Zeugfabrik einzurichten, nachdem schon vor ihm sein Schwiegervater Juncke die Gefangenen zur Arbeit herangezogen hatte[6]. Das auf Grund milder

---

1) G. St. A., a. a. O., 7./2. 1732; Bericht 16./10. 1769.
2) Fischbach u. D., 48.
3) G. St. A., a. a. O., 2./7. 1713; s. auch Regl. f. Halle v. 16./4. 1757 § 4.
4) eb., Bericht 7./2. 1732.
5) eb., 1./2. 1785.
6) Abgeänderter Uebernahmevertrag vom 30./1. 1750 i: G. St. A., a. a. O. bei: Cammer Cüstrin 18./1. 1770; im Anhang auszugsweise wiedergegeben: Anl. B.

Stiftungen und durch Privileg vom 5./15. November 1693 in Königsberg (Pr.) errichtete Zuchthaus wurde außer durch staatliche Unterstützungen und Haftgebühren durch „das Einkommen aus dem Wollspinnen, als dem einträglichsten Geschäfte derer Zuchtlinge, und was aus derselben anderweitigen Handarbeit, welche entweder von dem im Zuchthauß wohnenden Fabricanten, oder anderen Einwohnern der Stadt, vor Spinnen, Stampfen, Federn-Schließen pp. bezahlet wird" erhalten[1]). Hier lag der interessante Fall vor, daß die Fabrik sich überhaupt ganz im Zuchthause befand. Dem Unternehmer waren einige Räume zur Verfügung gestellt worden, in denen er auch seine freien Arbeiter unterbrachte, für die die Häftlinge mit den roheren Arbeiten wie Wollespinnen, -zupfen usw. (monatlich 200 Pfd.) beschäftigt wurden[2]). Auch die Insassen des Zuchthauses in Magdeburg wurden zur Wollarbeit verwendet[3]). In dem Anfang des 18. Jahrh. in Frankfurt a. O. angelegten Zucht- und Spinnhaus wurden die Züchtlinge mit den „aus der Spinnerey und den übrigen Arbeiten einkommenden Geldern" erhalten[4]). Ein „Königliches Preußisches Allergnädigstes Reglement für das Zucht- und Arbeits-Haus der Stadt Halle" vom 16. 4. 1757 forderte die Unternehmer auf, sich der hier vorhandenen Arbeitskräfte zu bedienen. Es „sollten auch einige Fabriquen in solchem Zuchthause anzulegen gut gefunden werden, welches des gemeinen Bestens halber Seine Königliche Majestät allergnädigst gestatten"[5]). Auch in Schlesien wurden die Insassen der Zucht- und Arbeitshäuser den kapitalistischen Unternehmungen dienstbar gemacht. In Jauer, Brieg, Breslau und Kreuzburg wurde für sie Wolle und Baumwolle gesponnen. 1763 beschäftigte der Reichenbacher Bürgermeister Arlt nur 10 Stühle für leichtere Woll-stoffe in der Gegend von Reichenbach, 12 aber im Jauerschen Zucht-hause; später pachtete dieses Leffmann Joël Painer[6]). Im Breslauer Zuchthause hatte zeitweilig der Tuchfabrikant Macher einige Räume gemietet und beschäftigte für seine „feine Tuchfabrik" die Gefangenen mit Wollespinnen[7]). Aus der eingehenden Schilderung der Verhältnisse

<hr>

1) eb., 17./1. 1770.

2) eb. Fabr.-Dep. Tit. 236 Nr. 53, Kgsbg. 24./4. 1787.

3) Schmoller, Studien, XI. Jg., 819.

4) G. St. A., Rep. 21, 57 g, Frkf. a./O. 14./4. 1763 und Bln. 24./8. 1789.

5) ebenda, als Beilage.

6) Fechner, Wirtschaftsgesch., 305 u. 661 f., 366 u. 376 f.

7) Schroetter, Bd. XI., 412; f. auch den dort wiedergegebenen Vertrag.

in den genannten schlesischen Anstalten, die wir bei R o e m e r[1]) finden, ist hervorzuheben, daß hier meist die Arbeitskraft der Insassen im ganzen an Unternehmer verpachtet wurde und teilweise die ganze Fabrik in den Zuchthäusern untergebracht war wie im Macherschen Falle in Breslau.

In Berlin war das erste Arbeitshaus in dem 1702 begründeten Großen Friedrichs-Hospital untergebracht worden, welches zugleich als Hospital, Waisenhaus und Arbeitshaus dienen mußte. Nach einer bei W a l t h e r[2]) gegebenen „Generalen Beschreibung, wie das Armen-Wesen in den hiesigen Königl. Preußischen Residenz-Städten allhier eingerichtet ist", wurden dort „faule starcke Bettler und liederliche Weibs-Personen so wohl fremde als einheimische ... zum Spinnen und anderer Arbeit angehalten auch zum Holtz raspeln gebraucht, jedoch auch bei solchen Betstunden und Catechisation gehalten". In einem 1742 von Friedrich d. Gr. mit einem Fonds von 100 000 Tl. errichteten Arbeitshaus wurde die Arbeit von Anfang an nicht für Rechnung der Anstalt selbst betrieben, sondern ihre Nutzung Fremden überlassen. Seit November 1793 wurden die Insassen, nachdem sie vorher der Kaufmann Lange mit Arbeit versehen hatte, von den Gebrüdern Hesse zum Spinnen von Landwolle verwendet. Den Unternehmern wurde 1795 durch ein kgl. Reskript erlaubt, eine spanische Spinnerei im Arbeitshause einzuführen[3]). Von 1798 bis zum Dezember 1803 lief ein Kontrakt mit den Entrepreneurs des Königl. Lagerhauses, den Geheimen Räten v. Wolff und Schmidt, über die Spinnerei im Arbeitshause. Dann übernahm sie der Tuch-fabrikant Saretz in Cottbus für 6 Jahre und trieb hier gegen einen geringen Stücklohn Feinspinnerei.

Die Anzahl der Gefangenen, welche den Unternehmern nun hier im Einzelfall zur Verfügung standen, erreichte immerhin die Belegschaft einer im damaligen Sinne bedeutenden Fabrik oder Manufaktur.

Im S p a n d a u e r Z u c h t h a u s e beschäftigte der Raschmacher Kraft 1693 40—50 Personen. Im Jahre 1697 befanden sich hier 4 Männer und 34 Frauen[4]). Eine „Quartal-Liste derer vom 1 ten April biß ult. Juny 1734 im Spandowischen Zucht- und Arbeits-Hause

---

1) S. 78—83.

2) Armen-Anstalten, 76.

3) A n d r a e, 16.

4) K r ü g e r, 222 f.

befindlicher Gefangener, Mannes und Weibes-Perſohnen"[1]) zeigt
folgende Verhältniſſe:

<table>
<tr><td>37 Männer</td><td rowspan="3">} davon geſtorben, entſprungen und entlaſſen, ſo daß am Berichtstage übrig ſind:</td><td>28 Männer</td></tr>
<tr><td>211 Weiber</td><td>176 Weiber</td></tr>
<tr><td>20 Kinder</td><td>16 Kinder</td></tr>
<tr><td>—</td><td></td><td>3 Zigeuner</td></tr>
<tr><td>268</td><td></td><td>sa.: 223 Perſonen.</td></tr>
</table>

Die Beſtandsliſten in den Akten ergeben folgende Zahlen (männliche
und weibl. Gefangene zuſammen):

1742	17 Perſ.	1773	72 Perſ.
1765	60 „	1775	70 „
1766	36 „	1778	49 „
1767	36 „	1779	46 „
1768	55 „	1780	66 „
1769	90 „	1781	79 „
1770	46 „	1782	133 „

Dieſen Zahlen ſteht eine für die entſprechenden Jahre ſehr unter-
ſchiedliche Liſte von Fiſchbach und Dilſchmann gegenüber[2]):

	1774	1781	1782
Männer	63	78	98
Frauen	131	93	125
Söhne	—	4	3
Töchter	2	3	3
Knechte	—	2	5
Mädchen	—	1	2
Ueberhaupt	196	181	236

Januar 1783:   Gefangene:
männlich 102
weiblich 125
227

März 1784: alle Gefangenen: 249

In dem 1742 gegründeten Berliner Arbeits- und
Armenhaus befanden ſich im Juli 1769 300 Perſonen; 1785
waren insgeſamt 1250 Perſonen vorhanden, von denen 609 eigentliche
Arbeitshäusler waren (192 Männer, 300 Weiber, 46 Knaben und

---

1) G. St. A., Rep. 9. C. 6. c. 1.

2) Die Differenzen laſſen ſich nur dadurch erklären, daß bei den Akten nur
Gefangene, bei Fiſchb. u. D., 49, aber auch die ſonſt im Zuchthaus Wohnenden
mitgezählt ſind; vermutlich ſind im erſten Falle auch Beſtandsaufnahmen am
Jahresende, im letzteren aber Summen des Beſuches größerer Zeiträume gegeben.

71 Mädchen) und den Hauptanteil der den Unternehmern zur Ver=
fügung gestellten Arbeitskräfte ausmachten [1]).

Unter den s c h l e s i s c h e n Einwohnern, die sich 1787 nach den
von Hoym dem Könige gemachten Angaben mit Wollgarnspinnen
beschäftigten, wurden 595 Züchtlinge und Arme der Arbeitshäuser
Breslau, Jauer, Brieg und des Kreuzburger Armen= und Arbeits=
hauses gezählt [2]). Das Arbeits=, Zucht= und Irrenhaus in Brieg
beschäftigte 120—170 Züchtlinge, welche 1765 auf 22 Baumwoll=
spinnrädeln spannen; 1771 fanden sich dort 76 Baumwollräder,
6 Castor=Räder und 10 Sajett=Räder; 40 Weber arbeiteten an 38
Stühlen, für welche 38 Männer und 29 Weiber spannen, 22 spulten
und 6 Insassen die Wolle kämmelten. 1785, als Joël Leffmann
Painer das Jauersche Zucht= und Arbeitshaus übernahm, um dort
eine Kattunfabrik anzulegen, hatte es 140 Züchtlinge und 30 Irre,
die Baumwolle spannen und Kattun webten. Das Kreuzburger
Armen= und Arbeitshaus, das 500 Personen faßte, und dessen Insassen
wie beim Berliner Arbeitshaus in zwei Klassen der Alten und Schwachen
und der Bettler und Faulen eingeteilt waren, beherbergte 1783 238
Häuslinge, die zur Arbeit herangezogen wurden [3]).

Ein häufig beklagter Nachteil für eine nutzbringende Verwendung
der Anstaltsinsassen bestand darin, daß sie häufig wechselten, wodurch
die Erzielung einer qualitativ gleichmäßigen Arbeit stark behindert
wurde.

Wenn wir nun den Zusammenhängen zwischen W o h l f a h r t s =
p f l e g e   u n d   K a p i t a l i s m u s nachgehen, so erinnern wir uns,
welche geringen Unterschiede in dieser Zeit in der Art der Anstalten
gemacht wurden. Straf= und Wohlfahrtspflege waren nicht allzu
scharf getrennt und im Bettel= und Armenwesen in der Praxis die
arbeitsunwilligen Bettler und Landstreicher mit den „wirklichen"
Armen, den „pauvres honteux", oft — im wahren Sinne des
Wortes — unter ein Dach gebracht. Dazu mag auch der Verwendungs=
zweck beigetragen haben [4]). Daneben fanden sich jedoch auch als
reine Wohlfahrtsanstalten die Waisenhäuser.

<hr>

1) N i c o l a i, II. 639.
2) F e c h n e r, Wirtschaftsgeschichte, 662.
3) R o e m e r, 69 f.
4) Die erste Armenanstalt in Berlin wurde 1687 an der Inselbrücke als
„Manufactur = Spinnhaus" errichtet und sollte der Straßenbettelei abhelfen:
L i s c o, 75. — Daß man bei der Beschaffung von Arbeitskräften, besonders für die

Ueber die Armenhäuser ist großenteils im vorigen Abschnitt gehandelt worden, so daß hier nur noch auf einige Einzelheiten einzugehen ist. — Die „pauvres honteux" in den Armen= und Arbeitsanstalten wurden naturgemäß in vieler Beziehung besser behandelt als die übrigen Insassen; es bestand für sie z. B. kein so harter Arbeitszwang. Ganz frei waren sie davon jedoch nicht, da sie dadurch mehr oder weniger regelmäßig zu ihren Verpflegungskosten beitragen konnten. Dabei wurde ihnen in manchen Fällen der über die Unterhaltskosten überschießende Arbeitsertrag am Ende jeder Woche bar ausgezahlt. Im übrigen aber wurden sie kapitalistischen Unternehmungen in gleicher Weise zur Verfügung gestellt wie die Arbeits= und Zuchthäusler.

Das 100 Personen fassende Hirschberger Armenhaus, in welchem die alten Leute Flachs, die Kinder Baumwolle spinnen mußten, wurde an Unternehmer verpachtet; zeitweilig versorgte es der Kattunfabrikant Müller aus Chemnitz mit Arbeit[1]). Im Berliner Arbeits= und Armenhaus wurden 641 Arme (271 Männer nnd 370 Frauen) zusammen mit den Arbeitshäuslern von einem Werkmeister, den der Entrepreneur hielt und bezahlte, beaufsichtigt und angeleitet. Ueber die Leistungen einer solchen Anstalt gibt eine Notiz über das Potsdamer Stadtarmenhaus Auskunft, nach welcher dort in einer Woche von 37 Weibern, 7 Knaben und 5 Mädchen 174 Stück Garn gesponnen von 4 Männern und 1 Weib 174 Stück Wolle gestrichen, und von 13 Männern 124 Pfund Wolle geschlumpt wurden. Anfang 1784 waren in sämtlichen Berliner Armenanstalten 600 deutsche und 994 französische Arme untergebracht. Welch starkem Wechsel die Belegschaft unterworfen war, zeigt sich darin, daß im Laufe des Jahres 1785 5 288 Arme dazukamen, bei einem Abgang von 5034 Personen in der gleichen Zeitspanne[2]).

Spinnerei, bald an die Insassen der Armenhäuser dachte, zeigt eine „Vorstellung wie Ewe. Königl. Majestaet in dero Landen, eben dergleichen Tücher, wie in Engel= und Holland, darbey mit geringeren Kosten [!] können fabriciren lassen", in welcher es u. a. heißt: „Und weil zu etablirung eines solchen Wercks, die Hollänsche egale Spinnerey einzuführen, einer der aller schweresten Sache ist, so finde ich hingegen diese Schwürigkeit gehoben: Weil alhier in Berlin verschiedene Armen=Häuser seind, und wenn nur in einem jeden auf ½ Jahr 2 Spinn Meister gehalten würden, welche die Kinder und andere Personen vorerst nur mit hiesiger Landt=Wolle im Spinnen unterrichten müsten, so würde sich solches hernach von selbsten exlenbiren." G. St. A., Rep. 9. JJ. 12, o. D.

1) Roemer, 70 f.
2) Nicolai, II, 599, 639, 646; III, 1296.

Diese für eine gute Arbeit nachteiligen Erscheinungen traten bei den Waisenhäusern mehr in den Hintergrund, während alle die Vorteile einer festen Organisation neu hinzukamen, die uns schon bei der Heranziehung anderer Anstaltsinsassen begegnet sind; die Unterbringung der Waisenkinder in besonderen Häusern, die auch für andere Zwecke geeignete Arbeitsräume aufwiesen, reizte die Unternehmer früh, sich dieses unter bestimmter Hausordnung lebenden, von einer eingesetzten Autorität regierten Arbeitermaterials zu bedienen. Auch für auswärtige Fabriken und Manufakturen waren die Kinder, welche ja zum großen Teil einer verantwortlichen, verwandtschaftlichen Verbindung entbehrten, für die Zwecke der Unternehmer zu verwenden. So bildeten sich die Waisenhäuser geradezu als Bezugsquellen für Arbeitskräfte aus, an die die Unternehmer Gesuche um Lieferung einer bestimmten Anzahl Kinder auf Grund kontraktlicher Vereinbarung richteten.

Seiner Größe entsprechend spielte das 1722 von Friedrich Wilhelm I. begründete Potsdamer Militärwaisenhaus eine bedeutende Rolle. Gleich zu Anfang war für die Knaben ein sog. spanischer Spinnmeister angestellt worden, welcher sie mit feiner Wollspinnerei für das Lagerhaus beschäftigte[1]). Kann hierin schon ein gewisser Nexus mit dem Kapitalismus festgestellt werden, so noch mehr bei dem mit dem Potsdamer Fabrikanten Daum 1725 abgeschlossenen Kontrakt, nach welchem „50 bis 60 Kinder auf Sr. Königl. Majestät Befehl zur Arbeit in den Fabriken akkordirt" wurden. Ein Aufseher brachte sie morgens hin und holte sie zum Essen wieder ab; die Arbeitszeit ging im Sommer von 5—12 und von 1—4 Uhr. In ähnlicher Weise wurden dem Arbeitshause zur Wollenmanufaktur Knaben zugeschickt. Andere Teile der Knabenschaft gab man, wenn sie konfirmiert waren, zu Meistern in die Lehre oder teilte sie in der Stadt den Woll= und Seidenfabriken zu Hilfeleistungen (Garnspinnen und =spulen, Seide= wickeln usw.) zu, wofür diese einen bestimmten Betrag an die Waisen= hauskasse zahlten.

Die Zöglinge des 1725 in Potsdam errichteten Mädchen= hauses wurden ebenfalls zum Spinnen und anderen Arbeiten an=

---

1) 1731 übernahm, nachdem das Waisenhaus bis dahin die Spinnerei auf eigene Rechnung betrieben hatte, kontraktlich der Spinnermeister Pierre Nicolai die Spinnstube in Entreprise für jährlich 400 Rtl.; da er aber in 6 Monaten vom Lagerhause für geliefertes Gespinst über 600 Rtl. bekam (der Jahresprofit des Waisenhauses hatte vorher 50 Rtl. betragen), übernahm wieder das Waisenhaus die Spinnerei: Geschichte des Kgl. Potsd. Militärwaisenhauses, 273; die hier gegebene Darstellung liegt den folgenden Ausführungen zugrunde.

gehalten; es waren 1727 42 Mädchen, von denen immer die Hälfte sich einen Tag um den andern von 7—12 Uhr mit dieser Arbeit beschäftigte[1]).

Der folgende Ueberblick über die in der Anstalt untergebrachten Kinder zeigt, daß hier eine beträchtliche Menge von Arbeitskräften vorhanden war, die, mit einer für sie geeigneten Beschäftigung versehen, wohl manche der durch die Arbeiternot gebildeten Lücken ausfüllen konnte. Es wurden gezählt[2]):

Knaben		Mädchen	
1724—27	500—900	1727	42
1728—31	ca. 1000	1728—30	40—60
1732	„ 1050	1731—33	80—90
1733	„ 1200		
1734	„ 1250	1734—38	125—130
1735	„ 1150		
1736	„ 1150		
1737	„ 1230		
1738—40	ca. 1300—1400	1739—40	130—150
		1740	1558
1741	insges. 1946 Waisenkinder		
1742	1439		309
1745—50	1300—1400 Zöglinge		
1749			250 in Fabriken
1750	1200		350 tätig
1755			400
1758	1250		750
1763	999		776
1764	739		661[3])
1768	1400 Kinder		
1778[4])	1950 „		

---

1) eb., 278 f.; daneben wurden sie zum Seidenwickeln und spulen bei den Fabrikanten in der Stadt ausgegeben; auch als 1741 verordnet wurde, daß keine mehr bei den Sammetmachern arbeiten sollte, weil sie sich auf den Straßen umhertrieben, verstanden doch einige Fabrikanten, es späterhin wieder durchzusetzen.

2) zusammengestellt aus verstreuten Angaben der „Geschichte".

3) Der Abgang rührte von einer auf kgl. Befehl vorgenommenen Entlastung des Waisenhauses her, wonach 100 Knaben an Bauern ausgetan wurden, um das durch den 7j. Krieg entvölkerte Land wieder aufzufrischen.

4) infolge Ueberlastung 3—400 Kinder dauernd krank, jährlich 200 Tote, daher 1779 400 Knaben zu Bauern aufs Land gegeben.

1779—86		1400—1500 Kinder
1786 [1])	709	687
1787	691	654
1788	722	654
1789	684	639
1790	645	636
1791 [2])	570	564
1792	339	315

Der Hauptanstoß, die Arbeitskraft der Waisenkinder für gewerbliche Zwecke zu verwenden, wurde durch den Erfolg der Juden Ephraim und Gumpertz mit ihrer im Waisenhause eingerichteten „Brabanter Kantenklöppelei" gegeben, deren Anfänge auf das Jahr 1743 zurück gingen. Damals hatte eine Leutnantswitwe, namens Du Vigneau, beim Waisenhaus-Direktorium den Vorschlag gemacht, im Interesse des Industriewesens das Klöppeln von Brabanter Spitzen, das sie vollkommen beherrsche, in Preußen einzuführen und dazu die Kinder des Potsdamer Militärwaisenhauses als geeignetstes Material anzulernen. Mit Zustimmung des Königs richtete die Du Vigneau als Lehrmeisterin in einem eigens dazu erbauten neuen Mädchenhause die Klöppelei ein und verschrieb zur Hilfe beim Unterricht zwei Brabanter Mädchen, die gleichfalls vom Waisenhaus mit freier Kost und Wohnung versehen wurden. Die Sache kam aber nicht recht vorwärts; Schmutz, mangelhafte Erziehung und schlechter Unterricht, trotzdem man noch drei Klöppelfrauen aus Brabant verschrieben hatte, verhinderten den Erfolg.

1749 wurde die Klöppelei, die man erst hatte eingehen lassen wollen, von den genannten beiden jüdischen Handelsleuten, dem Hofjuwelier Ephraim und dem Schutzjuden Gumpertz, übernommen und jetzt erst als ein wesentlich kapitalistisches Unternehmen eingerichtet. Da die Anzahl der Mädchen von Jahr zu Jahr zunahm, wurde 1751—55 ein neues Mädchenhaus gebaut. Hier wurden 8 geräumige Säle für die Kantenklöppelei eingerichtet, für die die Entrepreneurs 8 Faktoressen — für jeden Saal eine — anstellten. Nach dem Kontrakt wurden ihnen vom Waisenhause 200 Mädchen übergeben, die von der Anstalt weiter gekleidet und unterhalten wurden [3]). Die Lehrzeit der Mädchen

---

1) diese Zahl von Nicolai, III, 1293.

2) Durch Kab.-Ordre wurde 1791 angeordnet, die Zahl auf 800 eingehen zu lassen.

3) Die 8 Räume wurden kostenlos hergegeben, erleuchtet und geheizt. Für die 8 Faktoressen bezahlte ihnen das Waisenhaus ein monatliches Gehalt von je 12 Rtl., von denen die Entrepreneurs — wie sich später ergab — jedoch nur 8 Rtl. wirklich auszahlten.

wurde auf 7 (!) Jahre festgesetzt, ihre Arbeitszeit war täglich von
8—12 und 2—7 Uhr. Die ersten 5 Jahre brauchten die Unternehmer
keine Pacht für sie zu zahlen, für die nächsten 2 Jahre monatlich 12 Gr.
für jedes ausgelernte Mädchen, — wie man sieht, ein recht nutzbringendes
Geschäft. Später setzten sie es sogar eine Zeit lang durch, daß
jedes ausgelernte Mädchen noch zwei Jahre, also bis zum Alter von
etwa 18—20 Jahren, auf Kosten des Waisenhauses in der Anstalt
bleiben mußte. Bei Kontraktserneuerung im J. 1763 wurden folgende
Aenderungen festgesetzt: Statt der früheren Freijahre und der dann
monatlich für die einzelnen Mädchen entrichteten 12 Gr. zahlte der
Entrepreneur jetzt für jeden seiner 8 Säle dem Waisenhause monatlich
10 Rtl. und außerdem ein für allemal ein Antrittsgeld von 500 Rtl.;
die täglichen Arbeitsstunden der Mädchen wurden etwas herabgesetzt:
8—1/2 12 und 4—6 Uhr. 1769 setzte es der Unternehmer beim König
durch, daß noch 8 von den 12 Schulstunden für die Fabrikarbeit zu-
gelegt wurden, wofür er jährlich 100 Rtl. mehr bezahlte. Erst 1772
gelang es den dringenden Vorstellungen der Waisenhausverwaltung,
die Arbeitszeit wegen der gesundheitlichen Schädigung der Mädchen auf
wöchentlich 35 Stunden zu vermindern; 1780 konnten noch 1½ Stunden
für die Freizeit der Kinder gewonnen werden[1]).

Daß um diese Zeit die Fabrik in höchster Blüte stand und den
echten Brabanter Spitzen nach dem Urteil der Zeitgenossen in jeder Beziehung ebenbürtige Erzeugnisse lieferte, ist nicht verwunderlich. War
doch die lange und vor allem billige Arbeit der Waisenhausmädchen,
ebenso das im Zusammenhang mit dem Waisenhaus für den Unternehmer überaus vorteilhafte Arbeitsverhältnis nur dazu angetan, die
besten Einrichtungen zu treffen, die der Fabrikation zugute kommen
konnten. Die Staatsgewalt kam dabei dem Streben des Ephraim nach
voller Ausnutzung der ihm zur Verfügung stehenden Arbeitskräfte in
jeder Weise zu Hilfe.

Seit dem 1763 geschlossenen Kontrakt war zu der Zwirnkanten-
arbeit noch Gold- und Silberspitzen-Arbeit u. a. hinzugekommen. Ein
Ueberblick über die Verteilung der für den Hofjuwelier
arbeitenden Mädchen zeigt:

---

1) 1783 wurde der Kontrakt mit der Aenderung erneuert, daß von da ab
230 Mädchen zur Kantenklöppelei gegeben werden sollten, wofür der Entrepreneur
jährlich 900 Rtl. an das Waisenhaus bezahlte; daß sich das Unternehmen rentierte,
zeigt die Tatsache, daß diese Summe 1789 auf 1200 Rtl. erhöht wurde. Im Jahre
1795 endlich lief der Kontrakt ab, und die Kantenklöppelei wurde wegen der gesundheitlichen Gefahren für die Kinder geschlossen.

4 Säle für brabantische Kanten 162 Mädchen
2 Säle für Gold= und Silberspitzen 100   „
1 Saal für Blondenfabrikation 60   „
1 Saal zum Seidewickeln 30   „

Zur selben Zeit (1749), als Ephraim und Gumperz die Klöppelei übernahmen, hatte der jüdische Fabrikant Joël eine „Broderie= oder Ausnähefabrik" (Weißwarennähestube) im Mädchenhause eingerichtet und unter ähnlichen Bedingungen mit 110 und später 130 Mädchen pacht= weise übernommen. Sie hatte bis 1793 Bestand und wurde dann auf= gelöst, also nach 47 Jahren; die Mädchen waren durch 2 Faktoressen beschäftigt worden.

Eine Uebersicht zeigt den „Stand des Industriewesens" im Mädchenhause aus dem Jahre 1763:

1. Brabanter Kantenfabrik 320 Mädchen
2. Gold= und Silberklöppelei 32   „
3. Ausnähefabrik 116   „
4. Strohhutfabrik 15   „
5. Grobe=Nähestube 60—80   „

1764 legte Veitel Ephraim noch eine Gold= und Silberdrahtzieherei mit 30 Knaben im Waisenhause an, die eine Reihe von Jahren Bestand hatte.

Die großen Erfolge, die Ephraim und Joël mit ihren unter so günstigen Bedingungen errichteten Unternehmungen hatten, veranlaßten bald viele Unternehmer in Potsdam und Berlin, ähnliche Versuche mit Potsdamer Waisenkindern zu machen. „Es war beinahe kein Fabrikant christlicher oder jüdischer Religion", sagt der Verfasser der „Geschichte des Potsdamschen Militärwaisenhauses" [1]), „welcher sich in Potsdam, ja selbst in Berlin niederließ, der nicht Kinder aus dem Potsdamschen Waisenhause zum Betriebe seiner Industrie verlangt hätte. Die offerirten Bedingungen waren wie aus einer Form gegossen und liefen dahin aus: das Waisenhaus gibt die Kinder und die Unterhaltungskosten her; die Entrepreneurs wollen dagegen aus Patriotismus die Kinder ohne weiteres Gehalt, als etwa freie Wohnung und Holz mit der betreffenden Kunstfertigkeit versehen".

In der Berliner Gold= und Silbermanufaktur waren meist Zöglinge des Potsdamer Waisenhauses tätig [2]). Im Jahre 1759 erbat sich ein gewisser Burgard 8 bis 15 Mädchen für seine Strohhutfabrik. Sie mußten in seinem Hause 4 1/2 Jahr lernen, die ersten 3 Jahre ohne

---

1) S. 117 f.; f. auch die hier gegebenen Beispiele von Unternehmerofferten.
2) G. St. A., Tit. 411 Nr. 16, Bln. 17./11. 1801.

Bezahlung, das darauf folgende halbe Jahr für monatlich 8, das letzte Jahr für 16 Gr. Ueberall in der Potsdamer und Berliner Industrie fand man Lehrlinge, die dem Waisenhaus entstammten. Eine Zeitlang waren die Kräfte des Potsdamer Waisenhauses so stark von industrieller Arbeit in Anspruch genommen, daß die Strümpfe für die Kinder, die sie früher meist selbst hatten stricken müssen und von denen jedes Kind nur ein Paar jährlich (bis 1763) bekam, von auswärts beschafft werden mußten.

Auch in den andern Waisenhäusern, wie in Berlin, Frankfurt a./O. usw., sind Versuche gemacht worden, die Arbeitskräfte der Kinder industriellen Zwecken dienstbar zu machen, sei es dadurch, daß man in den Häusern selbst Gewerbebetriebe einrichtete, oder daß man sich von dort Kinder bringen ließ und in eigenen Unternehmungen verwendete.

So schloß das Berliner Gr. Friedrichs-Hospital 1757 mit den Kaufleuten Jordan und Billich einen Vertrag, nach welchem sie im Hause eine „Nähterei zu allerhand feinen weißen und brodirten Waaren" anlegten und die Waisenmädchen damit beschäftigten [1]). Danach führte der Kaufmann Fetting im Waisenhause Fabrikation von seidenen Strümpfen ein, für die er von den Kindern die Seide wickeln ließ, hatte jedoch keinen dauernden Erfolg. Um 1775 legte der Berliner Hoffaktor Veitel Ephraim mit einer Anzahl Waisenknaben und -mädchen eine Seidenmanufaktur und Gold- und Silberkantenklöppelei an und bezahlte für die Kinder, die unter Aufsicht einer Faktoresse arbeiteten, an das Waisenhaus eine bestimmte Summe. „Wenn nicht fleißig genug gearbeitet wurde", heißt es bei Weitling (S. 536 ff.) „trug er auf Bestrafung der Unfleißigen an, die nicht selten von der Factoresse mit Faustschlägen tractirt wurden". Diese Einrichtung dauerte bis 1777. Dann ging man wegen der inzwischen eingetretenen Mißstände damit um, die Kinder durch einen Entrepreneur wieder mit Wollspinnarbeit beschäftigen zu lassen. — Die Simonsche Seidenfabrik in Berlin ließ 1769 im Gr. Friedrichs-Hospital durch die Zöglinge Garn spinnen [2]). Daß die Waisenkinder eine billige und daher begehrte Arbeitskraft darstellten, zeigt ein Gesuch der Unternehmer Trautner & Felix an den König, ihnen „einige 20 biß 30 Waysen Kinder aus dem hißigen oder Außwärtigen Waysenhause zu bewilligen, welche zum Knäppeln um ein

---

1) Walther, 177 f.
2) G. St. A., Fabr.-Dep. Tit. 258 Nr. 53, Bln. 1./3. 1769.

billiges in Arbeit könnten gehalten werden, wodurch als denn alle Preyse facilitiret und gegen die ausländischen Waaren die Wage halten würden"[1]). Das Brieger Waisenhaus war 1773 an einen Fabrikanten Steigenhöfer zu Nutzung der Insassen verpachtet[2]). Dem Barchentmacher Göcking aus Duderstadt wurden außer anderen Unterstützungen 1756 zwei Waisenknaben zum Spinnen durch Schlabrendorff überwiesen[3]).

Eine besondere Frage der Arbeiterbeschaffung war die des Nach= wuchses; wenn sie auch vorwiegend qualitativ bestimmt ist, so sollen hier doch einige Fälle erwähnt werden, in denen die Waisenhäuser herangezogen wurden. Die Unternehmer der Spandauer Gewehrfabrik, Splittgerber & Daum, erhielten das Recht, sich aus den Waisenhäusern Potsdam und Berlin brauchbaren Nachwuchs zu verschaffen[4]). Auch die kgl. Porzellanmanufaktur erhielt 40 Potsdamer Waisenknaben, um die Arbeiterzahl zu erhöhen. Es fanden sich aber unter ihnen nur fünf, die Fähigkeit und Lust zur Porzellanarbeit hatten[5]). Ein Runderlaß aus dem J. 1763 an Konsistorien, Armendirektionen, Realschulen und Waisenhäuser verfügt, „daß auf dem Fall die porcelaine fabrique Kinder, um solche zum Nutzen der fabrique zu gebrauchen, erfordern mögte, ihr solche zum Besten dieser Kinder, welche durch andere in den Wayenhause remplaciret werden können, nicht refusiret werden sollen"[6]). 1769 brauchte die Taftfabrik Moreau & Beske in Frankfurt a./O. Nachwuchs, da „es ihnen an Ouvriers zu fehlen anfange und dahero nöthig wäre, bei Zeiten, tüchtige Lehrlinge anzuziehen". Das General=Direktorium befahl daraufhin dem Frankfurter Magistrat u. a., „aus dem dortigen Wayen= Hauße einige Kinder dazu jedoch ohne Zwang" zu entnehmen und den Entrepreneurs zuzuführen[7]).

Es läge nahe, hier auf die sozialen Wirkungen bei der Benutzung von Waisenkindern einzugehen und die Frage nach der fürsorgerischen Seite zu behandeln, wobei besonders an die gesundheitlichen Schädigungen

---

1) eb., Tit, 418 Nr. 45 Vol. III, Bln. 3./6. 1771.

2) Fechner, Wirtschaftsgesch., 377.

3) eb., 375; nebenher sei hier erwähnt, daß die Unternehmer sich Waisen= kinder nicht nur aus den inländischen Waisenhäusern verschafften, sondern sich auch an ausländische wendeten; Müller & Koppisch hatten darüber mit dem Waisenhaus= vater zu Hamburg einen Kontrakt geschlossen: G. St. A., Rep. 9. C. 6. c. 1. Juni 1692.

4) Lenz=Unholtz, 34.

5) Lenz, Gg. Porzellan, I. 7.

6) G. St. A., Rep. 9. E. 16 II, Bln. 13./9. 1763; Chlbg. 11./9. 1763.

7) G. St. A., Fabr.=Dep. Tit. 187 Nr. 13 Vol. III, Bln. 29./6. 1769.

der Kinder durch die Fabrikarbeit zu denken wäre. Dies soll jedoch vorerst zurückgestellt werden.

Eine letzte Gruppe der Bevölkerung, die der allgemeinen zivilen Sphäre abgewendet und wenigstens zunächst vom Wirtschaftsleben und der Verwendung für wirtschaftliche Zwecke ausgenommen war, ist in der Militärbevölkerung zu sehen.

Es ist schon früher darauf hingewiesen worden, welch großen Anteil sie an der damaligen Gesamtbevölkerung hatte[1]). Das Militär war hauptsächlich in den größeren Städten, vor allem in Berlin und Potsdam zusammengezogen; daneben waren Truppen in Landstädten und zeitweilig auch in Dörfern einquartiert. Wie stark z. B. in Berlin die Garnison im Verhältnis zur übrigen Bevölkerung war, mögen folgende Zahlen erweisen:

Jahr		Militärbevölkerung	Gesamtbevölkerung[1])	Anteil des Militärs in %
1732[2])		16.000	78.000	20,51
1754[3])		25.255[3])	125.385	20,14
1766 {	o/Beurl.	30.501 } [4])	125.878	{ 24,23
	m/ „	53.102		42,19
1776		30.501[3])	137.468	22,19
1780[2])		30.931	140.625	21,99
1786 {	o/Beurl.	33.625[2]) }	147.388	{ 22,81
	m/ „	60.677[5])		41,16

Für Halle bedeuteten die 3 Bataillone Militär mit den angehörigen Frauen und Kindern einen Zuwachs um 3—4000 Menschen. Magdeburg, welches 1740 19 580 Einwohner zählte, erweiterte sich durch seine Garnison um mindestens 5—6000 Personen, während Stettin außer seinen 12 740 Zivileinwohnern (i. J. 1740) 4—5000 Personen der Militärbevölkerung zählte[6]). — Es waren also recht beträchtliche Mengen von Menschen, die in den Städten und anderswo zur Militärbevölkerung gehörten. Die Herausnahme eines so großen Teils der Bevölkerung aus der zivilen Sphäre übte, wie später zu zeigen sein wird, einen merklich schädigenden Einfluß auf die gesamte Volkswirtschaft aus. Dieser negativen Wirkung standen aber auf

---

1) f. S. 35 ff.
2) aus: Fidicin, Hift.-dipl. Beitr., 516.
3) „ Sombart, Krieg 133.
4) zit. bei: Schnackenburg, 109.
5) Schmoller, Städtewesen, Jg. X., 300.
6) Naudé, Act. Bor. Behördenorg., II. 295 f.

der andern Seite positive Möglichkeiten gegenüber. Es waren hier eine Menge Menschen in den Garnisonen zusammengefaßt, die — mindestens die Frauen und Kinder — Zeit zur Arbeit übrig hatten. Das mußte die Unternehmer, welche sich bemühten, von überall her Arbeitskräfte zu gewinnen, ohne Zweifel reizen. Ihren Bestrebungen, diese Quelle für die eigenen Unternehmungen nutzbar zu machen, kamen mannigfache Maßnahmen des Staates entgegen.

Dies geschah zunächst durch Einführung eines Beurlaubungs=systems, das im Laufe der Zeit immer mehr erweitert wurde. Die Dienstzeit des Militärs war fast unbegrenzt; dabei wurden die Soldaten jedoch in jedem Jahr nur einige Wochen zum Exerzieren eingezogen. Waren sie erst einmal ausgebildet, so taten sie nur kurze Zeit Dienst und wurden den größten Teil des Jahres über in ihre Heimat beurlaubt; sie erhielten dabei halben Sold weiter, trugen ihre Militärkleidung und standen unter der Militärgerichtsbarkeit. War das Beurlaubungssystem ursprünglich für die Bedürfnisse der Landwirtschaft eingerichtet worden, so wurde es in der Folge auch gewerblichen Zwecken dienstbar gemacht. Die Soldaten wurden hier von den Handwerksmeistern angenommen und fanden Aufnahme in den Manufakturen und Fabriken; auf diese Weise konnten sie den geringen Sold um einiges ergänzen [1]).

Einer Ausdehnung des Beurlaubungssystems kam die bewußte Förderung durch die Kompaniechefs entgegen, welche insofern ein Interesse daran hatten, als ihnen durch Einbehaltung des Solds eine nicht un=bedeutende Einnahme erwuchs. Manche scheuten sich nicht, sich auch für die Abnutzung der Montierung während der Urlaubszeit eine gewisse Geldsumme leisten zu lassen. Besonders reichlich aber flossen die Ein=nahmen aus dem zurückbehaltenen Sold der sog. „Freiwächter“. Und das ist die andere Gruppe von Soldaten, welche wenigstens zeit=weise in bürgerliches Leben und bürgerliche Beschäftigung zurückkehrten.

In der Garnison wurden nur so viele zurückbehalten, wie der Wachtdienst erforderte; dazu wurde der einzelne nur jede vierte Nacht herangezogen. Die übrigen, die eben als „Freiwächter“ vom Wachtdienst frei waren, konnten innerhalb des Garnisonortes ihrem Erwerbe nach eigener Wahl nachgehen. Sie erhielten während dieser Zeit keine Löhnnng, diese behielt vielmehr der Kompaniechef — das war sein Recht — für

---

1) Der Soldatenfreund, X. Jg. 1843 Nr. 508, S. 5095: „Der Sold des Soldaten betrug 8 Gutegroschen für die 5=tägige Löhnungsperiode; eine so geringe Summe reichte zur Bestreitung der Lebens= und Dienstbedürfnisse nicht hin, und es mußte also durch Arbeit von ihm noch zuverdient werden“.

sich ein; mancher ging in der Ausnutzung des Freiwächtersystems sogar soweit, den Freiwächtern eine bestimmte Abgabe vom Ertrage ihres Gewerbes abzufordern [1]). Auf der andern Seite wurde das Freiwächter= system durch die geringe Löhnung der Soldaten gefördert, die sie zur Nebenarbeit außerhalb des Dienstes zwang und jede sich auch für nur geringe Entschädigung bietende Gelegenheit ergreifen ließ [2]).

Es kamen hier an Beurlaubten und Freiwächtern ganz beträchtliche Zahlen in Frage. Witzleben spricht bei den Be= urlaubten zur Zeit Friedrichs d. Gr. von über 100000 Mann [3]). Und zwar wurden nach Süßmilch von jeder Kompanie „einige 60 Ein= länder beurlaubt" [4]). Eine Aufstellung vom Jahre 1739 [5]) zeigt den Anteil der Beurlaubten in verschiedenen Regimentern:

Name des Regiments:	Effektive = bei der Fahne:	Beurlaubte:
Anhalt	976	750
Borck	707	429
Röder	585	483
Schwerin	683	446
Glasenapp	635	486
Holstein	720	397

Nach einer „Seelenliste der Berliner Garnison" vom J. 1766 ge= hörten von den 27660 Unteroffizieren und Gemeinen 10279 zu den Beurlaubten [6]).

Von Vorteil für die Unternehmer war, daß die Beurlaubten weiter unter der Militärgerichtsbarkeit blieben [7]), welche mit nach=

---

1) Wohlfahrt, 51; daß dies nicht nur in einem einzelnen Fall vorkam, zeigt ein gegen dieses Uebel ausdrücklich erlassener kgl. Befehl!

2) ebenda, 99; s. die interessante Darstellung bei Bräker, Der arme Mann; hier schildert ein armer Weber eines Schweizer Dorfes, der durch einen Werber nach Preußen entführt und dort zum Soldaten gepreßt worden war, seine Er= lebnisse. Ueberall in Berlin waren Soldaten beschäftigt: an den Schiffsladestellen, auf den Zimmerplätzen; in den Kasernen, sagt er, fand er „überall auch dergleichen, die hunderterlei Hantierungen trieben, vom Kunstwerken an, bis zum Spinnrocken". (S. 90.)

3) 51; s. auch Sombart, Krieg, 42.

4) Göttliche Ordnung, III, 736 f.

5) Osten=Sacken, 278.

6) Schnackenburg, 109.

7) Interessant ist z. B. die Tatsache, daß, als im Fabrikwesen 1791 für den Vertragsabschluß zwischen Arbeitgeber und =nehmer schriftliche Verträge eingeführt wurden, diese bei Minderjährigen mit den Eltern und Vormündern, bei Soldaten mit den Kompanien abgeschlossen werden sollten: G. St. A., Tit. 418 Nr. 202 Vol. I, 2./9. 1791.

drücklicher Strenge Zucht und Ordnung bei ihnen aufrecht erhielt und für die Disziplin der Arbeitskräfte sorgen konnte. Als weiterer Vorzug, den wir immer bei anstaltlich zusammengefaßten Bevölkerungsgruppen feststellen konnten, kam hinzu, daß die Soldaten sich in einer bereits bestehenden und übersichtlich durchgeführten Organisation befanden, welche — wie sich später bei der Verwendung kasernierter Truppen zeigen wird — für die Verteilung und Durchführung gewerblicher Arbeit nutzbar gemacht werden konnte [1]).

Sehen wir uns aber nun einige Beispiele an, in denen Soldaten Verwendung fanden:

Eine Arbeiterliste der „Baumwollen Neßel=Tuch Fabrique" der Schutzjuden Isaak Borchard, Salomon Ephraim und Heimann Ephraim Veitel in Berlin [2]) weist auf: 17 Arbeiter und Arbeiterinnen, von denen 7 Leute Soldaten und eine die Frau eines Soldaten waren, denen als Hilfspersonen noch 3 weitere Arbeiter zugeteilt waren, die Soldaten= arbeiter waren:

> „1. Joh.: Ebersbach ein Soldat vom Hochlöbl. von Raminschen Regiment.
> 2. Joh.: Hartmann ein Soldat vom Ramin p. Regiment, aus Stutgard im Mecklenb. gebürtig [3]).
> 3. eine sächsische Neßeltuch fabricantin Nahmens Leschern, deren Mann Soldat unterm Phuhlschen Regiment ist.
> 4. Andreas Kaufmann Soldat unter dem Raminschen Regiment aus Kirchberg am Wald gebürtig.
> 5. Ignatius Bertram Soldat vom Raminschen Regiment, . . . ist aus dem Reiche gebürtig.
> 6. George Lauffer ein Canonier, aus Schlesien gebürtig.
> 7. Christian Bandatk ein Husar vom Ziethenschen Regiment, aus Groß Camin in der Neü Marck gebürtig.
> 8. Johann Christ: Koehler Unter Officier vom Kuwalskischen Regiment aus Berlin gebürtig."

In der Eckardtschen Fabrik in Kolberg waren 1 Werkmeister und 23 Stuhlarbeiter tätig, von denen „Arbeiter wo bürgerlich 10 und Soldaten 13" waren. Von 14 außer dem Hause arbeitenden Stuhl= arbeitern waren 4 Soldaten, von 10 Wollkämmern 5, „an Drucker und

---

1) Die von Witzleben herausgegebenen Bruchstücke aus Parolebüchern der Berliner Garnison zeigen Beispiele solcher Ordnungsbefehle für gewerbtätige Soldaten. Was hier für handwerkliche Betriebe angeordnet wurde, wird noch viel mehr für kapitalistische Geltung gehabt haben, die sich ja der besonderen Unterstützung der Behörden erfreuten. S. 52 v. 10./10. 1753 und S. 53 v. 3./7. 1781.

2) G. St. A., Fabr.=Dep. Tit. 258 Nr. 101 Vol. I, Bln. 15./8. 1782.

3) Zu beachten, daß auf dem Wege über die Heereswerbung auch ausländische Arbeiter in die Industrie kamen!

Färb: Knechte" 8 Bürger und 2 Soldaten[1]). Auch im Berliner Lager=
hause waren viele Soldaten beschäftigt, für die der Direktor Schmiß
wegen der Betrügereien und schlechten Arbeit der Schrobbeler und Spinner
die Militärgerichtsbarkeit in Anspruch nahm. „Und da ein sehr großer
Theil [!] unserer Schrobbeler und Spinner aus Soldaten bestehet",
schrieb er, „so würde unseres alleruntertänigsten Dafürhaltens diese
Verordnung auch auf selbige zu extendiren und die militairische Be=
straffung Verhältnißmäßig zu bestimmen seyn"[2]). Auch die Tagelöhner
in der Berliner Porzellanmanufaktur waren nach einem Bericht des
Magistrats großenteils Soldaten[3]).

Die mit der Militärwerbung im Ausland nach Preußen gekommenen
gern gesehenen Fachleute suchte man durch Beurlaubung
oder Entlassung freizubekommen. Ein im Zeetzischen
Garnisonregiment stehender Soldat, der ehemals Messerschmied in Ruhla
gewesen war und in Eberswalde eine Zeit lang als Beurlaubter ge=
arbeitet hatte, bat durch den Finanzrat Manitius den König um seine
Dimission, „weil er nur 5 Fuß 2¹/₂ Zoll meße, auch 40 Jahr alt sey
und am lincken Auge einen Fluß habe"[4]). Auch der Füsilier Fischer,
der sich seinerzeit bei der Ueberführung der ersten 28 Ruhlaer Messer=
schmiedefamilien nach Eberswalde Verdienste erworben hatte, wurde von
den Soldaten losgesprochen[5]) und mit denselben Benefizien, wie sie seine
Landsleute erhalten hatten, in der Fabrik angesetzt. Er versuchte auch, seinen
Sohn, der ebenfalls gelernter Messerschmied war, wenigstens beurlauben
zu lassen. Nachdem dies zunächst abgelehnt worden war, muß er später
doch für die Eberswalder Fabrik beständig beurlaubt worden sein[6]). In
Schlesien legte 1764 ein Fabrikant Herrmann in Lüben eine Kniestreicher=
fabrik an und engagierte dazu 3 Dragoner von der Krockowschen Leibes=
kadron, welche ihm als Aachener Tuchmacher besonders willkommen waren[7]).

Die Soldaten wurden nun aber nicht nur außerhalb ihrer Kasernen
als Beurlaubte oder Freiwächter in kapitalistischen Betrieben verwendet,
auch in den Kasernen und Garnisonen selbst über=
nahmen sie Arbeiten, die ihnen und ihren Angehörigen, den Soldaten=
weibern und =kindern, zugewiesen wurden.

---

1) G. St. A., Fabr.=Dep. Tit. 94 Nr. 8 Vol. I, Actum Colberg, 6./5. 1777.
2) eb., Tit. 471 Nr. 1, Bln. 11/5. 1784.
3) eb., Rep. 9, C. 16 II. Fasc. 3—7, Bln. 28./1. 1772.
4) eb., Tit. 439 Nr. 2 Vol. III, Bln. 1./6. 1748.
5) G. St. A., Tit. 439 Nr. 2 Vol. V, Potsd. 25./7. 1749.
6) eb., Ebersw. 27./9. 1749 und Bln. 2./10. 1749.
7) Fechner, Wirtschaftsgesch., 360.

Die Anzahl der Soldatenfrauen und -kinder war im Vergleich zu früheren und späteren Zeiten sehr beträchtlich, zumal sich die Dienstzeit über mehrere Jahre erstreckte und daher die älteren Leute meist verheiratet waren[1]. Süßmilch gibt bei den garnisonierten Soldaten meist die Hälfte als verheiratet an und zählt bei einem Gesamttruppenbestand von über 200 000 Mann 300 000 Weiber und Kinder[2]. Nach Liebe rechnete man auf ein Regiment von 1000 Mann 500 Kinder[3]. Die Menge der Frauen, Kinder und Dienstboten der Garnisonen erreichte nach Schmoller gewöhnlich die Zahl der aktiven Mannschaften bis zu ²/₃ oder gar der ganzen Höhe[4]. Eine aus Angaben verschiedener Verfasser zusammengestellte Uebersicht für Berlin zeigt folgende Verhältnisse:

1754: bei 16 317 Off. u. Mannsch. (ausschl. Beurl.) 8938 Frauen und Kinder[5].
1766[6]: ohne Beurlaubte:

	671 Offiziere	107 Frauen	194 Kinder
	17 381 Unteroff. und Mannsch.	5 526 „	6 622 „

mit Beurlaubten:

	671 Offiziere		
	27 660 Unteroff. usw.	10 880 „	13 590 „
1776:	bei 18 000 Mann	5 500 „	6 600 „
1780[7]:	„ 16 698 „	5 929 „	7 282 „
1786[8]:	„ 33 572 „	27 105 Militärweiber, -kinder und Dienstboten.	

Diese Frauen und Kinder, welche ebenfalls unter der Militärgerichtsbarkeit standen und disziplinarisch körperlich gezüchtigt werden durften, wurden nun zu allen möglichen Arbeiten herangezogen; der geringe Sold und die wenigen ihnen selbst gezahlten Unterstützungsgelder kamen dem entgegen[9]. Eine für sie geeignete, leicht erlernbare Arbeit

---

1) Fördernd wirkten hier auch behördliche Verordnungen; so hatte bald nach dem 7=jährigen Kriege Friedrich II. den Kantonisten das Heiraten auch ohne Trauschein des Kompaniechefs gestattet, um das Land zu „repeupliren". Schnackenburg, 109.

2) Göttliche Ordnung, III, 377.

3) S. 112.

4) Städtewesen, 300; Hertzberg, Bevölkerung, 23, geht noch darüber hinaus: bei 24 000 Soldaten 36 000 Weiber und Kinder.

5) Naudé, 296.

6) Schnackenburg, 109.

7) Wohlfahrt, 85; Urlauber nicht eingerechnet.

8) Schmoller, Städtewesen, 300.

9) Schnackenburg, 59; zur Zeit Friedr. Wilhelms I. sollte nur der dritte Teil einer Kompanie „als beweibt consideriret werden", und nur für soviele Frauen zahlte er das Quartiergeld von 2 Gr., trotzdem tatsächlich mehr verheiratet waren.

war die Spinnerei in allen Textilzweigen; an Spinner=
händen fehlte es ja dauernd. Friedrich II. erließ allgemeine Anordnungen
an die Regimentskommandeure, die Soldaten, Soldatenweiber und =kinder
zum Spinnen anzuhalten, um dem Gespinstmangel abzuhelfen; am
3. September erging vom Könige von Glogau aus ein entsprechender
Armeebefehl[1]). Durch Zirkular vom 6. Juni 1763 wurde den Kom=
mandeuren der in Schlesien stehenden Regimenter befohlen, die Soldaten=
weiber und =kinder zu veranlassen, sich von den Fabrikanten Wolle zum
Spinnen zu holen; andererseits sollte den Wollfabrikanten von den
Steuerräten bekannt gemacht werden, daß sie sich an die Kompanie=
führer wenden und Spinnarbeit für Weiber und Kinder anbieten könnten[2]).
Am 4. Juni 1764 wurde erneut ein Zirkular erlassen, nach welchem
die Kommandeure „mit Ernst darauf halten sollen, damit die Soldaten=
Weiber von den Regimentern hinfort spinnen, und sich sowol des Woll=
und Garn=Spinnens zum Behuf der Fabriquen und Fabricanten, im
Lande befleißigen, zugleich auch ihre Kinder mit dazu anführen müssen"[3]).
Um diese Arbeitskräfte gefügig zu machen, ging man mit Strafdrohungen
vor. Eine Parole aus der Berliner Garnison vom 23. Nov. 1751
kündigte an: „Ihre Majestät der König lassen befehlen, daß alle die
Weiber, die letztens Gnaden=Geld bekommen, von jetzt an Wolle spinnen
sollen, und sollen selbige ins künftige ein Attest bringen, von dem sie
die Wolle genommen, bei Ermangelung dessen sie ausgestrichen sein
sollen"[4]). Denen, die nicht spinnen wollten, sollten die Servis= und
Brotgelder entzogen und schärfste Zwangsmittel angedroht werden[5]).

Auf diese Weise konnten dem Kapitalismus neue Arbeits=
kräfte zugeführt werden. „Darum glichen", so wird uns z. B.
von den Verhältnissen in Brieg berichtet, „die Kasernen Fabriken; denn
in jeder Stube standen große Räder und Hecheln, an welchen Soldaten,
während sie im Dienste nicht beschäftigt waren, bis aufs Hemde aus=
gezogen und mit bloßen Füßen, vom Morgen bis in die Nacht hinein
Wolle spannen und kratzten"[6]). — Um was für bedeutende Zahlen es
sich hierbei in der Spinnerschaft eines Textilunternehmers handelte, zeigt
sich an dem Beispiel der Heymannschen Fabrik in Breslau, welche 1766
in der Glatzer Garnison für sich spinnen ließ. Dabei fanden sich:

---

1) Matschoß, Textilindustrie, 325 f., ausführl. zit.
2) Bergius, II, 383 f.
3) Korn, VIII, 154 f.
4) Witzleben, 58.
5) Korn, VII, 38, 28./4. 1761.
6) zit. bei Wohlfahrt, 99.

Regiment Fouqué 12 Kompanien   347 Räder
      „   de la Noble 15 Komp.   762   „
Artilleriekomp. v. Traubenthal   3   „
und   27 Wollschläger und Kampler
                                     ————————————
                                     1139 Personen
dazu (vergleichsweise) von der Bürger=
      schaft u. auf d. Lande   200   „   [1]

Daneben bestand in den 80er Jahren des 18. Jahrhunderts noch eine andere Soldatenspinnerei in Breslau, von der wir Kenntnis haben[2]. Hier hatte die Frau eines beim Dolffschen Regiment stehenden Kürassiers, Marie Elisabeth Scholtz, den Betrieb einer von dem Bankier Möllendorf 1783 eingerichteten Baumwollspinnerei übernommen, mit der sie zunächst die Insassen eines Armenhauses beschäftigte. Sie machte sich später selbständig, legte ein „Fabrikenhaus zum goldnen Triangel" an und gab die bei Breslauer Kaufleuten oder auf der Messe aufgekaufte Baumwolle meist an die Soldatenfamilien bei 5 Regimentern zum Verspinnen. Als eines von diesen (1788) nach Neiße verlegt wurde, versorgte sie die Leute auch in der neuen Garnison mit Baumwolle; hier waren 300 Spinnräder aufgestellt. Zahlreiche andere arme Leute eingerechnet, beschäftigte sie 800—1500 Personen. In den Breslauer neuen Artilleriekasernen besorgten die Verteilung der Baumwolle 4 Feldwebel, 1 Unteroffizier und ein Bombardier unter nicht weniger als 245 Spinner. An Utensilien waren in diesen Kasernen 145 Spinnräder, 71 Haspeln und 245 Spillen vorhanden. Auch in Ohlau spann die Garnison. Als Absatzschwierigkeiten für die gesponnenen Garne auftraten, ließ sie die Scholtz auf eigene Rechnung verweben. Von den dazu aufgestellten Stühlen befanden sich in den Artillerie=Kasernen 6 Wirkstühle. — In der Reichenbacher Gegend wurden Soldatenweiber und ihre kleinen Kinder mit Baumwollspinnen beschäftigt. Bei 64 Weibern und Kindern betrug das Alter der letzteren bei 31 nur 6—9 Jahre, bei 16 10—12 Jahre[3].

In andern Städten finden wir ebenfalls Soldaten und ihre Angehörigen im Fabriken= und Manufakturwesen beschäftigt. Im Berliner Lagerhaus und der Gold= und Silbermanufaktur waren unter den „etlichen 1000 Arbeitern insonderheit Soldatenweiber"[4].

---

1) Schroetter, Bd. XI, 399.
2) f. die ausführliche Schilderung bei Roemer, 64—67.
3) ebenda, 56.
4) G. St. A., Rep. 21. 123a, Bln. 19./6. 1743.

Auch die Frankfurter Taftfabrik von Moreau & Beske dachte daran, sich Arbeitskräfte aus der dortigen Garnison zu verschaffen „Der Herr General", heißt es in einem ihrer Berichte [1]), „sind dagewesen und haben die Fabrique besichtigt. Hochdieselben haben mir auch versichert, daß Sie alle brauchbahre Soldaten Kinder Dero Regiment zum Seyden Wickeln, Spuhlen p. anhalten, und da selbige die erste Woche nichts verdienen könten, aus Dero Tasche jeglichen 4 ggr. zahlen würden. Dieses kann sehr gutten Succes bringen, ...".

Die Soldatenfrauen und -kinder wurden besonders dann zur Spinnarbeit herangezogen, wenn die Truppen ins Feld rückten und die Daheimbleibenden auf den Unterhalt durch gewerbliche Arbeit angewiesen waren. So hoffte der „Licent und Packhofsbuchhalter Hagen", welcher wegen der jüngst in Stettin errichteten Segeltuchfabrik an den Finanzrat Tarrach schrieb, das nötige Gespinst durch Arbeit der Soldatenfrauen zu bekommen, zumal bei den bevorstehenden Kriegsunruhen die Truppen bald ausmarschieren würden [2]).

Hier zeigen sich aber auch gleichzeitig die Mängel, die bei der Beschäftigung von Militärangehörigen in Bezug auf die Dauer und Zuverlässigkeit der Arbeit auftraten: die Soldaten konnten bei Kriegsgefahr oder Verlegung der Regimenter jederzeit einberufen und dadurch plötzlich aus ihrer Arbeit gerissen werden, ohne daß bei den damaligen bekannten Schwierigkeiten in kurzer Zeit Ersatz zu beschaffen gewesen wäre. Es begegnen häufig in den Akten solche Fälle, in denen durch Ausmarsch der Truppen die Arbeitskräfte verloren gingen. Schon 1698 klagte der Kreponfabrikant Orelly in Berlin über den Abgang der Arbeiter, unter denen sich auch Militärangehörige befanden, „die bald Mit Ihren Manen wegziehen, bald widerkomen wie Es sich gibet" [3]). — In der Beskeschen Taftfabrik in Frankfurt a./O. zog 1793 bei Verlegung des Militärs ein Drittel aller Arbeiter fort. Die Zahl der beschäftigten Stühle mußte auf 32 reduziert werden, weil nach dem Ausmarsch des dortigen Regiments 16 Gesellen und Lehrburschen fortgegangen waren [4]).

Friedrich d. Gr. mahnte selbst seinen Etatsminister v. Görne [5]), bei der Verwendung von Soldaten als Fabrikarbeiter vorsichtig zu sein: „Hierauf nun müßet Ihr den gehörigen Bedacht nehmen und

---

1) eb., Fabr.-Dep. Tit. 187 Nr. 13 Vol. III, Frkf. 28./8. 1769.
2) eb., Tit. 94 Nr. 8 Vol. IV, Stettin 15./2. 1778.
3) G. St. A., Rep. 9. JJ 1, 15./1. 1698.
4) eb., Fabr.-Dep. Tit. 187 Nr. 13 Vol. VIII, Act. Frkf. 7./5. 1793.
5) eb., Tit. 94 Nr. 8 Vol. IV, Bln. 9./1. 1777.

12.

dabey nicht stehen bleiben, daß von der Garnison die Arbeiter leichter zu bekommen, sondern Ihr müßet auch andere Leüte dazu ziehen, denn wo Ihr das nicht thut, und die Armee marchiret, so müßen ja so dann alle Fabriquen stille stehen, wenn sie keine andere Arbeiter als Soldaten dazu gebrauchen wollen".

<h2 style="text-align:center">Qualitative Arbeiterbeschaffung</h2>

Die Probleme der qualitativ bestimmten Beschaffung von Arbeitskräften haben ihre Grundlage in der Eigenart der Technik während der hier behandelten Epoche[1]), welche die Gründung neuer Industrien oder die Verbesserung bestehender von dem Vorhandensein der Träger neuer oder besserer Verfahrenskenntnisse abhängig machte. Waren diese nicht am Ort vorhanden, so mußten sie von anderwärts beschafft werden, und zwar, volkswirtschaftlich gesehen, von Gegenden des eigenen Landes, wo bereits Industrien der gesuchten Art bestanden, oder aus dem Auslande.

Letzteres war für Brandenburg-Preußen vorwiegend der Fall, es war ja in industrieller Hinsicht noch weit zurück, die Bevölkerung überwiegend im Ackerbau tätig. Industriepolitik irgendwelcher Art stand also großenteils ersten Anfängen oder in manchen Fällen vollkommenem Neuland gegenüber. Ein Hauptgrundsatz merkantilistischer Lehren aber war, sich in jeder Hinsicht unabhängig vom Auslande zu machen, diejenigen Bedürfnisse „notwendiger" oder „luxuriöser" Art, die bis dahin aus der Produktion anderer Volkswirtschaften befriedigt worden waren, nunmehr aus den Erzeugnissen des eigenen Landes zu decken. Eines der bekanntesten Beispiele einer solchen planmäßigen Industrieneuschaffung mit Hilfe fremdländischer Arbeitskräfte ist die durch Friedrich Wilhelm I. und Friedrich II. mit großer Energie eingeführte Seidenindustrie, deren Verselbständigung aus den Erträgnissen der eigenen Volkswirtschaft mit den Zwischen- und Endprodukten begann und allmählich auch bis auf die Gewinnung des Rohstoffes im Lande durchgeführt wurde. Hier ist denn auch die Bedeutung der Tatsache erkenntlich, auf die bei der historischen Eingliederung des preußischen Merkantilismus in den gesamteuropäischen Entwicklungsverlauf des modernen Kapitalismus hingewiesen wurde: Dadurch, daß Preußen erst verhältnismäßig spät in die kapitalistische Epoche eintrat, kam der großzügigen Einwanderungspolitik jene hohe

____

1) f. S. 46 f.

Bedeutung zu, die für die wirtschaftliche Entwicklung des Landes ent=
scheidend war.

Je mehr nun auf der einen Seite im Laufe der Zeit der all=
gemeine Bedarf an Menschenmaterial überhaupt mehr oder weniger
aufgefüllt war, desto mehr war man in späterer Zeit darauf bedacht,
nur noch wirtschaftlich oder technisch (das gilt hier gleich)
hochqualifizierte Arbeitskräfte zu gewinnen; die quantitativ
betonte Arbeiterbeschaffung trat mehr und mehr in den Hintergrund[1]).
Daneben ergriff man umfangreiche Maßregeln, neue oder einmal ge=
wonnene Kenntnisse auf möglichst viele der eigenen Landeskinder zu
übertragen. Die bei der Ausbildung einheimischer, alter
Arbeitskräfte bestehenden Möglichkeiten waren
folgender Art:

1. Man konnte eigene Arbeiter, die besonders dazu geeignet
waren, ins Ausland auf Reisen schicken, wo sie mit den ver=
schiedensten Mitteln (von der Bestechung bis zur eigenen Arbeitnahme
in fremden Betrieben) sich Kenntnisse anzueignen versuchten. Nach
ihrer Rückkehr arbeiteten sie als „Qualitätsarbeiter" oder wurden
ihrerseits Ausgangspunkt von Kenntnisübermittlungen an Landsleute.

2. Es konnten erfahrene Lehrkräfte aus dem Auslande
hereingezogen werden, welche einheimische Arbeiter anzulernen,
Lehrlinge (hier im allgemeinen Sinne ohne Begrenzung auf das
handwerkliche System) in ihrer „Kunst" zu unterrichten hatten. Die
Art und Weise der Anlernung war entweder „zufällig" dadurch, daß
ein Kollege dem andern allmählich die Fertigkeit bei der Arbeit absah,
oder planmäßig: im Betriebe — hier dann mehr oder weniger den
alten Methoden und Formen des Handwerkssystems angepaßt — oder
in besonderen Schulen, Spinnschulen, Industrie= und Gewerbeschulen.

Handelte es sich bisher lediglich um die Kenntnisübertragung
und Aneignung neuer Erfahrungen, so ergab sich eine andere Seite
der qualitativen Arbeiterbeschaffung in der Leistungssteigerung
der im Arbeiter bereits gesammelten Erfahrungen. Sollte
er den an ihn aus der Idee der kapitalistischen Unternehmung gestellten
Anforderungen, die „Erwerbsstreben", Arbeitsamkeit, Genauigkeit und
Hochleistung verlangten, angenähert werden, so bedurfte es entsprechender
Maßnahmen der Unternehmer, welche auch auf diesem Gebiet beim

---

1) Daß hier ebensowenig wie früher in der Wirklichkeit eine reine Scheidung
zwischen qualitativer und quantitativer Beschaffung zu machen oder historisch zwei
nach diesen Richtungen reine Zeitabschnitte festzulegen wären, ist verständlich.

Staate durch Prämienverteilung und Reglementierung reiche Unter=
stützung fanden.

1. Anstellung ausgebildeter Arbeitskräfte. — Die Herein=
ziehung von Qualitätsarbeitern aus dem Auslande er=
folgte auf den gleichen Wegen und mit denselben Mitteln wie die
Beschaffung von Arbeitskräften aus dem Auslande überhaupt. Die
preußischen Staatsvertretungen im Auslande, die Geschäftsverbindungen
der Kaufleute vermittelten, Abgesandte wurden als Werber hinaus=
geschickt, Versprechungen und Unterstützungen wurden gegeben. Doch
eines Unterschiedes muß hier gedacht werden. Die bei hochwertigen
Kräften versprochenen und auch tatsächlich gewährten Unter=
stützungen waren erheblich höher als bei der Herein=
ziehung gewöhnlicher Arbeiter. Dies erklärt sich daraus, daß das
Angebot geringer war und die Qualitätsarbeiter, wie schon berührt, in
ihrer Heimat vermöge ihrer hervorragenden Fähigkeiten meist ihr gutes
Auskommen hatten. Dazu wußten auch die intoleranten Regierungen
sehr wohl, was sie an ihnen zu verlieren hatten, und übten gern im
Interesse ihrer eigenen Wirtschaft weise Rücksicht; dies um so mehr, je
eifriger sich auswärtige Staaten bemühten, gute Kräfte an sich zu locken.

In den Akten findet sich manches Beispiel dafür. In einer
Kabinettsordre Friedrich Wilhelms II. über die Heranziehung einiger
ausländischer Seidenspezialarbeiter, die der Fabrikendirektor Mayet in
Lyon anwerben sollte, wird die Genehmigung zu den früher auf=
gestellten Bedingungen erteilt: „ . . . und zwar kann der Fabriquen
Director Mayet nicht allein die nötigen Artisten mit denen ihnen
ausgesetzten Pensions, als dem Kammacher mit 300, die Sortierin
mit 250, die Wicklerin mit 100, den Färber mit 300, den Appreteur
mit 250 rthlr. anzuwerben suchen, sondern Ich bewillige ihm auch,
nach dem Mir von Euch gemachten Vorschlage, für jeden Seiden
Würcker Meister incl: Werbe= und Transportkosten 50 Louis d'or,
und für eine Familie, wenn sie zur Fabrication tauglich 100 Louis d'or.
Jedoch muß der Fabriquen Director Mayet dafür stehen, daß die
Leute, so er anwirbt, ja keine Herumläufer, sondern wie Ihr es in
der Instruction sehr richtig angemerkt habt, fleißige und gut gesittete
Menschen sind, sonst sie sich allhier der ihnen zugestandenen Bonification
nicht zu gewärtigen haben"[1].

____

[1] G. St. A., Fabr.=Dep. Tit. 186 Nr. 562, Bln. 2./3. 1791. — Die
Antwort Mayets aus Lausanne läßt die Anwerbungsschwierigkeiten erkennen; es
heißt darin u. a.: „J'enmene un feseur de peigne avec sa femme et trois enfants,

Die Fabrikanten verschafften sich auch Spezialarbeiter auf ihre Kosten und setzten sie mit einer „Pension“, die bei solchen Qualitäts= arbeitern üblich zu sein schien, für ihre Fabriken an. — So gaben die Seiden=Fabrikanten Girard & Sohn, Gebr. Baudouin, Blanc & Pascal und Michelet einem 1804 aus Lyon verschriebenen Dessinateur Grimaud außer den Reisekosten 400 Rtl. Pension auf ein Jahr. Da sie ihn danach wegen seiner Geschicklichkeit gern behalten wollten, baten sie den König, die Pensionszahlung für die nächsten Jahre zu übernehmen. Das Manufaktur=Kollegium empfahl, ihn auch bei Steigerung seiner Bedingungen — Verlängerung der 400 Rtl.=Pension auf Lebenszeit, freies Bürgerrecht und 400 Rtl. Lehrgeld für 2 Lehrlinge — zu behalten, da er nicht nur Muster zu kopieren, sondern auch neue zu erfinden verstünde, woran es in Berlin gänzlich fehlte [1]. — Der Berliner Kaufmann Gotzkowsky hielt einen Porzellan= „künstler“, der bereits für den Herzog von Gotha engagiert war und das Geheimnis der Porzellanbereitung kannte, unter folgenden Be= dingungen zurück: eine lebenslängliche Pension von 1000 Tl. nebst freier Wohnung und Holz; statt der 500 Tl., die seine Frau jährlich in Gotha bekommen sollte, ein für allemal 10 000 Rtl., wofür er dann auch das „Arcanum“ (Porzellanrezept) angeben wollte. Einige Jahre vorher hatte Gotzkowsky „den berühmten Miniaturmaler Herrn Clause“ aus Dresden nach Preußen zurückgeholt. Als die Wegelysche Porzellanmanufaktur, in der er tätig war, einging und er Berlin wieder verlassen wollte, engagierte ihn Gotzkowsky für seine eigene Fabrik mit einer Pension von 2 000 Rtl. [2] — Die Zahlung solcher

cet homme agé de trente six ans passait à Lyon pour le plus habile artiste en son Genre et j'ai en eu beaucoup de peine à l'obtenir avec trois cents écus de pension. Quant à appreteur, il s'entend également à appreter les taffetas lustrés, les gazes et généralement toutes sortes d'étoffes: il avait un bon établissement à Lyon, ce qui prouve évidament en faveur de ses talents dont je me suis assuré d'ailleurs par des Echantillons. Loin d'exceder la pension qu'il m'était permis d'offrir à celui ci, je suis venu à bout de l'avoir à quelque chose de moins. J'ai tenu la meme conduite à l'égard des autres artistes et j'ai menagé, autant que je l'ai pu, les intérèts du Roi: J'amene également un bon metteur en main et une femme surtout qui possede le secret de faire en verre, une foule d'objets propres aux fabriques et aux quelles les notres suppléent par des machines de bois, faute d'artistes en ce genre. J'ai encore une devideuse qui apporte un modele des rouets de Lyon, propre à devider la soie sur les bobines, à une tête, et qui fera autant d'approntios qu'on voudra.“ (eb., 21. Juillet 1791.)

1) eb., Tit. 186 Nr. 233, Bln. 2./8. 1805.

2) Gotzkowsky, 43 f. u. 76 f.; ein anderer Fall der Wegelyschen Fabrik: Bergius, VI., 307 Anm. b.

hohen Penſionen grenzte bei der Gewinnung beſonderer Fabrikationsgeheimniſſe an die Eigenart von Patent=ankäufen, zumal im erſten „Arcanum“=Fall.

War der betreffende Induſtriezweig ſchon im Lande vertreten, ſo ſuchte man von dort ſachverſtändige Arbeiter zu erhalten. Für die Eiſenhüttenwerke Malapane holte man, da es faſt für jede Verrichtung an tüchtigen Arbeitern fehlte, auch aus Brandenburgiſchen Eiſeninduſtriegegenden ſachverſtändige Arbeitskräfte heran; ſie waren nur mit großem Koſtenaufwand für die rauhen Gegenden Oberſchleſiens zu gewinnen[1]. — Es kam manchmal auch zu regelrechtem „Ausleihverkehr“ von Facharbeitern. In dem Konkurrenzvergleich von 1751 z. B., den der Geh. Rat Friedrich v. Waldow über ſein Alaunwerk in Königswalde mit dem Potsdamer Waiſenhaus abſchloß, welches das Freienwalder Alaun=werk verwaltete, wurde u. a. vereinbart: „Werden zu Einrichtung der Königswaldiſchen Alaunen=Siederey der Alaun=Meiſter nebſt allen nöthigen Leuthen von Freyenwalde verabfolgt, wann es nöthig iſt, ſo weit als ſie zu Freyenwalde zu entbehren ſind, geſchehen, zu dem Ende der Herr Geheimte=Rath v. Waldow der Freyenwaldiſchen Adminiſtration jedesmahl Nachrichten geben wird, wann er die Leuthe gebrauchet.“ In der Folge wurden vom Freienwalder Alaunwerk nicht nur zur Einrichtung, ſondern auch zum Betrieb ſachverſtändige Arbeiter teils auf mehrere Monate, teils für immer dem v. Waldow überlaſſen[2].

2. Ausbildung Einheimiſcher. — Neben der Gewinnung quali=tativ=hochwertiger Arbeiter durch Heranziehung aus in= und aus=ländiſchen Induſtrieorten kam es nun vor allem darauf an, die Landeskinder ſelbſt zu unterrichten. Die Vorteile, die hieraus erwuchſen, beſtanden darin, daß ein feſter Arbeiterſtamm herangebildet wurde, mit dem die Koſten für die Anſiedlung Fremder und die da=mit verbundene Unruhe und häufige Unzuverläſſigkeit verſchwanden.

Von der Möglichkeit, an Ort und Stelle den neueſten Stand der Technik in der Praxis kennenzulernen, machte man häufig Gebrauch und ſchickte geeignete Leute, mit denen eine neue Induſtrie geſchaffen oder eine alte weiterentwickelt werden ſollte, an die hervor=ragendſten Plätze des In= wie beſonders des Auslandes. — Der Inſpektor v. Cronenfels des Hüttenwerks Neuſtadt a. d. Doſſe ſchickte

---

1) Wachler, 3.
2) Cramer, Geſch. d. Bergbaues, I. H., 83 ff.

1695 einen Feinbrenner auf 2 Jahre nach dem Harz, „das große undt kleine feuer zur vollendung zu lernen"[1]). Als in der Eisenspalterei von Moise Aureillon bei Eberswalde 1783 ein Walzbetrieb eingeführt werden sollte, wurde ein Arbeiter in das Nassauische geschickt, damit er dort eine solche Anlage genau kennenlernte[2]). Um in den schlesischen Kohlengruben die in Westfalen übliche Schrämarbeit einzuführen, sandte Reden wiederholt schlesische Bergleute zum Lernen nach Westfalen, polnische nach Waldenburg. Da es in den kgl. Eisenhüttenwerken Malapane und Kreuzburgerhütte an guten Fachleuten in der Formerei mangelte, wurden von Rehdantz 1754 zwei Arbeiter nach Schadow bei Buchholz in die kgl. Eisenhütte zur Lehre geschickt[3]). Am 11. November 1763 forderte Schlabrendorff in Schlesien die Söhne bemittelter Tuchmacher auf, die niederrheinische Industrie in Duisburg, Orsoy, Aachen, Verviers und Leiden zu besuchen und dort eine Zeitlang zu arbeiten, „damit auch die Schlesier sich von der Art der Zurichtung der Tücher an solchen Orten, wo die Tuch-Fabriquen zu größerer Vollkommenheit wie hier zu Lande gebracht, unterrichten können". Nach ihrer Rückkehr sollten sie einen Reisekostenzuschuß von 50—100 Rtl. erhalten. Da sich niemand dazu meldete, schickte er den jungen Goldberger Tuchmacher Eichholz, den wir schon als tüchtigen Arbeiterwerber kennengelernt haben[4]), mit 2 Gulden Tagegeldern über Braunschweig an den Niederrhein, um sich   dort genaue Kenntnisse zu verschaffen[5]).

Unter welchen Schwierigkeiten und mit welchen Schlichen die ausgeschickten Leute vorgehen mußten, um sich die nötigen Kenntnisse zu verschaffen, davon gibt folgende Schilderung, die bei den Ver-

---

1) G. St. A., Rep. 21 Nr. 110b, 11./3. 1697.

2) Cramer, Gesch. d. Bergb., H. III, 278.

3) Fechner, Berg- u. Hüttenw., Bd. 49, 422 und 270.

4) s. S. 105.

5) Korn, VII. 503; Fechner, Wirtschaftsgesch., 422. — Mit behördlicher Unterstützung ließ der Berliner Unternehmer Empeytaz 1779 seinen Sohn nach Paris gehen, um sich über die Fabrikationstechnik seidener Waren, Crepp- und Milchflorherstellung zu unterrichten; daneben sollte er auch geschickte Ouvriers ins Land zu ziehen versuchen. (G. St. A., Fabr.-Dep. Tit. 187 Nr. 61 Vol. I, Actum Bln. 14./6. 1779.)

In ähnlicher Weise schickte ein Berliner Bourgignon seinen Sohn nach Lyon, um ihn dort in dem „Metier vom Dessinateur zum Behuff der hiesigen Fabriquen anlernen zu laßen". Das General-Direktorium bewilligte wegen des besonderen Nutzens eine Unterstützung von 300 Tl. für ein Jahr. (eb., Tit. 186 Nr. 233 Vol. I, Actum Bln. 28./6. 1774.)

handlungen über die hohen Tuchpreise der Fabrikanten Ephraim u. Borchard in Berlin im Febr. 1789 zur Sprache kam, ein gutes Bild. Es handelte sich hier um einen Soldaten, der von dem Schutzjuden Borchard nach Sachsen geschickt wurde, um den wahren Grund der Fabrikation auszukundschaften und Arbeiter herzuschaffen. „Auf Zureden des hiesigen Schutz Juden Borchard,“ heißt es in dem Bericht, „welcher gesonnen, eine Mousseline Fabrique zu etabliren, und auf dessen Kosten, habe er sich gleich nach der revue dieses Jahres Uhrlaub gebeten, um sich zur Erforschung der zur Verfertigung der Mousseline erforderlichen Vortheile und Geräthschaften die nöthige Käntniße zu erwerben, da ihm die Entrepreneurs dieser Fabrique zu ihren Werk-Meister ausersehen. Ob er nur gleich bey seinem Obristen vorgegeben, daß er nach Schlesien reisen wolle, so habe er doch Gelegenheit genommen, anstatt nach Schlesien zu gehen, sich nach Sachsen zu begeben, woselbst er theils unter dem Vorwand eines Deserteurs, theils daß er nach Warm Brunnen ins Bad als ein Kranker sich verfügen wolle, die Sächsische Städte Plauen, Oelsnitz, Asch und Hoff, woselbst die besten ordinaire Neßeltücher gemacht würden, durchwandert, und indem er daselbst Arbeit auf den Bleichen und sonst gesuchet, die Vortheile das Garn zur Verarbeitung der Mousseline zu Kochen und zuzubereiten abgemerket, und von einem Preüß: Deserteur, der in Plauen auf die Bleiche gearbeitet, gegen ein Douceur von 4 rtl.: die Vortheile zur Bewürckung einer Vollkommenen denen fertigen Mousselin benöthigten schönen Bleiche in einem schriftl. dem Borchard zugestellten Aufsatz erhalten habe“[1]).

Nicht immer gelang es, zum Ziel zu kommen und von den Verfahrensweisen Kenntnis zu erhalten, da von den Besitzern der Fabrikationsgeheimnisse jede Verbreitung verhindert wurde. Die vier Hirschberger Bleicher, die Schlabrendorff nach Duisburg und Harlem geschickt hatte, um sie dort die Holländische Bleiche lernen zu lassen, wurden von den Duisburgern zurückgewiesen. Der Fürst Kaunitz in der Grafschaft Rittberg ließ seinen Bleichplatz sogar durch Soldaten bewachen, damit kein Unberufener herankommen konnte; Lehrlinge wurden dorthin vergebens geschickt. Zwei schlesische Bleicher, die auf einer holländischen Bleiche bei Bielefeld lernen wollten, kamen bald unverrichteter Dinge zurück. Als ihre Absichten erkannt worden waren, hatte man sie zur Heimreise gedrängt[2]).

<hr>

1) G. St. A., Fabr.-Dep. Tit. 258 Nr. 100, Actum Bln. 10./11. 1777.
2) Fechner, Wirtschaftsgesch., 423.

Daneben lernte man nun die Bevölkerung im Lande selbst mit Hilfe von Lehrkräften (im weitesten Sinne) an, wobei die als Facharbeiter angesetzten Ausländer meist auch gleichzeitig als Fachlehrer wirkten.

Um bei der Erweiterung der Malapaner Werke nach dem Uebergang an das Oberbergamt tüchtige Arbeiter zu bilden, stellte man Former, Frischer und Köhler nur zu dem Zwecke ein, die schlesischen Arbeiter zu unterweisen und sie mit der in anderen Ländern üblichen Technik bekannt zu machen. „Nur allein solchergestalt war es nach und nach möglich geworden", sagt der Geschichtsschreiber der Eisenwerke, „ein Arbeiterpersonal heranzubilden, mit dem man den an die Produkte gemachten Anforderungen ganz genügen konnte"[1]. In gleicher Weise wurde hier auch die sog. Warmfrischmethode durch zwei 1788 aus dem Harz verschriebene Arbeiter eingeführt. Schrämarbeit versuchte man im schlesischen Bergbau auch durch westfälische Schramhauer einzuführen, die die Bergleute unterrichteten[2]. — Für die Potsdamer Nähnadelfabrik wurde von dem Unternehmer aus Aachen ein Fabrikarbeiter Kahlen verschrieben, welcher „bey der Nähnadel-Fabrication ein ganz verbeßertes Main d'Oeuvre durch Unterweisung der übrigen 7 Fabriquen-Arbeiter" aufbrachte[3].

Das Anlernen älterer Arbeiter hatte aber seine Schwierigkeiten, wenn es sich um feinere, Uebung erfordernde Arbeiten handelte. So ist es verständlich, daß in der Berliner Duttonschen Stahlfabrik (Bericht des Fabrikinspektors Kunth) die angelernten heimischen Arbeiter gerade nur den 8. Teil von dem lieferten, was ein von Jugend auf darin geübter, aus England verschriebener Stahlarbeiter in der gleichen Zeit schaffte. Hierin lag auch einer der Gründe, der die Gebr. Dutton veranlaßte, Knaben in größerer Anzahl in ihre Fabrik aufzunehmen. Im März 1792 fanden sich unter 90 Arbeitern „einige 30 in der Lehre", die durch den früher mit großen Kosten aus England herbeigeschafften Feilenhauer Armatage unterrichtet wurden. Auf diese von Grund auf ausgebildeten Facharbeiter setzten die Unternehmer große Hoffnungen: „Der Nutzen muß erst von denen Lehrlingen der Fabrique zufließen"[4]. Der Vorteil dieses Verfahrens wurde offenbar, als der Armatage, der die Feilenhauerei betrieben hatte, nach seiner Heimat zurückreiste; der Betrieb

1) Wachler, 26.
2) Fechner, a. a. O., 403.
3) G. St. A., Fabr.-Dep. Tit. 439 Nr. 10 Vol. IV, Potsd. 4./6. 1806.
4) G. St. A., Fabr.-Dep. Tit. 418 Nr. 202 Vol. I, Bln. 2./3. 1792.

ließ sich ohne ihn fortsetzen, da inzwischen einige Lehrlinge voll aus=
gebildet waren [1]).

Damit aber sind wir beim industriellen Erziehungswesen, der
Ausbildung von Lehrlingen in Betrieben angelangt. Um
für eine Bewahrung der Kenntnisse in die Zukunft hinein Sorge zu
tragen, war man von Anfang an darauf bedacht, die mit der Herein=
ziehung von Qualitätsarbeitern gewonnenen Erfahrungen auf die
folgende Generation zu übertragen; Lehrlinge wurden ihnen allent=
halben beigegeben. Sie wurden gegen eine bestimmte Vergütung an=
gehalten, Inländer zu unterrichten. So wurde die „Liseuse des
Dessins“ Girond 1758 in Berlin für eine jährliche Pension von
100 Rtl. mit der ausdrücklichen Bedingung engagiert, „daß die Im=
petrantin alle Jahr 2 erwachsene Mädgens oder Knaben ohne weiteres
Lehr-Geld in solchen Metier gründlich abrichten soll“ [2]). Bei der
Anstellung einer anderen französischen Musterleserin Perian im nächsten
Jahre vereinbarte Geh. Rat Kircheisen mit ihr, „daß sie bis Johannes
1752 zu Berlin bleiben, indeßen aber zwey geschickte dortige Frauens
als apparentifes annehmen, und wann sie selbige vollkommen abge=
richtet, und diese ihre Probe abgeleget, ihr vor eine jede 80 rthlr.
Lehr-Geld, gezahlet werden kann, mit ihrem Manne, wiederum, nach
Frankreich zurückzugehen“ [3]). Oktober 1773 suchte das General=
Direktorium beim König die Genehmigung zur Ansetzung zweier
Dessinateurs nach. Es hätte einen sehr geschickten, für Livorno be=
stimmten Mann engagieren können, der außer dem Dessinieren „auch
die Fabrication der reichen und geblümten Genueser Sammete“ ver=
stünde und sich bereit erkläre, Apprentifs anzunehmen, wenn ihm eine
Pension von 150 Rtl. und für jeden Lehrling 50 Rtl. jährlich be=
willigt würden [4]). Nach einer Ordre an das Manufaktur=Collegium
von 1792 sollte der Appreteur Mico zur Annahme eines Lehrlings
angehalten werden, „weil sonst im Fall des Absterbens des Mico alle
die auf deßen Anstalt verwendete Kosten verlohren seyn würden“ [5]);

---

1) eb., Bln. 25./4. 1795; der Wert gelernter Arbeitskräfte wurde so hoch
angeschlagen, daß sich das Manufaktur=Collegium selbst beim Fabriken=Departement
darum bemühte, zwei von diesen Lehrlingen, die wegen Diebstahls in Spandau
saßen, frei zu bekommen, da „sie, wenn sie die lange Zeit von 2 Jahren sitzen
sollen, dem Staat als tüchtige und geschickte Arbeiter verloren gehen und die
Fabrique die Feilenhauerei nicht weiter betreiben“ könnte.

2) G. St. A., Fabr.=Dep. Tit. 186 Nr. 51, Bln. 5./11. 1750.

3) eb., Potsd. 4./11. 1751.

4) G. St. A., Tit. 186 Nr. 233 Vol. I, Bln. 7./10. 1773.

5) eb., Nr. 562 Vol. I, Bln. 30./8. 1792.

bei diesem, wie wohl auch bei anderen ausländischen Lehrern, wurde die Ausbildung von Lehrlingen durch die schlechte Verständigungsmöglichkeit zwischen dem französisch sprechenden Meister und dem deutschen Lehrling sehr erschwert.

Die Ausbildung Einheimischer wurde mit besonderen Prämien für Lehrer und Lehrling gefördert. Das Edikt für polnische Tuchmacher vom 18./4. 1770 versprach 10 Rtl. für jedes ausgelernte Landeskind; ähnlich in der Sammetfabrikation [1]). Den um 1757 aus Sachsen nach Schlesien gezogenen Creas und Damastwebern zahlte man für jeden ausgebildeten Lehrling 10 Rtl., seit 1763 20 und dem Maler Ulbrich sogar 40 Rtl. [2]).

Bei der Behandlung der Einrichtung von Industrieschulen ist zunächst darauf hinzuweisen, daß es nicht Gewerbeschulen im heutigen Sinne waren, die neben theoretischem auch praktischen Unterricht trieben, sondern daß fast nur das letztere, die praktische Unterweisung, gegeben wurde. Eine besondere Rolle spielten die Spinnschulen [3]). Es ist bekannt, welcher Mangel gerade an Spinnerkräften in jener Zeit der organischen Technik herrschte; eine Ausdehnung der Textilindustrie hatte immer eine 7—8 fache Vermehrung der Spinnerhände zur Voraussetzung. Obwohl das Spinnen zu den verhältnismäßig verbreiteten und leicht erlernbaren Arbeiten gehörte, war es doch nötig — um möglichst viel Menschen heranziehen zu können —, Leute aller Kreise und Alter anzulernen und ihnen das Spinnen überhaupt, dann aber das feinerer Sorten beizubringen. Die Einrichtung von Spinnschulen möglichst in jeder Stadt und in jedem Dorf schien hier der gangbarste Weg zur Erreichung dieses Zweckes.

Schon in den 1740 er Jahren hatte es in manchen schlesischen Städten Spinnschulen gegeben, die jedoch private Einrichtungen waren: Schullehrer, Invaliden, Tuchmacher oder deren Frauen erteilten gegen kleines Entgelt an Kinder und Erwachsene in ihrer Wohnung, im Schulhaus, im Hospital oder Zuchthaus Unterricht im Spinnen [4]). Größeren Umfang nahmen diese Einrichtungen erst an, als der Staat

---

1) Korn, XII, 141; Rohrscheidt, Bd. 5, 359.

2) Zimmermann, Leinengewerbe, 100; Fechner, Wirtschaftsgesch., 137.

3) Diese sind uns bisher als Quellen quantitativer Arbeiterbeschaffung, die sich die Unternehmer durch Pachtung zunutze zu machen suchten, begegnet (S. 154 f.). Nunmehr soll das Spinnschulwesen in qualitativer Beziehung nach Einrichtung, Umfang und Wirksamkeit betrachtet werden.

4) Schroetter, Bd. XI, 392.

sich damit befaßte. Am 3. September 1763 wurde in Schlesien ein Edikt zur Anlegung von Spinnschulen herausgegeben, dem am 6. Dezember 1764 ein allgemeines und am 7. Juli 1765 ein besonderes „Spinn= schulreglement" für das platte Land folgte [1]. Nach diesem sollten in allen Dörfern Spinnschulen errichtet werden, in denen Kinder, Knechte und Mägde von 6—9 Uhr abends von dazu eingesetzten Spinnmeistern zum Spinnen angehalten wurden. Die Kinder sollten von 8 Jahren an, Knechte, Dienstjungen und Mägde vom Antritt des Dienstes die Spinnschulen besuchen.

Fechner gibt über das schlesische Spinnschulwesen folgende Uebersicht [2]:

Glogauer Departement:

Wollspinnschulen:

1782	61
1787	13
1793	14
1801	43
1804 ca. 43

Zahl der Knechte 0— 32 / der Mägde 166—377 / der Jungen 31—161 / der Mädchen 206—321 } in den einzelnen Jahren

Leinenspinnschulen:
1766 218; 1804 40.

Breslauer Departement:

Wollspinnschulen: Gemeindeschulen

| 1790 | 272 |
| 1805 | 77 |

Zahl der Knechte 14— 215 / der Mägde 82—1185 / der Jungen 274—1363 / der Mädchen 355—1996

Herrschaftl. Schulen:
1790 4; 1794—99 keine

Leinenspinnschulen:

Jahr	Gemeind.	Herrsch.		Knechte	Mägde	Jungen	Mädchen
1766	3532	396	=	6739	22392	25371	29857
1806	2210	66	=	3126	12773	19291	24818

Die Einrichtung von Spinnschulen stieß oft auf Schwierigkeiten [3]. Einmal fehlte es an Räumen oder Geräten, dann wieder an Ver=

---

1) Korn, VII, 404; VIII, 365 ff. und 660 ff. 2) Wirtschaftsgesch., 65 ff.

3) Freilich scheint die Kritik Fechners etwas zu weit zu gehen. Oder sollten sich die beiden Behauptungen mit einander vereinbaren lassen, daß es an Spinnern in Schlesien nie gefehlt habe (S. 63), daher die Unnützlichkeit der Spinn= schuleinrichtung; andernteils, daß der Hauptzweck, dem Mangel an Garn abzu= helfen, ja doch nicht durch sie erreicht worden sei, „da die Klagen über Garnmangel fort und fort gingen"? (S. 66) —

legern, denen die Wollieferung und Gespinstabnahme übertragen
werden konnte, dazu kam Geldmangel, überhaupt Schulen einzurichten.
Im Glogauer Departement suchten manche Gemeinden um die Aus=
gaben herumzukommen, indem sie den Mangel an Gespinst nicht zu=
gaben und daher Spinnschulen für unnötig erklärten. Herrnstadt,
das 1761 von den Russen eingeäschert worden war, hatte nicht die
nötigen Mittel, auch wurden alle für die Spinnschulen in Betracht
kommenden Einwohner schon von den Tuchmachern beschäftigt; ebenso
war es in Parchwitz, Köben und Guhrau; in Winzig hörte die Spinn=
schule 1768 auf, weil nur drei Lehrlinge vorhanden waren, in Kon=
stadt und Raudten, weil Ueberfluß an Gespinst herrschte, in Neumark
und Wartenberg, weil die Spinnmeister abberufen wurden. In
manchen Orten mußten die Fabrikenkommissare die sich weigernden
Leute gewaltsam in die Spinnschulen treiben[1].

Selbst die Volksschulen benutzte man teilweise als Spinn=
schulen. Man schickte auch Frauen als Spinnlehrerinnen auf
dem platten Lande umher, die sich für eine gewisse Zeit in einem
Dorf aufhielten, um die dazu Geeigneten im Spinnen zu unterrichten.
Nach einem Patent vom 28. 9. 1764 sollten die Frauen der Schul=
lehrer spinnen lernen, um es den Kindern beizubringen[2]. Aehnlich
machte man es in den anderen preußischen Provinzen. Für Ost=
preußen erging 1732 an die Kammer in Königsberg eine entsprechende
Verfügung[3].

Daneben wurden auch andere Schulen eingerichtet, die dem Unter=
richt und der Qualitätssteigerung im Gewerbewesen dienen sollten.
In Schlesien wurden in Schweidnitz, Schmiedeberg, Hirschberg, Bunz=
lau und Liegnitz Zeichenschulen angelegt; in Bunzlau war schon
früher auf Hoyms Veranlassung eine Zeichenschule für Töpfer er=
richtet worden. 1794 wurde auf dem Elbing in Breslau eine Industrie=
schule gegründet; 1801 beantragte Struensee die Errichtung einer
Färberschule[4].

In der Kurmark begann man 1794 mit der Einrichtung von
Industrieschulen, da man feststellen mußte, daß die 1775 von Friedrich
b. Gr. eingeführten Spinnprämien ohne nennenswerten Erfolg ge=
blieben waren; der noch vorhandene Spinnprämienfonds von 1600 Tl.
fand dazu Verwendung. Die Kinder auf dem platten Lande sollten

---

1) Fechner, Wirtschaftsgesch., 04.
2) Schroetter, Bd. XI, 471; Korn, VIII, 300.
3) Stadelmann, Fr. Wilh. I., 141 Anm. 1.
4) Fechner, Wirtschaftsgesch., 66.

dadurch zur Arbeitsamkeit angehalten werden[1]). Es bestand hier eine unmittelbare Verbindung zwischen Volks- und Industrieschulunterricht: stündlicher Wechsel zwischen Lehr- und Arbeitsunterricht. 1793 wurde in Klein-Schönebeck vom Prediger Dapp eine Schule eingerichtet, in der die Kinder im Stricken, Nähen, Flachs- und Wollspinnen unterrichtet wurden[2]). 1785 legte der Prediger Riedel in Görin eine „Knütt- und Nähschule" aus eigenen Mitteln an, die später vom General-Direktorium unterstützt wurde. Man eröffnete hier 1795 eine Industrieschule, in der die Zahl der Kinder bald von 43 auf 90 stieg. Die Erfolge, die man mit diesen Einrichtungen hatte, veranlaßten zur Gründung weiterer Schulen in der Kurmark. In Charlottenburg wurden 1802, in Zossen 1795, außerdem in den Dörfern Groß-Schönebeck, Schönerlinde, Nowawes und Gramzow Industrieschulen eingerichtet, in denen man die Zöglinge im Wollekratzen, Flachs- und Wollspinnen, Zwirnen, Schnurklöppeln usw. unterrichtete. 1803 befanden sich in der Zossener Schule 79 Kinder (16 Knaben und 63 Mädchen).

3. **Leistungssteigerung.** — Bisher hatte es sich darum gehandelt, technische Kenntnisse und Erfahrungen durch Hereinziehung ausländischer Qualitätsarbeiter und durch Anlernung einheimischer Arbeitskräfte im persönlichen Unterricht, Lehrlings- und Schulwesen einzuführen. Nichts aber bürgte bei den Eigenheiten des damaligen Menschentypus, den wir kennengelernt haben, ohne weiteres für die spätere tatsächliche Anwendung der erlangten Fähigkeiten, für ihre Erhaltung und Weiterbildung. Es war also nicht alles getan, wenn man den Landeskindern gewiesen hatte, wie man es anstellte, um einen feinen Spinnfaden zu spinnen, um ein Messer nicht zu spröde und nicht zu weich auszuschmieden; — daß man die Fähigkeiten und Kenntnisse anwendete, daß man sich bemühte, möglichst hervorragende Leistungen zu vollbringen: dazu den Willen zu wecken, war jetzt die Aufgabe der den Kapitalismus fördernden Kräfte, Staat und Unternehmer, Leistungssteigerung war das Ziel.

Man mußte die Strebsamkeit der Untertanen wecken — das geschah durch Prämien —, mußte dafür sorgen, daß die Leistung auf

---

1) f. die Darstellung bei: Ulbrecht, Die Industrieschulen der Kurmark.

2) 1799 hatte sich D. mit dem Gen.-Dir. auseinanderzusetzen, das ihn zu veranlassen suchte, sich zum Betrieb seiner Schule mit einem Unternehmer in Verbindung zu setzen; D. wies das mit dem Hinweis zurück, daß „eine Industrieschule niemals den Charakter einer Fabrikanstalt annehmen dürfe". Ulbrecht, 89.

der gleichen Höhe blieb — dies durch Einrichtung der „Schau"; darüber hinaus aber hieß es, den Arbeiter in einen nach rationalen Gesichtspunkten eingerichteten Betrieb einzuordnen, die Arbeit in planmäßiger Weise vollbringen zu lassen und Disziplin unter den in größerer Menge Zusammenarbeitenden herzustellen: das mit Hilfe der „Fabriken-Reglements"[1]).

Prämien wurden in allen möglichen Gewerbezweigen zur Förderung der Leistungen gezahlt. Um die Baumwollspinnerei zu verbessern, wurde in dem Publicandum vom 22. Mai 1753[2]) festgelegt, daß denjenigen, die „das feinste Garn spinnen werden", nach Grad und Beschaffenheit der Feinheit Belohnungen von 1 bis 5 Rthl. alljährlich aus der Landeskasse ausgezahlt werden sollten. Das gesponnene Garn wurde zu diesem Zweck um Fastnacht auf die Aemter gebracht und von hier aus an die Kammer zur Beurteilung geschickt, worauf die Auszahlung der Prämien erfolgte. — Den Bleichern wurden bei der Neuregelung der Leinenbleicherei 1766 für Leistungen, die der Harlemer Güte gleichkamen, Prämien zugesagt[3]).

Ein bis ins einzelne gehendes Prämiensystem wurde für die schlesische Textilindustrie ausgebildet. In den Prämienplänen für die Jahre 1765, 1766—71, 1787—90, 1791—93, 1801[4]) wurden für alljährliche Auszahlung auf dem Breslauer Johannismarkt Prämien für z. B. folgende Fälle angesetzt:

> wer durch Attest nachweist, daß er zum ersten Male Kniestreicherarbeit gemacht und ein untadelhaftes Tuch hergestellt hat, erhält

für ein gefärbtes oder weißes Tuch	30 Rt.
„ „ melirtes	50 „
wer die meisten Zeuge gemacht hat, erhält	30 „
welcher Hutmacher den feinsten Hut macht, erhält	20 „

Am 8. Juli 1765 erhielt beispielsweise einer „wegen der mehresten verfertigten wollenen Zeuge von sächsischer Art" 20 Rtl.[5]) Nach

<hr>

1) Auch hier ist zu sagen: all diese Maßnahmen erstreckten sich nicht nur auf kapitalistische Betriebe, sondern lagen im Rahmen einer auf allgemeine Steigerung der volkswirtschaftlichen Kräfte gerichteten Politik, die den handwerklichen ebenso wie den kapitalistischen Betrieb umfaßte; letzterem kamen sie jedoch vorzüglich zugute.

2) Mylius, N. C., 1753 Nr. 31, p. 455 f.

3) Zimmermann, Alt. Leinengewerbe, 124.

4) Schroetter, Wollenindustrie, Bd. XI, 481, 489—91; Korn, IX, 1781, 290; N. F. VII, 302.

5) Schroetter, a. a. O., 481.

Roemer[1]) wurden an Prämien gezahlt: 1764/5 bis 1804/5 für die Baumwollfabrikation 17896 Rtl., für die Schafwollfabrikation 69501 Rtl., wobei jedoch die den Unternehmern und Handwerksmeistern gegebenen eingerechnet sind; 1765 waren von Friedrich II. 2000 Rtl. für Prämienzwecke bewilligt worden[2]). — Im Seidengewerbe wurden nach einem Plan vom Dezember 1791 Prämien an geschickte und fleißige Seidenwirkergesellen und -lehrlinge und einige Hilfsarbeiter verteilt, für besonders guten Taft pro Stück 2 Rtl., für Sammet 3 und bei Sonderleistungen 3 und 4 Rtl.; Lehrlinge sollten die Hälfte dieser Prämiensätze erhalten[3]). In Malapane waren schon 1782 Prämien für besondere Wochenleistungen der Arbeiter ausgesetzt worden. Jedes Feuer, das in dieser Zeit 30 Ctr. ausschmiedete, sollte ½ Achtel Bier oder 1 Rtl. erhalten, bei 40 Ctr. 2 Rtl. usw.; sobald die Belegschaft genügend ausgebildet war, wurden die Anforderungen erhöht. Von 1798 ab wurden die Prämien, um Hintergehungen zu vermeiden, nach einer 4=wöchentlichen Produktionsleistung aufgestellt[4]).

Um eine hohen Anforderungen entsprechende, gleichmäßige Güte der Produkte zu garantieren, wurden Kontrollorgane geschaffen, die die Fabrikate vor ihrem Ausgang „schauen“ und begutachten mußten. Diese „Schauämter“, die von „Schaumeistern“ verwaltet wurden, waren meist mit den Gewerkseinrichtungen verbunden und hatten iu deren Privilegs ihre besondere Reihe von Bestimmungen. Häufig wurden sie auch unabhängig davon auf Grund einer besonderen „Schau=Ordnung“ eingesetzt. Standen kapitalistische Unternehmungen nicht mit den Innungen in Zusammenhang, waren sie z. B. durch Privilegierung von allen Zunfteinflüssen befreit, so überließ man es ihnen, eigene Kontrolleinrichtungen zu schaffen[5]).

Die erste Zusammenfassung der Ruhlaer Kleineisenarbeiter in der Eberswalder Fabrik war durch Einrichtung einer Abnahmestelle für die wöchentlich hergestellten Messer durchgeführt worden; hier begann die Einflußnahme auf die Güte der Fabrikate. Um eine gleichmäßige Qualität zu erreichen, wurden Schaumeister eingesetzt, die sämtliche von den Messerschmieden verfertigten Waren abnahmen und nach

---

1) Baumwollspinnerei, 25.
2) Fechner, Wirtschaftsgesch., 81.
3) Lamprecht, 631.
4) Wachler, 40.
5) Mylius, V. II. 4. Nr. LXXIX, 30./1. 1723; eb., N. C., 1754 Nr. XXI, p., 1113 f., Tuch= u. Zeuchmacher auch Schau=Ordnung, 10./4. 1754.

Besichtigung mit einem „Schauzeichen" stempelten. Eine besondere Schauordnung wurde am 14. Nov. 1748 erlassen[1]). In dem dann am 18. Febr. 1750 verliehenen Gewerks-Privileg wurden über die Schau genauere Bestimmungen getroffen (Strafen für schlechte Schau); das erste Mal sollte der Wert der schlecht geschauten Ware als Strafe in die Lade gezahlt werden, das zweite Mal das Doppelte, und beim dritten Mal wurde der Schaumeister seines Amtes entsetzt und der Meister des Meisterrechts für verlustig erklärt; erst nach 2 Jahren konnte er gegen Anfertigung eines neuen Meisterstücks wieder auf= genommen werden, bis dahin mußte er als Geselle arbeiten. Interessant ist, daß bei dem nach Uebergang des Staatsunternehmens an die Splittgerber zu deren Gunsten umgeänderten Privileg besonders die Schaumeister und ihre Einsetzung vom Unternehmer abhängig gemacht wurden[2]). Während die Altmeister und Nebenältesten vom Entre= preneur und dem Magistratsbeisitzer gewählt wurden, hieß es über die Schaumeister: „Die Schau Meister aber bestellet der Entrepreneur nach Maßgebung des Contracts alleine, und läßt selbige per assessorem verpflichten". Die Artikel über die Schau wurden wesentlich verschärft: es sollte hinfort „alle bey der Schaue untüchtig befundene Waare von denen Schaumeistern sogleich zerbrochen werden, und wann der Schau Meister betreten wird, daß er bey der Schau nach Pflicht und Gewißen nicht gehandelt, soll er willkührlich mit dem Bürger Gehohrsam bestrafet werden, und falls ein Schau Meister zum zweyten oder dritten mahl conniviret, soll er seines Schau Amts entsetzet, mit drei= tägigem Gefängniß belegt, und der Meister so betrügliche Waare ver=

---

1) Die Schaumeister sollen danach ihrem Eide gemäß nur gute Waren schauen. Untüchtige Waren werden bis zum Hauptquartal in die Lade gelegt; am Haupt= quartal wird der anfertigende Meister „nach der Taxe wie hoch das Stück kömt, in Strafe genommen". Freitag und Sonnabend sind Schautage. Schau an andern Tagen muß doppelt bezahlt werden. (G. St. A., Fabr.=Dep. Tit. 439 Nr. 3, Ebersw. 2./11. und Bln. 14./11. 1748.)

2) Friedrich II. schrieb dazu am 6. Okt. 1751 an den Geh. Finanzrat Faesch: „Das Hauptnothwendigste wird übrigens seyn, daß Ihr nunmehro auf die Sache selbst gehet und Euch bey der Schale nicht zu sehr aufhaltet, indem nicht sowohl die große Bequemlichkeit vor die Fabricanten das Werck aufhelffen kann, sondern vielmehr, daß eine rechtschaffene Disposition und Reglement gemachet werde, damit die Arbeiters tüchtige und gute Arbeit machen u. deshalb unter guter Anweisung und Aufsicht stehen u. daß dagegen die Kauffmannsmäßig fabricirte Sachen einen soliden und starcken Abgang finden und dergestalt die fabrique sich rechtschaffen gründen u. von Zeit zu Zeit mehrere Aufnahme u. Zuwachs erhalten müße, als= dann sich alle übrige Bequemlichkeiten vor die fabricanten von selbsten finden werden".

13*

fertiget, seines Meisterrechts auf zwei Jahre verlustig erklähret ...
werden". Es sollte jeder einzelne Meister auf seine Ware sein besonderes Zeichen machen [1]).

Aehnlich wurde auch in den andern Gewerbszweigen verfahren,
für die jeweils bestimmte Schauordnungen erlassen waren. Für
Schlesien am 27. Juli 1742 eine Leinwand- und Schleierordnung, in
der Länge und Breite des Gewebes festgelegt und bestimmt wurde,
wieviel Zaspeln, Gebinde und Faden ein Stück Garn haben sollte,
daß richtige Blätter und Kämme zum Weben genommen würden usw.[2]).
In der Erneuerung vom 6. April 1788 fand sich u. a. die Bestimmung,
daß die Spinner einen runden, fest gedrehten Faden spinnen, be-
trügerische aber an 2—3 Sonntagen eine Stunde an der Kirche im
Halseisen stehen sollten; für jedes schlechte Stück Garn wurde 1 Tag
Gefängnis bei Wasser und Brot angedroht.

Wenn auch die in den Ordnungen festgesetzten Bestimmungen
nicht immer genau durchgeführt wurden, so ließ sich doch eine allgemeine Verbesserug der Fabrikation durch diese Einrichtungen feststellen [3]). Solche Schau-Ordnungen waren jedoch nur solange möglich
— und darin zeigen sich ihre Grenzen —, solange noch keine re-
volutionäre Technik herrschte [4]).

Die Regelung durch allgemeine Verordnungen, die auf technischem
Gebiete die Schauordnungen darstellten, geschah in umfassenderer
Weise durch die sog. „Reglements", die sich auch auf den allgemeinen Betrieb der Unternehmungen erstreckten. Soweit wir bei
ihnen die uns interessierende Seite der Leistungssteigerung kapitalistischer
Arbeiter betrachten, waren sie vor allem dazu angetan, den Arbeiter
zu ehrlicher Arbeit und planmäßiger Einordnung in den größeren,
gesellschaftlichen Betrieb zu erziehen.

---

1) Die Verschärfung der Schaubestimmungen war die Folge häufiger Fälle,
in denen mangelhafte Waren (Verwendung von Eisen statt Stahls, schlechtes Aus-
schmieden usw.) gefertigt worden waren. Die Schaumeister hatten sich dabei als
bestechlich erwiesen und die Messer abgenommen, wodurch die Eberswalder Produkte
in schlechten Ruf gekommen waren. (G. St. A., Fabr.-Dep. Tit. 439 Nr. 2 Vol. VI,
Ebersw. 10./2. 1750.)

2) Fechner, Wirtschaftsgesch., 43.

3) ebenda, 44 ff.

4) Schon wenn ihre Bestimmungen nicht den üblichen Gebräuchen entsprachen,
gab es Sturm, so bei dem Wollspinner- u. Zeugschaureglement v. 30./3. 1769,
dessen Angaben in Maßen usw. infolgedessen abgeändert werden mußten: Fechner,
Garnhandelspolitik, Bd. 36, 352.

Die Reglements umfaßten denn auch alle einen Betrieb
angehenden Dinge von der Einstellung der Arbeiter, der Fabrik=
ordnung, dem Produktionsprozeß, dem Verhältnis zwischen Unter=
nehmer und Arbeiter an bis zur Entlassung. Die am 4. Okt. 1697 für
die „Schmelz= und Sahger Hütte" zu Neustadt a. d. D. erlassene
Ordnung traf eingehende Bestimmungen für „alle Unsere Hütten=
Bedienten, Schmelzer, Abtreiber, Gahrmacher, Vorläuffer, Pucher und
andere Arbeits= und Hütten=Leute". Die hier getroffenen Anordnungen
gingen dabei weit über den Kreis der bloßen Tätigkeit in der Hütte
hinaus. Sie sollten ein „ehrbar, unsträfflich, nüchtern Leben und
Wandel führen", Sonntags in die Kirche gehen, nicht saufen usw.,
keine blauen Montage oder „Bier=Schichten" feiern. Die Hütten=
bedienten sollten die Arbeit beauffsichtigen und darauf „stets Acht
haben, daß die Schmelzer und Hütten=Leute, des Sommers umb 4
mit frühen Tage nach dem Klockenläuten, des Winters aber umb
5 Uhr anlassen, und in ihre Arbeit gehen, des Tages über fleißig
schmelzen und arbeiten, auch da es nöthig zu rechter Zeit einander
ablösen", und weiter: „Nachdem auch die Schmelzer zuweilen kurtze
Schichten zu machen pflegen, als wird hiemit allen Hütten=Bedienten
und Arbeitern ernstlich anbefohlen, die Schichten von zwölf zu zwölf
Stunden zu unterhalten"[1]. — In der Berliner kgl. Gold= und Silber=
manufaktur wurde viel Edelmetall gestohlen, das die Arbeiter mit
nach Hause nahmen, verarbeiteten und für sich verkauften. Hier wurde
ebenfalls durch ein Reglement Ordnung zu schaffen gesucht[2].

Aehnliche, jeweils dem besonderen Betrieb entsprechende Be=
stimmungen kehrten in allen Reglements wieder. — Nach dem
„Reglement für die auf dem Kgl. Messingwerke Hecgermühle be=
findlichen Arbeiter vom 24. März 1781" wurde ihnen verboten,
heimlich aus der Arbeit zu laufen; sie sollten auch sparsam mit dem
Material umgehen. Dann folgten Bestimmungen über die Ausbildung
von Lehrlingen und über die besonderen Pflichten der einzelnen
Arbeiterkategorien (Messingbrenner, Lattunschläger, Kesselschläger,
Lattunschaber, Schwarzdrahtzieher usw.), Lohntaxen und Bestimmungen
über die Einrichtung einer Armen=, Kranken= und Wittwenkasse[3].
Zu erwähnen sind hier noch: für das Messingwerk Neustadt a. d. D.:
„Instruction und Ordnung, nach welcher sämtliche Arbeitsleuthe bei
dem Königl. Messingwerke, sich ins Künftige zu verhalten haben"

---

1) Mylius, VI. I. Nr. CCI, p. 641 ff.
2) G. St. A., Tit. 411 Nr. 7, Bln. 14 /2. 1766.
3) eb., N. C., VII, 189.

vom 6. Okt. 1722[1]); Ordnung für die dortige Spiegelmanufaktur vom 17. Nov. 1696[2]); „Privilegium für die Hüttenbediente und Arbeiter bei den Kgl. Churmärckschen, Pommerschen und Neumärckschen Eisenhütten und Blechwerken" vom 1. Nov. 1768; dazu eine „Hütten- und Hammerordnung vom 27. April 1769 für sämtliche in Sr. Kgl. Maj. in Preußen Landen befindliche Kgl. Eisen-Blech-Kupfer- und andern Hütten-, auch Hammerwerken"[3].

Am umfassendsten waren die sog. Bergverordnungen[4], welche neben den bergbautechnischen Anordnungen, den Bestimmungen über Annahme und Kündigung von Arbeitern, über Arbeitszeit und Hüttendisziplin auch bergrechtliche Vorschriften enthielten.

Konflikte bei der Arbeiterbeschaffung

Die umfangreichen Maßnahmen, die zur Beschaffung von Arbeitskräften für die aufkommende kapitalistische Industrie ergriffen wurden, die Einwanderungspolitik Brandenburg-Preußens Ende des 17. und im 18. Jahrhundert zeigen, daß von einem Ueberfluß an arbeitsuchenden Elementen in Preußen auch in quantitativem Sinne nicht die Rede sein konnte, ganz abgesehen davon, daß zur Entwicklung neuer Industrien die Heranziehung qualitativ bestimmter Arbeitskräfte als „Erfahrungsträger" in jedem Fall notwendig war. Daß es sich hier aber nicht um eine vereinzelte Knappheit handelte, die etwa die kapitalistisch fortgeschritteneren Länder aus eigenem Ueberfluß ohne Schaden hätten ausfüllen können, darauf weisen die allgemeinen Konfliktserscheinungen hin, die bald zwischen den Staaten auftraten. Nur selten und ganz im Anfang war bei den konfessionellen Kämpfen in Frankreich, in der Schweiz und in Oesterreich ein Abzug der Andersgläubigen gestattet worden. Aber bald hörte das auf, und Grenzsperrungen, Zwang zum Bleiben, ja sogar Milderungen der Intoleranz — wenn man anders nicht in der Lage war, die Auswanderungslustigen zurückzuhalten — traten an ihre Stelle. Der „Kampf der Staaten um den Arbeiter" war in der Tat ein allgemeines Kennzeichen jener Zeit.

---

1) Cramer, Gesch. d. Bergbaues, H. III, 230.
2) Mylius, IV. II. 2. Nr. 31, p. 102.
3) Cramer, a. a. O., 230.
4) Für Cleve, Mark, Mörs: 1766; für Schlesien: 5./6. 1769, Mylius, II. I. Nr. XCIX, p. 339; Magdeburg, Halberstadt, Mansfeld: 1772.

Ein weiterer Konfliktskreis trat innerhalb Preußens selbst auf. Nichts kennzeichnet deutlicher das Bestehen dauernden Mangels an Arbeitskräften als der mit offenen und verborgenen Mitteln geführte „Kampf der Unternehmer um den Arbeiter". Es handelte sich hierbei nicht nur um Qualitätsarbeiter, welche natürlich jeder Unternehmer für sich anzuwerben und zu erhalten suchte, sondern um Arbeiter überhaupt; immer lag die Versuchung nahe, beim Nachbarn die Kräfte, die dieser mit großen Kosten herangezogen hatte, zu „entlehnen". Das Wort „Abspenstigmachen" begegnet uns während der ganzen Zeit unaufhörlich und gibt der Gesetzgebung mehr als einmal Veranlassung, einzugreifen[1]).

Eine letzte Interessenkreuzung, die im Mangel an Menschen ihre Ursache hatte und bei der Beschaffung von Arbeitern für die kapitalistischen Unternehmungen auftrat, fand sich in den Be= dürfnissen des Staates selbst. Dem wirtschaftlichen Interesse lief sein machtpolitisches parallel, beide bedingten sich in gewissem Sinne gegenseitig: Bildung eines starken Heeres, das den wirtschafts= politischen Bestrebungen die nötige Machtunterlage geben sollte. Die Einwanderungspolitik galt daher ebenso den militärischen, wie den wirtschaftlichen Notwendigkeiten, eine intensive Inanspruchnahme der Bevölkerung ging von den militärischen ebenso wie von den kapitalistischen Bestrebungen aus. Beide auf diesem Gebiete gegen= sätzlichen Ansprüche mußten daher notwendig zusammenstoßen, da sich nur zu leicht der eine auf Kosten des andern durchzusetzen suchte. Der sich aus dieser innerstaatlichen Interessenkreuzung ergebende Kon= fliktsstoff wird im folgenden ebenfalls ausführlicher zu behandeln sein.

Kampf der Staaten um den Arbeiter

Die Verhinderung preußischer Arbeiterwerbungen in fremden Staaten steigerte sich von der einfachen Versprechung und Be= günstigung bis zur Gewaltmaßnahme und zum direkten Aus= wanderungsverbot. Neben gewissen Zugeständnissen auf religiösem Gebiet[2]) versuchte man, bevor man zu schärferen Maß=

---

1) Daß es sich hier um einen „Fachausdruck" handelte, zeigt sein Vorkommen in der „Allg. Schatzkammer der Kauffmannschaft", wo diese Er= scheinung in Bezug auf das Bergwesen folgende Erklärung findet: „Abspännig machen, heißen die Bergleute, einen Gruben= Hütten= oder andern Arbeiter, durch heimliche Geschenke oder Gunst, an sich ziehen". I. Th. 1741, 29.

2) 1742, nach dem ersten schlesischen Kriege versprach Maria Theresia Religionsfreiheit, womit sie gleichzeitig Einwanderer anzulocken hoffte. Fechner, Die handelspolitischen Beziehungen, 60 f.

nahmen überging, den Abzug der Angeworbenen durch indirekte Maß=
nahmen zu verhindern. Das Abzugsgeld, der „Abschoß“, den
jeder aus seinem Wohnsitz Fortziehende zu zahlen hatte, wurde möglichst
erhöht, um bei Zahlungsunfähigkeit einen Grund zu haben, die Aus=
wanderungslustigen festzuhalten. So hatte man einem Justinus Stein=
metz, der aus Ruhla auswanderte, „vieles Abzuggelt predentiret, um
dadurch diesen Gang zu unterlaßen“[1]. Nutzte die Erhöhung des
Abzugsgeldes nichts, so beschlagnahmte man das Vermögen
der Abziehenden und nahm ihnen das Werkzeug fort. Um einen
schnellen Verkauf der festliegenden Habe vor der Auswanderung zu
verhindern, erließ man allgemeine Verbote, Häuser, Aecker und
Wiesen zu kaufen, so daß die Auswandernden ihre Liegenschaften
unverkauft zurücklassen mußten; sie scheuten sich, ihre Grundstücke zum
Verkauf anzubieten, weil sie damit ihre Auswanderungsabsichten ver=
rieten und härteren Strafen entgegengingen. Viele Ruhlaer Messer=
schmiede kamen daher ohne jedes Vermögen nach Eberswalde. Wenn
möglich, schickten sie später einen Verwandten oder Vertrauten in ihre
Heimat, der ihre Immobilien zu Geld machen sollte. — Wie es den
Auswanderern im einzelnen erging, zeigen folgende Beispiele.

1754 richteten die Splittgerberschen Geschäftsführer Palm und
Buls in Eberswalde ein Unterstützungsgesuch an den König: Sie
hätten einen Lotschlösser aus dem sächsisch=gothaischen Dorfe Deybach,
der mit seiner Familie nach Eberswalde gekommen war, eingestellt.
Bei seinem Abzug hätten ihm die Behörden verschiedene Sachen ge=
pfändet, seine Tochter einsperren lassen (angeblich wegen eines vor
Jahren verschuldeten Anbrennens von Malz bei ihrer Dienstherrschaft)
und ihm den ausstehenden Erlös für den Verkauf seines Grundstücks
vorenthalten, „und geschähe alles dieses aus der Ursache, weilen er
in hiesige Lande gezogen“[2]. Der Schaumeister Eichhorn aus Ebers=
walde schickte 1749 seine Frau mit einem Schutzbrief nach Ruhla,
um hier gegen Erben eines Schuldners Ansprüche geltend zu machen;
bis dahin hatten es die Gerichtsbehörden unterbunden um die Mit=
nahme des Geldes nach Brandenburg zu verhindern. Ebenso ging
es dem Oberältesten beim Messerschmiedegewerk, welcher Geld und
unverkaufte Grundstücke hatte zurücklassen müssen[3]. Einem andern
war es unter großen Schwierigkeiten gelungen, seinen Abschied bei
den Soldaten zu erkaufen; wäre es aber verraten worden, so sagte

---

1) G. St. A., Fabr.=Dep. Tit. 439 Nr. 2 Vol. VII, Ebersw. 30./9. 1750.
2) eb., Vol. IX, Ebersw. 13./11. 1751.
3) eb., Vol. IV, Ebersw. 26./2. 1749 und 28./2. 1749.

er bei seiner Vernehmung, daß er hätte nach Preußen ziehen wollen,
„so wehre er nicht davon gekomen und wen er hunter Thl. hätte gegeben, und seine mutter wehre in daß größte Unglück komen. . ."
Er war seines Wegziehens halber nach Gotha zur fürstlichen Regierung
zitiert worden, wo man ihm vorwarf, „daß er der Jenige sey der
die Leute aufwiegelte und aus dem Lande führen wolte". Er hatte
zugegeben, daß er auswandern wollte, zumal ja auch andere fort-
zögen, deren Namen er aber hatte angeben müssen; in Ruhla war
bei ihm Haussuchung abgehalten worden. Trotz aller Schwierigkeiten
wäre es ihm aber dann doch gelungen, davon zu kommen[1]). —
Hinter solchen, welche Landsleute zur Auswanderung veranlassen
wollten, war man besonders her. Der Sohn eines Ruhlaers war
„arretiret und in Ketten und Banden geschmiedet worden", weil er
nach Preußen gehen wollte, und „überdem der Kaufmann in der
Ruhla Hermann Heinrich Malsch ihn verrathen, ob er hätte einige
Messerschmiede debauchiret, in hiesige Lande sich zu begeben"; ebenso
ging es der Tochter eines andern Messerschmieds[2]).

Wo es sich nun um Auswanderungen wichtiger Arbeiter und in
größerer Anzahl handelte, wurden schärffte Maßnahmen ergriffen, die
bis zur direkten Verhinderung und Zwangsfestsetzung gingen.
Im August 1749 berichtete Avenarius u. a.: „In Schmalkalden ist
man sehr difficil, die Handtwerksleüte gutwillig abfolgen zu laßen,
und so einer sich nur das geringste davon vermerken läst, wird er
so gleich arretiret, diejenigen aber so heimlich fortgehen, mit Steck-
briefen verfolget"[3]). Alle Verhandlungen preußischer Werber im Auslande mußten sich in großer Heimlichkeit vollziehen, um nicht die Behörden
aufmerksam zu machen[4]); so hatten die Abordnungen der ersten Einwanderer aus Ruhla mit dem preußischen Residenten in Mühlhausen
nachts verhandeln müssen. Als dann doch etwas in die Oeffentlichkeit
drang, ergriffen die Behörden sofort Gegenmaßnahmen. Sie machten
in Ruhla bekannt, daß „niemand bei Strafe des Zuchthaußes sich
unterstehen sollte, von dannen wegzuziehen." Gleichzeitig setzte der
schärffte Druck gegen die ein, welche sich mit Auswanderungsabsichten
trugen. Demgegenüber riet das Auswärtige Departement in Berlin,
„es in die Wege zurichten, damit die Fabricanten so geschwinde als
möglich, und ohne éclat, der Macht des Herzogs von Weimar ent-

---

1) eb., Vol. V.
2) eb., Vol. IX, Eberßw. 28./7. 1752.
3) eb., Vol. V., Mühlh. 31./8. 1749.
4) s. S. 98.

rißen werden mögen. Dann wann dieses einmal bewerkstelliget worden, würde man sich an dem Unmuth des Herzogs wenig zu kehren, noch sich davon einiger unangenehmen Suiten zu besorgen haben, auch vielleicht hernach Mittel finden, sein Mißvergnügen zu beschwichtigen, und ihn zu Vorabfolgung des von denen Emigranten zurückgelaßenen Vermögens willig zu machen"[1]). Wie wir wissen, gelang es den Ruhlaern, schnell aus ihrer Heimat fortzukommen. — Als dann später mit der gothaischen Regierung wegen Auslieferung des zurück= gelassenen Vermögens verhandelt wurde, führte sie Beschwerde über die Werbetätigkeit des Avenarius. In dem Schreiben vom 3. Mai 1752, das sehr deutlich den Groll über die Auswanderungen erkennen läßt, heißt es u. a.: „Es hätten Ew. Hochfürstl. Durchl. vielmehr vorlängst Ursache gehabt, über obbemeldten Residenten Avenarii Unternehmung in Mißbrauchung hiesiger Unterthanen bey Ihro Kgl. Maj. in Preußen Beschwehrde zu führen, in dem derselbe seit geraumer Zeit, so wohl die Glieder der Fabrique überhaupt als viele Fabricanten Schleiffer, Feilenmacher und so ferner, insonderheit zum Wegziehen zu verleiten und alles mögliche zum ruin der Ruhler Fabrique zu unternehmen sich beflißen, da wir doch uns ohnmögl. vorstellen können, daß er nach der Intention Sr. K. M. in Preußen auf solche Maße als wie ihm zeithero geschehen, zu Werk gegangen. Denn ob= gleich Ew. Hochfürstl. Durchl. Unterthanen in keiner Leibeigenschafft stehen, . . . so ist Ihro K. Preuß. Maj. Gedenkungsart viel zu gerecht und großmüthig, als daß Sie Ihre Bediente instruiren solten, anderen Reichs=Fürsten ihre angebohrne Unterthanen abwendig zu machen und zu hundert Familien zur Emigration zu verleiten, da dergl. Attentate Ihro K. M. gewiß keinen andern Reichs=Stand in Dero Kgl. und Churf. Landen gestatten, vielmehr die allergrößeste Empfindung da= gegen bezeugen würden"[2]).

Um den fremden Staaten die Fortnahme ihrer Arbeiter schmackhaft zu machen, operierte man mit Kompensationen auf handels= politischem Gebiet. Als im November 1754 ein für die Pots= damer Gewehrfabrik wohl nur auf kurze Zeit beurlaubter Arbeiter sich endgültig in Eberswalde niederlassen wollte und sein Vermögen durch Vermittlung der Preußischen Behörde aus der Heimat zu er= langen suchte, wies das Gen.=Direktorium die Gothaische Regierung auf die Gefälligkeit hin, mit der es seinerzeit den Ruhlaer Eisenkrämern auf Ansuchen der Gothaischen Regierung nicht nur für eine einzige

---

1) G. St. A., a. a. O., Vol. I, 12./9. 1747.
2) ebenda, Vol. XI, Friedenstein, 3./5. 1752.

Messe, sondern für die Dauer volle Meßfreiheit in Frankfurt a. O. gewährt hätte. Daraufhin gestattete Gotha die Ansetzung des Ruhlaers, „jedoch ohne alle Consequentz", mit dem Hinweise, daß der Herzog weitere Fälle zu genehmigen „nicht gemeinet" sei, indem er sich „vor die Aufrechterhaltung Dero eigenen Staats nach Billigkeit zu sorgen so berechtiget, als verbunden" erachte[1].

Mit welchen Schwierigkeiten die beiden englischen Stahlarbeiter Gebr. Dutton, die sich später selbständig machten, 1789 nach Preußen kamen, zeigt ihr eigener Bericht[2]. Aehnlich erging es den Stahl= arbeitern, die sie sich später aus England schicken ließen. Sie wurden beständig von der englischen Gesandtschaft in Berlin beobachtet[3].

Solche Maßnahmen wurden in allen Ländern getroffen, und zwar nicht mehr allein in Einzelfällen, sondern auch durch allgemeine Edikte, die jede Auswanderung, jede Verleitung dazu und Unterstützung unter Androhung schwerer Strafen verboten; die fremden Emissäre und Werber wurden unter Verfolgung gesetzt.

Für Kursachsen erging unter dem 21. Aug. 1764 ein „Mandat Wider die Verleitung derer Unterthanen und Einwohner zum Weg= ziehen außer Landes"[4]. Dem Cösliner Entrepreneur Jacob Salomon Borchardt, der in der pommerschen Stadt eine „Baumwollen Mützen und Strumpf Fabrique" errichtet hatte, gelang es bei Aufwendung aller Mühe nicht, die erforderlichen Arbeiter aus Sachsen, wo diese Industrie blühte, zu bekommen, da jede Auswanderung „bey harter

---

1) eb., Vol. X, Bln. 25. und 28./11. 1754, Friedenstein, 23./1. 1755; s. auch den von Hassenstein, 38 f. erwähnten Fall. — Daß die thüringischen Behörden sich mit allen Mitteln gegen die Anlockungen wenden mußten, zeigen die späteren Wirkungen der Auswanderungen. Nicolai, III., Fußn., führt den Rückgang Ruhlas von 700 auf 500 Häuser und damit der thüringischen Industrie auf die Anlegung der Fabrik in Eberswalde zurück.

2) „Wir trafen also so geheim als möglich alle Anstalten, die zu unserer Abreise nötig waren, wir erfuhren aber auch an unserm Theile, wie schwer es ist, der Wachsamkeit der englischen Nation zu entgehen; man entdeckte unser Vorhaben, und weil man mich, den John Dutton, für den Anführer hielt, so wurde ein Preis auf meinen Kopf von 500 Pfund gesetzt. In England hatten wir in dieser Lage nichts mehr zu gewinnen, unser Untergang war unvermeidlich, und wir musten uns also einem unsichern Schiffer Boote auf ofner See überlaßen, was uns und den jungen Voigt glücks nach Holland überbrachte." (G. St. A., Tit. 418 Nr. 202 Vol. I, 10./6. 1789.)

3) eb., Bln. 21./12. 1790.

4) Fortgesetzter Codex Augusteus oder Neuvermehrtes Corpus iuris Saxonici, Bd. III. (Lpz. 1772), S. 883 ff.

Strafe verbothen" war [1]). — Am 7. Juli 1768 erließ Joseph II. von
Oesterreich ein strenges „Edict wider den Frevel des Auswanderns" [2]).
Schon früher hatte man hier in Einzelfällen die Auswanderer fest=
gesetzt. 1755 meldete der preußische Resident in Wien v. Fürst, daß
ein Kammacher de Lanoi, den er für die Uebersiedlung nach Preußen
gewonnen hatte, bei seiner Anreise mit Gewalt aufgehoben und in
einem Ort an der böhmischen Grenze festgehalten worden wäre; sein
Sohn und seine Tochter wären ebenfalls zwangsweise dorthin über=
führt worden, wo sie alle drei unter Aufsicht Kämme für die Seiden=
fabriken machen müßten [3]). — In der Kurpfalz war 1766 ein Aus=
wanderungsverbot erlassen worden, so daß man sich vergeblich bemühte,
von dort Leute zu bekommen; Auswandernden war Zuchthausstrafe
angedroht. Ebenso ergingen in Hessen=Kassel und in den kurrheinischen
Gebieten (1766 u. 1768) strenge Verordnungen; das gleiche geschah
in Bayreuth [2]).

Den Maßregeln der andern Staaten, die Auswanderung der
eigenen Untertanen zu verhindern, standen ihre Bemühungen zur
Seite, ihrerseits Leute aus andern Ländern anzulocken.
Wo nur irgend wertvolle Bevölkerungselemente sich daran machten,
ihre Heimat zu verlassen, drängten sich die Vertreter aller möglichen
Staaten an sie heran, um sie durch Versprechungen an sich zu ziehen.
Als die als tüchtige Leute bekannten Berchtholsgadener sich zur Aus=
wanderung anschickten, bemühten sich „viele Buhler und Competenten",
außer Preußen noch England und die Freie Stadt Nürnberg, um sie.
Oesterreichische Emissäre saßen in Frankfurt a. M., Rothenburg, an
der württembergischen Grenze, und oft gelang es ihnen, den preußischen
Werbern manchen Auswanderer vor der Nase wegzuführen [4]).

Ihre Werbeversuche erstreckten sich ebenso auf
preußisches Gebiet, wo sie die gleichen Bemühungen machten,
die die preußischen Werber ihrerseits im Auslande anwendeten. Auch
die Gründe, die wir früher für die Auswanderung der fremden
Arbeiter aus den Nachbarstaaten nach Preußen festgestellt hatten und
die den Werbern ihre Arbeit erleichterten, treffen wir bei den Aus=
wanderungen aus Preußen wieder. Schon 1715 finden sich in einer
Berliner Zeitung Notizen, daß einige Refugies wieder auswanderten;

---

1) eb., Tit. 94 Nr. 8 Vol. III, Cöslin 9./9. 1777.
2) Beheim, 276.
3) G. St. A., Rep. 9. JJ. 12, Wien 26./2. 1755.
4) Beheim, 256 und 276.

für den Monat Februar wurde eine Zahl von „beynahe 40 Familien
von Frantzoischen Ouvriers" angegeben, die heimlich wegen günstigerer
Bedingungen nach England und Irland gegangen wären. Existenz=
schwierigkeiten wurden als Grund für die heimlichen Auswanderungen
angegeben, und man bemühte sich, die Fremden mit Sonderunter=
stützungen festzuhalten [1]). Dazu kamen von außen her verlockende
Versprechungen, die in zahlreichen Patenten für preußische Untertanen
erlassen wurden [2]). Die üble Lage der Weber in Schlesien führte nach
einem Bericht Schlabrendorffs (April 1766) viele dazu, nach Böhmen
auszuwandern, wenn sie nicht Religionsschwierigkeiten daran hinderten [3]).
Die Befürchtungen des Landrats des Reichenbacher Kreises, daß Oester=
reich in Religionssachen einmal toleranter werden könnte und dann
manchen in Not befindlichen Weber von Schlesien fortziehen würde,
bewahrheiteten sich später, als 1782 Joseph II. Toleranz verkündete.
Wie groß der Erfolg dieser Maßnahmen war, läßt sich nicht feststellen,
da Berichte über erfolgte Auswanderungen nur wenig vorliegen.
Von der 1748 bei Strehlen gegründeten Kolonie wanderten 5 Hussi=
netzer wieder nach Böhmen zurück [4]). Für eine 1750 in Wien ge=
gründete Seidenfabrik versuchte man aus Schlesien mit hohen Lohn=
versprechungen Feinspinner herüberzuziehen [5]). — Auch die Eberswalder
Messerschmiedefabrik blieb von Werbeversuchen nicht verschont. Fabriken=
inspektor Laval erwähnte in einem Bericht über die Besichtigung der
Anlage, welche keinen allzu erfreulichen Zustand ergab, einen an die
dortigen Arbeiter gerichteten und von den Behörden abgefangenen
Brief und schrieb dazu: „Et s'il m'est permis de tout dire, j'ajouteray
encore a ceci, que par une lettre que j'ay en mains, il se trouve

---

1) Friedlaender, 271; 23./2. 1715 und 28./9. 1715.

2) Für Sachsen: Allg. Schatzkammer, II, 349 f. unter „Fabric", sächsisches
Mandat 1720; für Rußland: Beheim, 276.

3) Zimmermann, Leinengewerbe, 125.

4) Fechner, Wirtschaftsgesch., 128 — 1742 hatte Maria Theresia mit großen
Versprechungen schlesische Arbeiter nach Oesterreich zu ziehen versucht und außer
4=jähriger Steuerfreiheit auch — wie erwähnt — Religionsfreiheit zugesichert.
Sie wollte sogar, hieß es, evangelische Kirchen in Schlesien bauen lassen, um die
Protestanten anzulocken. Da die Verhältnisse in Preußen nach dem Kriege trübe
waren, wanderten viele aus: Fechner, Die handelspol. Bez., 60 f.; 332.

5) eb., 332; s. auch ders., Wirtschaftsgesch., 531. — Daß die uns bekannten,
an Zahl verhältnismäßig geringen Fälle die einzigen waren, ist kaum anzunehmen,
da die Provinzialbehörden schwerlich jeden Fall berichteten; sie waren vielmehr
daran interessiert, solche Mißerfolge der eigenen Ansiedlungspolitit möglichst zu
verkleinern. Die Berichte über häufige Versuche fremdländischer Werber lassen
vermuten, daß nicht nur Einzelfälle von Auswanderungen vorkamen.

qu'un Prince d'Allemagne s'empresse d'attirer a lui les ouvriers de Neustadt, leur promettant des benefices considerables, d'ou il s'ensuit que si l'on ne pourroit promptement a changer leur état calamiteux plusieurs parmi eux, et peut-etre les plus habiles s'en iront clandestinement"[1]. — Im August 1785 lief von dem preußischen Gesandten in Petersburg v. Görtz eine Meldung ein, nach welcher ein Fabrikant aus Züllichau von Petersburg abgegangen wäre, um in Preußen Tucharbeiter für die Krim anzuwerben. Es wurden sofort polizeiliche Maßnahmen getroffen, um die Werbungsversuche zu verhindern. Das Gen.-Direktorium vermutete, daß es sich um einen 1781 von der Berliner Petzoldschen Fabrik entwichenen, aus der Schweiz gebürtigen Tuchmacher Führer handelte[2]. — Daß es gelang, auch aus Eberswalde Arbeiter mit Erfolg wegzulocken, zeigt ein Brief des Altmeisters Schenck über einen Messerschmied Wagner, der mit einem Gesellen und einem Scherenschmied, welchen er dazu verleitet hatte, nach Roßdorf gegangen war und sich dort von einem russischen Kommissar hatte anwerben lassen. Mit seiner Frau und einem Kind wurde er bis Lübeck transportiert, wo er eine ganze Zeit mit seiner Familie durch Diäten von Rußland aus unterhalten wurde[3].

Die Maßnahmen, die von der preußischen Regierung zur Abwehr ergriffen wurden, liefen wiederum durchaus denen parallel, die die fremden Staaten gegen preußische Werbungen ergriffen. Man suchte die Lage der Auswanderungslustigen zu bessern und gegen die fremden Werber vorzugehen[4]. Besonders wertvolle Arbeiterkategorien wurden vereidigt. Schon für Ende des 17. Jahrhunderts findet sich eine solche Maßnahme in einem am 8. März 1699 erlassenen Edikt, nach welchem die Glasarbeiter in Neustadt a. d. D. sich durch Eid zu verpflichten hatten, nicht ohne Erlaubnis fortzugehen[5]. — 1768 befaßte man sich mit einem Vorschlag, in Berlin Blattmacher, Dessinateurs, Mouliniers, Devideuses, Stuhlschlösser

---

1) G. St. A., Tit. 439 Nr. 2 Vol. VIII, Potsd., 3. Juli 1751.

2) G. St. A., Rep. 9. JJ. 12, Bln. 10./9. 1785 u. 12./9. 1785.

3) eb., Tit. 439 ad Nr. 11 adh. 1, Bln. 12./6. 1780.

4) Eine Zeitungsnotiz von 1713: „Denen Missionariis, so occupiret waren unsere Künstlers an sich zu locken, ist nun durch beygehendes darwieder publicirte Edict das Handwerk zimlich geleget. So hat man auch um sie desto ehender beyzubehalten, eine aparte Manufactur-Caße angeleget, worüber Bachillet die Inspection hat, und erstrecket sich der Vorrath darinnen schon auf 5000 Thl." Friedlaender, 19. Nr. 9.

5) G. St. A., Rep. 21. 110a.

und Stuhlsetzer in der Seidenindustrie zu vereidigen. Die Meinungen darüber waren geteilt; einige Sachverständige sprachen sich gegen die Freiheitsberaubung aus, andere wollten noch weitere Arbeiterkategorien vereidigt sehen, „damit diese Leute doch etwas mehr als bisher, nicht nur zu ihrer Pflicht gereitzet, sondern auch in Königl. Landen beßer vinculiret würden". Der erste Vorschlag wurde durchgesetzt; die Eides= formel für einen Seidenfärber begann:

> „Ich N. N. schwere zu Gott dem Allmächtigen, daß, da ich in Sr. Kgl. Maj. Diensten als Seiden Färber engagiret bin, ich mich nach Vorschrift des unterm 15ten Marty 1766 emanirten Seidenfabriquen Reglements verhalten und ohne erhaltenen Abschied, nicht aus dem Lande gehen will" [1].

In Schlesien wurden zur Erschwerung der Auswanderung, die nur in Einzelfällen und mit Erlaubnis der Regierung zugelassen war, die Auswanderer mit einer 10%igen Abgabe vom Vermögen, dem sog. „Auswanderungsabschoß oder droit de sortie" belegt [2]. — Gegen die Versuche, Arbeiter aus den Spandau=Potsdamer Gewehr= fabriken fortzuziehen [3], erging sofortige Ordre, „daß auf den Grenz= orten die Gewehr=Arbeiter scharf examiniret, und kein Büchsenmacher oder Schäfter Gesell durchgelassen werde, welchem nicht seine Hand= werks=Kundschaft auch von der Königl. Gewehrfabrique attestiret worden" [4].

Manchen Unternehmern wurde in ihren Privilegs besondere be= hördliche Unterstützung bei der Verfolgung von Ar= beitern, die ins Ausland gehen wollten, zugesagt. So heißt es in dem Privileg für die Gebr. Bosen von 1713 auf die von ihnen über= nommene Berliner Gold= und Silbermanufaktur: „Solte sich auch jemand unterstehen, der Impetranten Ihre Arbeiter abspänstig zu machen undt selbige vor Ihnen weg undt außer Landes zuziehen, so soll die Obrigkeit eines jeden Orts auf der Gebrüder Bosen undt der Ihrigen Geziemendes anhalten darwieder alsofort gehörige nachdrückl. Vorsehung thun undt solange sie solche Arbeiter bei dieser ihrer

---

1) G. St. A., Fabr.=Dep. Tit. 186 Nr. 163, Bln. 21./2., 6./4. u. 14./4. 1768.

2) Fechner, Die handelspol. Beziehungen, 61; Maria Theresia ließ bei Einführung dieser Maßregel durch ihren Gesandten in Berlin, Chotek, Vorstellungen dagegen erheben und drohte mit der gleichen Vermögensbelastung für die nach Preußisch=Schlesien Abziehenden.

3) Von Suhl und Zella aus schickte man zu diesem Zweck Freipässe an die Arbeiter.

4) zit. bei Hassenstein, 40.

Manufactur bedürfen, keineswegs geschehen laßen, daß Ihnen dieselbe entzogen werden" [1]).

Dazu kamen allgemeine Auswanderungs- und Werbeverbote. Ein Verbot vom 9. Okt. 1719 ordnete an, auf Leute, welche ohne besondere königl. Erlaubnis „einige Künstler, Manufacturiers und Handwercks-Meister und Gesellen" in fremde Lande, heimlich oder öffentlich, zu locken sich unterständen, fleißig acht zu geben und zur Haft zu bringen [2]). — Aehnliche Verbote ergingen für Schlesien am 13. Okt. 1767 und am 3. März 1787 [3]). Zur Erhaltung der Leinenweberei wurde 1788 den Webern untersagt, auszuwandern oder Geräte außer Landes zu schicken; kein Fuhrmann durfte sie fahren. Der Versuch der Auswanderung war mit einer Strafe von 3—4 Jahren Festung und Vermögenskonfiskation bedroht [4]).

Kampf der Unternehmer um den Arbeiter

Wiederum nur aus dem Mangel an ausreichenden Arbeitskräften kann dieser erklärt werden. Es wurde vor allem in der Textilindustrie über die gegenseitige Begrenzung der Spinner geklagt. Welchen Umfang die Gespinstnot und der Konkurrenzkampf der Wegeli mit den Unternehmern in Pommern und anderswo angenommen hatte, ist oben bereits hervorgetreten [5]). — Als der Zitz- und Kattunfabrikant Gocht 1788 in Berlin sich um eine Konzession für Anfertigung seiner Kattune bewarb, erklärten sich die anderen Unternehmer dieses Gewerbes auch deswegen, weil „die Ausbreitung solcher Fabrication hieselbst die feine Spinnerey, so sie zu ihrer Fabrique nothwendig haben müßten, entziehen und sie daher viele Stühle eingehen zu laßen sich gedrungen sehen würden". Ephraim & Borchard meinten, daß ihnen dadurch gerade diejenigen Spinner entzogen werden würden, die sie bis jetzt mit großen Kosten anzulernen und zu vervollkommnen gesucht hätten [6]).

---

1) G. St. A., Rep. 9. LL. 4 b, Privileg v. 20./30. März 1713; das gleiche wurde in dem Begnadigungsbrief des Potsdamer Militärwaisenhauses mit der Gold- und Silbermanufaktur am 25./2. 1739 wiederholt: G. St. A., Tit. 411 Nr. 16.

2) Mylius, V. II. 5. Nr. XVIII, p. 465 ff.; am gleichen Tage wurde ein entsprechendes Reskript an das Pommersche Commissariat erlassen: Quickmann, 727.

3) Korn, X, 103 f.; Fechner, Wirtschaftsgesch., 531.

4) Zimmermann, Alfr. Leinengewerbe, 185.

5) f. S. 146 f.

6) G. St. A., Tit. 258 Nr. 146, Bln. 28./11. 1788.

Die Mittel, mit denen man das „Abspenstig machen",
„Abspännig machen", „Debauchiren" usw. betrieb, reichten vom Heraus=
drängen durch üble Nachrede bis zum Versprechen höheren
Lohns und anderer Vorteile, die dann besonders wirkten, wenn
eine schlechte wirtschaftliche Lage der Arbeiter hinzukam[1]). Der
Schweizer Orelli hatte in seiner Berliner Creponfabrik im Laufe der
Zeit über 4000 Menschen im Wollspinnen und =weben unterrichtet, von
denen aber mehr als 2000 durch die französischen Etamin= und Serge=
macher mit „noch eins so viel am Arbeitslohn" fortgezogen worden
waren[2]). — In Schlesien nahmen die Breslauer Manufakturiers den
Gewerken die Spinner fort, jene klagten wieder über ihre Konkurrenten
in Berlin[3]). Der Berliner Seidenfabrikant Morell konnte 1796 die
in der Konzession zugesagten 12 Stühle nicht in Tätigkeit setzen, da
es ihm an Arbeitern fehlte; er war als Ausländer der Landessprache
nicht mächtig und hatte infolgedessen große Schwierigkeiten, seine
Arbeiter festzuhalten, zumal „bey den jetzigen, für die Seidenfabrikation
so günstigen Zeitumständen das wechselseitige Debauchiren der Arbeiter
so sehr im Schwange sey, und alle Fabriken ihre Gesellen auf ihre
Kosten Meister werden ließen, um sich nur ihrer Arbeit zu versichern";
vor einiger Zeit wären ihm auf einmal 10 Gesellen aus der Arbeit
gegangen[4]). — Als in der Eberswalder Messerschmiedefabrik eine
Krise auftrat, zog der Stettiner Kaufmann Voß durch Lohnver=
sprechungen eine Anzahl Arbeiter an sich, mit denen er gegen das
Eberswalder Unternehmen erfolgreich konkurrierte. Als man ihm
endlich die Arbeiter wieder abnahm, schlug er für jeden Mann noch
eine Entschädigung von 40 Tl. heraus[5]). — 1789 klagten die englischen
Stahlfabrikanten Dutton & Whitehouse in Berlin, daß ihnen ihre
Ouvriers debauchirt würden, und zwar gerade dann, wenn sie mehrere
Monate mit Kosten angelernt waren und nun begannen, der Fabrik
einigen Nutzen zu bringen[6]). Auch zwei Jahre später beschwerten sie
sich in einem Schreiben an den König über das Debauchiren der

---

1) In der schlesischen Baumwollindustrie suchten die Spinnarbeitausgeber
sich gegenseitig die Arbeiter durch höheren Lohn abzujagen, so daß, um eine
dauernde Lohnsteigerung zu unterbinden, Ausgeberkonzessionen eingeführt werden
mußten: R o e m e r , 33 f.

2) G. St. A., Rep. 9. JJ. 1. Bericht Berchem und Sohr 1698.

3) F e c h n e r , Wirtschaftsgesch., 373 f.

4) G. St. A., Tit. 186. Nr. 562 Vol. I, Bln. 18./3. 1796.

5) K u n g e r , 164.

6) G. St. A., Tit. 418. Nr. 202 Vol. I, Bln. 12./12. 1789.

Arbeiter und baten um eine Verordnung, die die Arbeiter fester an sie binden und die aus solchen Fällen erwachsenden Gerichtsverfahren beschleunigen würde. In einem Fall wäre ihnen z. B. ein Karabinermacher fortgelockt worden, den sie mit über 100 Rtl. Unkosten angelernt hatten. Der Prozeß darüber hätte 5 Monate gedauert und ihnen mit den Terminen einen Verlust von 8—10 Tagen gebracht. Der Arbeiter hätte 3 Tage Arrest und der Unternehmer 5 Rtl. Strafe erhalten, der also mit einem Aufwand von nur 8 Rtl. einen Arbeiter gewonnen hatte, den er selbst niemals hätte ausbilden können [1]).

Wie sehr man das Abspenstigmachen von Arbeitern fürchtete, zeigt auch der Fall zwischen der Breslauer Tuchfabrik und dem Berliner Lagerhause. Von diesem waren „zwei ganz unnütze Kerle, Köller und Seidemann", mit Zustimmung des Lagerhausverwalters Schmitz entlassen und von dem Breslauer Kaufmann Müller für die 1764 von der Breslauer Kaufmannschaft übernommene seine Tuchfabrik engagiert worden. Der Seidemann war aber sofort in Berlin arretiert worden, weil er im Kontrakt versprochen haben sollte, noch andere Arbeiter mitzubringen; er sollte nicht eher losgelassen werden, als bis er nur einen der 30, die mit nach Schlesien gehen wollten, genannt hätte. Schlabrendorff lehnte jede Verdächtigung ab, sie würden sich selbst ihre Arbeiter aus dem Auslande besorgen; wenn übrigens andere Städte dasselbe Benefizium hätten, daß keine Arbeiter fortgehen dürften, so würde sich Berlin dabei am schlechtesten stehen. Darauf folgte noch ein langer Briefwechsel, der recht deutlich zeigt, wie sehr man um das Weglocken von Arbeitern bemüht war [2]).

Um das gegenseitige Ausspannen von Arbeitern zu verhindern, wurden verschiedene Maßregeln von den Behörden ergriffen. Zunächst gewährte man in einzelnen Fällen besonderen Schutz und sagte solchen bei der Konzessions- und Privilegerteilung ausdrücklich zu. — Schon in dem Privilegium des Antoine de Rametau „auff gewiße Jahre umb Venedisch Spiegelglaß zu verfertigen" fand sich die Klausel: „daß wann Er Arbeiter und Gesellen zue obigem behuef heraus bringen wird, Se. Churf. Durchl. nicht zugeben wollen, daß selbige ihm durch andere Glasemacher abspenstig gemachet, sondern, wann solches geschehen, sie ihm allemahl wieder geliefert werden sollen" [3]). — Damit in Hegermühle rechtzeitig eine Blechlieferung für die kgl. Orangerie in Oranienburg

---

1) eb., Vol. III, Bln. 22./8. 1791.
2) Schroetter, Bd. XI, 412 ff.
3) G. St. A., Rep. 9. N. 15. Fasc. 2a, Cölln, 16./5. 1682.

fertiggestellt werden konnte, erging an den Amtmann von Biesenthal
der Befehl, zwei Gesellen, die von dem Messinghammer abspenstig
gemacht worden waren, dem Unternehmer Aureillon unverzüglich wieder
zuzuführen [1]. — In einem für Orellis Creponmanufaktur erlassenen
Edikt vom 26. Juni 1696 heißt es u. a.: „Weil man auch über dem
in Erfahrung kommen, daß sich liederliche Leüte finden, so denen Arbeits-
leüten in gedachter Manufacture schimpflich begegnen, vnd übel nach-
zureden sich vnterstehen, umb sie dadurch dem Orelly abspenstig zu
machen vnd solchergestalt deßen establyrte Manufacture zu ruiniren; so
wird solchen Personen dergleichen mehr zuthun hiermit alles ernstes
vntersaget . . . ., widrigenfalß dieselbe ihrem Verdienst gemäß davor
vnausbleiblich angesehen werden sollen . . . mit geldbuße, gefänglicher
Verhaftung oder sonst dem Befinden nach". Auch in dem ihm im
folgenden Jahre verliehenen Privileg wurde ihm ausdrücklicher Schutz
zugesagt [2]. — Ein Peter von Itter, der 1720 eine Feintuchmanufaktur
in Berlin anlegte, bat sich in seinem Gesuch an den König u. a. aus,
daß ihm niemand seine Arbeitsleute, welche er mit großen Kosten her-
geschafft hätte, dürfe abspenstig machen [3]. — Auch in dem den Splitt-
gerbern am 29. Mai 1771 erteilten Privileg für eine Elfenbeinkamm-
fabrik wurde ihnen Schutz gegen das Weglocken ihrer Arbeiter zugesichert [4].

Bezeichnend ist, daß die Monopolisierung mancher Unternehmungen für gewisse Gebiete zum Teil in den Arbeiterschwierigkeiten
ihre Ursache hatte; um der Gefahr zu entgehen, die Arbeitskräfte durch eine andere Unternehmung gleicher Art abspenstig gemacht zu sehen, ließ man sich vom Staate ein Monopol
verleihen. „Ohne ein Privilegium exclusivum", meinte der
Potsdamer Entrepreneur Hirsch, „könne er sich nicht entschließen, weil
er sonst von andern in dem Betrieb seiner Fabrique würde gehindert,
ihm Arbeiter debauchiret, und seine Fabrique wieder heruntergesetzet
werden würde" [5]. — Die Breslauer Kaufmannschaft, die die Errichtung
der Eisen- und Stahlwarenfabrik Königshuld übernahm [6], wollte wenn
nicht ein völliges Monopol (da das Oberbergamt schon einige Stahlhämmer angelegt hätte), so doch gegenüber Dritten ein Ausschlußrecht

---

1) eb., Rep. 9. GG. g-i, Lit. J, Schönhausen, 1./8. 1703.
2) G. St. A., Rep. 9. JJ. 1.
3) eb., Rep. 9. JJ. 12 d, Bln. 9./2. 1720.
4) eb., Tit. 439. Nr. 24, 29./5. 1771.
5) G. St. A., Tit. 258 Nr. 100, Bln. 17./10. 1776.
6) Auf Veranlassung von Heiniß wurde ein Privileg am 6./7. 1785 erteilt
Fechner, Wirtschaftsgesch., 328 f.

haben; sie müßte sonst Gefahr laufen, daß ihr ihre wertvollen Sensenschmiede durch die oberschlesischen Edelleute, die sich oft mit der Anlegung solcher Unternehmungen befaßten, abwendig gemacht würden[1]). — Die Kommission, welche 1707 zur Untersuchung der Berliner Gold- und Silbermanufaktur eingesetzt wurde, begründete die Notwendigkeit, „daß mehr alß eine alhier nicht bestehen könne", auch damit, daß das „kaum erst zur unstreitigen perfection gebrachte Werk hinwieder übern Hauffen gehen würde, wenn noch einer oder mehre hieselbst dergleichen Fabriquen haben sollten, angesehen der oder dieselbe nicht nur ohnedem alle gute Arbeiter auf alle Weise an sich ziehen, sondern, wenn man einen der seine Sache nicht recht gemachet corrigiret oder straffen wollte, derselbe alsofort zu den andern Fabricanten laufen und die bisherige Arbeit liegen laßen ... würde"[2]).

Die Unternehmer, deren Arbeit an besondere Fabrikations= geheimnisse geknüpft war, versuchten erst recht, sich auf diese Weise die Vorteile der heutigen Patentierung zu verschaffen. Der Berliner Fabrikant Ermeler z. B., der seine nach vielen vergeblichen Versuchen erlangten Farbmischungen und chemischen Geheimnisse, um sie zu verwerten, einigen seiner besten Arbeiter anvertrauen mußte, bat um eine mehrjährige Berechtigung, seidene Zeuge und Tücher „nach ostindischer Art" allein verfertigen und drucken zu lassen, damit ihm niemand seine Arbeiter abspenstig machen und diese die ihnen anvertrauten Geheimnisse verraten könnten[3]). — Wilhelm Caspar Wegely, der in Berlin eine Porzellanfabrik errichtet hatte, bat 1753 darum, daß Privileg der Firma Schackert, die früher vergeblich Porzellan zu fabrizieren versucht hatte, künftig auf das Glasmachen zu beschränken, da sie ihm sonst zum Schaden seiner Manufaktur die Arbeiter fortlocken könnte[4]). Daneben wurden die Arbeiter in königlichen Eid genommen.

---

1) Fechner, Königshuld, 281 f.

2) An anderer Stelle: „Sobald aber mehrere dergleichen Fabriquen hieselbst sollten angeleget und verstattet werden, wird einer dem andern die Arbeiter ab= spenstig machen und in Unordnung bringen, zur Betrügerey und Diebstahl Thür und Thor denenselben geöffnet, nichts tüchtiges mehr gemachet und die mit so großen Kosten, Mühe und Zeit endlich in Flor gebrachte Fabrique zum merklichen Nachtheil des Kgl. Interesses und des publici in gar kurzer Zeit wieder übern Haufen geworfen werden." (G. St. A., Rep. 9. LL. 4 b, 10./9. 1708). Dem stand die Meinung gegenüber, die jedoch nicht durchdrang, daß durch die Gestattung von nur einer Manufaktur dieser Art die ins Land kommenden überzähligen Arbeiter wieder ins Ausland gedrängt würden.

3) G. St. A., Tit. 186 Nr. 356 Vol. I, Actum Bln. 5./2. 1790.

4) Winzer, 28.

Neuen Fabriken einer Industrieart, die im Lande schon vertreten war, wurde, wie dem Alaunwerk Gleißen 1800, ausdrücklich verboten, inländische Arbeiter aus andern Betrieben anzunehmen, wenn sie nicht mit einem Entlassungsschein versehen waren [1].

Dazu kamen allgemeine Verordnungen, wie für das schlesische Leinengewerbe, dem das gegenseitige Ausmieten des Bleichgesindes bei Strafe verboten wurde [2].

Die schon erwähnten Entlassungsscheine hatten ihre Einführung großenteils dem häufigen Ausspannen der Arbeiter zu verdanken; es sollte dadurch ein geordnetes Uebergehen von einer Fabrik in die andere gewährleistet werden. Wurde ein Arbeiter entlassen, so hatte ihm der Arbeitgeber einen Schein auszustellen, der dies bestätigte und ein Leistungs= und Betragenszeugnis enthielt. Der neue Unternehmer durfte ihn nur gegen Vorweisung eines solchen Scheins einstellen [3].

Diese Verordnung wurde schlecht durchgeführt, und die Klagen darüber kehrten immer wieder. „So hat doch bishero die Erfahrung gelehrt, daß obige Verordnungen gänzlich außer Acht gelaßen, und den Ouvriers gestattet worden, ohne vorherige Anzeige und Genehmigung des Entre= preneurs, nicht nur im Ort, aus einer Fabrique in die andere, sondern so gar aus einer Stadt und Provinz in die andere zu lauffen“ [4]. 1794 mußte die Verordnung wiederum erneuert werden, da das Debauchiren überhand nahm und „die Fabricanten sich einander die Meister, Gesellen, Lehrburschen und Wicklerinnen abspenstig zu machen und selbige durch Vorspiegelungen aller Art zu verleiten suchten, ihre bisherige Brodt= herrn zu verlassen.“ Trotzdem ließ das Fortlocken der Arbeiter nicht nach. Auf ein kgl. Reskript vom 29. Dez. 1796, auf Mittel zur Abhilfe zu denken, wußte die Kammer keinen Rat. Daß eine Erhöhung der Strafe für die debauchierenden Entrepreneurs von 5 auf 10 Tl. wenig ausmachen würde, weil sie für einen geschickten und nützlichen Arbeiter eine solche Strafe ruhig auf sich nehmen würden, wäre ohne weiteres einzusehen; es wäre höchstens eine Verordnung zu erwägen, daß der= jenige Fabrikarbeiter, der von einem andern Unternehmer ohne Ent= lassungsschein in Arbeit genommen worden wäre, nicht bei ihm bleiben dürfte, sondern entweder zu seinem früheren Arbeitgeber zurückkehren oder für drei Jahre aus der Stadt wandern müßte. In dem darauf

---

1) Cramer, Gesch. d. Bergbaues, H. I., 100.
2) Zimmermann, Altr. Leinengewerbe, 123.
3) G. St. A., Tit. 90 Nr. 16 Vol. I, Bln. 25./10. 1764.
4) Kgl. Ordre an die Kurmärk.=Kammer v. 4. 8. 1769., ebenda.

erlassenen „Publicandum wegen Debauchirens der Fabriken-Arbeiter"
vom 3. Juli 1797 fand sich ähnliches: es wurde wiederum die Aus-
stellung eines Entlassungsscheines angeordnet; davon konnte bei der
Aufnahme in eine neue Fabrik nur dann abgesehen werden, wenn der
Arbeiter nachwies, „daß er ein halbes Jahr außer der Stadt gearbeitet,
oder daß er von seinem vorigen Principal die Erlaubnis erhalten hatte,
sich früher in eine andere hiesige Fabrik aufnehmen zu laßen". Endlich
wurde eine vierwöchentliche Kündigungsfrist für beide Teile festgelegt[1]).

Von Interesse sind die sich später entwickelnden Verhandlungen über
die Frage, wie weit und auf welche Kategorien von Arbeitern
die Verordnung über die Erteilung von Entlassungsscheinen mit vorheriger
Kündigung auszudehnen wäre. Eine Anfrage des Berliner Polizei-
direktoriums wurde dahin beantwortet, daß sich die Vorschrift nur auf
Meister, Gesellen und Lehrburschen, die besonders erlernte kunstmäßige
Arbeit verrichteten, beziehe, nicht jedoch für Spinner und Malermädchen gelte,
da deren Arbeit in den Fabriken „mehrentheils nur ein interimistischer
Brod-Erwerb bis zum anderweitigen Etablissement" wäre[2]).

Als 1802 auch um Verordnung einer Kündigungsfrist für Maschinen-
spinnerinnen nachgesucht wurde, erfolgte Ablehnung mit dem Hinweis,
entsprechende private Abmachungen über die Kündigung bei der Einstellung von Spinnerinnen zu treffen[3]). Um diese Zeit war die Frage
schon zu einer bloßen Ordnungsfrage geworden, hinter der nicht mehr
die Not an Arbeitern stand. Gleichzeitig setzte der Uebergang zum
rein privatrechtlichen Individual-Arbeitsvertrag ein.

Kreuzung staatlicher Interessen: Kapitalismus und Militarismus

In einem früheren Abschnitt ist die Entwicklung des brandenburgisch-
preußischen Heerwesens in kurzen Zügen geschildert worden, wobei besonders auf die im Verhältnis zur Gesamtbevölkerung über das Normale
hinausgetriebene Truppenstärke hingewiesen wurde[4]). Bei der hier auftretenden Absorption umfangreicher Volksteile durch die Heereswerbung
lassen sich zwei Kreise unterscheiden, die durch die Werbung verringert
wurden: einmal die außerhalb der kapitalistischen oder mindestens gewerblichen Sphäre stehende Land- und Stadtbevölkerung und zweitens

---

1) eb., Bln. 3./7. 1794, 29./12. 1796; s. auch Tit. 90 Nr. 16, Vol. I, Bln.
3./3. und 3./7. 1797.　　　2) eb., 21./11. 1792.
3) eb., Vol. II, Bln. 30./8. und 24./12. 1802.
4) s. S. 35 ff.

diejenige, welche kapitalistische oder wenigstens gewerbliche Arbeiter um=
faßte. Eine Werbung im ersten Kreis würde eine Verengerung der
allgemeinen volkswirtschaftlichen Basis bedeuten, während die Heraus=
ziehung von Kräften aus der zweiten Bevölkerungsgruppe eine Schwächung
der dem kapitalistischen Wirtschaftssystem mittelbar oder unmittelbar zur
Verfügung stehenden Arbeiterquellen war[1]).

Vielfach wurde über Werbung auf dem Lande geklagt. Gutsherren
und Bauern wurden die besten Kräfte genommen, so daß Feldbestellung
und Erntearbeiten litten[2]). Als 1713/14 die aus den Immediat=
untertanen auf den Domänen aufgestellte Landmiliz abgeschafft und
zur Deckung des starken Rekrutenbedarfs die Zwangswerbung eingeführt
wurde, rief das neue System der Mannschaftsergänzung überall große
Beunruhigung hervor; es erscheint daher nicht verwunderlich, wenn sich
in manchen Fällen Gutsbesitzer und Bauern zusammentaten, um die
rücksichtslosen Werber mit bewaffneter Hand abzuwehren[3]).

Ueber die üblen Wirkungen der Werbungen in Cleve klagte
ein Bericht von 1710[4]), in welchem es u. a. hieß: „Vordem ward keine so
große und ansehnliche Armee gehalten wie jetzo, weil wenig Krieg war,
dennoch aber dörfen die Leute keine Mannschaft selbst werben und
jährlich recrutiren, solches geschiehet aber itzo alle Jahr, und ist zwarten
wahr, daß von den Officiern so selbst werben müssen, einige excesse
vorgingen: alleine solche cessiren itzo nicht weniger, da die Städte, Flecken
und Dörfer die Recruten und Mannschaft anschaffen müssen". Auch
die Innenkolonisation erlitt durch die Anforderungen des Heeresaufbaues
Abbruch, wie ein Bericht der Clevischen Kammer vom 29. Juli 1765
andeutet. Es wären in Bochum keine Leute zum Ansiedeln vorhanden,
„da alle zur Enrollirung geholt würden". Auch in den übrigen Gegenden
von Cleve, die für die Ansiedlung in Frage kämen, fehle es an geeigneten
Leuten, „insbesondere da sie zum Heere ausgehoben würden"[5]).

---

1) Für die Wirkungen der militärischen Anforderungen aus diesen ver=
schiedenen Volksschichten zahlenmäßige Unterlagen zu geben, ist mangels genügenden
statistischen Materials unmöglich. Es wird vor allem darauf ankommen, festzustellen,
daß sowohl in der ersten wie in der zweiten Sphäre umfangreiche Werbungen mit
allen ihren Folgeerscheinungen stattfanden; darnach sollen die mannigfachen Maß=
nahmen aufgewiesen werden, die der Staat überhaupt und für die kapitalistischen
Unternehmungen im besonderen ergriff und die immer wieder die zwiefache Stellung
des Staates in dieser Frage erkennen lassen werden.

2) Lehmann, Werbung, 263.

3) Hintze, Hohenzollern, 284; ders., Agrarpolitik, 301.

4) zit. bei Stadelmann, Friedr. Wilh. I., 217 f.

5) Meister, 31.

Unmittelbarer wirkte die Heereswerbung auf die kapitalistische Ent=
wicklung, wenn aus kapitalistischen Betrieben oder wenigstens
aus der industriellen Sphäre Arbeiter herausgezogen wurden. Dafür
finden sich viele Beispiele.

Schon im 17. Jahrhundert kamen Klagen über Anwerbungen
industrieller Arbeitskräfte vor. Im Crossenschen Eisenhammer mußte
ein Adrian Barthels, der vom Gr. Kurfürsten 1683 zur Instandsetzung
des Werkes und Anlernung von jungen Arbeitskräften geschickt worden
war, wegen Wegnahme seiner Arbeiter durch Militärwerber dem Kur=
fürsten klagend vorstellen, „daß sie von denen Hütten: und Hammer=
bedienten und Arbeitern niemand werben, locken oder mit Gewalt an=
nehmen sollen“[1]). — Eine in den Akten befindliche Geschichte der
brandenburgischen Wollenindustrie berichtet über die Wirkungen der
Heeresvermehrung bei Regierungsantritt Friedrich Wilhelms I: „Die
Armee wurde auf einen stärkern Fuß gesetzet und neüe Regimenter
errichtet, welches, da die versuchte Lieferung derer Recruten durch die
Landräte und Magisträte, gar schlecht ausfiele, eine allgemeine Werbung
im Lande verursachte, und also auch der Woll=Arbeiter und andre
Manufacturiers nicht schonete, folgl. derselben Wohlstand und Aufnahme
nicht befordern konnte“[2]). Die gewaltsamen Werbungen und die Klagen,
daß Lehrknaben, angesessene Bürger und Bauern, „Wollarbeiter und
andere Industrielle“ enrolliert und ausgehoben würden[3]), dauerten in die
spätere Zeit fort.

Hatte die gewaltsame Werbung wenigstens den „Erfolg“, das
militärische Interesse des Staates in möglichen Grenzen zu befriedigen,
während sie der Wirtschaft Arbeitskräfte entzog, so trat darüber hinaus
eine negativere Wirkung ein, welche nur für beide Interessen Schaden
bedeuten konnte: die Bevölkerungsteile, denen die Einstellung ins Heer
drohte, entzogen sich dem Dienst durch die Flucht ins Ausland.
Jene Zeiten sind voll von Klagen der Behörden und der Wirtschafts=
führer über das Außer=Landes=gehen der jungen Leute. Nicht nur, daß
die bereits Angeworbenen massenhaft desertierten[4]), sondern es gingen
vor allem diejenigen, welche zu irgendeiner Zeit den Werbern in die
Hand fallen konnten — und das waren alle nur irgend körperlich

<hr>

1) G. St. A., Rep. 9. GG. Lit. S, Bln. 3./4. 1683.

2) eb., Tit. 234 Nr. 46 a.

3) Courbière, 102.

4) „Von 1713 bis 1740 sind 30216 Mann desertirt: eine Zahl, welche
nahezu gleichkommt der Etatsstärke des Jahres 1712 (35584 Mann, darunter
30050 Gemeine).“ Lehmann, Werbung, 262 Anm. 4.

brauchbaren Männer —, in benachbarte Länder und ließen sich dort
zeitweilig oder für immer nieder, so daß zu gewissen Zeiten förmliche
Auswanderungen stattfanden, besonders da, wo die Grenze leicht zu
erreichen war. Die Bewohner der östlichen Landesteile flohen nach
Polen [1]). Aus Cleve kamen Klagen über die Werbungsexcesse, daß
„dadurch alle junge Mannschaft aus dem Lande gejaget wird" [2]). Besonders stark wurden die Auswanderungen, als am 7. März 1713
durch Friedrich Wilhelm I. die Landmiliz aufgehoben und am 22. Juni
1713 die Werbung wieder in vollem Umfange eingeführt wurde; die
Möglichkeit, sich durch Enrollierung bei der Landmiliz dem eigentlichen
Soldatentum zu entziehen, ging dadurch verloren. Es wurde geradezu
mit dem Regierungsantritt Friedrich Wilhelms I., welcher den Ruf als
„Soldatenkönig" sich bereits zu Anfang seiner Regierung erworben
haben mußte, in Zusammenhang gebracht, daß manche Industrie um
diese Zeit einen Niedergang erlitt, weil viele Arbeiter außer Landes
gingen und nun in den Nachbarländern die Wollindustrie [3]) oder die
„Zeug= und Strumpf=Fabriquen" [4]) förderten. Der dabei der inländischen
Industrie zugefügte Schaden bestand nicht nur in dem Verlust an
Arbeitskräften, sondern auch im Mangel an Rohstoffen, welche
vorher, wie die sächsische feine Wolle, aus den Nachbarländern ein=
geführt worden waren, aber „nunmehro durch die von hier binnen
Jahresfrist nach Sachsen gegangene Manufacturiers dieselbe im Lande
verarbeitet werden kann, und die hiesige Wolle nutzet fast wenig oder
nichts" [5]). Nach einer Zeitungsnotiz vom 8. Dezember 1714 sollten
innerhalb 2 Jahren 17 000 Menschen Berlin verlassen haben, „darunter
allein 7 bis 8000 Handwercker" [6]). Aus Halle zog eine „ziemliche
Anzahl junger Leute" wegen des Militärdienstes fort [7]). In der Alt=
stadt Magdeburg nahmen 1712—17 die Handwerksgesellen von 1946
auf 835 ab [8]). Auch in späteren Jahren zeigten sich die Auswanderungen
wegen der Werbungen trotz aller Gegenmaßnahmen unverändert weiter.
Der Bedarf an Rekruten steigerte sich, das Heer wuchs beständig, so
daß die Konflikte zwischen Wirtschafts= und Heeresbedarf
nicht ausbleiben konnten.

---

1) Hintze, Agrarpolitik, 301.
2) Stadelmann, Friedr. Wilh. I., 217 ff., Urkunden.
3) Bekmann, I., 1152.
4) G. St. A., Tit. 234 Nr. 46 a. Gesch. d. Wollind.
5) Frieblaender, 105, Nr. 12, 24./3. 1714.   6) eb., 239.
7) Schwetschke, 11.
8) Schmoller, Studien, X. Jg., 362.

Zu Beginn der preußischen Regierung in Schlesien trat eine merkliche Auswanderung von Manufakturisten ein, die u. a. auch in gewaltsamen Werbungen ihren Grund hatte[1]). Auch der bedeutenden Eisenindustrie in Cleve und der Grafschaft Mark brachten die Werbungsmaßnahmen, durch die besonders die starken und großen Eisenarbeiter zum Militärdienst herangezogen wurden, beträchtlichen Schaden und hinderten ihre Entwicklung. Die Eisenhüttenleute wanderten in großen Scharen ins benachbarte Bergische und brachten hier vermöge ihrer ausgezeichneten technischen Fähigkeiten die Industrie empor, die den märkischen Werken bald eine starke Konkurrenz bereitete. Man erzählte um 1770, daß in den hauptsächlichsten bergischen Industrieorten mehr als die Hälfte der Einwohner aus märkischen Einwanderern bestände[2]).

Es ist erklärlich, daß die Auswandernden über den Zwang der preußischen Militärwerbungen im Auslande klagten und Gerüchte verbreiteten, welche eine weitere Schädigung der wirtschaftlichen Interessen hervorriefen: durch die rigorosen Werbungsmaßnahmen wurden nicht nur die Einheimischen ins Ausland getrieben, es wurden auch d i e E i n w a n d e r u n g s l u s t i g e n a b g e s c h r e c k t. Das zeigt recht deutlich eine Meldung des Gesandten Podewils, welcher aus Amsterdam Leute für die Uebersiedlung nach Preußen gewinnen sollte und um ausdrückliche Bestätigung der Enrollementsfreiheit bat. Er habe „diese praecaution um so viel nötiger geachtet“, heißt es, „als seit einiger Zeit unterschiedene junge Leute aus dem Clevischen sich in selbige Stadt retiriret, und allenthalben ausgespreunet, daß solches aus Furcht der Werbung geschähe, daß die Officiers alle junge Leute daselbst mit Gewalt in Krieges Dienste nehmen, und kein Mensch mehr gesichert wäre. — Es hat dieses Gerücht, ohngeachtet ich auf alle Art und Weise es zu vernichten gesuchet, dennoch solchen Eindruck gemacht, daß unterschiedene Personen, welche auf nichts als auf einige eclaircissements warteten, um sich in Ew. K. M. Landen nieder zu lassen, mit eines andern Sinnes geworden und weiter von nichts hören wollen“[3]). —

---

1) Das geht auch aus einer Cab.-ordre Friedrichs II. an Generalmajor Du Moulin vom 2. Januar 1742 hervor, nach der alle Maßregeln vermieden werden sollten, welche die Schlesier zur Auswanderung drängten; eine eigenhändige Nachschrift des Königs drohte: „Sachez que vous en répondrez de votre fortune et de votre honneur, si vous n'y remédiez incessament. Je ne veux point qu'on me ruine le pays; vous pouvez faire des recrues, sans commettre des violences et sans troubler le commerce.“ Act. Bor., Behördenorganisation VI, 2. S. 398 Anm. 1.

2) Meister, 22.

3) G. St. A., Rep. 9. JJ. 13, 5./10. 1741.

Einem aus der Lausitz nach Prausnitz eingewanderten Barchentweber, Joh. Heinr. Haupt, waren zwei seiner Leute (er hatte 26 Stühle aufgestellt) weggezogen, weil das Husarenregiment Kalsow in Jauer sie auszuheben versucht hatte; seitdem hat er Ausländer nicht mehr bekommen[1]).

Gegen diese nachteiligen Wirkungen wurden die verschiedensten Maßnahmen ergriffen. Vor allem kam es darauf an, das Auswandern zu verhindern, zumal das militärische Interesse hier ebenso betroffen wurde wie das volkswirtschaftliche.

Zunächst versuchte man es mit Strafandrohungen. Ein Edikt vom 17. Oktober 1713 stellte Untertanen, „sie seien von was condition sie wollen", welche ohne Erlaubnis außer Landes gingen, den Deserteuren der stehenden Armee gleich[2]). Dabei wurde den Behörden aufgegeben, auf die jungen, zur Werbung geeigneten Leute zu achten, sie beizeiten zu notieren und zu überwachen. Diese Maßregeln hatten jedoch keinen Erfolg, das Austreten der jungen Männer griff immer mehr um sich. Infolgedessen sah man sich veranlaßt, durch Edikt vom 9. Mai 1714[3]) alle gewaltsame Werbung zu verbieten und den aus Furcht Ausgewichenen Pardon zu gewähren. Die Regimenter sollten nur mit Rekruten aufgefüllt werden, die sich bei öffentlicher Werbung freiwillig meldeten und Hand= geld nahmen.

Was es jedoch mit der Abstellung der gewaltsamen Werbung in Wirklichkeit auf sich hatte, zeigt die Tatsache, daß die Klagen über Aus= schreitungen und infolgedessen Auswanderungen unverändert weitergingen. „Man will versichern," heißt es in einer Berliner geschriebenen Zeitung aus diesem Jahre (1714), „daß durch die starke Werbungen der König wohl an m/100 Unterthanen verlohren, und seyn alleine aus einem Districte in Pommern etzliche hundert weg= und nach dem Danziger Werder gegangen, woselbst sie sich gesetzet; und geschiehet ein gleiches in andern Provintzien noch täglich"[4]). Man glaubte nicht, daß es mit den Versprechungen ernst sei; es kam dem König wohl nur darauf an, die vielen ins Ausland gegangenen Untertanen nach Preußen zurück= zulocken. Die Werbungsexcesse, vor denen auch weiterhin kein gesunder Handwerksbursche sicher war, hörten nie auf. In der gleichen Zeitung kommt die „öffentliche Meinung" über die Regierungsmaßnahmen

---

1) Fechner, Wirtschaftsgesch., 374.

2) Mylius, III. 1. Nr. CXX, p. 351, 17./10. 1713; erneuert am 19./2. 1718: eb., Nr. CXLVII, p. 385.

3) Mylius, III, 1. Nr. 127, p. 359 ff. Vgl. Friedlaender, 135.

4) Friedlaender, 140; Nr. 22, 9./6. 1714.

draſtiſch zum Ausdruck: „Es wird zwar debitiret, daß der König Ver=
tröſtung geben, ſolchem Werck Einhalt zu machen, man weiß aber [!],
daß den Officiers unter der Hand permission gegeben, die Leute zu
nehmen, wo ſie dieſelbe bekommen könnten. Dieſem nach begeben ſich
alle junge Leute in benachbahrter Herren Länder, ſonderlich nach dem
Braunſchweigſchen und Anhaltſchen, von der Seite von Pommern,
Preußen und Litthauen aber weichet alles in Polen. Ein Braun=
ſchweigſcher Bedienter, ſo hier geweſen, hat zu einem hieſigen Miniſter
geſagt, daß, ſo man die force gebrauchen, er in 3 Tagen in Braunſchweig
ein Regiment von Brandenburgiſchen entwichenen Unterthanen aufrichten
wollte“[1].

Um den außer Landes Gegangenen die Rückkehr zu ermöglichen,
ſicherte man ihnen Straffreiheit zu und erließ mehrfach Ver=
zeihungspatente, ſog. „General=Pardons“, in denen beſtimmte Friſten
für die Rückkehr offengelaſſen wurden[2]. Die häufigen Wiederholungen
dieſer Patente zeigen aber, daß die Flucht ins Ausland nie aufgehört
hat[3]. Eine weitere Maßnahme, die inländiſchen Kräfte zu ſchonen,
ging dahin, Ausländer zur Ergänzung des Heeres heran=
zuziehen. 1721 bereits war, wenigſtens auf dem Papier, die Werbung
im Inlande aufgehoben und ins Ausland verlegt worden. Die Schwierig=
keiten, die aber deswegen mit den andern Staaten entſtanden, ließen
wieder auf die inländiſche Werbung zurückgreifen[4]; die Hauptquelle
für den Heeresaufbau blieb das Inland. Die dauernden Schädigungen
jedoch, welche die Wirtſchaft durch die nach Zeit und Ort unregel=
mäßigen Werbungen erlitt, veranlaßten endlich die Neuordnung des
Erſatzweſens durch eine Reihe von Edikten und die Einführung einer
Art allgemeiner Wehrpflicht, die ſchon 1713 verkündet worden war,
durch das bekannte „Kanton=Reglement“ von 1733. Hierbei traten die
wirtſchaftlichen Intereſſen bereits inſoweit in den Vordergrund, als ein=

---

1) Friedlaender, 634 ſ. Nr. 15, 15./5. 1717; ebenſo 647, Nr. 20,
26./6. 1717.

2) Mylius, III. 1. Nr. CVII, 5./5. 1713; eb. Nr. CXXVII, p. 359 ff.,
Ed. v. 9./5. 1714. Als 1756 im Hinblick auf die drohende Kriegswerbung die
jungen Leute aus dem Lande flüchteten, erwirkte Schlabrendorff einen Erlaß, daß
allen Webern und Fabrikanten, die nach Oeſterreich gegangen waren, Straf= und
Werbefreiheit zugeſichert würde, wenn ſie wieder zurückkehren wollten: Fechner,
Wirtſchaftsgeſch., 515.

3) Mylius, II. 1, Nr. CXLVII, 19./2. 1718; eb. Nr. CLXII, 3./3. 1720;
eb. Cont. I, Nr. LXXVII, p. 111, 31./12. 1737; eb. Nr. XXXIX, p. 367, 28./7.
1740; eb. Cont. III, Nr. VIII, p. 71, 12./3. 1746; eb. Vo, p. 131, 11./5. 1775.

4) Schwartz, Fr. Organiſation, 21.

mal durch eine Ordnung des Ersatzwesens eine Beunruhigung des Gewerbes vermieden wurde. Gleichzeitig aber trat eine Schonung dadurch
ein, daß bestimmte Bevölkerungsgruppen, eben die am
Wirtschaftsprozeß beteiligten, von der Militärwerbung
teilweise oder ganz befreit wurden; dieser „Exemtion von
Werbung" haben wir uns nun zu widmen.

Es handelte sich hierbei um bestimmte Bezirke des Landes, in denen
sich schonungsbedürftige und bevorzugte Industrien befanden [1]. Ein
Edikt vom 15. Okt. 1717 befreite Wollarbeiter von der Werbung; ein
ähnliches Patent wurde am 8. Febr. 1721 erlassen [2]. Befreiungen bestimmter Arbeitergruppen finden sich in den General- und Einzel-
verordnungen, die wir zum Teil schon bei der Behandlung der den
einwandernden Ausländern gewährten „Colonisten-Benefizien" kennengelernt haben [3]. Die „Declaration" des Edikts vom 16. Juli 1743
für Schlesien befreite vom Militärdienst: „Alle wirklichen Bürger, Hand-
werksleute und Professionisten, insbesondere aber alle Kaufleute, Capita-
listen, Manufacturiers, Fabricanten, Weber und Bleicher, endlich auch
alle diejenigen, so mit Haus und Hof auf dem Lande angesessen sind,
wie auch deren einzelne Söhne, es wäre denn, daß sie 5 Fuß und
10 Zoll groß wären, sollen in itzt gedachter Liste nicht mit aufgeführt
werden, sondern von aller Werbung, es sei unter was Vorwand es
wolle, befreit sein" [4]. — 1755 beantragte Schlabrendorff, den Bleichern,
die unter 5½ Fuß waren — „Grenze" der wirtschaftlichen gegen die
militärischen Bedürfnisse —, erneut Enrollierungsfreiheit zu gewähren,
um von den sächsischen Bleichern unabhängig zu sein [5]. — Befreit von
der Enrollierung wurden weiter die Bergleute, welche in der Grafschaft
Mark am Tage der Konvention vom 21. Okt. 1769 oder bei Publikation
des Kanton-Reglements in den Knappschaftsregistern eingetragen waren,
dazu in den Schmelz- und Glashütten, Eisen- und Kupferhämmern,

---

1) Nichts zeigt besser als diese Sonderbefreiungen, wie wenig wirksam die
allgemeinen Edikte und Versprechungen, von gewaltsamen Werbungen abzustehen,
tatsächlich waren.

2) Mylius, III. 1, Nr. CXL, p. 377; eb., Nr. CLXX, p. 411: „Edict,
daß alle Wollarbeiter und Fabricanten von der Werbung frey seyn sollen"; f.
auch „Berlinische Ordinaire Zeitung" Nr. 24 v. 25./2. 1721. Eine Ordre an die
Regimenter vom 17./4. 1724 nahm außer den Wollarbeitern und Manufacturiers
auch die „jungen und unerwachsenen Lehrknaben" von der Werbung und Enrollierung aus.

3) f. S. 122 f.

4) Courbière, 103 f.; f. auch Jähns, 2219.

5) Fechner, Wirtschaftsgesch., 388.

den Messingwerken usw. die Hüttenleute, ebenso die gelernten Schmiede
und Arbeiter bei den Eisen=, Osemunds=, Stahl= und Drahtfabriken
mit ihren Söhnen [1]. Eine weitere Befreiung bestimmter Gewerbe=
kategorien brachte auch das Reglement von 1792, nach welchem „Fabriken=
arbeiter, welche auf großes Handels=Verkehr, und National=Indüstrie
Bezug haben", von der Heerespflicht ausgenommen wurden [2]. Nach
§ 21 des genannten Reglements gehörten außer den früheren dazu: die
„Damastweber, Seidenwürker, Weber in wollenen und baumwollenen
Waaren, Bleicher, Schönfärber, Drucker, Appreteurs 2c., imgleichen Waid=
Aschfabrikanten und Schmelzer, Zuckersiedermeister 2c. nicht weniger die
Leinweber, in sofern sie dieses Metier kunstmäßig betreiben und allein
davon leben". Sie hätten gleichfalls das Recht, einen ihrer Söhne,
den sie nach seiner Geschicklichkeit und Tüchtigkeit auswählen sollten,
vom Militärdienst freizuhalten, — hierbei aber trat das militärische
Interesse wieder hervor — „jedoch sollen die Größten von
dieser Wahl ausgeschlossen seyn". Darüber hinaus aber sollten
die „wichtigen Bielefeldtschen Leinwandsfabriken in der Grafschaft
Ravensberg" begünstigt und „nach dem Bedürfniß der Regimenter im
Verhältniß mit der Wichtigkeit der Fabrike" auch mehrere Söhne, wenn
sie den Beruf ihres Vaters ergriffen, befreit werden.

Für die Enrollierungs= und Werbungsbefreiungen be=
stimmter Gegenden, Städte, Dörfer, Kreise und Provinzen ist an=
zuführen: Den Städten Berlin, Potsdam und Brandenburg wurde durch
Reskript vom 4. Juli 1740 völlige Enrollementsfreiheit verliehen, nach=
dem schon früher für Berlin besondere Milderungsbestimmungen erlassen
worden waren [3]. — Die verheerenden Wirkungen, welche die Aus=
wanderung der Arbeiter in der Grafschaft Mark und den übrigen west=
lichen Provinzen für die dortige Eisen= und Stahlindustrie hervorgerufen
hatten, veranlaßten Friedrich II. bald, die militärischen Gesichtspunkte
zurückzustellen. Durch Verordnung vom 25. Mai 1748 wurden das
Herzogtum Cleve und das Fürstentum Mörs von der Enrollierung
befreit, ebenso von der Grafschaft Mark die Städte Iserlohn, Altena,

---

1) Ribbentrop, 58 f.; s. auch Mylius, N. C. 1769, Nr. 76, p. 5709 ff.:
Bergarbeiter=Privileg f. Schles.

2) G. St. A., Fabr.=Dep. Tit. 512 Nr. 22, Bln. 12./2. 1792; Ribben=
trop, S. 62.

3) In einer Kab.=ordre an Generalleutnant Glasenapp wurde angeordnet,
aus Berlin keinen Enrollierungskanton zu machen. Den Manufacturiers und
Fabrikanten und den Arbeitern des Lagerhauses wurde schon hier Enrollements=
freiheit zugesagt. Lehmann, Werbung, 270.

Lüdenscheid, Schwelm und Hagen, das Hochgericht Schwelm, vom Gericht Vollmarstein 5 Bauernschaften, ebensoviele vom Gericht Hagen; dafür bezahlten die befreiten Distrikte jährlich 15 000 Tl. zur Rekrutierung[1]. Die Ausgewanderten kehrten nunmehr großenteils zurück und brachten technische Neuerungen und manchen bergischen Untertan mit. — Nachdem in Schlesien schon am 14. Dezember 1741 gewaltsame Werbungen im industriereichen Gebirge untersagt und im April 1742 dem Provinzialminister v. Münchow möglichste Schonung der Weber und Kaufleute erneut anbefohlen worden war, wurden durch die schon erwähnte Deklaration von 1743 die 6 Gebirgskreise Hirschberg, Bolkenhayn, Reichenbach, Schweidnitz, Jauer und Löwenberg samt den in ihnen gelegenen kleinen Städten vom Kantonwesen unter der Bedingung befreit, daß sie jährlich 60 sichere Rekruten stellten und außerdem zum Schutze ihrer eigenen Grenzen eine Art Landmiliz bildeten[2].

Ein Ueberblick über den Zustand des Exemtionswesens am Ende der Regierungszeit Friedrichs II. zeigt folgendes: Ausdrücklich befreit waren in Rheinland-Westfalen die Provinzen Cleve, Mörs, Geldern, Lingen, Tecklenburg und der Fabrikbezirk der Grafschaft Mark; ferner die Hauptstädte Berlin, Potsdam und Breslau, die Altstadt Magdeburg, Thorn, später auch Danzig; im Kantonverzeichnis fehlten die Städte Brandenburg, Reichenberg, Silberberg, Brieg, Glatz, Glogau, Tarnowitz und Reichenstein, ebenso die evangelischen Brüdergemeinden; beschränkt war die Leistung der sechs schlesischen Gebirgskreise. Dazu kamen allgemein neben den Gelehrten, Geistlichen und Aerzten die wirtschaftlich wichtigen Kaufleute, Manufakturisten und Fabrikanten, auch die kleinen Arbeiter, der gesamte Salz-, Berg- und Hütten-Etat und alle Leute, „die nützliche Gewerbe trieben"[3].

---

1) Jähns, 2219.

2) Schwartz, Fr., Organisation, 15; s. auch Korn, 1741, p. 195 ff., 25./12. 1741; 15./8. 1742, p. 167 und 1./3. 1744, p. 17 ff. — Das übermäßige Anwachsen der Bevölkerung des Reichenbacher Kreises wird mehrfach darauf zurückgeführt, daß nach der Kantonbefreiung dieser Gegend sich hier die Bewohner der verschiedensten schlesischen Kreise aus Abneigung gegen den Soldatenstand ansiedelten: Roemer, 53. — Wie sich hier militärische und wirtschaftliche Interessen entgegenstanden, zeigen die Worte Friedrichs: „Ich gebrauch Unterthanen, ich muß aber zu den Schutz auch eine gute Armee haben und wann ich keine gewaltsame Werbung statuire, so muß dadurch die Werbung nicht gänzlich ausgestellt oder gar soweit gegangen werden, Leute von Regimentern zu debauchiren und zur Desertion zu verleiten." zit. bei Zimmermann, Alfr. Leinengew., 78.

3) Jähns, 2232.

Bisher handelte es sich um Bevölkerungskreise, die von vornherein vom Militärdienst, von Werbung und Enrollierung befreit waren und also niemals in den prinzipiell wirtschaftlicher Nutzung abgewendeten Bereich des Militärs hineingekommen waren. Wir haben aber an anderer Stelle schon gesehen, daß die ökonomischen Interessen auch in diese Sphäre eindrangen und mit Hilfe des Beurlaubungs- und Freiwächtersystems einen weiteren Teil von Arbeitskräften für die Entwicklung kapitalistischer Unternehmungen freimachten [1]). Wie sehr dadurch die wirtschaftlichen Interessen begünstigt wurden, geht u. a. aus der Stellungnahme der Neumärkischen Kammer hervor, als 1757 bei Errichtung der Landmiliz die Beurlaubung abgeschafft werden sollte. Sie trat auf das Energischste für deren Beibehaltung ein, da in diesem Falle die militärischen Ansprüche „nicht so Handel und Wandel im Lande stören" würden (!). Für die Miliz sollte man mehr das platte Land und nicht die Städte heranziehen; denn aus letzteren „dauernd eine größere Anzahl von Arbeitskräften zu entnehmen, werde die Industrie und das Handwerk unnütz schädigen, während auch nach Stellung der gesammten Rekruten vom Lande der Ackerbau immer noch werde fortgesetzt werden können". Das General-Direktorium erklärte sich jedoch dagegen: zunächst fiel die Beurlaubung fort [2]).

Zweifelhaft bleibt aber, wie weit es möglich war, bereits eingezogene, für kapitalistische Unternehmungen besonders geeignete Soldaten frei zu bekommen und ihre Verabschiedung durchzusetzen. Die allgemeinen Kantons-Instruktionen der General-Inspekteure erwähnten u. a. nur Handwerker, welche, wenn sie bereits eingezogen waren, nachträglich von den Behörden der Städte und Dörfer für unabkömmlich erklärt und entlassen werden konnten [3]). Und Ribbentrop nimmt die „Profeßionisten", zu denen vermutlich die Lohnarbeiter gezählt wurden, ausdrücklich aus [4]). Eine von v. Arnim wiedergegebene „Instruction welchergestalt bey der Revision der Cantons verfahren werden soll" (Potsd. d. 20. Sept. 1763) läßt dagegen mit großer Vorsicht „solche Profeßionisten, woran die Städte einen Mangel leiden", zur vorzeitigen Verabschiedung durch Reklamation zu [5]). Eine ebenda befindliche Instruktion vom 24. Okt. 1764 schränkt die Verabschiedungsmöglichkeiten

---

1) s. S. 172 ff.
2) Schwartz, Fr. Organisation, 109.
3) Jähns, 2230.
4) S. 40.
5) 24; „Beylage Nro. 1"; 32; der § 13 der gleichen Instruktion zeigt sehr deutlich, wie enge Grenzen bei der außergewöhnlichen Entlassung gezogen wurden.

noch weiter ein: von den wenigen bisher zur Verabschiedung Zugelassenen sollten künftig nur die kleinsten heimgeschickt werden [1]. — Aus alledem ist erkenntlich, daß „Professionisten" nur unter gewissen, sehr engen Voraussetzungen auf Antrag der Steuerräte verabschiedet werden konnten, so daß es unwahrscheinlich ist, daß in größerem Umfange auf diesem Wege Arbeiter zu beschaffen waren. Es sind uns zwar einige Fälle — z. B. von der Eberswalder Eisenwarenfabrik [2] — bekannt, in denen es gelang, Soldaten nachträglich vom Heeresdienst frei zu bekommen, weil sie von Unternehmern dringend benötigt wurden; dies waren jedoch Einzelfälle [3]. Soviel scheint jedenfalls festzustehen, daß es sich bei Verabschiedungen für industrielle Unternehmungen um eine allgemeine Erscheinung etwa auf Grund einer General-Verordnung nicht gehandelt haben kann; soweit ging also die Unterstützung des neuen Wirtschaftssystems auf Kosten der Heeresbedürfnisse nicht [4]. —

Bei den mannigfachen Konflikten, die hier zwischen Wirtschafts= und Militärpolitik aufgewiesen wurden, fiel die Entscheidung — je weiter die merkantilistische Epoche sich ihrem Ende näherte — immer mehr zugunsten der Wirtschaft aus. Die Befreiungen ganzer Gebiete Preußens, einzelner Gewerbekategorien nahmen besonders seit Ausgang des 7=jährigen Krieges mehr und mehr zu. Für die weitgehende Unterstützung der Wirtschaftsinteressen auf Kosten des Heeresaufbaues scheint mir das Zeugnis der militärischen Sachverständigen, welche sich sonst nur selten mit wirtschaftlichen Dingen befassen, besonders wertvoll zu sein. Namhafte Reorganisatoren des preußischen Heeres nach dem Zusammenbruch Preußens 1806/7 machten Friedrich d. Gr. offene Vorwürfe aus seiner Stellungnahme. Jähns sagt darüber in seiner „Geschichte der Kriegs= wissenschaften" [5]: „Nun handelte es sich nicht nur um die Retablierung

1) v. Arnim, 38 ff.

2) s. auch S. 175.

3) Der bei Hassenstein, 40, erwähnte Fall der Potsdamer Gewehrfabrik, bei dem zwei unterwegs vom Militär aufgegriffene Arbeiter auf kgl. Befehl wieder freigegeben werden mußten, kann hier nicht gut angezogen werden, da es sich um Wiedergutmachung eines unberechtigten Uebergriffs der Militärwerber handelte.

4) Im Geh. Staats=Archiv ist weder über die Beurlaubungen und ge= werblichen Tätigkeiten der Soldaten, noch über allgemeine Verabschiedungsver= günstigungen in den Militärakten etwas vorhanden; die Auswahl der Akten durch die Militärbehörden ließ wirtschaftliche Gesichtspunkte ganz vermissen. Auch nach Auskunft des Herrn Generals Jany, ist über die hier berührten Fragen nichts festzustellen. Die reichhaltige Bibliothek des ehem. Kriegsministeriums förderte bei den hierüber angestellten Untersuchungen ebenfalls keine eindeutigen Ergebnisse zutage. —

5) 2227 f.; Sperrung von Jähns. —

der Armee, sondern um die des gesamten Landes, und da läßt sich
nicht verkennen, daß die staatswirtschaftlichen Rücksichten
den militärischen vorangestellt wurden, und zwar nicht nur
in dem Jahrzehnt unmittelbar nach dem Kriege, sondern auf die Dauer.
Boyen bemerkt in dieser Hinsicht: 'Auch in der Ergänzung des Heeres
mit Einländern sind seit dem 7=jährigen Kriege sehr nachtheilige Ver=
änderungen vorgegangen, zu denen leider der große König selbst bey
seinem beachtenswerten Bestreben, den Flor des Landes zu erhöhen,
oft zu bereitwillig die Hand bot'."

III. Erfolg der Beschaffung

Nach Darlegung der Grundzüge der von Staat und Unternehmertum betriebenen Politik, für die neu sich entwickelnden Wirtschaftsformen nach Quantum und Quale ausreichende Arbeitskräfte heranzuschaffen, ergibt sich bei einer zusammenfassenden Rückschau ein Bild von Wirkung und Gegenwirkung, das von selbst die Frage auftauchen läßt, zu welchen Ergebnissen für die Gesamtentwicklung des kapitalistischen Wirtschaftssystems denn nun die mannigfaltigen Maßnahmen geführt haben. Die Schwierigkeiten und Hemmungen, die sich den Bestrebungen der Wirtschaftssubjekte aus der damaligen allgemeinen kulturell-wirtschaftlichen Lage und aus dem Gegeneinanderwirken der einzelnen Staaten, der innerstaatlichen Mächtegruppen und Interessenzentren entgegenstellten, lassen diese Frage von vornherein nicht als leicht oder überhaupt beantwortbar erscheinen.

Der theoretisch einfachste Weg wäre etwa der, festzustellen, wieviel kapitalistische Unternehmungen sich im Laufe der hier behandelten Epoche entwickelten und in welchem Umfange am Ende dieser Zeit eine kapitalistische Arbeiterschaft vorhanden war. Aber hier schon beginnen die Schwierigkeiten: Es gibt kaum eine für unsere Zwecke geeignete umfassende Statistik, die eine klare Auskunft geben könnte[1]. Bei den vorhandenen Zahlen ist selten eine Unterscheidung zwischen handwerklichen und kapitalistischen Arbeitern festzustellen, und ebensowenig sind bei Betriebszählungen immer Angaben über die Größe der Betriebe und die Zahl der Arbeiter zu finden, die einen Rückschluß auf die innere Gestaltung und die Zurechnung des betreffenden Wirtschaftskörpers zu diesem oder jenem System gestatten würden. Es bleibt daher nur übrig, aus gewissen symptomatischen Erscheinungen

---

1) f. auch **Fechner**, **Fabrikengründungen**, 638 f. [Inzwischen ist erschienen: H. Hoffmann, *Die gewerbliche Produktion Preußens im Jahre 1769* … (mit erstmaliger Veröffentlichung der Statistiken des Dodo Frh. v. Knyphausen; vgl. Lit. verz.).

D. Herausgeber]

auf das Ganze zu schließen und so auf indirektem Wege zu einem Ergebnis zu kommen [1]).

Versuchen wir zunächst, uns von den qualitativen Wirkungen der Einwanderungspolitik einen Eindruck zu verschaffen, so stoßen wir auf sehr widersprechende Urteile der Zeitgenossen über die Eigenschaften der ausländischen Elemente, die der preußische Staat aufnahm. Zu hart erscheint die Meinung Süßmilchs: „Mehrentheils sind es nur die Liederlichen und Faulen, die aus einem Land ins andere gehen. So lange sie vom Staat in allem unterhalten werden, ist alles gut, aber wenn sie selbst arbeiten sollen, so will es nirgend mit ihnen fort, und die auf sie gewendete Kosten und Vorschüsse sind meistens vergeblich, wenn der Fremde entweder dahin gehet, wo er hergekommen ist, oder mit seiner Familie das Land durch Betteley beschweret, welches desto gewisser geschiehet, wenn solche Leute ohne eigentümlichen Grund und Boden blos von Handarbeit sich nähren sollen, wozu sie weder Lust noch auch Wissenschaft der Landesart haben"[2]). Es finden sich freilich genug Fälle, in denen — wir wiesen früher darauf hin — Kolonisten lediglich auf Staatsunterstützungen aus waren und wieder abzogen, sobald diese Quelle eines leichten Lebens versiegte. Kriegsrat Gerber berichtete einmal über einen Teil der Eberswalder Einwanderer: „Ueberhaupt finde bey den mehresten, daß sie nur aus Kgl. Casse Vorschuß suchen, an tüchtiger und fleißiger Arbeit sich nicht kehren, wie denn einige unter denen Meßer Schmiede sich befinden sollen, welche nach Anführen einiger Meisters selbsten das Schmieden gar nicht gelernet also kein tüchtiges Meßer machen gleichwohl vor gute Meisters passiren wollen"[3]). 1785 riet der Stadtdirektor von Frankenstein (Schles.) ab, den Tuchmachern weitere Unterstützungen zu geben, sie würden nur liederlicher dadurch und trieben sich den ganzen Vormittag in Wirtshäusern umher. — Ein aus Nürnberg herbeigezogener Feilenhauer hatte 200 Tl. Vorschuß erhalten; als man ihm einen weiteren verweigerte, entwich er [4]). Manchmal verkauften die Kolonisten die geschenkten

---

1) Die Mängel einer solchen Methode liegen auf der Hand. Daß die zur Auswahl gelangenden Beispiele typisch für die tatsächlichen Verhältnisse waren, kann nur in gewissem Umfange nachgewiesen werden, und die Gewähr, hier ein klares Bild von der Lage zu erhalten, kann letzten Endes nur in der Vertrautheit des Verfassers mit dem Stoff gegeben werden.

2) Göttliche Ordnung, III., 262.

3) G. St. A., Fabr.-Dep. Tit. 439 Nr. 2 Vol. V, Ebersw. 27./9. 1749.

4) Fechner, Wirtschaftsgesch., 364 und 330.

Häuser und Grundstücke und zogen heimlich davon [1]). Aber schon bei diesen Entweichungen, die in Menge vorkamen und uns in den Akten immer wieder begegnen, ist es falsch, sie lediglich in subjektiven Gründen bei den Einwanderern zu suchen. Hoym wies mit Recht darauf hin, wenn er dem Könige im August 1787 berichtete: „Sie machen sich gewöhnlich die Wohlthaten des Staates zunutze, gehen dann davon, und dieses ist ihnen auch nicht zur Last zu legen; denn bei der unverhältnißmäßigen Menge der Ausländer haben ihnen oft müssen Oerter angewiesen werden, wo ihnen der Erwerb sehr schwer wird. An andern Oertern würden sie den alten Einwohnern die Nahrung genommen und die Früchte ihres Fleißes entzogen haben" [2]). Auch objektive Gründe veranlaßten sie also, den Niederlassungs=ort wieder aufzugeben und in ihre Heimat zurückzukehren [3]). Dem Juden Veitel Wulff, der in Potsdam eine Nähnadelfabrik errichtet hatte, liefen seine Arbeiter fort, als seine Schleif= und Poliermühle abbrannte, später erneut von den Russen zerstört wurde und die Arbeit jedesmal ins Stocken kam [4]). Aehnlich ging es 1707 der Eisenspalterei bei Eberswalde [5]). Teilweise mangelte es auch wegen zu geringen Absatzes an Arbeit; viele Damastweber der schlesischen Industrie entwichen deswegen [6]). Ein Berliner Unternehmer, der eine übernommene Lionische Spitzenfabrik in Betrieb setzen wollte, bat um schnellste Privilegerteilung, da schon viele „auswährtige Ouvriers und Arbeiter" zum Teil heimlich davongegangen, die wenigen noch vor=handenen bei nicht baldiger Aenderung der Sachlage dem Beispiel folgen würden [7]). Ein Umstand objektiver Art, der jedoch ins Sub=jektive überleitet, lag im Arbeitermangel selbst, der bei der heftigen Konkurrenz der Unternehmer auf diesem Gebiete den Arbeitslohn ver=teuerte und die Arbeiter nachlässig machte [8]). Dazu kamen natürlich auch rein subjektive Momente, die das Entweichen so häufig machten. Von 27 Damastwebern, die bis 1763 aus Schlesien ent=

---

1) Wichgraf, 9.

2) Fechner, a. a. O., 154 zit.

3) Daß sie es heimlich taten, ergab sich aus den Strafandrohungen, die z. B. am 21./3. 1723 und 17./5. 1766 gegen entwichene Einwanderer erlassen wurden. Friedrich II. stiftete einen besonderen Fonds zur Wiedereinbringung der Entlaufenen: Beheim, 277 f.; Wichgraf, 9.

4) G. St. A., Tit. 439 Nr. 10 Vol. I., Potsd. 21./3. 1764.

5) Cramer, Gesch. d. Bergb., H. III., 268.

6) Fechner, Malapane, 363.

7) G. St. A., Fabr.=Dep. Tit. 418 Nr. 45 Vol. I, Bln. 25./7. 1767.

8) s. S. 209 ff.

wichen waren, behauptete man, daß sie meist nichts getaugt hätten
und faul gewesen wären [1]). Bei zwei aus der Frankfurter Fabrik von
Grote, Tummer & Jochneß entwichenen Meistern stellte der Fabrik=
inspektor fest, daß die Entweichung ihren Beweggrund „in der lieder=
lichen Lebens=Art, Faulheit und Bosheit" habe [2]). Wie beweglich,
unruhig und bei dem dauernden Umtriebe unzuverlässig hie und da
eingewanderte Arbeiter waren, zeigt ein Potsdamer Magistratsbericht
über die Aussage der Nähnadelfabrikanten, die mir doch typisch für
die Eigenart mancher Elemente zu sein scheint. Der Entrepreneur
hatte einen Schlosser entlassen müssen und meinte über ihn: „Der
Schloesser sey ein liederlicher Mensch, und habe fälschlich vorgegeben,
daß er auf Königl. Kosten anhero gekommen. Vor 11 Jahren sey
er aus dem Reiche als ein wandernder Geselle hierher gekommen, und
habe bey seinem Antecessor Arbeit gesucht, die er auch erhalten, sey
aber einige Zeit darauf entlaufen, und wieder ins Reich gegangen.
Wie nun er /: Comparent der Weise :/ die Fabrique entrepreniret,
sey er wiederum aus dem Reiche anhero gekommen, und habe bey ihm
Arbeit gesucht, die er ihm auch gegeben. Er habe aber mit denen
andern Arbeits=Leüten allerhand Unfug angefangen, und sie verführet,
und da ihm dieserhalb seine Dimission ertheilet worden, sey er von
hier nach Wien, und von da nach Breslau gegangen: Und wie er an
keinem Orte sein Brod zu verdienen Lust gehabt, so sey er wieder
anhero retourniret. Comparent habe sich bewegen laßen, ihn wieder
anzunehmen; allein, da er sein Metier nicht verstünde, und seine Mit=
Arbeiter ihm immer vorarbeiten müsten, dabey sehr faul und liederlich
sey; So sey Comparent genöthiget gewesen, ihm seine Dimission zu
geben" [3]). — Die Eckardtsche Gold= und Silberfabrik in Breslau hatte
1797 Schwierigkeiten, größere Gebiete mit ihren Fabrikaten zu ver=
sorgen; die dazu notwendigen sächsischen Klöpplerinnen wollten nie
bleiben. Von 100 für die Friedrichsgrube in Schlesien 1792 in
Polen und im Mansfeldischen geworbenen Bergleuten zogen 1794
70 wieder ab [4]). Aber auch bei der Verwendung im Betriebe
selbst erwiesen sich die Eingewanderten nicht immer als brauchbar
und zuverlässig. Ueber die Eberswalder Messerschmiede klagte Manitius
in einem Schreiben an Faesch, „daß verschiedene Zancksüchtige Leüte
unter ihnen, auch schlechte Arbeiter und Faullenzer befindlich, welche

---

1) Zimmermann, Alfr., Leinengew., 130.
2) G. St. A., Tit. 187 Nr. 13 Vol. IV, Frff. 12./4. 1770.
3) G. St. A., Fabr.=Dep. Tit. 439 Nr. 10 Vol. III, Potsb. 3./6. 1779.
4) Fechner, Wirtschaftsgesch., 696 und 597 f.

wegen ihrer gelieferten schlechten Waare mit denen Schaumeistern öfters zanken"[1]). Nach einer Arbeiterliste von 1780 waren von 1753 bis dahin 66 Familien von der Fabrik abgegangen, von denen nicht weniger als 18 heimlich entlaufen, 31 wegen Vergehen (Diebstahl, betrügerischer Arbeit 2c.) oder Unfähigkeit und 17 ordnungsmäßig entlassen worden waren[2]).

Diese Beispiele allein würden jedoch ein falsches Bild von der qualitativen Wirkung der Einwanderungspolitik geben. Der Meinung Süßmilchs stehen viele Aeußerungen gegenüber, welche auf positive Einflüsse auch in sittlich-moralischer Hinsicht weisen. Dies traf vor allem für die ersten Einwanderer zu, die aus religiösen oder wirtschaftlichen Gründen ihr Land hatten verlassen müssen[3]). Nicolai hebt „vor allem andern aber die Wirkungen des Fleißes und der Arbeitsamkeit der französischen und der andern Kolonisten, von welchen die Industrie sich auf die übrigen Einwohner auszubreiten anfing", hervor[4]). Schwetschke lobt „ihren geschickten Fleiß, ihre Mäßigkeit und Einfachheit in Nahrung und Kleidung, ihre Zuverlässigkeit, ihren Ernst", mit denen sie „als Spender einer wirklichen sozialen Wohlthat" für Halle gewirkt und einen bessernden Einfluß auf die preußische Bevölkerung gehabt hätten[5]).

Weiter aber gehen die positiven Wirkungen auf technischem Gebiet. Für Erscheinungen, die mehrmals im Verlaufe dieser Arbeit behandelt wurden, sind hier nur noch einige bedeutungweisende Angaben zu machen. Die in den Akten befindliche „Historische Nachricht von der Entwicklung der Woll-Manufacturen 1747"[6]) sagt über die Neueinführung von Gewerbezweigen durch die französischen Emigranten: „Die Arten davon, so sie mit brachten und so bißher ganz unbekannt waren, sind 1. Tuchmacher von feinen Tüchern darzu gehörige Spinner, Walker, Tuchscheerer und Tuchbereiter, Wollkämmer und Wollkratzer, 2. Etamin-Sergen und andere leichten Faconnirte Zeügmacher, dazu gehörige Sortirer und Spinner, 3. Feine Hutmacher von Castor, Caninchen und Hasen-Haar, 4. Mützen, Handschuh- und Strümpf-Weber auf stählernen Stühlen, 5. Droguet, Moquet Grisette und Flanellmacher, 6. Tuch- und Zeüg-Färber mit echten

---

1) G. St. A., Tit. 439 Nr. 2 Vol. A³ Man., 3./12. 1750.
2) G. St. A., Tit. 439 ad Nr. 11 adh. 1, 2./7. 1780.
3) s. die Wirkung der Auswanderungsursachen: S. 85 f. und 94.
4) Beschr. I., 225.
5) Schwetschke, 11.
6) G. St. A., Tit. 234 Nr. 46a.

Farben, 7. Crepponmacher". — Außer diesen Gewerbearten brachten sie Tapetenmacherei, Gerberei, Seifen= und Tabakfabrikation mit. Sie hoben die Tischlerei=, Goldschmiede=, Uhrmacher=, Emaillier= und Gießereitechnik. Bis 1690 sollten bereits 43 neue Gewerbszweige durch sie in Brandenburg eingeführt worden sein [1]. Die Schnelligkeit des Aufkommens neuer Arten zeigt sich darin, daß z. B. von 1729—30 5 neue Berufe in Berlin entstanden: Bleistiftmacher, Klöppler, Orth=schmiede, Schriftgießer und Feinstahlarbeiter [2]. Während 1718 in Berlin 83 verschiedene Gewerbe gezählt wurden, fanden sich hier 1730: 128 [3]. Von den Einwanderern lernten die einheimischen Bewohner und brachten die neuen Gewerbszweige zur Verbreitung [4].

So standen sich negative und positive Wirkungen gegenüber. Daß es gelang, die Beschaffungspolitik zu Erfolgen zu führen, haben wir in den vorhergehenden Ausführungen mehrfach zeigen können. Hier seien noch einige statistische Angaben gemacht, welche er=kennen lassen, in welchem Umfange die vereinten Bestrebungen des Staates und der Unternehmer zur Entwicklung kapitalistischer Unter=nehmungen von Erfolg waren.

Eine „Designation derer Arbeiter, welche durch hiesige Gold= und Silber Manufactur etabliret worden" von 1707 [5] zeigt:

138 Drahtzieher	
114 Plätter und Spinner	
354 Schnurmacher	bekamen jährlich
68 Klöpplerinnen	über 40 000 Rtl.
60 in der Schmelzerei Beschäftigte	Arbeitslohn.
21 an leitendem und Büropersonal	

755 Personen, unter denen sich 51 Refugierte befanden.

Eine Liste vom 15. 2. 1783 erwähnt [6]:

143 Drahtzieher
 72 Plätter und Spinner
101 Posamentierer
 26 Handarbeiter und Klöppler
 22 Flitterschläger, Cantillenmacher, Umspuler
 16 Schmelzer und Schmiede

---

1) Schmoller, Kleingew., 25.
2) Wiedfeldt, 57.
3) Matschoß, Berliner Industrie, 2.
4) Müller=Küster, IV, 249 u. Nicolai, II. 498.
5) G. St. A., Rep. 9. LL. 4b; Nicolai, I, 225, Fußn.
6) G. St. A., Tit. 411 Nr. 16, Bln. 15./2. 1783.

51 Manufakturoffizianten
326 Wickler
46 Doubleurs
18 Umspuler
12 „bey der Mühlen"

} „zur Seiden Moulinage"

833 Personen [in den Akten als Summe 813 angegeben.]

In den folgenden Jahren betrug die Belegschaft[1]):
1784   813   1799   1013   1801   1151

Die Felixsche Lioner Gold= und Silbermanufaktur in Berlin hatte[2]):
23./4. 1771   69 Arbeiter
10./10. 1772   94   „
25./3. 1774   100   „

Im Berliner Lagerhaus wurden beschäftigt:
1738   „   4730 Arbeiter im ganzen[3])
1785 ca. 1400 Heimarbeiter[4]),

In der Porzellanmanufaktur waren tätig:
1762   150 Personen
1764   507   „   [5])
um 1771   „mehr als 400 Menschen"[6])
1798   400 Personen[7])

Gewehrfabriken: Potsdam   Spandau
1722   252   252[8])
1771   132[9])
1785[10])   195   157

Die übrigen Unternehmen der Splittgerber, die als die größten in Berlin galten:
1785   234 Personen in 3 Zuckersiedereien[11])
1787   350   „   „ 3   „   [12])
1816   ca. 200   „   „ 5   „   [13])

In der Spiegelmanufaktur Neustadt a. d. D. wurden 1788 145 Arbeiter beschäftigt[7]). 1751 waren in allen Unternehmungen der Splittgerber: Messing=, Kupfer= und Eisenhammer, Gewehrfabriken

---

1) Wiebfeldt, 231.
2) G. St. A., Tit. 418 Nr. 45 Vol. III.
3) Consentius, Alt=Berlin, 197.
4) Matschoß, Berl. Industrie, 3.
5) Matschoß, Friedr. d. Gr., 98.
6) Lenz, Porzellan, I, 11.
7) Sombart, Kapitalismus, 6. Aufl., II., 795 f.

8) ebenda, 799.
9) Nicolai, III, 1271.
10) Hagen, 227.
11) Nicolai, II, 558.
12) Wolfram, 47.
13) Fabrikwesen Berlins, 12 f.

und Zuckersiedereien „an die 4000 Menschen" tätig[1]), 1784 im Messingwerk Hegermühle allein 71 Arbeiter (289 Seelen)[2]. Für die Ansiedlung der Einwanderer der Eberswalder Eisenwarenfabrik zeigen die Listen nur einen mangelhaften Ueberblick[3]):

Liste vom:	Männer	Frauen	Gesellen	Söhne	Töchter	Lehrj.	Mägde	sa.
6./10. 1750	62	52	8	53	56	2	2	235
1752	65	62	16	59	55	4	—	261
7./6. 1765	89	W. 3[4])	19	—	—	—	—	—
30./9. 1784	101	111	31	81	89	20	12	445
26./6. 1791	87	—	35	79	—	14	—	405
24./6. 1794	83	97	35	—	—	21	—	—
1./5. 1806	115	109	66	—	—	26	—	596
1./9. 1806	110	106	30	—	—	27	—	540

Hagen, 124, gibt für 1784/5 folgende Spezifikation:

52 Messerschmiede	1 Zweckenschmied
8 Vorhang-Lotschlossermacher	4 Schalenschneider
3 Scherenschmiede	5 Schleifer
4 Bohr- und Zeugschmiede	1 Messingkammacher
2 Rinken- und Schnallenschmiede	2 Elfenbeinkammacher
2 Feilenhauer	3 Hammerschmiede
2 Ortschmiede	12 Vorschläger
1 Lichtputzenmacher	103 Arbeiter insgesamt, dazu
1 Kettenschmied	16 Meisterwitwen, die die Profession treiben.

Ein Isaac Alençon, der in Berlin eine Manufaktur von gewirkten Wollstrümpfen hatte, soll 1701 800 Stühle in Gang gehabt haben[5]). — Die Crepon-Manufaktur Drellys hatte nach einer Untersuchung vom 20. Aug. 1697 100 Stühle in Tätigkeit, dafür[6]):

„So weben   100 Persohnen
an Kämmer 80   „
„ Färber   4   „
„ Sorttirer   4   „
„ Zehlern so
das Radt treiben 2   „

1) Bekmann, 1143.

2) Hagen, 184.

3) G. St. A., verstreut in: Tit. 439 Nr. 2 Vol. VII, Nr. 11 Vol. II, Vol. IV., Nr. 12, Nr. 86.

4) W. = Witwen.

5) Nicolai, I, 225, Fußn. ***).

6) G. St. A., Rep. 9. JJ. 1.

Er hat auch unterschiedliche Attestata einiger Städte beygebracht, worinnen an Arbeitern zu finden, und worunter die obige gesetzte Weber und Wöllkämmer mit begriffen, alß

in Berlin	1000	Neustadt Eberswalde	100
Brandenburg	57	Ouranienburg	50
Spandow	150	Potsdam	65"
Treuen Britzen	42		

Isaac Benjamin Wulff beschäftigte 1766 in seiner Berliner „Cattun= Zitz= und Tapeten Fabrique von Cotton und Cannevas" 36 Personen ausschl. Weber und Spinner, die Leinenfabrik von Urban 42 Werkstühle mit 17 Familien[1]). Der Berliner Kaufmann Caspar Siegfr. Neumann hatte am 24. Jan. 1720 in seiner „Cannefas= und Parchen Manufactur" 15 Stühle mit 186 Spinnern, Spulern, Zwirnern, Bleichern, Pressern, Färbern usw.[2]). Wegely Söhne und Jonas Lange hatten um 1782 jeder an 400 Stühle in Tätigkeit[3]). In der Duttonschen Stahlfabrik befanden sich 1790: 38 Personen (11 Schleifer, 16 Feiler und Glänzer, 8 Stein= oder Perlenarbeiter, 2 Schmiede, 1 Kettenzusammensetzerin)[4]).

Die Gebr. Baudouin hatten 1786 148 Stühle[5]), die Wollzeug= manufaktur Kornelius Hesse 1782 407 und 1785 ca. 600 Stühle in Betrieb[6]). In der Blumenmanufaktur des Kaufmanns Martin Friedel wurden 1783 140, in der des Otto Treskow 30 Frauen beschäftigt[7]), die Berliner Hutmanufaktur von Pascal & Du Fay setzte 1782 37 Arbeiter in Tätigkeit[8]). — Die Potsdamer Sammetfabrik des David Hirsch betrieb 1740 etwa 140 Stühle[9]), in der Blondenfabrik des Moses Meyer in Potsdam arbeiteten 1786 35 Mädchen[10]). In der Frank= furter Seidenfabrik befanden sich am 9./10. 1775 70 Arbeiter[11]), in der Weberei des Diesing in Magdeburg waren 100 Stühle aufgestellt, für die 1746 600 Arbeiter tätig waren[12]). Der Hegermühler Eisen=

---

1) eb., Tit. 96 Nr. 53, „Tabelle betr. die Fabriquen und Man."
2) eb., Rep. 9. JJ. 7. 8., Bln. 24./1. 1720.
3) Beiträge z. Gesch. d. Berliner Handels, 45.
4) G. St. A., Fabr.=Dep. Tit. 418 Nr. 202 Vol. I.
5) Beiträge, 45.
6) Nicolai, II, 506.
7) ebenda, 520 f.
8) Nicolai, II, 510.
9) G. St. A., Tit. 180 Nr. 5a.
10) Nicolai, III, 1270.
11) G. St. A., Tit. 187 Nr. 13 Vol. VI.
12) Matschoß, Friedr. d. Gr., 62.

hammer versorgte 1751 200 Menschen[1]). In der Luckenwalder Tuchfabrik waren[2]):

1748   47 Meister, 21 Gesellen, 3 Lehrlinge
1777 ca. 74   "
1781 " 89   "
1801   168   " 18   " 11   "

Eine interessante Tabelle der Köpenicker Seidenfabrik von André
Simon & Co. zeigt den monatlichen Stand der Arbeiterschaft
für 10 Jahre[3]):

	1781	1782	1783	1784	1785	1786	1787	1788	1789	1790	1791
Jan.	—	23	9	20	17	22	27	42	46	50	49
Febr.	—	25	7	20	16	22	27	43	46	52	50
März	—	25	5	20	17	23	28	43	46	52	49
April	—	25	4	20	17	24	29	44	47	51	51
Mai	—	27	22	20	21	24	29	44	47	49	41
Juni	—	27	20	22	17	25	31	46	47	50	37
Juli	—	23	19	19	17	25	33	47	47	50	35
Aug.	11	23	19	21	15	26	35	44	47	48	—
Sept.	15	18	17	19	14	26	38	44	47	43	—
Okt.	18	21	19	19	17	25	38	43	48	51	—
Nov.	21	14	19	15	17	26	40	45	46	48	—
Dez.	22	11	20	16	21	27	42	46	49	47	—

In den Pommerschen Textilfabriken fanden sich folgende Zahlen
von Arbeitern: Stephanys Baumwollstrumpffabrik in Gartz 1779
110 Arbeiter[4]), in der Naugarder Nesseltuchfabrik 1780 7 Stühle
und Spinner in Naugard 50, Colberg 7, Plathe 3; drei Monate
später beschäftigte Kameke 8 Stühle und an Spinnern im eigenen
Haus 14, in Naugard 48, Plathe 3, Colberg 7 und Gollnow 6,
zusammen 78 Spinner[5]). In der Cösliner Baumwollstrumpf- und
Mützenfabrik von Schleich wurden 1781 9 Weber, 96 Spinner,
4 Streicher, 10 Spuler und Dellirer und 20 Stricker, zusammen
139 Personen beschäftigt[6]). — Die Firma Sadebeck in Schlesien hatte
in Tätigkeit[7]):

1) Bekmann, 919.
2) Feig, 91.
3) G. St. A., Tit. 187 Nr. 61 Vol. II. „Extract der von André S. . .“
4) eb., Tit. 94 Nr. 11 Vol. VI, 9./10. 1779.
5) eb., Vol. VII, 23./5. und 10./8. 1780.
6) G. St. A., Fabr.-Dep. Tit. 94 Nr. 11 Vol. VII, 7./4. 1781.
7) Roemer, 60.

1793	300 Stühle mit	500 Arbeitern	1800	860 Stühle mit	1500 Arbeitern
1794	400 „ „	600 „	1801	860 „ „	1500 „
1795	450 „ „	700 „	1802	925 „ „	1635 „
1796	500 „ „	800 „	1803	850 „ „	1510 „
1797	550 „ „	1000 „	1804	900 „ „	1600 „
1799	560 „ „	1100 „	1805	900 „ „	1600 „

In der Zborowskyschen Ton= oder Gipspfeifenfabrik arbeiteten[1]:

1785—86	100	Arbeiter
1788—89	115	„
1795	110	„

Malapane[2]:

1779	37 Arbeiter	1788	100 Arbeiter	1797	140 Arbeiter
1780	37 „	1789	106 „	1798	155 „
1781	31 „	1790	106 „	1799	156 „
1782	66 „	1791	106 „	1800	157 „
1783	67 „	1792	106 „	1801	141 „
1784	67 „	1793	106 „	1802	159 „
1785	94 „	1794	133 „	1803	180 „
1786	99 „	1795	136 „	1804	156 „
1787	99 „	1796	138 „	1805	161 „

Wie weit es gelang, für neu anzulegende Betriebe Arbeiter aus dem Auslande zu beschaffen (und wie weit man andererseits auf sie angewiesen war), zeigen einige Arbeiterlisten in den Akten, welche neben Namen auch Herkunftsort angeben. Die 9 Weber des Cösliner Entrepreneurs Schleich waren je 1 aus Basel, Danzig, Cassel, Zeulenroda, Chemnitz und 2 aus Erlangen, dazu 1 aus Colberg und 1 aus Hohenstein[3]. Eine Liste der Frankfurter Seidenfabrik von Moreau & Beske führt 23 Stühle auf, von denen 13 mit Ausländern besetzt waren, davon 4 aus Copenhagen, 1 aus Hanau und 8 aus Leipzig; unter den 10 Berliner Namen befinden sich 6 vermutlich ausländische, deren Träger wohl den früher nach Berlin Eingewan= derten zuzurechnen sind[4]. Eine Liste von 1775, also 8 Jahre später, zeigt 70 Arbeiter; von den 46 Meistern und Gesellen waren 4 aus Copenhagen, 1 aus der Schweiz, 1 aus Hanau, 12 aus Leipzig, 3 aus Langensalza, 1 aus Breslau, 1 aus Brandenburg, 4 aus Pots= dam, 13 aus Berlin und 6 aus Frankfurt selbst; von den 24 Lehr= lingen stammten 2 aus Berlin, 1 aus Potsdam und 21 aus Frankfurt

---

1) Fechner, 426.
2) ders., Berg= u. Hüttenwesen, Bd. 49, 498.
3) G. St. A., Fabr.=Dep. Tit. 94 Nr. 11 Vol. VII, 7./4. 1781.
4) G. St. A., Fabr.=Dep. Tit. 187 Nr. 13 Vol. 1, Frkf. 31./3. 1767.

a. d. O.[1]). — Von 15 Arbeitern der Neumannschen Manufaktur in Berlin waren 1720: 1 aus Zürich, 7 aus Sachsen, 1 aus Soest, 1 aus Storkow, 1 aus Schlesien, 1 aus Cüstrin, 1 aus Stargard und 2 aus Berlin[2]). — Von 12 Webern der Gartzer Fabrik waren 4 aus Erlangen, 2 aus Chemnitz, 1 aus Torgau-Sachs., 1 aus Thüringen, 1 aus Hessen, 1 aus Danzig und 2 aus Stettin[3]). —

Sobald wir nun versuchen, größere Gebiete statistisch zu erfassen, stoßen wir auf die erwähnten Schwierigkeiten: handwerkliche und kapitalistische Arbeiter sind nicht getrennt. Es finden sich nur wenige Zahlen, die Einblick in die Verhältnisse gestatten. Für 1782 gibt Nicolai einige Zusammenstellungen: in der Wollindustrie waren um diese Zeit tätig 336 Unternehmer, die etwa 3090 Stühle und 13000 Arbeiter beschäftigten[4]); in der Berliner Seidenindustrie 56 Unternehmer mit 1083 Stühlen, für die mit Hasplern, Moulinierern, Spulerinnen usw. etwa 7000 Menschen arbeiteten[5]). — Die „General-Fabriquen Tabelle pro 1801/2“ gibt 164 Seidenzeugfabrikanten an, von denen jedoch mancher mit nur einem Stuhl verzeichnet ist. Nimmt man die Fabrikanten mit über 10 Stühlen einschl. als kapitalistisch an, so erhält man 47 Unternehmer (unter diesen Gebr. Baudouin mit 260 Stühlen, Blanc mit 151 und Girard & Sohn mit 119 St.) mit 1933 Stühlen von den insgesamt 2375, für die 4832 1/2 Personen (pro Stuhl 2 1/2 gerechnet) von den gesamten 5937 1/2 beschäftigt sind. Von den 32 Halbseidenzeug-Fabrikanten in der gleichen Tabelle weisen 6 10 und mehr Stühle auf; diese 6 Unternehmer haben von den gesamten 196 zusammen 130 Stühle inne, an denen 260 Personen von insges. 392 arbeiten (pro St. 2 Pers.)[6]). Nach Bratring beschäftigten die Berliner Fabriken:

1799 10.096 Arbeiter   1803 41971 Arbeiter[7]).

Endlich zeigt eine (als „wenig zuverlässig“ bezeichnete) Aufstellung der 1805 in der Berliner Industrie beschäftigten Arbeiter u. a.:[8])

---

1) eb., Vol. VI, 9./10. 1775. — In den obigen Zahlen zeigt sich deutlich das Bestreben, die Kenntnisse der Eingewanderten auf Einheimische zu übertragen.
2) eb., Rep. JJ. 7. 8., Actum Berlin, 24./1. 1720.
3) eb., Tit. 94 Nr. 11 Vol. V, Actum Gartz, 8./7. 1779.
4) Beschreibung, II, 508.
5) eb., 517 f.
6) G. St. A., Tit. 96 Nr. 54.
7) zit. bei Wiebfeldt, 64.
8) Fabrikwesen Berlins 1805/61, 2.

17 Kattundruckereien mit 1 629 Arbeitern	1 Pfropfenfabrik	15 Arbeitern
5 Gold= u. Silber=Man.	966 „	1 Porzellanfabrik	441 „
7 Lyoner Treſſenfabriken	75 „	2 Bleiweißfabriken	66 „
19 Lederfabriken	126 „	18 Zuckerſiedereien	222 „
8 Lackier=Anſtalten	166 „	1 Landkartenfabrik	19 „
20 Blumenfabriken	156 „	1 Puppenlarvenfabrik	25 „
1 Schirmfabrik	45 „	3 Schriftgießereien	37 „

Für die geſamte Mark Brandenburg macht Lamprecht einige Angaben aus dem J. 1795[1]). Danach waren von den 306 455 Stadtbewohnern der Kurmark als zünftige Handwerker 22 854 Meiſter, 16 993 Geſellen und 6 746 Lehrjungen tätig, und als „Fabrikenarbeiter" 15 490 Perſonen; wieviel von den letzteren als kapitaliſtiſche Lohnarbeiter anzuſehen ſind und wieviele der „Hand=werker" ſich in einem kapitaliſtiſchen Verhältnis befanden, bleibt zweifelhaft. 1779 wurden in der Neumark 31 000 Wollarbeiter, in Pommern 800 (beide Kategorien zuſammen) gezählt[2]). Für das Herzogtum Magdeburg um etwa 1800 gibt Schmoller 12—14 000 handwerksmäßig und 7—8 000 in Haus= und Fabrik=induſtrien, Bergwerken und Salinen beſchäftigte Arbeiter an[3]).

Nach Fechner ſtieg in ganz Schleſien die Zahl der Gruben von 1786 bis 1806 von 48 auf 112, die der Arbeiter von 451 auf 1 299. In der Roh=, Stabeiſen= und Stahlinduſtrie waren 1786/87 1052 und 1802 1631 Arbeiter. Die Geſamtzahl der ſchleſiſchen Berg= und Hüttenleute betrug 1770 nur 247, 1779 428 Mann und ſtieg bis 1805 auf 3 083 Arbeiter[4]). Die jährlichen Hauptberichte aus Schleſien, bei denen jedoch jeweils die Maximalzahl eingeſetzt und der Abgang an Arbeitern nicht in Rechnung gezogen wurde, zeigen folgende Angaben über den Geſamtſtand der Arbeiterſchaft[5]):

1765	1 979	1773	9 797	1781	14 331
1766	4 736	1774	10 505	1782	14 604
1767	5 612	1775	11 938	1783	15 261
1768	6 603	1776	12 368	1784	15 720
1769	7 315	1777	13 209	1785	16 445
1770	7 918	1778	13 591	1786	17 682
1771	8 265	1779	13 790		
1772	9 024	1780	14 130		

1) Kameralverfaſſung, 2 ff.
2) Matſchoß, Textilinduſtrie, 327.
3) Innungsweſen, Bd. I, 376.
4) Wirtſchaftsgeſch., 613, 625 u. 727.
5) ebb., 145.

In ganz Preußen waren 1785 nach Hertzberg[1]) 165 000 industrielle Arbeiter vorhanden; eine Zusammenstellung der wichtigsten Industrien, die mit dem gleichen Vorbehalt wie die früheren aufzunehmen ist, zeigt folgende Angaben:

Leineninduſtrie	80 000	Perſonen,	51 000	Stühle
Wollinduſtrie	58 000	„	18 000	„
Seideninduſtrie	6 000	„	4 200	„
Baumwollinduſtrie	7 000	„	2 700	„
Lederfabriken	4 000	„		
Eiſen- und Metallinduſtrie	3 000	„		
Tabakinduſtrie	2 000	„		
Zuckerinduſtrie	1 000	„		
Porzellan und Fayence	700	„		
Papierinduſtrie	800	„		
Talg- und Seifenfabrikation	300	„		
Manufakturen in Gold, Silber, Spitzen und Stickereien	1 000	„		
Oelinduſtrie	600	„		
Bernſteininduſtrie	600	„		
	165 000	Perſonen,	75 900	Stühle

Die Kritik an der Gesamtpolitik des Merkantilsyſtems der preußiſchen Könige ſetzte früh ein. Schon zu Friedrichs d. Gr. Zeiten begannen hie und da neue Strömungen aufzukommen, die ſich im Laufe der Zeit verſtärkten und eine Wandlung auf wirtſchaftspolitiſchem Gebiete forderten. Die Reihe der Kritiker der friderizianiſchen Maßnahmen geht von Mirabeau[2]) über Krug und Baſſewitz bis in unſere Zeit. Wogegen ſich alle hauptſächlich wenden, ſind die Prinzipien des Merkantilismus überhaupt. Freilich iſt nicht zu leugnen, daß dieſe hier noch einmal in ganz außergewöhnlicher Weiſe zur Ausbildung und Anwendung gekommen waren, daß hier verſucht wurde, mit künſtlichen Mitteln der Staatshilfe und des Staatsſchutzes Induſtrien aufzuziehen, denen in der allgemeinen wirtſchaftlichen Entwicklung keine genügende Baſis gegeben war. Die neuen Induſtrien wurden gleichſam der beſtehenden Volkswirtſchaft aufgeſetzt und in einer äußerlich ſchnellen Entwicklung aufgezogen, der keine gleiche Zunahme an innerer Kraft entſprach. Das zeigte ſich beſonders, als die Reihe günſtiger weltwirtſchaftlicher Konjunkturen aufhörte und es darauf ankam, die eigene Selbſtändigkeit zu erweiſen. So geht

---

1) Acht Abhandlungen, S. 30.

2) De la Monarchie Prussienne, 1788; ſ. Kritik darüber bei Hintze, Act. Bor. Seideninb., III., 301 ff.

man denn auch meist mit der Argumentation gegen die merkantilistischen Bestrebungen vor, daß sich die Kraftlosigkeit und Unselbständigkeit der emporentwickelten Industrien ja in ihrem schnellen Zusammenbruch im Anfang des 19. Jahrhunderts gezeigt habe und daß damit allem Merkantilismus das Todesurteil gesprochen sei.

Unsere Feststellung des Erfolges oder Nichterfolges der auf die Arbeiterbeschaffung gerichteten Politik kann von diesen Argumenten relativ frei bleiben. Die Tatsache, daß es überhaupt in der zweiten Hälfte des 18. Jahrhunderts gelungen war, bedeutende Industrien zu entwickeln, muß hier genügen. Daß es gelungen war, eine wenn auch nicht völlig selbständige Unternehmerschaft heranzubilden und vor allem eine technisch hochstehende, an Zahl im Vergleich zu früher bedeutende Arbeiterschaft zusammenzubringen, wird bei aller Kritik des bald erfolgenden Zusammenbruchs immerhin anerkannt werden müssen. Daß dies in jedem Fall einen Gewinn für die Zukunft bedeutete, ob die Unternehmungen bestehen blieben oder nicht, war auch den Wirtschafts=politikern jener Zeit wohl bewußt. In einem Bericht vom Oktober 1794 über die schlechte Lage der Duttonschen Stahlfabrik wird gesagt: „Das Gute, was dagegen zu rechnen ist, sind Hunderte von ange=lernten Stahl Arbeitern, und dieser Gewinst ist für das Land nicht unwichtig"[1]); und aus einem Protokoll von 1801: „. . . eben so wahr ist es, daß wann gleich die Stahlwaaren Fabrik nicht den Plan und engagementsmäßigen Fortgang gehabt hat und nur durch sehr be=trächtliche Summen in Betrieb erhalten worden ist, dennoch durch dieselben eine Menge nützlicher Stahlarbeiter, die sich einzeln ver=breitet, établirt und andere wiederum unterrichtet haben, gebildet worden sind"[2]).

Das also war der Erfolg der merkantilistischen Politik für die Zukunft, daß hierdurch die Anfänge der Bildung eines Lohnarbeiterstandes geschaffen wurden, die in der folgenden Zeit trotz aller Rückgänge auf anderen Wirtschaftsgebieten vorwärts=schritt. Darin erweist sich letzten Endes auch die bleibende Bedeutung der hier geschilderten Arbeiterbeschaffungspolitik für die weitere Ent=wicklung des kapitalistischen Wirtschaftssystems.

---

1) G. St. A., Fabr.=Dep. Tit. 418 Nr. 202 Vol. II.
2) eb., Vol. V, Bln. 12./6. 1801.

Schluß

Sozialpolitik

Eine ganze Reihe von Problemen, die mit der Beschaffung von Arbeitskräften für die kapitalistischen Unternehmungen in Zusammenhang stehen, ergab sich bei der Verwendung der herangezogenen Arbeiter. Darüber hier näher zu handeln, hieße jedoch über die der Arbeit gezogenen Grenzen hinausgehen; die Fragen sollen nur kurz angedeutet werden. —

Den gleichen Schwierigkeiten, die sich bei der Arbeiterbeschaffung überhaupt fanden, stand auch die Heranziehung der Hilfskräfte eines Gewerbezweiges gegenüber, ganz abgesehen davon, daß mangels ausreichender Arbeitsteilung zwischen mehreren Unternehmungen der Einzelbetrieb an und für sich viel mehr auf eine vollständige Ausrüstung mit allen zu seinem Fabrikationsprozeß gehörenden Hilfsarbeitern angewiesen war. Die Schwierigkeiten der Arbeiterbeschaffung hemmten dazu auch die Möglichkeit, die Betriebe in kurzer Zeit zu einer Größe zu entwickeln, die eine optimale Funktionenverteilung an die Einzelkräfte gewährleistet hätte. — Eigenartige Folgen traten für die Arbeiterbeschaffung aus der Tatsache auf, daß sich der Kapitalismus hier erst in den Anfängen befand: die geringe Industriedichte verhinderte es, einen durch Eingehen eines Betriebes plötzlich entstandenen Arbeiterüberschuß sofort aufzunehmen; die Gefahr, daß die Arbeitslosen sofort in ihre Heimat zurückwanderten, war groß und trat mehr als einmal ein. Es fehlte eine Elastizität des Arbeitsmarktes, die bei unserer heutigen, intensiv und extensiv stark ausgebildeten Industrie in größerem Maße vorhanden ist. — Besondere Fragen entstanden bei der Durchbildung der kapitalistischen Unternehmung selbst und der Stellung des Arbeiters zum Unternehmer. Hier lassen sich zwei Entwicklungsreihen verfolgen: einmal die „Vereinzelung" des Arbeiters im Betriebe, seine Herauslösung aus den alten Gemeinschaftsbindungen (Familie, Zunft) und Hand in Hand damit die volle Ausbildung seiner Abhängigkeit vom Unternehmer, des eigentlich kapitalistischen Arbeitsverhältnisses. Instruktiv für die letztere Entwicklung ist die Frage des Entlassungsrechtes der Unternehmer, das erst am Ende der hier behandelten Epoche tatsächlich sanktioniert war. — Mit der Frage der Abhängigkeit des Arbeiters vom Unternehmer und der Stellung des Staates dazu tritt aber die Frage nach Bestehen und Umfang einer sozialen Fürsorge und Sozialpolitik im heutigen Sinne auf.

Es ist schon viel darüber geschrieben worden, welche Stellung der merkantilistische preußische Staat des 18. Jahrhunderts in Fragen der sozialen Fürsorge eingenommen hat. Die einen lehnen jede fürsorgerische Einstellung des „aufgeklärten Absolutismus" ab, während die andern eine individuelle Arbeiterfürsorge auch im heutigen Sinne (um des Arbeiters selbst willen) für die damalige Zeit bejahen. Beide Anschauungen treffen nicht unmittelbar den Tatbestand. — Es ist gar nicht zu bestreiten, daß von den Behörden in jener Zeit Maßnahmen für die Arbeiterwohlfahrt ergriffen wurden, die dem Arbeiter helfen, ihn bei seiner Arbeit erhalten sollten. Ueber die Eberswalder Messerfabrik schrieb Friedrich d. Gr. 1750 an Jaesch, es komme ihm darauf an, „daß die Fabrique mehr und mehr in Flor kommen und der Arbeiter dabey sein gnügliches Brodt und Auskommen habe, zugleich aber auch das Publicum mit guter Arbeit aus solcher versorget werden müsse"[1]). — Als 1776 die Sammetarbeiter des Hirsch in Potsdam wegen Absatzmangels auf die Straße gesetzt wurden, griff der Staat ein und veranlaßte, „selbigen ad Interim auf 8 Wochen, vom 1 ten Jan. a. c. an, die Warte-Gelder für Rechnung des p. Hirsch annoch zu bewilligen, weil hoffentlich binnen dieser Zeit sich dessen Umstände merklich gebessert haben werden"; das gleiche geschah 1782[2]). Einige Monate später sandte Friedrich II. dazu an das Gen.-Direktorium eine Cab.-Ordre, „darüber mit Ernst zu halten, daß die Entrepreneurs, ihre Arbeiter... beständig mit hinlänglicher Arbeit versorgen, auf daß sie im Stande sind, für sich und die ihrigen das Brodt zu erwerben, denn wovon sollen die armen Leute sonsten leben, und sich ernähren, wenn sie ohne Arbeit gelaßen werden"[3]).

Wir wissen, unter welchen Schwierigkeiten es nur möglich war, Arbeiter zu entlassen, daß die Unternehmer meist mit den Rechten der Konzessionen auch die Verpflichtung zu übernehmen hatten, die Arbeiterzahl dauernd auf der gleichen Höhe zu erhalten, so daß Einschränkungen nur mit besonderer Erlaubnis möglich waren[4]). Trotzdem aber kamen solche vor, wenn die wirtschaftliche Lage es erforderte. — Als die entlassenen Arbeiter der Sieburgschen Manufaktur im November 1782 an Friedrich d. Gr. eine Klageschrift richteten, wendete sich der König mißmutig an das V. Departement. Es solle dafür sorgen, daß er

---

1) G. St. A., Fabr.-Dep. Tit. 439 Nr. 2, Vol. Aᵃ Man., Potsb. 30./11. 1750.
2) G. St. A., Tit. 241 Nr. 50 Vol. I, Bln. 10./1. 1776. Gen.-Dir. an Fabrikinspektor Buddeus in Potsdam; eb., Bln. 2./7. 1782.
3) eb., Potsb. 26./11. 1782.
4) Lenz-Unholtz, 99.

nicht mit solchen Fragen behelligt werde, und „wenn die Entrepreneurs die Leute nach Gefallen aus der Arbeit setzen wollen, was soll dabey herauskommen, und wovon sollen sich denn die Leute mit den Ihrigen ernähren“[1]. Trotzdem erhielten die Weber nur die Resolution, daß der Unternehmer „zur Erhöhung des Arbeitslohns nicht angehalten werden kann, Supplicanten sich deshalb mit ihrem Entrepreneur so gut sie können, vergleichen und bei der Abkürzung des lohns, zur Ersezzung dieses Schadens fleißiger als bisher arbeiten, oder bei andern Concessionierten Fabrikanten mehrere Arbeit suchen müßen“[2].

Hier finden wir schon eine wesentlich andere Stellungnahme des Staates zu der möglichen Unterstützung Arbeitsloser, und diese Anschauung, daß in solchen Fällen den Arbeitern staatlicher Schutz nicht angedeihen könnte, verstärkte sich, je größer die Zahl der Arbeiter, je geringer der Arbeitermangel wurde. Erst jetzt, da genügend Arbeitskräfte vorhanden waren, die annähernd gleichwertig der Nachfrage nach ihnen gegenüberstanden, konnte man zu der Auffassung kommen, daß z. B. den Arbeitern der Guillerminschen Fabrik in Cöpenick gegen die Lohndrückerei des Unternehmers nicht geholfen werden könne, „weil so viel das Arbeitslohn betrift, solches nur durch Concurrenz und Nachfrage [!] bestimmt werden kann [Abgehen vom Reglements- und Lohntaxen-Gedanken!], und wenn Suppl. mit demjenigen, welchen der p. Guillermin giebt, nicht zufrieden sein wollen, ihnen frey stehet, sich in andere einländische Fabriquen zu begeben“. Zur Zahlung von Feiergeldern meinte man, daß diese „Vorschrift, so sehr sie auch auf natürliche Billigkeit beruhet, den jetzigen Seiten und Verfaßung der Manufacturen nicht überall mehr angemeßen“ wäre[3]. — Als 1801 die Jacobische Seidenfabrik in Berlin in Konkurs geraten war und fast jeder Arbeiter ein Gesuch um Unterstützung in der großen Not oder doch wenigstens um Entsiegelung der Fabrik an das Gen.-Direktorium sandte, kam die Antwort, daß der Bittsteller „im Irrthum ist, wenn er glaubt, das General Fabriken Departement sei dazu bestimmt oder im Stande, jeden einzelnen Fabrikenarbeiter zu vertreten oder für dessen Unterkommen zu sorgen, wenn derselbe durch den Verfall, oder wie es gegenwärtig in Ansehung des Jacobischen Etablissements geschehen ist, durch die von den Gerichten verfügte Hemmung einer Fabrike, in Verlegenheit geräth. Dergleichen Vorfälle ereignen sich hier nun in Sr. Kgl. Maj. Provinzen beinahe

---

1) G. St. A., Tit. 258 Nr. 53, Potsd. 15./11. 1782.
2) G. St. A., Tit. 258 Nr. 53, Bln. 31./12. 1782.
3) eb., Tit. 187 Nr. 99, Bln. 10./11. 1796 an Kurmärk. Kammer.

täglich, und es ist unmöglich, daß das Gen. Fabr. Dept. wissen könne, durch welche Mittel einem jeden von den vielen tausend Fabrikarbeitern im Lande wieder aufzuhelfen sei, vielmehr muß dieses der eignen Ueberlegung und Betriebsamkeit eines jeden überlassen bleiben" [1].

Hier aber kommen wir auch zu der Erklärung für die Stellung des Staates, die er in den Fragen der Fürsorgepolitik einnahm. Es läßt sich nicht mit Schmoller ohne weiteres sagen: „Im ganzen blieb man bis 1806 bei einer sozialen Politik, welche den Standpunkt vertrat, der Schutz des kleinen Mannes sei Sache der Regierung, die Arbeiter müßten [!] eine soziale und wirtschaftliche Existenz von der Höhe des alten Zunftmeisters mindestens behalten" [2]. Nicht in der Erhaltung der Existenz der Arbeiter, sondern in der Schaffung und Unterhaltung der neuen Unter= nehmungen und für sie der Arbeiter lag der Zielpunkt aller Sozialpolitik des Staates. Die Arbeiter wurden für die Unternehmung erhalten, damit die Fabrik sie nicht verlöre, nicht umgekehrt; „daß nicht sofort sämtl. Ouvriers außer Brodt gesetzet werden, und sich zerstreuen", heißt es [3]. Noch 1795 kam man den Arbeitern der Duttonschen Stahlfabrik weitgehend ent= gegen, „damit die Arbeiter nicht ganz abgehen und sie dadurch zum Stillstand komme. Eine Anzahl der Arbeiter zu verabschieden, ist für die Fabrik unersetzlicher Verlust, weil sie damit nicht überhäuft, durch Erfahrung aber belehrt ist, wie schwer es hält, geschickte Ouvriers zuzuziehen" [4]. Nicht der Arbeiter als Einzelindividuum, sondern als Teil des ganzen Staatsgefüges wurde unterhalten und gestützt. Der Schwerpunkt aller Unterstützungspolitik lag im Gedeihen der Unter= nehmungen, die einen Wesensteil der gesamten Volkswirtschaft dar= stellten. Das General=Direktorium sprach es bei den Eberswalder Verhandlungen 1792 offen aus: „Der Vortheil der Fabrikanten ist zugleich der Vortheil des Staats, in welchem sie etabliret sind. Bey allen Fabriken Untersuchungen und der Aufsicht in der die Fabrikanten erhalten werden, wird deswegen der Regel nach nur der Vortheil der Fabrikanten beabsichtiget; alle in Fabriken Angelegenheiten zu ergreifenden Maasregeln müßen daher diesem Zweck entsprechen, und

---

1) G. St. A., Tit. 186 Nr. 356 Vol. VI, Bln. 18./12. 1801.

2) Preußische Seidenindustrie, 33.

3) bei der Treitschkeschen Fabrik, Rep. 9. JJ. 12. C, Seidenbau, Maulbeer=
bäume, 1767—1770.

4) G. St. A., Tit. 418 Nr. 202 Vol. I, Bln. 6./9. 1795, Manuf.=Collegium
an Fabr.=Dept.

sollen blos zur Erleichterung und Anfeuerung der Industrie dienen. Dieses ist auch bey der gegenwärtigen Untersuchung der Fall"[1]). — Die für die Industrie 1723[2]) bzw. 1736 eingesetzten „Fabrikinspektoren" hatten nicht die gleichen Aufgaben wie die heutigen. Nicht auf die Nöte der Arbeiter, sondern auf die der Unternehmer hatten sie zu hören[3]). — Die Unternehmung stand im Vordergrund: hatte sie zuviel Arbeiter, die ihrem geringen Absatz nicht entsprachen, wurde sie zu stark dadurch belastet, so mußten die Arbeiter, die überzählig waren, entlassen werden, wie etwa in der Spandauer Gewehrfabrik. Damit man nicht gezwungen war, „die Fabrique in der Folge gänzlich außer activité zu setzen", riet Friedrich II. selbst, „die schlechteste Ouvriers zu dimittiren"[4]). Ebenso wurde 1778 in der Porzellanmanufaktur in Berlin die Arbeiterzahl wegen Absatzmangels ohne weiteres eingeschränkt[5]). — Die Unternehmung stand auch im Vordergrund, wenn die Arbeiter mit allen möglichen Benefizien ausgestattet wurden: sie für die neuen Wirtschaftsbetriebe zu gewinnen und zu unterhalten, war das Interesse des Unternehmers wie des Staates. Hier war die Fürsorgepolitik auch nur ein Teil der gesamten Bevölkerungs und Volkswirtschaftspolitik. Die Menge der „Untertanen" in ihrer Gesamtheit, nicht der einzelne war es, dem die Fürsorge galt[6]).

Bis dahin war die „Arbeiterfrage" die der Arbeiterbeschaffung gewesen. Erst als mit der Entwicklung einer umfangreichen Industrie eine genügend große und technisch geschulte Arbeiterschaft entwickelt war, als mit der Verbreiterung der Wirtschaftsbasis die Bevölkerungsvermehrung sich in ihrem Tempo steigerte, traten hier Wandlungen ein. Der Zusammenbruch Preußens 1806/7 bedeutete das Ende der bis dahin geführten Wirtschaftspolitik, die folgende Zeit fand eine große Menge beschäftigungsloser Arbeitskräfte. Hier erst begann die „Arbeiterfrage" des 19. und 20. Jahrhunderts, die andere Probleme und damit andere Aufgaben brachte.

---

1) eb., Tit. 439 Nr. 11 Vol. IV.

2) Mylius, V. II. 5. Nr. XX, 26./9. 1723.

3) Matschoß, Berl. Industrie, 2.

4) Lenz-Unholtz, 139.   5) Lenz, G. Porzellan, I. 12.

6) 1784 riet Friedr. d. Gr. Heinitz ab, den schles. Bergbau durch Gold und Silberbau zu erweitern. Da hierbei „sehr tief gefördert werden muß, so werden die Arbeiter dadurch ungesund und erkranken, und dadurch gehen ein Haufen Unterthanen verloren". (Matschoß, Friedr. d. Gr., 83).

Anlage A.

(zu S. 24 und 28.)

Auszug aus einer bei Jastrow, J. Die Volkszahl deutscher Städte zu Ende des Mittelalters und zu Beginn der Neuzeit (i: Hist. Untersuchungen, her. Jastrow, H. 1, Berlin 1886), gegebenen Aufstellung

Feuerstellen in den Städten der Mittelmark, Uckermark und von Ruppin.

Städte	1573	vor dem 30=jähr. Kriege		Revision von 1645	Revision von 1653
		Büsching	G. St. A.		
Mittelmark					
Brandenburg Altst.	464	405	369	152	159 1 Bude
„ Neust.	791	739	—	375	395 12 „
Rathenow	406	299	—	126	153
Treuenbrietzen	458	487	—	174	194 10 „
Nauen	180	193	—	99	89 32 „
Belitz	185	157	—	57	81
Spandau	452	429	—	261	228
Potsdam	192	191	198	85	101
Berlin	954	835	—	620	698
Cölln	415	401	—	379	354
Bernau	320	312	—	80	183 m. d. Bud.
Neust. Eberswalde	215	216	—	33	75 3 Buden
Strausberg	244	235	235	48	87
Wriezen a. O.	232	173	292	87	109
Mittenwalde	212	245	—	42	—
Trebbin	145	149	—	1	—
Köpnick	144	99	103	47	58
Bötzow (j. Oranbg.)	82	81	—	36	47
Liebenwalde	103	117	—	45	58
Oderberg	104	96	—	1	53 m. d. Bud.
Frankf. a. O.	1 106	1 029	—	409	523 „ „ „
Müncheberg	179	173	—	57	64
Uckermark					
Prenzlau	752	764	687	136	267
Angermünde	361	284	—	40	79
Templin	282	309	—	68	—
Lierchen	166	224	—	17	55
Strasburg	219	182	—	39	91
Ruppin (halb)					
Neuruppin	625	619	—	240	283
Gransee	317	213	—	140	143
Wusterhausen	385	297	—	66	85

Anlage B.
(zu S. 158.)

Pacht-Vertrag zwischen dem Fabrikanten Tobias Schiele und dem Küstriner Magistrat zur Uebernahme des dortigen Arbeits-hauses, Cüstrin, d. 5. Januar 1750. — (Geh. Staatsarchiv Berlin-Dahlem, Rep. 9. C. 6. c. 1. Beilage zu einem Bericht der Neumärkischen Kammer vom 18. Januar 1770.)

Aus dem Inhalt des Vertrages sei folgendes wiedergegeben:

1. Das Arbeitshaus wurde dem Tobias Schiele „als Arbeits-Hauß-Meister und Fabricanten, auf zwölf nach einander folgende Jahre" mit allem Inventar, worunter sich „Spinn-Räder, Haspel, Woll-Winde, Spuhl-Räder p." befanden, übergeben, „dergestalt daß er solches alles zu seinen Nutzen und Zeug-Fabrique die Zeit seiner Mieths-Jahre, jedoch wie einen guten Wirth zustehet, gebrauchen möge".

2. „Uebergiebet ihm E. Hochpreißl. Cammer die darin sitzende und von Zeit zu Zeit darin ankommende Delinquenten zu seinem Gebrauch und Handthierung, jedoch daß er Inhalts des Arbeits-Haus-Reglements vom 3ten Mart: 1729 mit ihnen gebührlich verfahren und sich überall nach denselben hierunter richte, und ihnen das Gespinste und zwar jede Strehne von 4. Ellen langen Berlinschen Haspel mit 8 ₰. bezahlen, vor den 9.^t ₰. aber, da sonst in der Stadt so viel gegeben wird, ihnen das Salz und Covent liefern."

3. Die Bezahlung sollte an die Züchtlinge im voraus oder unmittelbar nach Ab-lieferung der Arbeit erfolgen, „damit sie ihren Unterhalt davon nehmen und erkaufen können", wofür Schiele einen besonderen Einkäufer halten sollte.

4. „Wenn die Züchtlinge, wegen ihrer begangenen Verbrechen gezüchtigt werden sollen, muß solches moderat geschehen, damit sie nicht zum Spinnen untüchtig gemacht [!], allenfalls muß, wenn das Ver-brechen groß, dem Inspectori solches zuvor angezeiget, von diesen ein Protocoll gehalten, und befundenen Umständen nach, **a Camera illustri Resolution** darüber eingeholet werden."

5. Bei Krankheit hatte er für die Verpflegung der Insassen zu sorgen, deren Kosten sie ihm bei ihrer Entlassung zu vergüten hatten; oder sie mußten „bey ihrer eigenen Persohn den Vorschuß abzuspinnen suchen."

6. Von den ihm als Unterstützung pro Jahr zugebilligten 50. Tl. hatte er Bekleidungskosten für die Züchtlinge, ferner die Unterhaltung der Matratzen und Decken zu tragen. Die Insassen mußten sie jedoch nach Schluß der Arbeitszeit, „wenn solche schadhaft geworden, zubessern und zustopfen, wozu der Arbeits-Haußmeister die Wolle und Zwirn sodann hergiebet". Weiter hatte er die kleinen Hausreparaturen zu tragen.

7. Als Gegenleistung brauchte er für 12 Jahre keine Miete zu zahlen und war „von Servis-Einquartierung und allen bürgerlichen Oneribus, sie haben Nahmen wie sie wollen, befreyet".

Folgen Bestimmungen über Listenführung, Religionsübung, Feuer-schutz, Holzlieferung, Bewachung usw.

QUELLEN- UND LITERATURVERZEICHNIS

In der folgenden Zusammenstellung sind die im Schrifttumsverzeichnis der ersten Auflage dieses Bandes enthaltenen Titel durch ein * gekennzeichnet. Aus den in der Einführung angegebenen Gründen sind sämtliche Titel des Literaturverzeichnisses der ersten Auflage aufgenommen worden

* *Acta Borussica · Denkmäler der Preußischen Staatsverwaltung im 18. Jahr-hundert* (herausgegeben von der Preußischen Akademie der Wissenschaften):

    Die Behördenorganisation und die allgemeine Staatsverwaltung Preußens im 18. Jahrhundert (bearbeitet von G. Schmoller, O. Hintze u. a.), Bde I—XV, Berlin 1892 ff.

    Die preußische Seidenindustrie im 18. Jahrhundert und ihre Begründung durch Friedrich den Großen (von G. Schmoller und O. Hintze), Bde I—III, Berlin 1892.

    Die Getreidehandelspolitik und Kriegsmagazinverwaltung Brandenburg-Preu-ßens (bearbeitet von W. Naudé, A. Skalweit u. a.), Bde II—IV, Berlin 1901 ff.

    Die Handels-, Zoll- und Akzisepolitik Preußens (bearbeitet von H. Rachel), Bde II und III, Berlin 1922 ff.

    Die Wollindustrie in Preußen unter Friedrich Wilhelm I. (Darstellung mit Akten-beilage von Carl Hinrichs), Berlin 1933.

* Albrecht, K., *Die Geschichte der Emil Busch A.G. Optische Industrie, Rathenow,* Erfurt 1925.

* *Allgemeine Schatzkammer der Kauffmannschafft,* Leipzig 1741 ff.

Allgemeines Landrecht für die Preußischen Staaten (Ausgabe 1794 und Ausgabe 1796).

Alt, R., *Die Industrieschulen* (= Beiheft der „Pädagogik"), Berlin u. Leipzig 1948.

* Andrae, *Geschichte des Irren- und Arbeitshauses zu Berlin,* Berlin 1844.

* Arnim, v., *Über die Canton-Verfassung in den Preußischen Staaten,* Frankfurt u. Leipzig 1788.

* Aurich, H., *Die Industrie am Finow-Kanal,* Eberswalde 1906.

d'Avenel, G., *Histoire économique de la propriété, des salaires … depuis 1200 jusqu'en l'an 1800,* Bd. IV, Paris 1898.

Baasch, E., *Holländische Wirtschaftsgeschichte,* Jena 1927.

Baczko, L. v., *Geschichte Preußens,* Bde 1—6, Königsberg 1798 ff.

Baczko, L. v., *Handbuch der Geschichte, Erdbeschreibung und Statistik Preußens,* Tle 1., 2., Königsberg-Leipzig 1802 f.

Bailleu, P., *J. Chr. v. Wöllner (Allgemeine Deutsche Biographie,* Bd. 44), Leipzig 1898.

* Ballhorn, A., *Das Polizei-Präsidium zu Berlin,* Berlin 1852.

Bamberger, L., *Beiträge zur Geschichte der Luckenwalder Textilindustrie,* in: *For-schungen zur brandenburgischen und preußischen Geschichte,* Bd. 29 (1916).

Barkhausen, M., *Der Aufstieg der Rheinischen Industrie im 18. Jahrhundert und die Entstehung eines industriellen Großbürgertums*, in: *Rheinische Vierteljahresblätter* 19 (1954).

* Bassewitz, M. v., *Die Kurmark Brandenburg vor 1806*, Leipzig 1847.

Bechtel, H., *Wirtschaftsgeschichte Deutschlands vom Beginn des 16. bis zum Ende des 18. Jahrhunderts*, München 1952.

Beckmann, J., *Beyträge zur Geschichte der Erfindungen*, 5 Bde, Leipzig 1786 ff.

Beguelin, H. v., *Historisch-kritische Darstellungen der Akzise- und Zollverfassung in den preußischen Staaten*, Berlin 1797.

* Beheim-Schwarzbach, M., *Hohenzollernsche Colonisationen*, Leipzig 1874.

* Behre, O., *Geschichte der Statistik in Brandenburg-Preußen bis zur Gründung des Kgl. Statistischen Bureaus*, Berlin 1905.

Behrenhorst, G. H. v., *Betrachtungen über die Kriegskunst, über ihre Fortschritte, ihre Widersprüche und ihre Zuverlässigkeit. Auch für Laien verständlich, wenn sie nur Geschichte wissen*, Bde 1—3, Leipzig 1797 ff.

Bein, L., *Die Industrie des Sächsischen Vogtlandes*, 2. Teil: *Die Textilindustrie*, Leipzig 1884.

* *Beiträge zur Geschichte des Berliner Handels und Gewerbefleißes* (= Festschrift zum 50jährigen Bestehen der Korporation der Berliner Kaufmannschaft, März 1870), Berlin 1870.

* Bekmann, J. Chr., *Historische Beschreibung der Chur und Mark Brandenburg*, 2 Bde, Berlin 1751 und 1753.

Below, G. v., *Probleme der Wirtschaftsgeschichte*, 2. Aufl., Tübingen 1926.

Benaerts, P., *Les origines de la grande industrie allemande*, Paris 1933.

Bennecke, W.-G., *Stand und Stände in Preußen vor den Reformen*, Phil. Diss. Berlin 1935.

Bensch, A. D., *Die Entwicklung der Berliner Porzellanindustrie unter Friedrich d. Gr.*, Berlin 1928.

* Berg, K., *Arnswalde (Stadt und Kreis) im Dreißigjährigen Kriege*, in: *Schriften des Vereins für die Geschichte der Neumark*, Heft 20, Landsberg a. W. 1907.

* Berger, H., *Friedrich der Große als Kolonisator* (= Gießener Studien auf dem Gebiete der neueren Geschichte, hrsg. von W. Oncken, Heft VIII [1896]).

Berger, L., *Der alte Harkort*, 3. Aufl., Leipzig 1894.

* Berghaus, H., *Landbuch der Mark Brandenburg und des Markgrafthums Niederlausitz*, 3 Bde, Brandenburg 1854.

* Bergius, J. H. L., *Neues Policey- und Cameral-Magazin*, 6 Bde, Leipzig 1775 ff.

* *Berlinische Ordinaire Zeitung*, Jahrgang 1720 ff.

Bertuch, J. G., *Über Erziehung des künftigen Soldaten, nebst einem Vorschlag, bei einzelnen Regimentern Schulen zu errichten*, Berlin 1781.

Beutin, L., *Die Wirkung des Siebenjährigen Krieges auf die Volkswirtschaft in Preußen*, in: *Vierteljahresschrift für Sozial- und Wirtschaftsgeschichte*, Bd. 26 (1933).

Bodemer, H., *Die Industrielle Revolution mit besonderer Berücksichtigung auf die erzgebirgischen Erwerbsverhältnisse*, Dresden 1856.

Boeckh, R., *Die geschichtliche Entwicklung der amtlichen Statistik des preußischen Staates*, Berlin 1863.

[Borgstede, A. H.], *Statistisch-topographische Beschreibung der Kurmark Brandenburg*, 1. Teil, Berlin 1788.

* Borne, H. G. v. dem, *Consultatio Politico Theologica. Über den gegenwertigen betrübeten und kümmerlichen Zustandt der Chur u. Marck Brandenburgk, Franckfurt an der Oder, Anno MDCXLI.*

* Bräker, U., *Der arme Mann im Tockenburg* (herausgegeben von Ed. Bülow), in: *Recl.-Univ.-Bibl.*, Nr. 2601/02, Leipzig 1889 (siehe auch Bräker, U., *Sämtliche Schriften des Armen Mannes im Tockenburg* [gesammelt und herausgegeben von H. H. Füßli, 2 Tle, Zürich 1789 ff.]).

Bratring, F. W. A., *Statistisch-topographische Beschreibung der gesamten Mark Brandenburg*, 3 Bde, Berlin 1804 ff.

Brentano, L., *Eine Geschichte der wirtschaftlichen Entwicklung Englands*, 3 Bde, Jena 1927 ff.

* Brentano, L., *Über den Einfluß der Grundherrlichkeit und Friedrichs d. Gr. auf das schlesische Leinengewerbe*, in: *Zeitschrift für Sozial- und Wirtschaftsgeschichte*, Bd. 2 (1894).

* Brentano, L., *Über den grundherrlichen Charakter des hausindustriellen Leinengewerbes in Schlesien*, in: *Zeitschrift für Sozial- und Wirtschaftsgeschichte*, Bd. 1 (1893).

Brinkmann, C., *Wirtschafts- und Sozialgeschichte*, München und Berlin 1927.

Bruhat, J., *Histoire du mouvement ouvrier français*, Bd. I, Paris 1952.

Brunschwig, H., *La Crise de l'Etat Prussien à la fin du XVIIIe Siècle et la Genèse de la Mentalité romantique*, Paris 1949.

Buchholz, E. W., u. Köllmann, W., *Raum und Bevölkerung in der Weltgeschichte*, Bd. II, Würzburg 1955.

* Buchholz, F., *Zur Geschichte von Berlin und Potsdam unter der Regierung des Königs Friedrich II.*, in: *Historisch-Genealogischer Kalender auf das Gemeinjahr 1825*, und in: *Berliner Kalender auf das Gemeinjahr 1827* (herausgegeben von der Kgl. Preußischen Kalender-Deputation).

Buchholz, S., *Versuch einer Geschichte der Churmark Brandenburg*, Tle 1—14, Berlin 1767 ff.

Büchsel, H.-W., *Rechts- und Sozialgeschichte des oberschlesischen Berg- und Hüttenwesens 1740—1806* (= Forschungen zur schlesischen Wirtschaftsgeschichte 1 = Veröffentlichungen der Historischen Kommission für Schlesien, Reihe 3, 1), Breslau-Kattowitz 1941.

Büsch, J. G., *Erfahrungen*, 5 Bde, Hamburg 1790 ff.

Büsch, J. G., *Theoretisch-Praktische Darstellung der Handlung in deren mannigfaltigen Geschäften*, 2 Tle, 2. Aufl. Hamburg 1799.

Büsch, O., *Militärsystem und Sozialleben im alten Preußen 1713—1807. Die Anfänge der sozialen Militarisierung der preußisch-deutschen Gesellschaft* (= Veröffentlichungen der Berliner Historischen Kommission beim Friedrich-Meinecke-Institut der Freien Universität Berlin, Band 7), Berlin 1962.

Büsching, A. F., *Beschreibung seiner Reise von Berlin über Potsdam nach Rekahn unweit Brandenburg*, Berlin 1775.

Büsching, A. F., *Beschreibung seiner Reise von Berlin nach Kyritz in der Prignitz*, Leipzig 1780.

Büsching, A. F., *Beyträge zu der Lebensgeschichte denkwürdiger Personen*, Tle 1—4, Halle 1783 ff.

Büsching, A. F., *Eigene Lebensgeschichte*, in 4 Stücken, Halle 1789.

Büsching, A. F., *Magazin für die neue Historie und Geographie*, Halle 1767 ff.

17*

Büsching, A. F., *Vollständige Topographie der Mark Brandenburg*, Berlin 1775.

Büsching, A. F., *Zuverlässige Beyträge zu der Regierungs-Geschichte König Friedrichs II.*, Hamburg 1790.

Carsten, F. L., *The Origins of Prussia*, Oxford 1954.

Ciriacy, F. v., *Chronologische Übersicht der Geschichte des preußischen Heeres, dessen Stärke, Verfassung und Kriege seit dem letzten Kurfürsten von Brandenburg bis auf die jetzigen Zeiten*, Berlin-Posen 1820.

Cohn, T., *Der Zwangsankauf von Porzellan in der jüdischen Gemeinde zu Potsdam unter Friedrich dem Großen*, in: *Mitteilungen des Vereins für die Geschichte Potsdams*, Potsdam 1878.

Cole, G. D. H., *Introduction to Economic History 1750—1950*, London 1952.

* Consentius, E., *Alt-Berlin Anno 1740*, 2. Aufl., Berlin 1911; 3., vermehrte Auflage, Berlin 1925.

* Courbière, R. de l'Homme de, *Geschichte der Brandenburgisch-Preußischen Heeres-Verfassung*, Berlin 1852.

Craig, G. A., *The Politics of the Prussian Army 1640—1945*, Oxford 1955.

* Cramer, H., *Beiträge zur Geschichte des Bergbaus in der Provinz Brandenburg*, Halle 1872 ff.

Croon, G., *Zunftzwang und Industrie im Kreise Reichenbach*, in: *Zeitschrift für Volkskunde und Geschichte Schlesiens* 43 (1909).

Czybulka, G., *Die Lage der ländlichen Klassen Ostdeutschlands im 18. Jahrhundert* (= Beiträge zum Geschichtsunterricht, Heft 15), Braunschweig 1949.

Daniels, E., *Frederick the Great and his Successor* (= *Cambridge Modern History*, Bd. 6), Cambridge 1909.

* *Das Fabrikwesen Berlins in den Jahren 1805—1861* (= Abdruck aus dem Preußischen Staatsanzeiger), Berlin o. J.

* *Das preußische Fabrik- und Manufacturwesen. Von einem Patrioten beleuchtet*, Berlin 1800.

Davidson, W., *Briefe über Berlin, Erste Sammlung*, Landau (Berlin) 1798.

Dehne, H., *Die Messe von Frankfurt an der Oder in der Zeit der merkantilistischen Wirtschaftspolitik Preußens im 18. Jahrhundert*, Frankfurt a. d. O. 1923.

Delbrück, H., *Geschichte der Kriegskunst im Rahmen der politischen Geschichte*, IV. 4. Teil: *Die Neuzeit* (als fotomechanischer Nachdruck der 1. Aufl. mit einer Einleitung von O. Haintz), Berlin 1962.

Denkschrift über den Handel der Kurmark und Errichtung einer großen Handelskompanie vom 18. 1. 1725, in: Beilagen zu G. Schmoller, *Die russische Kompanie in Berlin*, in: *Zeitschrift für preußische Geschichte und Landeskunde*, 20. Jahrgang, (1883), S. 71 ff.

Der Brandenburgisch-Preußische Staat am Schlusse des achtzehnten Jahrhunderts oder Reise durch sämtliche königlich Preußische Provinzen, Berlin 1801.

* *Der Soldatenfreund, Zeitschrift für faßliche Belehrung und Unterhaltung der preußischen Soldaten* (begründet v. L. Schneider), Jahrgang 10, Nr. 508, Berlin 1843.

Die Politischen Testamente der Hohenzollern, Bd. II (herausgegeben von G. Küntzel u. M. Hass), 2. Auflage, Leipzig-Berlin 1919.

Die politischen Testamente Friedrichs des Großen, hrsg. v. G. B. Volz, Berlin 1920.

* Dieterici, C. F. W., *Über die Vermehrung der Bevölkerung in Europa seit dem Ende oder der Mitte des 17. Jahrhunderts*, in: *Abhandlungen der Königlichen Akademie der Wissenschaften zu Berlin*, Berlin 1850.

Dietrich, R., *Untersuchungen zum Frühkapitalismus im mitteldeutschen Erzbergbau und Metallhandel*, in: *Jahrbuch für die Geschichte Mittel- und Ostdeutschlands*, Bde 7—10 (1958 ff.).

Dilschmann: siehe Fischbach.

Długoborski, W., *Wrocławski przemysł tekstylny w XVIII. wieku [Breslaus Textilindustrie im 18. Jahrhundert]*, in: *Sobótka* 5 (1950), p. 126—162.

Dohm, C. W. v., *Denkwürdigkeiten meiner Zeit oder Beiträge zur Geschichte vom letzten Viertel des 18. und vom Anfang des 19. Jahrhunderts (1778—1806)*, 5 Bde, Lemgo-Hannover 1814 ff.

Dohm, C. W. v., *Über die bürgerliche Verbesserung der Juden*, Berlin-Stettin 1781.

Dorwart, R. A., *The Administrative Reforms of Frederick William I of Prussia*, Cambridge (Mass.) 1953.

Eichborn, K. F. v., *Das Soll und Haben von Eichborn u. Co. in zweihundert Jahren*, 2. Aufl., München-Leipzig 1928.

Elsas, M. J., *Umriß einer Geschichte der Preise und Löhne in Deutschland vom ausgehenden Mittelalter bis zum Beginn des 19. Jahrhunderts*, Bde. I—II b, Leyden 1936 ff.

Ergang, C., *Friedrich der Große in seiner Stellung zum Maschinenproblem*, in: *Beiträge zur Geschichte der Technik und der Industrie* (= Jahrbuch des Vereins deutscher Ingenieure), Bd. 2 (1910).

Eylert, F. R., *Charakter-Züge und historische Fragmente aus dem Leben des Königs von Preußen Friedrich Wilhelm III.*, Tle 1—3, Magdeburg 1844 ff.

Faden, E., *Die Kipper- und Wipperzeit. 1620—1623*, in: *Berlin im Dreißigjährigen Kriege* (= Berlinische Bücher, hrsg. vom Archiv der Stadt Berlin, Bd. 1), Berlin 1927, S. 148—155.

* Fechner, H., *Die Fabrikengründungen in Schlesien nach dem 7jährigen Kriege unter Friedrich d. Gr.*, in: *Zeitschrift für die gesamte Staatswissenschaft*, 57. Jahrgang (1901).

* Fechner, H., *Die Gründungsgeschichte der Eisen- und Stahlwarenfabrik Königshuld in Oberschlesien*, in: *Zeitschrift für das Berg-, Hütten- und Salinenwesen*, Bd. 40 (1892).

* Fechner, H., *Die handelspolitischen Beziehungen Preußens zu Österreich während der provinziellen Selbständigkeit Schlesiens 1741 bis 1806*, Berlin 1886.

* Fechner, H., *Die industriellen Etablissements der geistlichen Stifter in Schlesien unter Friedrich d. Gr.*, in: *Jahrbuch für Nationalökonomie und Statistik*, 3. Folge, Bd. 4 (1892).

* Fechner, H., *Die Königlichen Eisenhüttenwerke Malapane und Kreuzburgerhütte bis zu ihrer Übernahme durch das schlesische Oberbergamt 1753 bis 1780*, in: *Zeitschrift für das Berg-, Hütten- und Salinenwesen*, Bd. 43 (1895).

* Fechner, H., *Die schlesische Glasindustrie unter Friedrich d. Gr.*, in: *Zeitschrift des Vereins für Geschichte und Altertum Schlesiens*, Bd. 26 (1896).

* Fechner, H., *Friedrichs d. Gr. und seiner beiden Nachfolger Garnhandelspolitik in Schlesien 1741—1806*, in: *Zeitschrift des Vereins für Geschichte und Altertum Schlesiens*, Bde 35 u. 36 (1901 f.).

* Fechner, H., *Geschichte des schlesischen Berg- und Hüttenwesens 1741—1806*, in: *Zeitschrift für das Berg-, Hütten- und Salinenwesen*, Bde 48, 49 u. 50 (1900 ff.).

* Fechner, H., *Wirtschaftsgeschichte der Provinz Schlesien in der Zeit ihrer provinziellen Selbständigkeit 1741—1806*, Breslau 1907.

* Feig, J., *Die Begründung der Luckenwalder Wollenindustrie durch Preußens Könige im achtzehnten Jahrhundert*, in: *Forschungen zur brandenburgischen und preußischen Geschichte*, Bd. 10 (1898), S. 79 ff.

Felsch, G., *Die Wirtschaftspolitik der preußischen Staatsbehörden bei der Gründung der oberschlesischen Kohlen- und Eisenindustrie 1741—1872*, Diss. Würzburg 1920.

Feustel, F., *Aus der Vergangenheit des Greizer Textilgewerbes*, Berlin 1925.

* Fidicin, E., *Beiträge zur Geschichte der Stadt Berlin während des 30jährigen Krieges* (= Schriften des Vereins für die Geschichte der Stadt Berlin, Bd. 1, Heft 6), Berlin 1872.

* Fidicin, E., *Die Territorien der Mark Brandenburg*, 4 Bde, Berlin 1857 ff.

* Fidicin, E., *Historisch-diplomatische Beiträge zur Geschichte der Stadt Berlin*, 5 Bde, Berlin 1837 ff.

Fischbach, F. L. J., *Historische politisch-geographisch-statistisch- und militärische Beyträge, die Königlich-Preußische und benachbarte Staaten betreffen*, Tle 1—3, Berlin 1781 ff.

* Fischbach, F. L. J., u. J. L. Dilschmann, *Diplomatische Geschichte der Stadt und Festung Spandow*, Berlin 1784.

Fischer, D. F. C. J., *Geschichte Friedrichs des Zweiten, Königs von Preußen*, 2 Tle, Halle a. d. S. 1787.

Fischer, R., *Geschichte des Breslauer Wollmarktes von seinen Anfängen bis zur Gegenwart*, in: *Beiträge zur Geschichte der Stadt Berlin*, Heft 4 (1938), S. 1—139.

Förster, F., *Friedrich Wilhelm I. König von Preußen*, 3 Bde, Potsdam 1834 f.

Forberger, R., *Die Manufaktur in Sachsen vom Ende des 16. bis zum Anfang des 19. Jahrhunderts*, Berlin [Ost] 1958.

Forschungen zur brandenburgischen und preußischen Geschichte, Bde 1—55, Leipzig-München-Berlin 1888—1944.

Franzke, K., *Die oberschlesischen Industriearbeiter, 1740—1886*, Breslau 1936.

* Frauenstädt, P., *Bettel- und Vagabundenwesen in Schlesien vom 16. bis 18. Jahrhundert*, in: *Zeitschrift für die gesamte Strafrechtswissenschaft*, Bd. 17 (1897).

Frédéric le Grand, Œuvres (hrsg v. J. D. E. Preuß), 31 Bde, Berlin 1846 ff.

Freydank, H., *Die Hallesche Pfännerschaft 1500—1926* (= *Die Geschichte der Halleschen Pfännerschaft*, Bd. 2), Halle a. d. S. 1930.

Freymark, H., *Zur preußischen Handels- und Zollpolitik von 1648 bis 1818*, Phil. Diss. Halle 1897.

Freymüthige Bemerkungen über Hamburg, Berlin, Potsdam, Wien, Sondershausen und Gotha etc., o. O. 1793.

* Friedlaender, E., *Berliner geschriebene Zeitungen aus den Jahren 1713 bis 1717 und 1735. Ein Beitrag zur preußischen Geschichte unter Friedrich Wilhelm I.*, in: *Schriften des Vereins für die Geschichte Berlins*, Heft 38 (1902).

Friedrich II., siehe: *Die politischen Testamente Friedrichs des Großen*.

Frölich, C. W., *Über den Menschen und seine Verhältnisse*, Berlin 1792.

Froese, U., *Das Kolonisationswerk Friedrichs des Großen*, Heidelberg-Berlin 1938.

Furger, F., *Zum Verlagssystem als Organisationsform des Frühkapitalismus im Textilgewerbe*, in: *Vierteljahresschrift für Sozial- und Wirtschaftsgeschichte*, Beiheft 11 (1927).

Gansauge, H. v., *Das Brandenburgisch-Preußische Kriegswesen um die Jahre 1440, 1640 und 1740*, Berlin-Posen-Bromberg 1839.

Garve, C., *Fragmente zur Schilderung des Geistes, des Charakters und der Regierung Friedrichs des Zweyten*, 2 Tle, Breslau 1801.

Garve, C., *Versuche über verschiedene Gegenstände aus der Moral, der Litteratur und dem gesellschaftlichen Leben*, 4 Tle, Breslau 1801.

* Gebauer, J., *Die Städte Alt- und Neubrandenburg und ihre Landschaft zur Zeit des 30jährigen Krieges*, in: *Forschungen zur brandenburgischen und preußischen Geschichte*, Bd. 22 (1909).

Gedike, F., u. J. E. Biester, *Berlinische Monatsschrift*, Berlin 1783 ff.

Geiger, L., *Geschichte der Juden in Berlin*, 2 Bde, Berlin 1871.

Geissler, O., *Die Wirtschaftspolitik Friedrichs des Großen und der Begriff der Planwirtschaft*, Rechts- und Wirtschaftswiss. Diss. [masch.schr.] Tübingen 1952.

Gellbach, H. H., *Das Arbeitsvertragsrecht der Fabrikarbeiter im 18. Jahrhundert*, Rechts- und Staatswiss. Diss. Bonn 1939.

* *Geschichte des Königlichen Potsdamschen Militairwaisenhauses*, Berlin 1824.

Gilbert, L. W., *Handbuch für Reisende durch Deutschland*, 3 Bde, Leipzig 1791 ff.

Gloger, B., *Der Potsdamer Steuerrat. Studien zur brandenburgisch-preußischen Lokalverwaltung des ancien regime*, Phil. Diss. Berlin 1956.

Göckingk, L. S. G., *Journal von und für Deutschland*, Ellrich/Fulda 1784 ff.

Görisch, W., *Friedrich der Große in den Zeitungen. Beiträge zur Geschichte der Beurteilung Friedrichs durch die Zeitgenossen*, Phil. Diss. Bern 1907.

Goldtschmidt, F., u. G. Paul, *Das Leben des Staatsrath Kunth*, 2. Aufl., Berlin 1888.

Goltz, Th. Frh. v. d., *Die ländliche Arbeiterfrage und ihre Lösung*, Danzig 1872.

Gooch, G. P., *Frederic the Great. The Writer, the Ruler, the Man*, London und New York 1947 (Deutsche Ausgabe: *Friedrich der Große. Herrscher, Schriftsteller, Mensch* [Übersetzung von K. Dockhorn], Göttingen 1951).

Goßler, W. v., *60 Jahre Magdeburger Manufaktur*, in: *Geschichtsblätter für Stadt und Land Magdeburg*, 72./73. Jahrgang (1937/38).

* Gothsche, H., *Die Königlichen Gewehrfabriken*, Berlin 1904.

* Gotzkowsky, J. E., *Geschichte eines patriotischen Kaufmanns*, 1768 (=Neudruck in: *Schriften des Vereins für die Geschichte Berlins*, Heft 7 [1873]).

Gröger, H., *Die Arbeits- und Sozialverhältnisse der staatlichen Porzellanmanufaktur Meißen im 18. Jahrhundert*, in: *Forschungen aus mitteldeutschen Archiven. Festschrift zum 60. Geburtstage von H. Kretzschmar*, Berlin 1953.

Grossmann, F., *Über die gutsherrlich-bäuerlichen Verhältnisse in der Mark Brandenburg vom 16. bis 18. Jahrhundert*, in: *Staats- und sozialwissenschaftliche Forschungen*, 9. Band, Heft 4 (1890).

* Grünhagen, C., *Der materielle Zustand Schlesiens vor der preußischen Besitzergreifung*, in: *Zeitschrift für preußische Geschichte und Landeskunde*, 10. Jahrgang (1873).

Grünhagen, C., *Die Breslauer Kaufmannschaft im Kampfe gegen das Merkantilsystem 1786/87*, in: *Zeitschrift des Vereins für Geschichte und Altertum Schlesiens*, 29. Bd. (1895).

* Grünhagen, C., *Über den angeblich grundherrlichen Charakter des hausindustriellen Leinengewerbes in Schlesien und die Webernöte*, in: *Zeitschrift für Sozial- und Wirtschaftsgeschichte*, Bd. 2 (1894).

Guibert, J. A.-H. Vicomte de, *Journal d'un Voyage en Allemagne, fait en 1793*, 2 Bde, Paris 1803.

* Häpke, R., *Die Bevölkerung des Mittelalters und der neueren Zeit bis Ende des 18. Jahrhunderts in Europa*, in: *Handwörterbuch der Staatswissenschaften*, 4. Aufl. (hrsg. von L. Elster, A. Weber, F. Wieser), Bd. 2, Jena 1924.

* Hagen, Th. Ph. v. d., *Beschreibung der Kalkbrüche bey Rüdersdorf, der Stadt Neustadt-Eberswalde und des Finow-Kanals, wie auch der dasigen Stahl- und Eisenfabrik, des Messingwerkes und Kupferhammers*, Berlin 1785.

Hagen, Th. Ph. v. d., *Nachricht von den berlinschen deutschen Armen-Anstalten*, in: Büsching, A. F., *Magazin für die neue Historie und Geographie*, 12. Teil, Halle 1778.

Hagen, Th. Ph. v. d., *Plan zur besseren Einrichtung der Armen-Casse und der Vertheilung der Allmosen in Berlin*, in: Büsching, A. F., *Magazin für die neue Historie und Geographie*, 21. Teil, Halle 1787.

Hagen, Th. Ph. v. d., *Vollzogener Plan zur bessern Einrichtung des großen Königl. Weysenhauses in Berlin*, in: Büsching, A. F., *Magazin für die neue Historie und Geographie*, 12. Teil, Halle 1778.

Hammer, E., *Tuchhandel und Tuchindustrie in Magdeburg*, in: *Magdeburgs Wirtschaftsleben in der Vergangenheit*, Bd. 1, Magdeburg 1925.

Harries, H., *Eine Reise nach Berlin im Jahre 1787*, in: Wolfram, G., *Mittheilungen aus Heinrich Harries Tagebuche*, in: *Schriften des Vereins für die Geschichte Berlins*, Heft 34 (1897).

Hartung, F., *Der aufgeklärte Absolutismus*, in: *Historische Zeitschrift*, Bd. 180 (1955).

Hartung, F., *Der preußische Staat und seine westfälischen Provinzen*, in: *Westfälische Forschungen*, Bd. 7 (1954).

Hartung, F., *Deutsche Verfassungsgeschichte*, 7. Aufl., Stuttgart 1959.

Hartung, F., *Die geschichtliche Bedeutung des aufgeklärten Despotismus in Preußen und in den deutschen Kleinstaaten*, in: *Bulletin of the International Committee of Historical Sciences* 9, Washington (1937).

Hartung, F., *König Friedrich Wilhelm I. Der Begründer des preußischen Staates*, in: *Vorträge und Schriften der Preußischen Akademie der Wissenschaften*, Bd. 2 (1942).

Hartung, F., et R. Mousnier, *Quelques problèmes concernant la monarchie absolue*, in: *Relazioni*, Vol. IV, *Storia moderna. Comitato Internazionale di Scienze Storiche X. Congresso Internazionale di Scienze Storiche. Roma 4—11 Settembre 1955*, Florenz 1955.

Hartung, F., *Studien zur Geschichte der preußischen Verwaltung*, Teil 1: *Vom 16. Jahrhundert bis zum Zusammenbruch des alten Staates im Jahre 1806* (= Abhandlungen der Preußischen Akademie der Wissenschaften, Jahrgang 1941), Berlin 1942.

Hasenclever, A., *Peter Hasenclever aus Remscheid-Ehringhausen. Ein deutscher Kaufmann des 18. Jahrhunderts. Seine Biographie, Berichte und Denkschriften*, Gotha 1922.

* Hassenstein, W., *Zur Geschichte der Königlichen Gewehrfabrik in Spandau unter besonderer Berücksichtigung des 18. Jahrhunderts*, in: *Beiträge zur Geschichte der Technik und der Industrie* (= Jahrbuch des Vereins Deutscher Ingenieure), Bd. 4 (1912).

Haussherr, H., *Wirtschaftsgeschichte der Neuzeit*, 3. Aufl., Köln-Graz 1960.

Heckscher, E. F., *Der Merkantilismus*, 2 Bde, Jena 1932.

Heineccius, *Ausführliche topographische Beschreibung des Herzogtums Magdeburg und der Grafschaft Mansfeld magdeburgischen Anteils*, Berlin 1785.

Heinicke, E., *Die wirtschaftliche Entwicklung der Stadt Halle unter brandenburg-preußischer Wirtschaftspolitik von 1680—1806*, Jur. Diss. Halle 1929.

Henderson, W. O., *Britain and Industrial Europa (1750—1870). Studies in British Influence on the Industrial Revolution in Western Europe*, Liverpool 1954.

Henderson, W. O., *England und die Industrialisierung Deutschlands*, in: *Zeitschrift für die gesamte Staatswissenschaft*, Bd. 108 (1952).

Henderson, W. O., *The State and the Industrial Revolution in Prussia 1740—1870*, Liverpool University Press 1958.

* Herkner, H., *Die Arbeiterfrage*, 2 Bde, 8. Aufl., Berlin 1922.

Herkner, H., *Die wirtschaftlich-sozialen Bewegungen von der Mitte des 18. bis in die 2. Hälfte des 19. Jahrhunderts*, in: *Propyläen-Weltgeschichte*, hrsg. v. W. Goetz, Bd. 7, Berlin 1929.

Herrmann, W., *Entwicklungslinien montanindustrieller Unternehmungen im rheinisch-westfälischen Industriegebiet* (= Vortragsreihe der Gesellschaft für westfälische Wirtschaftsgeschichte, 1), Dortmund 1954.

* Hertzberg, E. F. Graf v., *Abhandlungen über die Bevölkerungen der Staaten überhaupt und besonders des Preußischen* (= Akademie-Vortrag am 27. 1. 1785), in: *Acht Abhandlungen*, Berlin 1789.

* Hertzberg, E. F. Graf v., *Über den wahren Reichthum der Staaten, das Gleichgewicht des Handels und der Macht* (= Akademie-Vortrag am 27. 1. 1786), in: *Acht Abhandlungen*, Berlin 1789.

Hertzberg, E. F. Graf v., *Historische Nachricht von den ersten Regierungs-Jahren Friedrich Wilhelms II., Königs von Preußen, vorgelesen in der öffentlichen Versammlung der Akademie den 23. August 1787*, Berlin 1787.

Hinrichs, C., *Das Königliche Lagerhaus in Berlin*, in: *Forschungen zur brandenburgischen und preußischen Geschichte*, Bd. 44 (1932).

Hinrichs, C., *Das Reich und die Territorialstaaten im Zeitalter des Absolutismus 1648—1786*, in: *Deutsche Geschichte im Überblick. Ein Handbuch*, hrsg. v. P. Rassow, Stuttgart 1953.

Hinrichs, C., *Der Hallische Pietismus als politisch-soziale Reformbewegung des 18. Jahrhunderts*, in: *Jahrbuch für die Geschichte Mittel- und Ostdeutschlands*, Bd. 2 (1953).

Hinrichs, C., *Die Wollindustrie in Preußen unter Friedrich Wilhelm I., Darstellung mit Aktenbeilage* (s. auch *Acta Borussica*), Berlin 1933.

* Hintze, O.: siehe auch *Acta Borussica*.

Hintze, O., *Der preußische Militär- und Beamtenstaat im 18. Jahrhundert*, in: *Geist und Epochen der preußischen Geschichte* (= Gesammelte Abhandlungen, Bd. 3), Leipzig 1943.

* Hintze, O., *Die Hohenzollern und ihr Werk*, Berlin 1915.

* Hintze, O., *Die Industrialisierungspolitik Friedrichs des Großen*, in: *Historische und Politische Aufsätze*, Bd. 2, 2. Aufl., Berlin o. J.

* Hintze, O., *Ein Berliner Kaufmann aus der Zeit Friedrichs d. Gr.* (J. E. Gotzkowsky), in: *Schriften des Vereins für die Geschichte Berlins*, Heft 30 (1893).

* Hintze, O., *Eine Denkschrift über Berliner Manufakturverhältnisse aus dem Jahre 1801*, in: *Schriften des Vereins für die Geschichte Berlins*, Heft 31 (1894).

Hintze, O., *Preußische Reformbestrebungen vor 1806*, in: *Geist und Epochen der preußischen Geschichte*, hrsg. v. F. Hartung, Leipzig 1942.

* Hintze, O., *Zur Agrarpolitik Friedrichs d. Gr.*, in: *Forschungen zur brandenburgischen und preußischen Geschichte*, Bd. 10 (1898).

* Hintze, O., *Zwei Denkschriften aus dem Jahre 1800 über die preußische Seidenindustrie*, in: *Forschungen zur brandenburgischen und preußischen Geschichte*, Bd. 8 (1895).

* Hoeniger, R., *Der dreißigjährige Krieg und die deutsche Kultur*, in: *Preußische Jahrbücher*, Bd. 138 (1909).

Hoff, W., *Die Glashütten der Neumark besonders in friderizianischer Zeit*, Phil. Diss. Berlin 1940.

Hoffmann, H., *Die gewerbliche Produktion Preußens im Jahre 1769 auf Grund des statistischen Taschenbuches des Dodo Heinrich Frh. v. Knyphausen „Listen derer in sämtlichen königlichen Provinzien befindlichen Fabricken und Manufakturen ... pro anno 1769"*, Wirtschaftswiss. Diss. [masch.schr., mit der behandelten Quelle im Anhang] Berlin [Ost] 1957.

Jacobi, *Das Berg-, Hütten- und Gewerbewesen des Regierungsbezirks Arnsberg in statistischer Darstellung*, Iserlohn 1857.

Jacobson, J., *Die Judenbürgerbücher der Stadt Berlin 1809—1851. Mit Ergänzungen für die Jahre 1791—1809* (= Veröffentlichungen der Berliner Historischen Kommission beim Friedrich-Meinecke-Institut der Freien Universität Berlin, Band 4, Quellenwerke Band 1), Berlin 1962.

Jacobson, J. C. G., *Schauplatz der Zeugmanufacturen in Deutschland*, 4 Bde, Berlin 1775 ff.

* Jähns, M., *Geschichte der Kriegswissenschaften vornehmlich in Deutschland*, 3 Bde, München 1889 ff.

Jahn, G., *Die Entstehung der Fabrik*, in: *Schmollers Jahrbuch für Gesetzgebung, Verwaltung und Volkswirtschaft im Deutschen Reiche*, 69. Jahrgang (1949).

* Jahn, G., *Zur Gewerbepolitik der deutschen Landesfürsten vom 16. bis 18. Jahrhundert*, Phil. Diss. Leipzig 1909.

Jahrbücher der Preußischen Monarchie unter der Regierung Friedrich Wilhelms III., 9 Bde (hrsg. von Unger), Berlin 1798—1800.

Jany, C., *Geschichte der Königlich Preußischen Armee bis zum Jahre 1807*, 3 Bde, Berlin 1928 f.

* Jastrow, J., *Die Volkszahl deutscher Städte zu Ende des Mittelalters*, in: *Historische Untersuchungen*, Heft 1, Berlin 1886.

* Inama-Sternegg, K. Th. v., *Die volkswirtschaftlichen Folgen des dreißigjährigen Krieges für Deutschland*, in: *Raumers Historisches Taschenbuch*, 4. Folge, 5. Jahrgang (1864).

* Jolles, O., *Die Ansichten der deutschen nationalökonomischen Schriftsteller des 16. und 17. Jahrhunderts über Bevölkerungswesen*, in: *Jahrbuch für Nationalökonomie und Statistik*, Neue Folge, Bd. 13 (1886).

Just, L., *Der aufgeklärte Absolutismus*, in: *Handbuch der Deutschen Geschichte*, neu hrsg. von L. Just, Bd. 2, Darmstadt-Marburg a. d. Lahn 1953.

* Justi, J. H. G. v., *Vollständige Abhandlung von denen Manufakturen und Fabriken*, 2 Tle, Kopenhagen 1758 ff.

Justi, J. H. G. v., *Staatswirtschaft oder systematische Abhandlung aller Oeconomischen und Cameralwissenschaften ...*, Teil 1, 2. Aufl., Leipzig 1758.

Kaeber, E., *Die Bürgerbücher und die Bürgerprotokollbücher Berlins von 1701—1750*, (= Quellen und Forschungen zur Geschichte Berlins, Bd. 4 = Veröffentlichungen der Historischen Kommission für die Provinz Brandenburg und die Reichshauptstadt Berlin, I, 4), Berlin 1934.

Kaeber, E., *Geistige Strömungen in Berlin zur Zeit Friedrichs des Großen*, in: *Forschungen zur brandenburgischen und preußischen Geschichte*, Bd. 54 (1943).

Kahlden, E. v., *Die ländlichen Arbeiter*, in: Meitzen, A., *Der Boden und die landwirtschaftlichen Verhältnisse des preußischen Staates*, Bd. 8, Berlin 1908.

* Kaphahn, F., *Die wirtschaftlichen Folgen des 30jährigen Krieges für die Altmark*, in: *Geschichtliche Studien*, hrsg. v. A. Tille, Bd. 2, Heft 1, Gotha 1911.

Kelbert, H., *Das Bildungswesen auf den fiskalischen Berg- und Hüttenwerken in Preußen am Ausgang des 18. Jahrhunderts. Ein Beitrag zur Geschichte des Berufsbildungswesens*, Berlin [Ost] 1955.

* Kern, A., *Noch einiges zur Geschichte der Weber in Schlesien*, in: *Zeitschrift für Sozial- und Wirtschaftsgeschichte*, Bd. 3 (1895).

Keßler, G., *Genealogie und Wirtschaftsgeschichte*, in: *Archiv für Kulturgeschichte*, Bd. 22 (1931).

Kisch, H., *The Textile Industries in Silesia and the Rhineland*, in: *The Journal of Economic History* (1959).

Klassiker der Politik (hrsg. von F. Meinecke und H. Oncken), Bd. 5: *Friedrich II. Die politischen Testamente*, Berlin 1922.

Klein, E. F., *Annalen der Gesetzgebung und Rechtsgelehrsamkeit in den Preußischen Staaten*, Berlin-Stettin 1788 ff.

Klima, A., *Die Manufakturperiode in Böhmen* (tschechisch), Prag 1955.

Klinckmüller, H., *Die amtliche Statistik Preußens im vorigen Jahrhundert*, Jena 1880.

Klinkenborg, M., *Das Berliner Mietsedikt vom 15. April 1765*, in: *Forschungen zur brandenburgischen und preußischen Geschichte*, Bd. 25 (1912).

Knapp, G. F., *Die Bauernbefreiung und der Ursprung der Landarbeiter in den älteren Teilen Preußens*, 2 Bde, Leipzig 1887 (2., unveränderte Aufl., München-Leipzig 1927).

Knoblauch, H., *Über die sittliche und wissenschaftliche Bildung der jungen Leute, welche dem Militär sich widmen*, Berlin 1800.

[Knüppeln, J. F.], *Charakteristik von Berlin. Stimme eines Kosmopoliten in der Wüsten*, 2. Aufl., 3 Bde, Philadelphia 1785.

Knyphausen, D. H. Frhr. v., *Listen derer in sämtlichen königlichen Provinzien befindlichen Fabricken und Manufakturen nach Ordnung derer Provinzien pro anno 1769*, masch.schr. abgedruckt in: Hoffmann, H., *Die gewerbliche Produktion Preußens . . .* (s. vorl. Bibliographie). [Original der handschriftl. Quelle in der Bibliothek der Wirtschaftswissenschaftl. Fakultät in Berlin [Ost]].

* Koch, H., *Denkschrift zur Feier des 100jährigen Bestehens des Kgl. Blei- und Silberbergwerkes Friedrichsgrube bei Tarnowitz O.-S.*, Berlin 1884.

König, A., *Die sächsische Baumwollindustrie am Ende des vorigen Jahrhunderts und während der Kontinentalsperre*, Leipzig 1899.

* [Koenig, A. B.], *Versuch einer historischen Schilderung der Hauptveränderungen der Religion, Sitten, Gewohnheiten, Künste, Wissenschaften der Residenzstadt Berlin seit den ältesten Zeiten bis 1786*, 4.—5. Bd., Berlin 1796.

Köster, G., *Wirtschaftsgeschichte der Neumark*, in: *Die Neumark*, 13. Jahrgang (1936).

* Korn, W. G., *Sammlung aller in ... Schlesien ... [und] Glatz ... ergangenen und publicierten Ordnungen, Edicte, Mandate ...,* Breslau 1741 ff.

Koser, R., *Die preußischen Finanzen von 1763 bis 1786,* in: *Forschungen zur brandenburgischen und preußischen Geschichte,* Bd. 16 (1903).

* Koser, R., *Geschichte Friedrichs des Großen,* 4 Bde, 4.—5. Aufl., Stuttgart-Berlin 1912 ff.

Koser, R., *Zur Bevölkerungsgeschichte des preußischen Staates von 1756 bis 1786,* in: *Forschungen zur brandenburgischen und preußischen Geschichte,* Bd. 16 (1903).

Kosmann, J. W. A., u. Th. Heinsius, *Denkwürdigkeiten und Tagesgeschichte der Mark Brandenburg,* Bde 5 u. 11, Berlin 1798 u. 1801.

Kosmann, J. W. A., u. Th. Heinsius, *Denkwürdigkeiten und Tagesgeschichte der Preußischen Staaten,* Bd. 1, Berlin 1801.

Krauter, G., *Die Manufakturen im Herzogtum Wirtemberg und ihre Förderung durch die wirtembergische Regierung in der zweiten Hälfte des 18. Jahrhunderts,* Phil. Diss. Tübingen 1952.

[Krögen, C. H.], *Freye Bemerkungen über Berlin, Leipzig und Prag. Original und Kopie,* o. O. 1785.

* Krüger, A., *Chronik der Stadt und Festung Spandau,* Spandau 1867.

Krüger, G., *Die Glashütte zu Friedrichsthal (Niederlausitz),* in: *Forschungen zur brandenburgischen und preußischen Geschichte,* Bd. 39 (1926).

Krüger, H., *Zur Geschichte der Manufakturen und der Manufakturarbeiter in Preußen* (= Schriftenreihe des Instituts für Allgemeine Geschichte an der Humboldt-Universität Berlin, Bd. 3), Berlin [Ost] 1958.

Krünitz, J. G., *Oekonomisch-technologische Encyklopädie oder allgemeines System der Staats-, Stadt-, Haus- und Landwirthschaft,* 2. Aufl., Berlin 1782 ff.

Krug, L., *Abriß der neuesten Statistik des preußischen Staates,* Halle 1804.

[Krug, L.], *Topographisch-statistisches-geographisches Wörterbuch der sämmtlichen preußischen Staaten,* 13 Tle, Halle a. d. S. 1796 ff.

Kuczynski, J., *Die Geschichte der Lage der Arbeiter in Deutschland,* Bd. 1, 1, 2., verb. Aufl., Berlin 1954.

Kuczynski, J., u. R. Hoppe, *Geschichte der Kinderarbeit in Deutschland 1750—1939,* Bd. 1: *Geschichte;* Bd. 2: *Dokumente,* Berlin [Ost] 1958.

Küntzel, G., u. M. Hass, *Die politischen Testamente der Hohenzollern,* 2 Bde, 2., erw. Aufl., Berlin 1919 f.

Kula, W., *Skizzen über Manufakturen in Polen im 18. Jahrhundert* (polnisch), 2 Bde, Warschau 1956.

Kulischer, J., *Allgemeine Wirtschaftsgeschichte des Mittelalters und der Neuzeit,* 2 Bde, München 1958.

Kulischer, J., [Koulischer, J.], *La grande industrie aux XVIIe et XVIIIe siècles: France, Allemagne, Russie,* in: *Annales d'histoire économique,* 3, (1931).

* Kumpmann, K., *Arbeitslosigkeit und Arbeitslosenversicherung,* in: *Handbuch der Staatswissenschaften,* 4. Aufl. (1923).

* Kunger, J. W., *Chronik von Neustadt-Eberswalde,* Eberswalde 1842.

* Kuntzemüller, O., *Urkundliche Geschichte der Stadt und Festung Spandau,* Spandau 1881.

Kuske, B., *Der Einfluß des Staates auf die geschichtliche Entwicklung der sozialen Gruppen in Deutschland bis zum Anfang des 19. Jahrhunderts,* in: *Kölner Zeitschrift für Soziologie,* 2. Jahrgang (1949).

Kuske, B., *Wirtschaftsgeschichte Westfalens in Leistung und Verflechtung mit den Nachbarländern bis zum 18. Jahrhundert* (= Veröffentlichungen des Provinzialinstituts für westfälische Landes- und Volkskunde, Reihe 1, 4), Münster i. W. 1943.

* Lamprecht, G. F. v., *Von der Kameralverfassung und Verwaltung der Handwerke, Fabriken und Manufakturen . . .*, Berlin 1797.

* Landau, G., *Die materiellen Zustände der unteren Classen in Deutschland sonst und jetzt*, in: Ernst Moritz Arndts *Germania*, Bd. 2, Leipzig 1851.

* Landau, J., *Die Arbeiterfrage in Deutschland im 17. und 18. Jahrhundert und ihre Behandlung in der deutschen Kameralwissenschaft*, Staatswiss. Diss. Zürich 1915.

Landrecht, Allgemeines, siehe: *Allgemeines Landrecht für die Preußischen Staaten.*

Laufenberg, H., *Hamburg und sein Proletariat im 18. Jahrhundert*, Hamburg 1910.

Laukhard, Magister, Sein Leben und seine Schicksale von ihm selbst beschrieben (hrsg. v. H. Schnabel), München 1912.

Lehmann, M., *Freiherr vom Stein*, 3 Bde, Leipzig 1902 ff.

* Lehmann, M., *Werbung, Wehrpflicht und Beurlaubung im Heere Friedrich Wilhelms I.*, in: *Historische Zeitschrift*, Bd. 67 (1891).

Lehne, F., *Die französischen Handschuhmacher in Halle an der Saale. Ein Beitrag zur preußischen Merkantilpolitik*. Phil. Diss. Halle 1925.

Leister, J., *Die Commercienedikte für Ravensberg als Zeugnisse wirtschaftlicher Entwicklung*, in: *55. Jahresbericht des Historischen Vereins für die Grafschaft Ravensberg* (1950).

* Lennhoff, E., *Das ländliche Gesindewesen in der Kurmark Brandenburg vom 16. bis 19. Jahrhundert*, in: *Untersuchungen zur deutschen Staats- und Rechtsgeschichte*, hrsg. v. O. Gierke, Heft 79 (1906).

* Lenz, F., u. O. Unholtz, *Die Geschichte des Bankhauses Gebrüder Schickler. Festschrift zum 200jährigen Bestehen*, Berlin 1912.

* Lenz, G., *Berliner Porzellan. Die Manufaktur Friedrichs des Großen 1763—86*, 2 Bde, Berlin 1913.

Leonhard, H., *Die Entwicklung der Cottbusser Textilindustrie. Klassenkämpfe Cottbusser und Niederlausitzer Textilarbeiter*, in: *Märkische Heimat*, 1. Jahrgang, Heft 1, Potsdam 1956.

Leuilliot, P., *Les industries textiles. Problèmes généraux et orientation des récherches*, in: *Relazioni*, Vol. IV, *Storia moderna. Comitato Internazionale di Scienze Storiche X. Congresso Internazionale di Scienze Storiche. Roma 4—11 Settembre 1955*, Florenz 1955.

* Levasseur, E., *Histoire des Classes Ouvrières en France depuis la Conquête de Jules César jusqu'à la Revolution*, Bde 1 u. 2, 2. Auflage, Paris 1901.

Liedke, F., *Die Elbinger Industrie von 1772 bis zur Gründung der Schichau-Werft im Jahre 1832*, in: *Elbing-Jahrbuch*, 10. Jahrgang (1932).

Liefmann, R., *Über Wesen und Formen des Verlags*, Freiburg i. B. 1899.

Lindow, K., *Die Bedeutung der gewerblichen Sozialpolitik in der brandenburg-preußischen Merkantilzeit, insbesondere auf den Gebieten des Bergbaues und der Eisenindustrie*, Phil. Diss. Gießen 1928.

* Lisco, F. G., *Das wohlthätige Berlin*, Berlin 1846.

Loewe, V., *Zur Geschichte des hausindustriellen Leinengewerbes in Schlesien. Der Weberzins*, in: *Zeitschrift des Vereins für Geschichte und Altertum Schlesiens*, Bd. 59 (1925).

[Lossow, M. L. v.], *Denkwürdigkeiten zur Charakteristik der Preußischen Armee unter dem großen König Friedrich dem Zweiten*, Glogau 1826.

Lüsebrink, W., *Die Osemundindustrie*, Rechts- u. staatswiss. Diss. Würzburg 1919.

Lütge, F., *Deutsche Sozial- und Wirtschaftsgeschichte* (= Enzyklopädie der Rechts- und Staatswissenschaften, Abteilung Staatswissenschaft), 2. Aufl., Berlin-Göttingen-Heidelberg 1960.

Lullies, H., *Zur Handelspolitik Friedrichs des Großen*, Phil. Diss. Königsberg i. Pr. 1926.

Magdeburgs Wirtschaftsleben in der Vergangenheit, hrsg. von der Industrie- und Handelskammer Magdeburg, Magdeburg 1925.

Maleczyńska, E., *Beiträge zur Geschichte Schlesiens*, Berlin [Ost] 1958.

* Matschoß, C., *Die Berliner Industrie einst und jetzt*, Berlin 1906.

* Matschoß, C., *Die Förderung der Textilindustrie durch Friedrich den Großen*, in: *Beiträge zur Geschichte der Technik und der Industrie* (= Jahrbuch des Vereins deutscher Ingenieure), Bd. 4 (1912).

Matschoß, C., *Die Maschinen des deutschen Berg- und Hüttenwesens vor hundert Jahren*, in: *Beiträge zur Geschichte der Technik und der Industrie* (= Jahrbuch des Vereins deutscher Ingenieure), Bd. 1 (1909).

* Matschoß, C., *Friedrich der Große als Beförderer des Gewerbefleißes*, Berlin 1912.

Mauer, H., *Die private Kapitalanlage in Preußen während des 18. Jahrhunderts*, Mannheim-Berlin-Leipzig 1921.

Mayer, Th., *Deutsche Wirtschaftsgeschichte der Neuzeit*, Leipzig 1928.

Mebes, J., *Beiträge zur Geschichte des brandenburgisch-preußischen Staates und Heeres*, Bde 1 u. 2, Berlin 1861 ff.

Mehring, F., *Historische Aufsätze zur preußisch-deutschen Geschichte*, Berlin 1946.

* Meinardus, O., *Beiträge zur Geschichte der Handelspolitik des Großen Kurfürsten*, in: *Historische Zeitschrift*, Bd. 67 (1891).

Meinecke, F., *Das Leben des Generalfeldmarschalls Hermann v. Boyen*, Bd. 1, Stuttgart 1898.

* Meister, A., *Friedrich der Große und das preußische Westfalen*, Münster i. W. 1912.

Meitzen: siehe Kahlden.

Mentzel, B., *Das königliche Eisenhüttenwerk Torgelow 1754—1861* (= Greifswalder Staatswissenschaftliche Abhandlungen, Bd. 17), Greifswald 1925.

Meusel, G. J., *Fünfter Nachtrag, zweyte Abtheilung zu der vierten Ausgabe des Gelehrten Teutschlandes*, Lemgo 1795.

* Meyer, M., *Geschichte der preußischen Handwerkerpolitik*, Minden 1884.

Michael, E., *Die Handweberei im Hirschberger Tal*, Diss. Frankfurt a. M. 1925.

Michel, E., *Sozialgeschichte der industriellen Arbeitswelt, ihrer Krisenformen und Gestaltungsversuche*, 3. Aufl., Frankfurt a. M. 1953.

Mieck, Ilja, *Merkantilismus und Liberalismus in der preußischen Gewerbepolitik von 1815 bis 1844, unter besonderer Berücksichtigung Berlins*, Phil. Diss. [masch.schr.] FU Berlin 1957.

* Mila, W., *Berlin oder die Geschichte des Ursprungs, der allmählichen Entwicklung und des jetzigen Zustandes dieser Hauptstadt . . .*, Berlin 1829.

* Mirabeau, H. G. R. Comte de, *De la monarchie prussienne sous Frédéric le Grand*, 4 Bde, London 1788 (deutsch: *Von der preußischen Monarchie unter Friedrich dem Großen*, hrsg. v. J. v. Mauvillon, 4 Bde, Braunschweig-Leipzig 1793 ff.)

* *Mitteilungen des Vereins für Heimatkunde Eberswalde,* Jahrgänge 1—3, Eberswalde 1906 ff.

Morgenbesser, E. G., *Beyträge zum republikanischen Gesetzbuche, enthalten in Anmerkungen zum allgemeinen Landrechte und zur allgemeinen Gerichtsordnung für die preußischen Staaten,* Königsberg i. Pr. 1800.

Moritz, K. P., *Italien und Deutschland,* Berlin 1791.

* Müller, J. C. u. G. Küster, *Altes und neues Berlin,* 4 Tle, Berlin 1737 ff.

* Mylius, Chr. O., *Corpus Constitutionum Marchicarum; Corporis Constitutionum Marchicarum Continuatio; Novum Corpus Constitutionum Prussico-Brandenburgensium praecipue Marchicarum* (insges. 24 Tle für die Jahre 1737—1806), Berlin und Halle a. d. S. 1737—1822.

* Naudé, W.: siehe auch *Acta Borussica.*

Naudé, W., *Die merkantilistische Wirtschaftspolitik Friedrich Wilhelms I. und der Küstriner Kammerdirektor Hille,* in: *Historische Zeitschrift,* Bd. 90 (1903).

Neuß, E., *Die Entwicklung des halleschen Wirtschaftslebens vom Ausgang des 18. Jahrhunderts bis zum Weltkrieg,* Halberstadt 1924, Phil. Diss. Halle a. d. S. 1925.

Nicolai, C. F., *Allgemeine Deutsche Bibliothek,* Berlin 1765 ff.

* Nicolai, C. F., *Beschreibung der Königlichen Residenzstädte Berlin und Potsdam und der umliegenden Gegend,* 3 Bde, 3. Aufl., Berlin 1786.

Nicolai, C. F., *Leben und Meinungen des Herrn Magisters Sebaldus Nothanker,* 4. Aufl., Berlin-Stettin 1799.

Nordmann, R., *Friedrich Wilhelm I. und die Organisation der Preußischen Armee,* Leipzig 1907.

* Orlich, L. v., *Geschichte des Preußischen Staates im 17. Jahrhundert,* Berlin 1838.

Ortloff, J. A., *Corpus Juris Opificarii oder Sammlung von allgemeinen Innungsgesetzen und Verordnungen,* 2. Aufl., Erlangen 1820.

* Osten-Sacken und vom Rhein, O. Frhr. v. d., *Preußens Heer von seinen Anfängen bis zur Gegenwart,* Bde 1—3, Berlin 1911 ff.

Passow, S., *Ein märkischer Rittersitz. Hohenfinow-Tarnow,* 2 Bde, Eberswalde 1907.

Perlick, A., *Oberschlesische Berg- und Hüttenleute. Lebensbilder aus dem oberschlesischen Industrierevier,* Kitzingen a. M. 1953.

* Petersdorff, H. v., *Beiträge zur Wirtschafts-, Steuer- und Heeresgeschichte der Mark im 30jährigen Kriege,* in: *Forschungen zur brandenburgischen und preußischen Geschichte,* Bd. 2 (1889).

Pfannschmidt, M., *Die Industriesiedlung in Berlin und in der Mark Brandenburg. Ihre Entwicklung vom Absolutismus bis zur Gegenwart,* Stuttgart 1937.

Pfeiffer, J. F. v., *Die Manufacturen und Fabricken Deutschlands nach ihrer heutigen Lage betrachtet,* 2 Bde, o. O. 1780.

Philippson, M., *Geschichte des Preußischen Staatswesens vom Tode Friedrichs des Großen bis zu den Freiheitskriegen,* 2 Bde, Leipzig 1880 ff.

* Pistor, A., *Der Versuch Friedrichs des Großen, durch Herbeiziehung von Schmalkalder und Ruhlaer Kleineisenarbeitern die Kleineisenindustrie in Preußen einzuführen,* in: *Henneberger Blätter,* Hildburghausen 1925, Hefte 4 u. 5.

Pick, M., *Spinnerdörfer im Spreetal,* in: *Brandenburgia,* Jahrgang 45 (1936).

Poppe, J. H. M., *Geschichte der Technologie,* 3 Bde (= *Geschichte der Künste und Wissenschaften,* Abt. 8: *Geschichte der Naturwissenschaften IV*), Göttingen 1807 ff.

Poten, v., *Handwörterbuch der gesamten Militärwissenschaft,* Bde 1—9, Bielefeld 1877 ff.

Preetz, M., *Die deutschen Hugenottenkolonien. Ein Experiment des Merkantilismus*, Phil. Diss. [masch.schr.] Jena 1930.

Preuß, E., *Die ostpreußische Landarbeiterschaft. Ihre Entwicklung von der Gründung des Ordensstaates bis zur Gegenwart*, Königsberg i. Pr. 1932, Phil. Diss. Königsberg i. Pr. 1926.

Preuß, H., *Die Entwicklung des deutschen Städtewesens*, Bd. 1, Leipzig 1906.

Preuß, J. D. E., *Friedrich der Große. Eine Lebensgeschichte*, Bde 1—4, Urkundenband 5, Berlin 1832 ff.

Preuß, J. D. E., *Zur Beurteilung des Staatsministers v. Wöllner*, in: *Zeitschrift für preußische Geschichte und Landeskunde*, Jahrgang 2 (1865).

Proesler, H., *Die Epochen der deutschen Wirtschaftsentwicklung*, Nürnberg 1927.

* Quickmann, *Ediktensammlung*, 1750.

Rachel, H., *Das Berliner Wirtschaftsleben im Zeitalter des Frühkapitalismus*, Berlin 1931.

Rachel, H., *Der Merkantilismus in Brandenburg-Preußen*, in: *Forschungen zur brandenburgischen und preußischen Geschichte*, Bd. 40 (1927).

Rachel, H., *Die Juden im Berliner Wirtschaftsleben*, in: *Zeitschrift für die Geschichte der Juden in Deutschland*, Jahrgang 2 (1930).

Rachel, H., *Wirtschaftsgeschichte des 16. bis 18. Jahrhunderts* (= Forschungsbericht in: *Jahresberichte für deutsche Geschichte*, Jahrgang 4 für 1928, hrsg. v. A. Brackmann u. F. Hartung), Leipzig 1930.

Rachel, H., u. P. Wallich, *Berliner Großkaufleute und Kapitalisten*, Bd. 2: *Die Zeit des Merkantilismus 1648—1806*, Berlin 1938.

Rakete, G., *Obrigkeitliche Preisregulierung in Berlin während des 17. und 18. Jahrhunderts*, Rechts- u. Staatswiss. Diss. Berlin 1937.

Ranke, L. v., *Zwölf Bücher Preußischer Geschichte* (= Sämtliche Werke, Bde 25/29), 2. Aufl., Leipzig 1878 f.

* Reden, F. W. Frhr. v., *Die Gewerbetätigkeit Berlins in älterer und neuester Zeit*, in: *Zeitschrift des Vereins für deutsche Statistik*, Jahrgang 2 (1848).

Reden, F. W. Frhr. v., *Erwerbs- und Verkehrsstatistik des Königsstaats Preußen.* Erste Abteilung, Darmstadt 1853.

* Reden, F. W. Frhr. v., *Vergleichende Kulturstatistik der Gebiets- und Bevölkerungsverhältnisse der Großstaaten Europas*, Berlin 1848.

Rehfeld, P., *Die preußische Rüstungsindustrie unter Friedrich d. Gr.*, in: *Forschungen zur brandenburgischen und preußischen Geschichte*, Bd. 55 (1944).

Reichenbach, J. D. v., *Patriotische Beyträge zur Kenntnis und Aufnahme des Schwedischen Pommerns*, Greifswald 1785.

* Reimann, E. P., *Das Tabaksmonopol Friedrichs des Großen* (= Veröffentlichungen des Vereins für Geschichte der Mark Brandenburg), München-Leipzig 1913.

* Reinhold, W., *Chronik der Fabrikstadt Luckenwalde und der Umgegend*, Luckenwalde 1845.

Reißner, H., *Mirabeau und seine „Monarchie Prussienne"*, Berlin-Leipzig 1926.

* Ribbentrop, *Verfassung des preußischen Canton-Wesens*, Minden 1798.

Riedel, A. F., *Der brandenburg-preußische Staatshaushalt in den beiden letzten Jahrhunderten*, Berlin 1866.

* Riedel, A. F., *Übersicht der Einrichtungen, welche König Friedrich II. für das Gedeihen des landwirtschaftlichen Gewerbes in der Mark Brandenburg getroffen*, in: *Märkische Forschungen*, Bd. 2, Berlin 1843.

Riedl, Th., *Die Ursache für den Niedergang des Kölner Seidengewerbes und für den Aufstieg der Krefelder Seidenindustrie im 17. und 18. Jahrhundert*, Wirtschafts- u. Sozialwiss.Diss. Köln 1952.

Risbeck, J. K., *Briefe eines reisenden Franzosen*, 2 Bde, o. O. 1783.

Ritter, G., *Friedrich der Große. Ein historisches Profil*, 3. Aufl., Heidelberg 1953.

Ritter, G., *Staatskunst und Kriegshandwerk. Das Problem des „Militarismus" in Deutschland*, 2 Bde, München 1954 und 1960.

Ritter, G., *Stein. Eine politische Biographie*, 2 Bde, Stuttgart-Berlin 1931.

Rochow, F. E. v., *Versuch über Armenanstalten und Abschaffung aller Betteley*, Berlin 1789.

Rödenbeck, K. H. S., *Beiträge zur Bereicherung und Erläuterung der Lebensbeschreibungen Friedrich Wilhelms I. und Friedrichs des Großen*, 2 Bde, Berlin 1836 ff.

* Roemer, H., *Die Baumwollspinnerei in Schlesien bis zum preußischen Zolltarif von 1818*, Phil.Diss. Tübingen 1914, Breslau 1914.

Röseler, R., *Handels- und Gewerbepolitik Preußens zur Zeit Friedrich Wilhelms II. (1786—1797)*, Phil.Diss. Marburg a. d. L. 1935.

* Rohrscheidt, K. v., *Unter dem Zunftzwange in Preußen während des 18. Jahrhunderts*, in: *Jahrbuch für Nationalökonomie und Statistik*, 3. Folge, Bde 5 u. 6 (1893 f.).

* Roscher, W., *Geschichte der Nationalökonomik in Deutschland*, in: *Geschichte der Wissenschaft in Deutschland*, Bd. 14, 2. Aufl. (1924).

* Roscher, W., *Über die volkswirtschaftlichen Ansichten Friedrichs des Großen*, in: *Sitzungsberichte der Kgl. Sächsischen Gesellschaft der Wissenschaften* (4. 4. 1866).

Rothert, H., *Westfälische Geschichte*, Bd. 3: *Absolutismus und Aufklärung*, Gütersloh 1951.

Ruhlmann, G., *Les Corporations, les Manufactures et le Travail libre à Abbeville au XVIIIe Siècle*, Lille 1948.

Rumpf, J. D. F., *Berlin oder Darstellung der interessantesten Gegenstände dieser Residenz*, Berlin 1793.

Schäfer, *v. Knyphausen*, in: *Allgemeine Deutsche* Biographie, Bd. 16, Leipzig 1882.

* *Schatzkammer*: siehe *Allgemeine Schatzkammer der Kauffmannschafft*.

* Schelting, A. v., *Die logische Theorie der historischen Kulturwissenschaft von Max Weber*, in: *Archiv für Sozialwissenschaft und Sozialpolitik*, Bd. 49 (1922).

Schindler, G., *Die Entstehung des preußischen Heerwesens 1640—1740*, in: *Deutsche Rundschau*, Bd. 12 (1885/6).

Schlentker, H., *Die volkswirtschaftliche Bedeutung der königlichen Seehandlung von 1772—1820*, Paderborn 1920.

Schlözer, A. L. v., *Briefwechsel meist historischen und politischen Inhalts*, 10 Tle, Göttingen 1780 ff.

Schmidt, F., *Die Entwicklung der Cottbuser Tuchindustrie*, Cottbus 1928.

* Schmidt, R., *Das Finowtal in Sage und Geschichte, Sitte und Brauch*, Eberswalde 1924.

Schmidt, R., *Eberswalder Handwerksbuch. Zur Entwicklungsgeschichte der Zünfte und Innungen sowie Einzelhandwerke in der Stadt Eberswalde*, hrsg. v. Eberswalder Verein für Heimatkunde, Eberswalde 1934.

* Schmoller, G.: siehe auch *Acta Borussica*.

* Schmoller, G., *Das brandenburgisch-preußische Innungswesen von 1640—1806*, in: *Forschungen zur brandenburgischen und preußischen Geschichte*, Bd. 1 (1888).

Schmoller, G., *Das Merkantilsystem in seiner historischen Bedeutung*, in: *Schmollers Jahrbuch für Gesetzgebung, Verwaltung und Volkswirtschaft im Deutschen Reiche*, Bd. 8 (1884) [auch in: Schmoller, G., *Umrisse und Untersuchungen ...*].

* Schmoller, G., *Das Städtewesen unter Friedrich Wilhelm I.*, in: *Zeitschrift für Preußische Geschichte und Landeskunde*, Bde 8—12, Berlin 1871 ff.

Schmoller, G., *Deutsches Städtewesen in älterer Zeit*, Bonn-Leipzig 1922.

Schmoller, G., *Die Einführung der französischen Regie durch Friedrich den Großen*, in: *Sitzungsberichte der Kgl. Preußischen Akademie der Wissenschaften zu Berlin 1888*, 1. Halbband.

Schmoller, G., *Die Epochen der preußischen Finanzpolitik*, in: *Schmollers Jahrbuch ...*, Bd. 1 (1877).

Schmoller, G., *Die geschichtliche Entwicklung der Unternehmung*, in: *Schmollers Jahrbuch ...*, Bde 14 u. 15 (1890 f.).

* Schmoller, G., *Die Hausindustrie in ihren älteren Ordnungen und Reglements*, in: *Schmollers Jahrbuch ...*, Bd. 11 (1887).

* Schmoller, G., *Die preußische Kolonisation des 17. und 18. Jahrhunderts*, in: *Schriften des Vereins für Sozialpolitik*, Bd. 32 (1886).

* Schmoller, G., *Die preußische Seidenindustrie im 18. Jahrhundert und ihre Begründung durch Friedrich den Großen* (= Sonderdruckbeilagen der Allgemeinen Zeitung v. 19. u. 23. Mai 1892), München 1892.

Schmoller, G., *Die Russische Kompagnie in Berlin 1724—1738*, in: *Zeitschrift für Preußische Geschichte und Landeskunde*, Jahrgang 20 (1883).

Schmoller, G., *Die sociale Frage, Klassenbildung, Arbeiterfrage, Klassenkampf*, München-Leipzig 1918.

Schmoller, G., *Die Tatsachen der Lohnbewegung in Geschichte und Gegenwart*, in: *Schmollers Jahrbuch ...*, Bd. 38 (1914).

* Schmoller, G., *Grundriß der allgemeinen Volkswirtschaftslehre*, 2 Bde, 2. Aufl., Leipzig 1919.

Schmoller, G., *Preußische Verfassungs-, Verwaltungs- und Finanzgeschichte*, Berlin 1921.

* Schmoller, G., *Studien über die wirtschaftliche Politik Friedrichs des Großen und Preußens überhaupt von 1680 bis 1786*, in: *Schmollers Jahrbuch ...*, Bde 8 (1884), 10 (1886) u. 11 (1887).

* Schmoller, G., *Umrisse und Untersuchungen zur Verfassungs-, Verwaltungs- und Wirtschaftsgeschichte besonders des preußischen Staates im 17. und 18. Jahrhundert*, Leipzig 1898.

* Schmoller, G., *Zur Geschichte der deutschen Kleingewerbe im 19. Jahrhundert*, Halle a. d. S. 1870.

* Schnackenburg, E., *Das Invaliden- und Versorgungswesen des brandenburgisch-preußischen Heeres bis zum Jahre 1806*, Berlin 1889.

Schnee, H., *Die Hoffinanz und der moderne Staat. Geschichte und System der Hoffaktoren an deutschen Fürstenhöfen im Zeitalter des Absolutismus*, Bd. 1: *Die Institution des Hoffaktorentums in Brandenburg-Preußen*, Berlin 1953.

Schneider, F., *Geschichte der formellen Staatswirtschaft von Brandenburg-Preußen* (= Schriften der Forschungsstelle für Staats- und Kommunalwirtschaft e. V. Wiesbaden, Neue Folge), Berlin 1952.

Schneider, H., *Die Kritik an Friedrich II. und seinem Staatswesen im Zeitalter der Klassik*, Phil.Diss. Jena 1951.

Schön, Th. v., *Studienreisen eines jungen Staatswirths in Deutschland am Schlusse des vorigen Jahrhunderts. — Beiträge und Nachträge zu den Papieren des Ministers und Burggrafen von Marienburg Theodor von Schön von einem Ostpreußen*, Leipzig 1879.

Scholze, G., *Die volkswirtschaftliche Bedeutung des Réfugié für die Stadt Magdeburg*, in: *Magdeburgs Wirtschaftsleben in der Vergangenheit*, hrsg. v. d. Industrie- und Handelskammer in Magdeburg, Bd. 1, Magdeburg 1925.

Schrader, G., *Friedrich Wilhelm I. und der Bielefelder Leinenhandel*, in: *55. Jahresbericht des Historischen Vereins für die Grafschaft Ravensberg* (1950).

* Schroetter, F. Frhr. v., *Die schlesische Wollenindustrie im 18. Jahrhundert*, in: *Forschungen zur brandenburgischen und preußischen Geschichte*, Bde 10 (1898), 11 (1899) u. 12 (1900).

* Schultz, W. v., *Die preußischen Werbungen unter Friedrich Wilhelm I. und Friedrich dem Großen*, Schwerin 1887.

Schultze, J., *Die ersten Versuche der Porzellanfabrikation in Brandenburg*, in: *Forschungen zur brandenburgischen und preußischen Geschichte*, Bd. 47 (1935).

* Schultze, J., *Die Herrschaft Ruppin und ihre Bevölkerung nach dem 30jährigen Kriege*, Ruppin 1925.

Schultze, W., *Geschichte der preußischen Regieverwaltung von 1766 bis 1786*, Teil 1 in: *Staats- und sozialwissenschaftliche Forschungen*, Bd. 7, Heft 3 (1888).

Schulz, C., *Die erste neumärkische Baumwollfabrik 1763*, in: *Die Neumark. Mitteilungen des Vereins für die Geschichte der Neumark*, Jahrgang 15 (1938).

Schulz-Briesen, M., *Der preußische Staatsbergbau im Wandel der Zeiten*, 2 Bde, Berlin 1933 f.

Schulze, D. F., *Zur Beschreibung und Geschichte von Spandow*, 2 Bde, hrsg. v. O. Recke, Spandau 1913.

Schulze-Schönberg, A., *Die Entwicklung des alten Handwerks in den Dörfern und Landstädten der preußischen Südoberlausitz*, Phil. Diss. Leipzig 1927.

Schumann, O., *Die Landeshuter Leinenindustrie in Vergangenheit und Gegenwart. Ein Beitrag zur Geschichte der schlesischen Textilindustrie*, Jena 1928.

* Schwartz, F., *Organisation und Verpflegung der preußischen Landmilizen im Siebenjährigen Kriege*, in: *Staats- und sozialwissenschaftliche Forschungen*, Bd. 7, Heft 4 (1888).

* Schwartz, P., *Brenkenhoffs Berichte über seine Tätigkeit in der Neumark*, in: *Schriften des Vereins für die Geschichte der Neumark*, Heft 20 (1907).

Schwartz, P., *Die neumärkischen Städte nach dem Siebenjährigen Kriege*, in: *Schriften des Vereins für die Geschichte der Neumark*, Heft 8 (1899).

* Schwartz, P., *Die Neumark während des 30jährigen Krieges*, in: *Schriften des Vereins für die Geschichte der Neumark*, Heft 8 (1899).

* Schwetschke, E., *Zur Gewerbegeschichte der Stadt Halle von 1680 bis 1880*, Halle a. d. S. 1883.

* Scotti, *Sammlung der Gesetze und Verordnungen für Jülich, Cleve und Berg*, Düsseldorf 1821 f.

Seyfried, H. W., *Tlantlaquatlapatli. Chronik von Berlin*, Berlin 1789 ff.

Sieveking, H., *Grundzüge der Neueren Wirtschaftsgeschichte vom 17. Jahrhundert bis zur Gegenwart* (= Grundriß der Geschichtswissenschaft, hrsg. v. A. Meister, Reihe 2, Abteilung 2), 5., verbesserte Aufl., Leipzig 1928.

Sieveking, H., *Wirtschaftsgeschichte* (= Enzyklopädie der Rechts- und Staatswissenschaft, 47), Berlin 1935.

Skalweit, A.: siehe *Acta Borussica*.

Skalweit, St., *Die Berliner Wirtschaftskrise von 1763 und ihre Hintergründe* (= Vierteljahresschrift für Sozial- und Wirtschaftsgeschichte, Beiheft 34 [1937]).

Skalweit, St., *Die Eingliederung des friderizianischen Heeres in den Volks- und Wirtschaftskörper*, in: *Jahrbücher für Nationalökonomie und Statistik*, Nr. 160 (1944).

Sneedorf, F., *Briefe eines reisenden Dänen*, Züllichau 1795.

* *Soldatenfreund:* siehe *Der Soldatenfreund*.

* Sombart, W., *Der moderne Kapitalismus*, 2 Bde, 6. Aufl., München-Leipzig 1924.

Sombart, W., *Die deutsche Volkswirtschaft im 19. Jahrhundert und im Anfang des 20. Jahrhunderts*, 8. Aufl., Stuttgart 1954.

* Sombart, W., *Gewerbewesen*, 2 Tle, Leipzig 1904.

* Sombart, W., *Krieg und Kapitalismus* (= Studien zur Entwicklungsgeschichte des modernen Kapitalismus, Bd. 2), Leipzig 1913.

* Sombart, W., *Prinzipielle Eigenart des modernen Kapitalismus*, in: *Grundriß der Sozialökonomik*, Bd. 4, 1, 1925.

* Sombart, W., *Zur neueren Literatur über Hausindustrie*, in: *Jahrbuch für Nationalökonomie und Statistik*, 3. Folge, Bd. 6 (1893).

Spatz, W., *Der Teltow*, Teil 3, Berlin 1912.

Spatz, W., *Chronik von Nowawes-Neuendorf*, Nowawes 1907.

Stadelmann, R., *Aus der Regierungstätigkeit Friedrichs des Großen*, Halle a. d. S. 1890.

* Stadelmann, R., *Die preußischen Könige in ihrer Tätigkeit für die Landeskultur* (= Publikationen aus den Kgl. Preußischen Staatsarchiven), Bd. 2: *Friedrich Wilhelm I.*, Leipzig 1878; Bd. 11: *Friedrich der Große*, Leipzig 1882; Bd. 25: *Friedrich Wilhelm II.*, Leipzig 1885.

Stark, A., *Die Leinenindustrie in Preußen unter Friedrich Wilhelm I.*, Phil.Diss. Berlin 1939.

Steiger, A., *Theorie und Praxis in der Verwaltungstätigkeit Friedrichs des Großen von 1740—1756*, Diss. Frankfurt a. M. 1925.

* Steinbeck, *Geschichte des schlesischen Bergbaues*, Breslau 1857.

* Stern, O., *Aus der Vorgeschichte der Cottbuser Tuchindustrie*, Cottbus 1909.

Stern, S., *Der Preußische Staat und die Juden*, Teil 1: *Die Zeit des Großen Kurfürsten und Friedrichs I.*, 1. Halbband: Darstellung, Berlin 1925; 2. Halbband: Akten, 2. Aufl., Tübingen 1962; Teil 2: *Die Zeit Friedrich Wilhelms I.*, Darstellung und Akten, 2. Aufl. Tübingen 1962.

* Stiller, F., *Das Berliner Armenwesen vor dem Jahre 1820*, in: *Forschungen zur brandenburgischen und preußischen Geschichte*, Bd. 20 (1908).

Stölzel, A., *Brandenburg-Preußens Rechtsverwaltung und Rechtsverfassung*, 2 Bde, Berlin 1888.

* Süßmilch, J. P., *Die göttliche Ordnung in den Veränderungen des menschlichen Geschlechts*, 3 Tle, 4., verbesserte Aufl., Berlin 1775 ff.

* Süßmilch, J. P., *Der Königlichen Residentz Berlin schneller Wachstum und Erbauung*, Berlin 1752.

Tanzer, K., *Wegbereiter der oberschlesischen Industrie*, in: *Beiträge zur Geschichte der Technik und der Industrie* (= Jahrbuch des Vereins deutscher Ingenieure), Bd. 22 (1933).

Thun, A., *Die Industrie am Niederrhein und ihre Arbeiter,* 2 Bde, Leipzig 1879.

Tollin, H., *Geschichte der französischen Colonie von Magdeburg,* 3 Bde, Halle-Magdeburg 1887 ff.

Trenck, F. Frhr. v. d., *Examen politique et critique d'un ouvrage institué. Histoire secrete de la cour de Berlin, ou correspondance d'un voyageur français,* Berlin 1789.

Treue, W., *David Splitgerber. Ein Unternehmer im preußischen Merkantilstaat, 1683 bis 1764,* in: *Vierteljahresschrift für Sozial- und Wirtschaftsgeschichte,* Bd. 41 (1954).

Treue, W., *Wirtschaftszustände und Wirtschaftspolitik in Preußen 1815—1825* (= Vierteljahresschrift für Sozial- und Wirtschaftsgeschichte, Beiheft 31), Stuttgart 1938.

Tröger, H., *Die kurmärkischen Spinnerdörfer,* Phil.Diss. Leipzig 1936.

* Ulbrecht, *Die Industrieschulen der Kurmark,* in: *Zeitschrift für Geschichte der Erziehung u. des Unterrichts,* Jahrgang 1 (1911).

Ulrich, J. H. F., *Bemerkungen eines Reisenden durch die Königlich preußischen Staaten,* 3 Bde, Altenburg 1779 ff.

Unger: siehe *Jahrbücher der Preußischen Monarchie.*

Vaupel, R., *Die Reorganisation des preußischen Staates unter Stein und Hardenberg,* Teil 2: *Das preußische Heer vom Tilsiter Frieden bis zur Befreiung 1807—1814* (= Publikationen aus den Preußischen Staatsarchiven, Bd. 94), Leipzig 1938.

Vechelde, C. F. v., *Aus dem Tagebuche des Generals v. Wachholtz,* Braunschweig 1843.

Vester, F., *Seidenbau und Seidenfabrikation in Magdeburg im 18. Jahrhundert,* in: *Magdeburgs Wirtschaftsleben in der Vergangenheit,* hrsg. v. d. Industrie- und Handelskammer in Magdeburg, Bd. 1, Magdeburg 1925.

Vogler, G., *Zur Lage und zum Klassenkampf der Weber und Spinner in Nowawes in der zweiten Hälfte des 18. Jahrhunderts,* Berlin [Ost] 1956.

* Wachler, *Geschichte des ersten Jahrhunderts der kgl. Eisenhüttenwerke zu Malapane vom Jahre 1753—1854,* Glogau 1856.

Wagner, A., *Das friderizianische Preußen im Urteil der zeitgenössischen englischen Geschichtsschreibung,* Phil. Diss. Tübingen 1953.

Wagnitz, H. W., *Historische Nachrichten und Bemerkungen über die merkwürdigsten Zuchthäuser in Deutschland,* 2 Bde, Halle a. d. S. 1791 ff.

Wailly, de, *Von den Auflagen und von den Bewegungsgründen, welche Se. Kgl. Majestät dahin disponiren könnten, sie zum Besten der dürftigern Menschenklasse bey den nothwendigsten Bedürfnissen des Lebens zu mindern,* in: *Berlinisches Journal für Aufklärung,* Bd. 4, Berlin 1789.

* Walther, J. F., *Kurtz gefaßte Historische Nachricht von den öffentlichen Armen-Anstalten in der kgl. Residentz-Stadt Berlin* (= Handschrift in der Magistratsbibliothek), Berlin 1775.

* Weber, Alfred, *Industrielle Standortslehre,* in: *Grundriß der Sozialökonomik,* Bd. 6, 2. Aufl., Tübingen 1922.

Weber, H., *Der Vaterländische Gewerbsfreund,* Teil 1: *Wegweiser durch die wichtigsten technischen Werkstätten der Residenz Berlin,* Heft 1: *Die Webereien,* Berlin-Leipzig 1819.

* Weber, Max, *Kritische Studien auf dem Gebiete der kulturwissenschaftlichen Logik,* in: *Gesammelte Aufsätze zur Wissenschaftslehre,* Tübingen 1922.

Wegener, C. F., *Der Berlinische Zuschauer. Eine Wochenschrift*, Berlin 1769.

* Weiß, Ch., *Histoire des réfugiés protestants*, 2 Tle, Paris 1853.

Weiß, J. A., *Sind die Zünfte beizubehalten oder abzuschaffen?*, Frankfurt a. M. 1798.

* Weitling, J. C. F., *Geschichte des Großen Friedrichs-Hospitals und Waisenhauses zu Berlin*, Berlin 1852 (Bd. 1 gedruckt, Bd. 2 als Manuskript in der Bibliothek des „Vereins für die Geschichte Berlins").

Welsch, H., *Die Franckeschen Stiftungen als wirtschaftliches Großunternehmen*, Wirtschaftswiss. Diss. [masch. schr.] Halle 1956.

Wenck, W., *Deutschland vor hundert Jahren*, 2 Bde, Leipzig 1887 ff.

Wentz, G., *Die Familie Kraut in Berlin und Magdeburg*, in: *Forschungen zur brandenburgischen und preußischen Geschichte*, Bd. 38 (1926).

Westernhagen, W. v., *Leinwandmanufaktur der Oberlausitz in der zweiten Hälfte des 18. Jahrhunderts und während der Kontinentalsperre*, in: *Neues Lausitzisches Magazin*, Bd. 109 (1933).

* Wichgraf, A., *Geschichte der Webercolonie Nowawes bei Potsdam*, Berlin 1862.

* Wiedfeldt, O., *Statistische Studien zur Entwicklungsgeschichte der Berliner Industrie von 1720 bis 1890* (= Staats- und sozialwissenschaftliche Forschungen, Bd. 16), Leipzig 1899.

Wiesemann, W., *Die Entwicklung der Eisenindustrie im Hochgericht Schwelm bis zur Einführung der Gewerbefreiheit*, Rechts- u. Staatswiss. Diss. Göttingen 1923.

Wilke, *Handbuch zur Kenntniß des preußischen Cantonwesens*, Stettin 1802.

Winter, E., *Die tschechische und slowakische Emigration in Deutschland im 17. und 18. Jahrhundert*, Berlin 1955.

* Winter, G., *Die märkischen Stände zur Zeit ihrer höchsten Blüte 1540—1550*, in: *Zeitschrift für preußische Geschichte und Landeskunde*, Bd. 18/19 (1882).

Winter, G., *Die Reorganisation des Preußischen Staates unter Stein und Hardenberg* (= Publikationen aus den Preußischen Staatsarchiven, Bd. 93), Leipzig 1931.

* Wintzer, E., *Die Wegelysche Porzellanfabrik in Berlin*, in: *Schriften des Vereins für die Geschichte Berlins*, Heft 35 (1898).

* Witzleben, A. v., *Aus alten Parolebüchern der Berliner Garnison zur Zeit Friedrichs des Großen*, Berlin 1851.

* Wohlfahrt, B., *Bilder aus dem Friedensleben des altpreußischen Heeres*, Berlin 1901.

Wojtowicz, J., *Ze studiów poczatkami układu kapitalistycznego na Prus Królewskich w XVIII wieku* [Über die Anfänge des kapitalistischen Systems im königlichen (West-)Preußen im 18. Jahrhundert], in: *Roczniki dziejow społecznych i gospodarczych 15* (1953).

* Wolff, E., *Grundriß der preußisch-deutschen sozialpolitischen und Volkswirtschaftsgeschichte von 1640 bis zur Gegenwart*, 3. Aufl., Berlin 1909.

* Wolfram, G., *Eine Reise nach Berlin im Jahre 1787*, in: *Schriften des Vereins für die Geschichte Berlins*, Heft 34 (1897).

Wündisch, F., *Zur Geschichte des rheinischen Braunkohlenbergbaus*, Teil 1: *Von den Anfängen bis zum Jahre 1813*, in: *Rheinische Vierteljahrsblätter 17* (1952).

* Wuttke, R., *Gesindeordnungen und Gesindezwangsdienst in Sachsen bis zum Jahre 1835*, in: *Staats- und sozialwissenschaftliche Forschungen*, Bd. 12, Heft 4 (1893).

Ziekursch, J., *Beiträge zur Charakteristik der preußischen Verwaltungsbeamten in Schlesien bis zum Untergang des friderizianischen Staates*, Breslau 1907.

Ziekursch, J., *Das Ergebnis der friderizianischen Städteverwaltung und die Städteordnung Steins*, Jena 1908.

Ziekursch, J., *Hundert Jahre schlesischer Agrargeschichte*, 2. Aufl., Breslau 1927.
Ziekursch, J., *Zur Charakteristik der schlesischen Steuerräte 1742—1809*, in: *Zeitschrift des Vereins für Geschichte und Altertum Schlesiens*, Bd. 43 (1909).
* Zimmermann, A., *Blüte und Verfall des Leinengewerbes in Schlesien*, Breslau 1885.
* Zimmermann, A., *Geschichte der preußisch-deutschen Handelspolitik*, Leipzig 1892.
Zimmermann, J. G., *Fragmente über Friedrich den Großen*, 3 Bde, Leipzig 1790.
Zottmann, A., *Die Wirtschaftspolitik Friedrichs des Großen*, Leipzig-Wien 1937.
Zwinger, H., *Wirtschaftsgeschichtliche Studien über das Wirtschaftsleben der Stadt Quedlinburg unter brandenburg-preußischer Schutzherrschaft von 1698—1803*, Diss. Frankfurt a. M. 1929.

PERSONENREGISTER

SACHREGISTER

HISTORISCHE KOMMISSION ZU BERLIN

BEIM FRIEDRICH-MEINECKE-INSTITUT
DER FREIEN UNIVERSITÄT BERLIN

Berlin-Dahlem · Patschkauer Weg 41

Vorstand:

HANS HERZFELD / WALTER SCHLESINGER
WILHELM BERGES / WALTER BUSSMANN
GEORG KOTOWSKI / JOHANNES SCHULTZE
OTTO BÜSCH / HENRYK SKRZYPCZAK

Das periodische Publikationsorgan
der Historischen Kommission zu Berlin ist das

JAHRBUCH FÜR DIE GESCHICHTE
MITTEL- UND OSTDEUTSCHLANDS

Herausgegeben von

WILHELM BERGES und HANS HERZFELD

Redaktion:
HENRYK SKRZYPCZAK

VERÖFFENTLICHUNGEN DER HISTORISCHEN KOMMISSION ZU BERLIN

OTTO BÜSCH

Militärsystem und Sozialleben im alten Preußen 1713—1807

Die Anfänge der sozialen Militarisierung der preußisch-deutschen Gesellschaft. Mit einer Einführung von Hans Herzfeld. Groß-Oktav. XV, 203 Seiten. 1962. Ganzleinen DM 28,— (Veröff. d. Hist. Komm. z. Bln., Band VII)

GÜNTHER GIERATHS

Die Kampfhandlungen der Brandenburgisch-Preußischen Armee 1626—1807

Ein Quellenhandbuch. Groß-Oktav. XX, 630 Seiten. 1963. Ganzleinen (Veröff. d. Hist. Komm. z. Bln., Band VIII, Quellenwerke Band 3)

BERTHOLD SCHULZE

Brandenburgische Besitzstandskarte des 16. Jahrhunderts

Der ritterschaftliche, geistliche, städtische und landesherrliche Besitz um 1540. Eine siebenfarbige Karte in vier Teilen mit Mappe (68 x 48 cm) und ein Erläuterungsheft (28 Seiten). 1962. DM 28,— (Historischer Atlas von Brandenburg. N. F. Lfg. 1)

WALTER DE GRUYTER & CO. BERLIN 30